企业常见财税社保疑难问题解析

Analysis of common tax and social security problems of enterprises

潘洪新 主编

潘洪新全新力作

深度分析税收实务中出现频次最高的 355 个典型问题
涵盖企业所得税、增值税、个人所得税等现行税费种
全面梳理实务工作中常见的误区
为广大纳税人指点迷津

中国财经出版传媒集团
中国财政经济出版社

图书在版编目（CIP）数据

企业常见财税社保疑难问题解析 / 潘洪新主编. -- 北京：中国财政经济出版社，2021.11

ISBN 978-7-5223-0687-2

Ⅰ.①企… Ⅱ.①潘… Ⅲ.①企业管理－税收管理－中国－问题解答 Ⅳ.①F812.423-44

中国版本图书馆 CIP 数据核字（2021）第 151128 号

责任编辑：陈志伟　　责任印制：史大鹏
封面设计：卜建辰　　责任校对：胡永立

企业常见财税社保疑难问题解析
QIYE CHANGJIAN CAISHUI SHEBAO YINAN WENTI JIEXI

中国财政经济出版社 出版

URL：http：//www.cfeph.cn
E-mail：cfeph@cfeph.cn

社址：北京市海淀区阜成路甲 28 号　邮政编码：100142
营销中心电话：010-88191522
天猫网店：中国财政经济出版社旗舰店
网址：https：//zgczjjcbs.tmall.com
北京时捷印刷有限公司印刷　各地新华书店经销
成品尺寸：170mm×240mm　16 开　28.5 印张　471 000 字
2021 年 11 月第 1 版　2021 年 11 月北京第 1 次印刷
定价：98.00 元
ISBN 978-7-5223-0687-2
（图书出现印装问题，本社负责调换，电话：010-88190548）
本社质量投诉电话：010-88190744
打击盗版举报热线：010-88191661　QQ：2242791300

前　言

最近几年，财税新政频出。除去法定节假日和休息日，平均算下来，国家税务总局不到两个工作日就会出台一个文件，这些文件，有的是为了应对经济下行压力而出台的减税降费政策；有的是针对经济发展过程中出现的新业务、新业态而出台的税收调整政策；有的是为了应对风险而出台的管理政策。目的虽不同，结果却是一样的——政策复杂多变，给财税从业者带来了学习的压力，也带来了因理解不到位而导致的落地执行风险。

同样的问题，别人是否遇到过？同样的政策，其他单位是如何执行的？税务机关掌握的口径又是怎样？本书所搜集的问题均来自纳税人的工作实际，不仅真实，而且复杂、难以判断和处理，针对这些问题，作者结合自己的工作经验以及对政策的理解做出了分析、解答，并给出了相应的法理依据供参考（不同的问题，后面所附的法理依据可能有重复，这样做的目的主要是方便读者独立对照阅读，避免来回翻看的麻烦）。

他山之石，可以攻玉！实务中的财税社保问题，一旦不能正确分析和判断处理，可能会给企业和当事财税工作者带来相应的风险，希望本书能给财税从业者的日常工作带来帮助。

编　者

2021年8月

目　录

第一章　企业所得税问题

第一节　收入类

1.1.1　EX Works交货方式，在客户还没有提货的情况下，是不是可以直接确认收入?

问：EX Works交货方式，货物风险已经转移给买方了，是不是可以直接确认收入？能否开具发票？还是要与物流信息保持一致，等客户实际提货了，才能开具发票？

答：以这种方式销售货物，工厂交货后风险报酬已经转移。按《国家税务总局关于确认企业所得税收入若干问题的通知》（财税〔2008〕875号）规定，已经符合企业所得税收入确认条件，应当在交货时确认收入。

接下来，是增值税问题。增值税纳税义务时间是收讫销售款项或者取得索取销售款项凭据的当天（先开具发票的，为开具发票的当天），问题提到的情形，已经完成交货，销售方实际上已经取得了索取销售款项凭据，因此，发生增值税纳税义务。

发票开具时间应当依照对应业务增值税纳税义务发生时间确定。发票流并不必然要和物流信息完全保持一致（除非有行业要求，如医药生产企业销售药品，行业监管要求必须票、货同行）。

政策依据：

➢《国家税务总局关于确认企业所得税收入若干问题的通知》（财税〔2008〕875号）

一、除企业所得税法及实施条例另有规定外，企业销售收入的确认，必须遵循权责发生制原则和实质重于形式原则。

（一）企业销售商品同时满足下列条件的，应确认收入的实现：

1. 商品销售合同已经签订，企业已将商品所有权相关的主要风险和报酬转移给购货方；

2. 企业对已售出的商品既没有保留通常与所有权相联系的继续管理权，也没有实施有效控制；

3. 收入的金额能够可靠地计量；

4. 已发生或将发生的销售方的成本能够可靠地核算。

➢《中华人民共和国增值税暂行条例》（1993 年 12 月 13 日中华人民共和国国务院令第 134 号公布，根据 2017 年 11 月 19 日中华人民共和国国务院令第 691 号第二次修订）

第十九条　增值税纳税义务发生时间：

（一）发生应税销售行为，为收讫销售款项或者取得索取销售款项凭据的当天；先开具发票的，为开具发票的当天。

➢《国家税务总局关于修订〈增值税专用发票使用规定〉的通知》（国税发〔2006〕156 号）

第十一条　专用发票应按下列要求开具：

（一）项目齐全，与实际交易相符；

（二）字迹清楚，不得压线、错格；

（三）发票联和抵扣联加盖发票专用章；

（四）按照增值税纳税义务的发生时间开具。

对不符合上列要求的专用发票，购买方有权拒收。

1.1.2　回迁安置房的视同销售收入如何确认?

问：A 房地产公司与政府签订动迁房销售协议，按 2.2 万元/平方米的单价将动迁房销售给政府，但政府要求按 2.8 万元/平方米的市场销售单价给动迁户开具发票，企业已按照 2.8 万元/平方米的单价申报缴纳了增值税，企业所得税收入应该按照 2.2 万元/平方米还是 2.8 万元/平方米的单价确认?

答：问题中，安置房由政府统一出资购买补偿给被拆迁户，该安置房的市场价就是 2.8 万元，但是，政府只按 2.2 万元支付款项，0.6 万元差额不支付或者通过税收返还、城市配套费的减免、土地出让金返还等其他形式补偿给企业。但无论如何，A 公司销售给政府用于安置的商品房均应按该商品房的公允价也就是 2.8 万元/平方米的单价确认收入。

政策依据：

➢《中华人民共和国税收征收管理法》（1992 年 9 月 4 日第九届全国人民代表大会常务委员会第二十一次会议通过，2015 年 4 月 24 日第十二届全国人民代表大会常务委员会第十四次会议修正）

第三十五条　纳税人有下列情形之一的，税务机关有权核定其应纳税额：

（六）纳税人申报的计税依据明显偏低，又无正当理由的。

➢《中华人民共和国企业所得税法》（2007 年 3 月 19 日年中华人民共和国主席令第二十三号公布，根据 2018 年 12 月 29 日第十三届全国人民代表大会常务委员会第七次会议《关于修改〈中华人民共和国电力法〉等四部法律的决定》第二次修正）

第四十七条　企业实施其他不具有合理商业目的的安排而减少其应纳税收入或者所得额的，税务机关有权按照合理方法调整。

➢《国家税务总局关于企业所得税有关问题的公告》（国家税务总局公告 2016 年第 80 号）

二、企业移送资产所得税处理问题

企业发生《国家税务总局关于企业处置资产所得税处理问题的通知》（国税函〔2008〕828 号）第二条规定情形的，除另有规定外，应按照被移送资产的公允价值确定销售收入。

1.1.3　收到政府拨付的环卫工人早餐补助款是否需要申报缴纳企业所得税？

问：我公司是一家环卫企业，主要参加政府招标为城市提供垃圾清扫、清运服务。前不久，政府依据政策，拨付给我公司一笔环卫工人早餐补助款，这笔款如何进行账务处理，是否需要缴纳企业所得税？

答：按照《企业会计准则》的规定，取得政府补助用以补偿企业以后期间的相关费用或损失，应当记入递延收益。如果该补助符合《财政部　国家税务总局关于专项用途财政性资金企业所得税处理问题的通知》（财税〔2011〕70 号）要求，则可以作为不征税收入进行处理。但不征税收入用于支出所形成的费用，不得在计算应纳税所得额时扣除；用于支出所形成的资产，其计算的折旧、摊销不得在计算应纳税所得额时扣除。

贵公司收到的的环卫工人早餐补助应当符合不征税收入条件。

政策依据：

➢《财政部　国家税务总局关于专项用途财政性资金企业所得税处理问题的通知》（财税〔2011〕70号）

一、企业从县级以上各级人民政府财政部门及其他部门取得的应计入收入总额的财政性资金，凡同时符合以下条件的，可以作为不征税收入，在计算应纳税所得额时从收入总额中减除：

（一）企业能够提供规定资金专项用途的资金拨付文件；

（二）财政部门或其他拨付资金的政府部门对该资金有专门的资金管理办法或具体管理要求；

（三）企业对该资金以及以该资金发生的支出单独进行核算。

➢《财政部关于印发修订〈企业会计准则第16号——政府补助〉的通知》（财会〔2017〕15号）

第九条　与收益相关的政府补助，应当分情况按照以下规定进行会计处理：

（一）用于补偿企业以后期间的相关成本费用或损失的，确认为递延收益，并在确认相关成本费用或损失的期间，计入当期损益或冲减相关成本；

（二）用于补偿企业已发生的相关成本费用或损失的，直接计入当期损益或冲减相关成本。

1.1.4　企业取得的稳岗补助能否按不征税收入申报?

问：我单位收到一笔政府稳岗补助，发文标明可用于缴纳失业保险，取得入账时可否对冲费用科目——失业保险费？还是必须计入营业外收入计算缴纳企业所得税？

答：取得来源于政府的财政资金，如果要做不征税收入处理，须满足财税〔2011〕70号文的要求，即：县以上人民政府及所属部门拨付的，有拨付文件、管理办法，同时企业收到后专账管理、专款专用，如不符合，则一次性计入当期应纳税所得额计算缴纳企业所得税。

贵公司收到这笔款，可根据70号文的要求进行企业所得税处理。账务处理可依据《企业会计准则》要求进行（确认为递延收益或直接计入当期损益），有税会差异的，通过申报表进行纳税调整。

政策依据：

➤《财政部 国家税务总局关于专项用途财政性资金企业所得税处理问题的通知》（财税〔2011〕70号）

一、企业从县级以上各级人民政府财政部门及其他部门取得的应计入收入总额的财政性资金，凡同时符合以下条件的，可以作为不征税收入，在计算应纳税所得额时从收入总额中减除：

（一）企业能够提供规定资金专项用途的资金拨付文件；

（二）财政部门或其他拨付资金的政府部门对该资金有专门的资金管理办法或具体管理要求；

（三）企业对该资金以及以该资金发生的支出单独进行核算。

➤《财政部关于印发修订〈企业会计准则第16号——政府补助〉的通知》（财会〔2017〕15号）

第九条　与收益相关的政府补助，应当分情况按照以下规定进行会计处理：

（一）用于补偿企业以后期间的相关成本费用或损失的，确认为递延收益，并在确认相关成本费用或损失的期间，计入当期损益或冲减相关成本；

（二）用于补偿企业已发生的相关成本费用或损失的，直接计入当期损益或冲减相关成本。

1.1.5　从事污水处理取得的增值税“即征即退”款项，何时确认企业所得税收入？

问：从事污水处理取得的增值税“即征即退”款项，是在缴纳增值税、预计应收退税款时确认收入，还是在实际收到退税款项时确认收入？

答：《资源综合利用产品和劳务增值税优惠目录》（财税〔2015〕78号）规定：污水垃圾处理、再生水和污泥处理劳务，自2015年7月1日起征收增值税，可享受增值税“即征即退”政策。从会计角度来看，如果根据税法规定可以合理计算出应收到的退税款金额，且能够合理估计收回时间，收回金额和时间不存在重大不确定性的，则可以按应收金额在该税款所属期间内确认政府补助。

从企业所得税角度来说，应当在实际取得“即征即退”税款时计入当期应纳税所得额。

政策依据：

➢《国家税务总局关于企业取得财产转让等所得企业所得税处理问题的公告》（国家税务总局公告2010年第19号）

根据《中华人民共和国企业所得税法实施条例》第二十五条规定，现就企业以不同形式取得财产转让等收入征收企业所得税问题公告如下：

一、企业取得财产（包括各类资产、股权、债权等）转让收入、债务重组收入、接受捐赠收入、无法偿付的应付款收入等，不论是以货币形式、还是非货币形式体现，除另有规定外，均应一次性计入确认收入的年度计算缴纳企业所得税。

参考：《财政部、国家税务总局关于企业补贴收入征税等问题的通知》（财税字〔1995〕81号，该文件已经作废）规定：企业取得的国家财政性补贴和其他补贴收入，除国务院、财政部和国家税务总局规定不计入损益者外，应一律并入实际收到该补贴收入年度的应纳税所得额。

➢《财政部关于印发修订〈企业会计准则第16号——政府补助〉的通知》（财会〔2017〕15号）

第六条　政府补助同时满足下列条件的，才能予以确认：

（一）企业能够满足政府补助所附条件；

（二）企业能够收到政府补助。

1.1.6　取得征地办支付的青苗补偿费是否要交企业所得税？

问：我公司收到征地办支付的青苗补偿费是否要交企业所得税？

答：贵公司取得的青苗补偿费只要不属于不征税收入和免税收入，就应当计入当期应纳税所得额计算缴纳企业所得税。

政策依据：

➢《中华人民共和国企业所得税法》（2007年3月19日中华人民共和国主席令第二十三号公布，根据2018年12月29日第十三届全国人民代表大会常务委员会第七次会议《关于修改〈中华人民共和国电力法〉等四部法律的决定》第二次修正）

第五条　企业每一纳税年度的收入总额，减除不征税收入、免税收入、各项扣除以及允许弥补的以前年度亏损后的余额，为应纳税所得额。

第二十六条　企业的下列收入为免税收入：

（一）国债利息收入；

（二）符合条件的居民企业之间的股息、红利等权益性投资收益；

（三）在中国境内设立机构、场所的非居民企业从居民企业取得与该机构、场所有实际联系的股息、红利等权益性投资收益；

（四）符合条件的非营利组织的收入。

➤《财政部 国家税务总局关于专项用途财政性资金企业所得税处理问题的通知》（财税〔2011〕70 号）

一、企业从县级以上各级人民政府财政部门及其他部门取得的应计入收入总额的财政性资金，凡同时符合以下条件的，可以作为不征税收入，在计算应纳税所得额时从收入总额中减除：

（一）企业能够提供规定资金专项用途的资金拨付文件；

（二）财政部门或其他拨付资金的政府部门对该资金有专门的资金管理办法或具体管理要求；

（三）企业对该资金以及以该资金发生的支出单独进行核算。

1.1.7　取得对赌补偿是否需要计算缴纳企业所得税？

问：甲公司于 2017 年 12 月与 B 公司签订一份定向增发协议，约定按 20 元/股价格，定向增发 500 万股、募资资金 1 亿元，同时，甲公司大股东 A 与 B 签订对赌协议，约定甲公司 2018 年审计后利润要达到设定的目标值。2018 年 12 月，甲公司与 B 股东对赌到期，甲公司未完成利润指标，按对赌协议约定，大股东 A 须无偿划转给 B 股东 100 万股。截至 2018 年 12 月，甲公司净资产 6 亿元，股本 7400 万元。

A 公司无偿划转股权能否在企业所得税税前扣除？B 股东取得无偿划转股权是否应计入其取得当期应纳税所得额计算缴纳企业所得税？

答：对赌协议涉税问题的处理，目前并无相关文件明确，唯一能见到的就是海南省的规定。有的倾向于认定 A 公司是一种“捐赠”行为，由于是非公益性捐赠，因此，无偿划转股权产生的支出，不能在企业所得税税前扣除；而 B 股东作为接受对赌协议补偿一方，收到非货币补偿资产（即股权）应计入其当期应纳税所得额计算缴纳企业所得税。

笔者认为，B股东取得该补偿应视为定向增发的一种价格调整，并不是一种所得，无须计入其当期应纳税所得额计算缴纳企业所得税。A公司无偿划转股份同样也不是捐赠，是甲公司未完成约定业绩下，其持有股份价值回归合理、公允状态的一种正常调整。

政策依据：

➤《海南省地方税务局关于对赌协议利润补偿企业所得税相关问题的复函》（琼地税函〔2014〕198号）

海南航空股份有限公司：

你公司《关于对赌协议利润补偿企业所得税相关问题的请示》（琼航财〔2014〕237号）收悉，经研究，现答复如下：

依据《中华人民共和国企业所得税法》及《中华人民共和国企业所得税法实施条例》关于投资资产的相关规定，你公司在该对赌协议中取得的利润补偿可以视为对最初受让股权的定价调整，即收到利润补偿当年调整相应长期股权投资的初始投资成本。

1.1.8 政府主导下，接受其他企业无偿划转的资产，企业所得税应当如何处理？

问：在政府主导下，我公司接收其他企业的供热资产（包括一次管网、二次管网等），同时收到上述单位一并划转的“三供一业”供热业务移交资产改造资金（中央财政负担50%，央企负担30%，移交单位负担20%），我公司在接收资产及改造资金后，委托施工单位进行更新、改造，工程完工后，改造资金多退少补。我单位接收上述资产，企业所得税应如何处理？

答：上述资产区分为货币资产和非货币资产，因为是无偿取得，因此在取得时，应一次性计入当期应纳税所得额，其中，非货币资产应按公允价值计量。

改造接收资产发生的支出，可区分资本化和费用化支出，分别在企业所得税税前扣除。

会计处理时，接收的非货币资产按公允价值计入营业外收入。

政策依据：

➤《中华人民共和国企业所得税法实施条例》（2007年12月6日中华人

民共和国国务院令第 512 号公布，根据 2019 年 4 月 23 日中华人民共和国国务院令第 714 号第一次修订）

第十二条　企业所得税法第六条所称企业取得收入的货币形式，包括现金、存款、应收账款、应收票据、准备持有至到期的债券投资以及债务的豁免等。

企业所得税法第六条所称企业取得收入的非货币形式，包括固定资产、生物资产、无形资产、股权投资、存货、不准备持有至到期的债券投资、劳务以及有关权益等。

第十三条　企业所得税法第六条所称企业以非货币形式取得的收入，应当按照公允价值确定收入额。

➤《国家税务总局关于企业取得财产转让等所得企业所得税处理问题的公告》（国家税务总局公告 2010 年第 19 号）

一、企业取得财产（包括各类资产、股权、债权等）转让收入、债务重组收入、接受捐赠收入、无法偿付的应付款收入等，不论是以货币形式还是非货币形式体现，除另有规定外，均应一次性计入确认收入的年度计算缴纳企业所得税。

二、本公告自发布之日起 30 日后施行。

2008 年 1 月 1 日至本公告施行前，各地就上述收入计算的所得，已分 5 年平均计入各年度应纳税所得额计算纳税的，在本公告发布后，对尚未计算纳税的应纳税所得额，应一次性作为本年度应纳税所得额计算纳税。

1.1.9　有对赌约定的股权转让，收入如何确认？

问：我单位是国有企业，有个全资子公司，是黄金生产企业，该企业名下有一个探矿权证已经过期，正在办理矿权续期手续。2020 年 1 月份，我公司在联合产权交易所挂牌出售其 100% 股权，挂牌价 3 亿元，受让方摘牌后，考虑到所收购股权企业名下矿权存在灭失风险，所以，应收购方要求，双方在产权交易合同中约定，收购方应支付转让价款中的 0.5 亿元，待矿权续期完成后支付。2 月收购方支付了 2.5 亿元，3 月办理完产权变更，剩余的 0.5 亿元待探矿权续期后支付，如无法续期，则收购方不再支付。此种情况下，我公司可否只确认 2.5 亿元股权转让收入？

答：这其实是一个带有对赌性质的转让协议，即：暂估转让价 3 亿元，附带对赌条款——如被转让股权企业矿权未能如期续期，转让价将调整为2.5亿元。如果矿权按期延续，则价格不变。如果是这种操作，则应在转让时，暂估确认3亿元收入；后续矿权未按期延续时，再调整收入，办理退税。当然，这样的税务处理，实务中有争议。支持这样处理的文件，目前所见的就是海南地税局的一个答复文件，供参考。

政策依据：

➢《海南省地方税务局关于对赌协议利润补偿企业所得税相关问题的复函》（琼地税函〔2014〕198号）

海南航空股份有限公司：

你公司《关于对赌协议利润补偿企业所得税相关问题的请示》（琼航财〔2014〕237号）收悉，经研究，现答复如下：

依据《中华人民共和国企业所得税法》及《中华人民共和国企业所得税法实施条例》关于投资资产的相关规定，你公司在该对赌协议中取得的利润补偿可以视为对最初受让股权的定价调整，即收到利润补偿当年调整相应长期股权投资的初始投资成本。

➢《国家税务总局关于贯彻落实企业所得税法若干税收问题的通知》（国税函〔2010〕79号）

三、关于股权转让所得确认和计算问题

企业转让股权收入，应于转让协议生效、且完成股权变更手续时，确认收入的实现。转让股权收入扣除为取得该股权所发生的成本后，为股权转让所得。企业在计算股权转让所得时，不得扣除被投资企业未分配利润等股东留存收益中按该项股权所可能分配的金额。

1.1.10 通过第三方网络平台销售并收款，收款时，平台会扣除手续费，此种情况下，应如何确认收入的金额？

问：我公司通过第三方平台销售服务，客户通过平台购买我公司服务并支付1000元，平台扣去10元手续费，我公司在平台上的账户实际只有990元进账，月底提款到银行账户的也是990元。此种情况下，我公司是应该确认1000元收入，10元计入财务费用，还是只确认990元收入？

答：款项往来与收入确认不必然对等。问题提到的情形，要注意区分收入和费用，无论会计还是税收上，二者均不能相抵。贵公司销售服务成交价格就是1000元，所以，应当按1000元确认收入。平台扣下的10元，实际上是支付给平台的服务费（也可能是佣金，看双方合同约定及业务的具体内容），平台开具相应的发票作为贵公司税前扣除凭证，该支出应计入销售费用中。如果支付的是佣金，税前扣除不能超过合同金额的5%。

政策依据：

➢《财政部、国家税务总局关于企业手续费及佣金支出税前扣除政策的通知》（财税〔2009〕29号）

一、企业发生与生产经营有关的手续费及佣金支出，不超过以下规定计算限额以内的部分，准予扣除；超过部分，不得扣除。

2. 其他企业：按与具有合法经营资格中介服务机构或个人（不含交易双方及其雇员、代理人和代表人等）所签订服务协议或合同确认的收入金额的5%计算限额。

第二节　扣除类

1.2.1　员工提供的话费充值记录截屏能否作为企业所得税税前扣除凭证?

问：A公司应客户要求，在中国移动/联通/电信三大运营商办理客户集团下的手机号码，用于与客户联系。A公司规定：号码只能挂在员工个人名下，同时只能由员工进行充值后报销，但是号码属于公司，员工不能带走私用。A公司与三大运营商沟通确认，由于内部流程及操作的原因，员工在某些平台上充值的金额无法开具充值发票或月结发票，因此这部分费用无法入账在税前扣除，A公司能否以员工提供的话费充值记录的截屏入账报销、税前扣除?

答：A公司为员工报销话费，该支出项目属于增值税应税项目，应当取得发票作为企业所得税税前扣除凭证。贵公司的这种特殊情况，如果确实无法取得发票，只能在接受税务检查时向税务机关解释说明。

政策依据：

➢《国家税务总局关于发布〈企业所得税税前扣除凭证管理办法〉的公

告》（国家税务总局公告2018年第28号）

第九条　企业在境内发生的支出项目属于增值税应税项目（以下简称“应税项目”）的，对方为已办理税务登记的增值税纳税人，其支出以发票（包括按照规定由税务机关代开的发票）作为税前扣除凭证；对方为依法无需办理税务登记的单位或者从事小额零星经营业务的个人，其支出以税务机关代开的发票或者收款凭证及内部凭证作为税前扣除凭证，收款凭证应载明收款单位名称、个人姓名及身份证号、支出项目、收款金额等相关信息。

1.2.2　因双方有争议，购进货物未取得发票，其成本能否在企业所得税税前扣除？

问：2019年，A公司与B公司签订了天然气采购合同（必须经由B公司采购天然气），但因B公司与其上游供气企业C公司发生矛盾，A公司为确保天然气供应不出现问题，征得B公司某领导同意后，直接将款项付给B公司上游公司C，C公司给B公司开具了发票，但B公司未给A公司开具发票，A公司向B公司索要，B公司拒绝开具。在未取得发票的情况下，A公司按照合同约定的金额入账，企业所得税汇算清缴时未做调整。A公司采购天然气发生的支出能否在企业所得税税前扣除？

答：A公司发生的天然气采购支出，应当取得相应的发票作为扣除凭证。如对方拒不开具，可向税务机关举报，由税务机关责令其限期改正、补开发票。汇算清缴期结束前没有取得发票，应纳税调整增加，后期如果A公司取得发票，可以追补至该支出发生年度计算扣除；但追补确认期限不得超过5年。

政策依据：

➤《国家税务总局关于发布〈企业所得税税前扣除凭证管理办法〉的公告》（国家税务总局公告2018年第28号）

第九条　企业在境内发生的支出项目属于增值税应税项目（以下简称“应税项目”）的，对方为已办理税务登记的增值税纳税人，其支出以发票（包括按照规定由税务机关代开的发票）作为税前扣除凭证；对方为依法无需办理税务登记的单位或者从事小额零星经营业务的个人，其支出以税务机关代开的发票或者收款凭证及内部凭证作为税前扣除凭证，收款凭证应载明收款单位名称、个人姓名及身份证号、支出项目、收款金额等相关信息。

第十七条 除发生本办法第十五条规定的情形外，企业以前年度应当取得而未取得发票、其他外部凭证，且相应支出在该年度没有税前扣除的，在以后年度取得符合规定的发票、其他外部凭证或者按照本办法第十四条的规定提供可以证实其支出真实性的相关资料，相应支出可以追补至该支出发生年度税前扣除，但追补年限不得超过五年。

1.2.3 购进不动产未取得发票，其折旧能否在企业所得税税前扣除？

问：A公司购买门市房，合同也签了，房款也结算清了，房子也使用了，但由于开发商原因，发票始终没开出来，这种情况可以把房子记入固定资产并计提折旧么？

答：无论是否取得发票，记入固定资产、计提折旧均可按照会计原则进行判断处理。但该房产计提折旧的税前扣除，要遵从《企业所得税法》的规定。A公司应设法与销售单位沟通，尽早取得发票。否则，会计上计提的折旧，会因无合法扣除凭据而被纳税调增、补税。

政策依据：

➤《国家税务总局关于发布〈企业所得税税前扣除凭证管理办法〉的公告》（国家税务总局公告2018年第28号）

第九条 企业在境内发生的支出项目属于增值税应税项目（以下简称“应税项目”）的，对方为已办理税务登记的增值税纳税人，其支出以发票（包括按照规定由税务机关代开的发票）作为税前扣除凭证；对方为依法无需办理税务登记的单位或者从事小额零星经营业务的个人，其支出以税务机关代开的发票或者收款凭证及内部凭证作为税前扣除凭证，收款凭证应载明收款单位名称、个人姓名及身份证号、支出项目、收款金额等相关信息。

第十七条 除发生本办法第十五条规定的情形外，企业以前年度应当取得而未取得发票、其他外部凭证，且相应支出在该年度没有税前扣除的，在以后年度取得符合规定的发票、其他外部凭证或者按照本办法第十四条的规定提供可以证实其支出真实性的相关资料，相应支出可以追补至该支出发生年度税前扣除，但追补年限不得超过五年。

1.2.4 通过法院从债务方执行回来的货物未取得发票，再次销售时，其成本能否在企业所得税税前扣除？

问： A公司作为债权方取得法院强制执行债务方库存商品，对方企业人员已经失联，无法开具发票，取得执行回来的货物，再次销售时，其成本能否在企业所得税税前扣除？

答： 被法院执行回来的货物，债务方仍是销售方，仍负有开具发票并进行纳税申报的义务。由于该行为本身也是增值税应税行为，根据国家税务总局公告2018年第28号文规定，A公司取得被执行货物，也应取得发票作为企业所得税税前扣除凭证。如果属于28号公告第十四条规定的无法补开发票的情形，可凭该条所明确的资料在企业所得税税前扣除。

笔者认为，如果这批货物对外销售，企业所得税已经确认收入，相应的成本应当允许扣除——这种货物销售，收入与成本是一一对应的，确认了收入，怎么能不确认成本？

政策依据：

➢《国家税务总局关于人民法院强制执行被执行人财产有关税收问题的复函》（国税函〔2005〕869号）

最高人民法院：

你院《关于人民法院依法强制执行拍卖、变卖被执行人财产后，税务部门能否直接向人民法院征收营业税的征求意见稿》（〔2005〕执他字第12号）收悉。经研究，函复如下：

一、人民法院的强制执行活动属司法活动，不具有经营性质，不属于应税行为，税务部门不能向人民法院的强制执行活动征税。

二、无论拍卖、变卖财产的行为是纳税人的自主行为，还是人民法院实施的强制执行活动，对拍卖、变卖财产的全部收入，纳税人均应依法申报缴纳税款。

➢《国家税务总局关于发布〈企业所得税税前扣除凭证管理办法〉的公告》（国家税务总局公告2018年第28号）

第十四条　企业在补开、换开发票、其他外部凭证过程中，因对方注销、撤销、依法被吊销营业执照、被税务机关认定为非正常户等特殊原因无法补开、换开发票、其他外部凭证的，可凭以下资料证实支出真实性后，其支出允许税前扣除：

（一）无法补开、换开发票、其他外部凭证原因的证明资料（包括工商注销、机构撤销、列入非正常经营户、破产公告等证明资料）；

（二）相关业务活动的合同或者协议；

（三）采用非现金方式支付的付款凭证；

（四）货物运输的证明资料；

（五）货物入库、出库内部凭证；

（六）企业会计核算记录以及其他资料。

前款第一项至第三项为必备资料。

1.2.5 共同租入房屋以什么作为税前扣除凭证？

问：A公司承租我公司写字楼，但把其中部分转租给它的另外一家关联企业B公司，并未与我公司重新签署协议。现承租方要求我公司对A、B公司分别开具发票。我公司以B公司未与我公司签署租赁协议为由拒绝开票，我公司给出的建议是A公司开具原始凭证分割单+发票复印件交由B公司记账并税前扣除。原始凭证分割单到底是企业自己开具盖章即可，还是要到税务局开具？如果企业自己开具，是否要到税务局备案才能有效？

答：B公司可以以A公司开具的分割单作为税前扣除凭证，无须税务局开具、无须备案，只要相关资料能证明业务真实即可。

政策依据：

➢《国家税务总局关于发布〈企业所得税税前扣除凭证管理办法〉的公告》（国家税务总局公告2018年第28号）

第十八条 企业与其他企业（包括关联企业）、个人在境内共同接受应纳增值税劳务（以下简称“应税劳务”）发生的支出，采取分摊方式的，应当按照独立交易原则进行分摊，企业以发票和分割单作为税前扣除凭证，共同接受应税劳务的其他企业以企业开具的分割单作为税前扣除凭证。

企业与其他企业、个人在境内共同接受非应税劳务发生的支出，采取分摊方式的，企业以发票外的其他外部凭证和分割单作为税前扣除凭证，共同接受非应税劳务的其他企业以企业开具的分割单作为税前扣除凭证。

第十九条 企业租用（包括企业作为单一承租方租用）办公、生产用房等资产发生的水、电、燃气、冷气、暖气、通讯线路、有线电视、网络等费用，出租方作为应税项目开具发票的，企业以发票作为税前扣除凭证；出租方采取分摊方式的，企业以出租方开具的其他外部凭证作为税前扣除凭证。

1.2.6 原供应商欠发票，注销后新设另一家公司给我公司补开发票是否合规？

问：我公司从A公司购进货物，款项已经支付，货物已经购进，对方一直未开具发票。后因为A公司考虑涉及各种风险，不宜再继续经营，于是，老板将公司注销，又重新注册了B公司，并与我公司协商，由B公司给我公司开具发票。我公司是否应收取该发票，该行为是否存在税务风险？

答：如果业务真实，在对方已经注销且未开具发票的情况下，可根据国家税务总局公告2018年第28号规定，凭相关资料证实支出的真实性，在企业所得税税前扣除，无须取得发票作为企业所得税税前扣除凭证。

A、B两个公司，即使有很强的关联关系（如法人代表系同一人，投资人为同一人），也并不能将各自法定纳税主体及各自纳税义务混同。贵公司从A公司购进货物，根据发票管理办法规定，应当由A公司向贵公司开具发票并作为贵公司企业所得税税前扣除凭证，该业务与B公司无关，不应由B公司开具发票，B公司在与贵公司没有业务的情况下向贵公司开具发票已经涉嫌虚开，有较大风险。

政策依据：

➢《国家税务总局关于发布〈企业所得税税前扣除凭证管理办法〉的公告》（国家税务总局公告2018年第28号）

第十四条　企业在补开、换开发票、其他外部凭证过程中，因对方注销、撤销、依法被吊销营业执照、被税务机关认定为非正常户等特殊原因无法补开、换开发票、其他外部凭证的，可凭以下资料证实支出真实性后，其支出允许税前扣除：

（一）无法补开、换开发票、其他外部凭证原因的证明资料（包括工商注销、机构撤销、列入非正常经营户、破产公告等证明资料）；

（二）相关业务活动的合同或者协议；

（三）采用非现金方式支付的付款凭证；

（四）货物运输的证明资料；

（五）货物入库、出库内部凭证；

（六）企业会计核算记录以及其他资料。

前款第一项至第三项为必备资料。

1.2.7 购进设备未取得发票，其折旧能否在企业所得税税前扣除？

问：我公司从另一家公司收购其厂房内的设备，但是这家公司购进设备时，未取得发票，所以，对方将设备转让给我公司时，也不开具发票，我公司购进该设备，没有取得发票，相应的折旧能否在企业所得税税前扣除？

答：销售货物，无论是否取得发票，在销售时都应当开具发票，并按规定计税。对方因购进时没有取得发票，销售时按适用税率全额计税心有不甘，所以，不愿意开具发票，这样做是不符合规定的，贵公司应当要求对方开具相应的发票。

贵公司购进设备，如果没有取得合法凭据，则相应的折旧不能在企业所得税税前扣除。

政策依据：

➢《国家税务总局关于发布〈企业所得税税前扣除凭证管理办法〉的公告》（国家税务总局公告2018年第28号）

第五条　企业发生支出，应取得税前扣除凭证，作为计算企业所得税应纳税所得额时扣除相关支出的依据。

第六条　企业应在当年度企业所得税法规定的汇算清缴期结束前取得税前扣除凭证。

第九条　企业在境内发生的支出项目属于增值税应税项目（以下简称“应税项目”）的，对方为已办理税务登记的增值税纳税人，其支出以发票（包括按照规定由税务机关代开的发票）作为税前扣除凭证；对方为依法无需办理税务登记的单位或者从事小额零星经营业务的个人，其支出以税务机关代开的发票或者收款凭证及内部凭证作为税前扣除凭证，收款凭证应载明收款单位名称、个人姓名及身份证号、支出项目、收款金额等相关信息。

小额零星经营业务的判断标准是个人从事应税项目经营业务的销售额不超过增值税相关政策规定的起征点。

税务总局对应税项目开具发票另有规定的，以规定的发票或者票据作为税前扣除凭证。

第十六条 企业在规定的期限未能补开、换开符合规定的发票、其他外部凭证，并且未能按照本办法第十四条的规定提供相关资料证实其支出真实性的，相应支出不得在发生年度税前扣除。

1.2.8 支付临时用工劳务费，是以发票还是以工资表作为税前扣除凭证？

问：我公司是物业公司，支付临时用工劳务费，是以发票还是工资表作为税前扣除凭证？发工资却未交社保，该部分工资支出能否在企业所得税税前扣除？支付兼职人员工资呢？支付物业管理人员工资时，直接计入“管理费用——物业费”，这部分工资是否计入工资薪金支出作为“三费”缴费基数？

答：不论称呼如何（临时工，还是兼职人员），如果用人单位与该临时工构成劳动关系或者事实劳动关系，则根据财税〔2016〕36号文规定，单位或者个体工商户聘用的员工为本单位或者雇主提供取得工资的服务不征增值税，同时，根据国家税务总局2018年28号公告的规定，支出项目不属于增值税应税范围的，无须取得发票作为扣除凭证，因此，此种情况下，应以工资表等内容凭证作为扣除凭证。签订劳动合同，即构成劳动关系，没有签订劳动合同，但属于劳社部发〔2005〕12号规定情形的，应判定构成劳动关系。

未构成劳动关系，是提供劳务，属于增值税应税行为，支付劳务费时，应当取得发票作为税前扣除凭证。

是否缴纳社保并不是企业所得税税前扣除的先决条件，只要相应的工资支出符合国税函〔2009〕3号规定的要求，即使没有缴纳社保，也可以在企业所得税税前扣除。

支付工资未通过“应付职工薪金”科目核算，只要属于《企业所得税法》规定的工资支出，就可以扣除且可以计入“三费”缴费基数。

政策依据：

➢《关于确立劳动关系有关事项的通知》（劳社部发〔2005〕12号）

一、用人单位招用劳动者未订立书面劳动合同，但同时具备下列情形的，劳动关系成立。

（一）用人单位和劳动者符合法律、法规规定的主体资格；

（二）用人单位依法制定的各项劳动规章制度适用于劳动者，劳动者受用人单位的劳动管理，从事用人单位安排的有报酬的劳动；

（三）劳动者提供的劳动是用人单位业务的组成部分。

二、用人单位未与劳动者签订劳动合同，认定双方存在劳动关系时可参照下列凭证：

（一）工资支付凭证或记录（职工工资发放花名册）、缴纳各项社会保险费的记录；

（二）用人单位向劳动者发放的“工作证”“服务证”等能够证明身份的证件；

（三）劳动者填写的用人单位招工招聘“登记表”“报名表”等招用记录；

（四）考勤记录；

（五）其他劳动者的证言等。

其中，（一）、（三）、（四）项的有关凭证由用人单位负举证责任。

➤《财政部 国家税务总局关于全面推开营业税改征增值税试点的通知》（财税〔2016〕36号）附件1《营业税改征增值税试点实施办法》

第十条　销售服务、无形资产或者不动产，是指有偿提供服务、有偿转让无形资产或者不动产，但属于下列非经营活动的情形除外：

（二）单位或者个体工商户聘用的员工为本单位或者雇主提供取得工资的服务。

➤《中华人民共和国企业所得税法实施条例》（2007年12月6日中华人民共和国国务院令第512号公布，根据2019年4月23日中华人民共和国国务院令第714号第一次修订）

第三十四条　企业发生的合理的工资薪金支出，准予扣除。

前款所称工资薪金，是指企业每一纳税年度支付给在本企业任职或者受雇的员工的所有现金形式或者非现金形式的劳动报酬，包括基本工资、奖金、津贴、补贴、年终加薪、加班工资，以及与员工任职或者受雇有关的其他支出。

➤《国家税务总局关于企业工资薪金及职工福利费扣除问题的通知》（国税函〔2009〕3号）

一、关于合理工资薪金问题

《实施条例》第三十四条所称的“合理工资薪金”，是指企业按照股东大会、董事会、薪酬委员会或相关管理机构制订的工资薪金制度规定实际发放给员工的工资薪金。税务机关在对工资薪金进行合理性确认时，可按以下原则掌握：

（一）企业制订了较为规范的员工工资薪金制度；

（二）企业所制订的工资薪金制度符合行业及地区水平；

（三）企业在一定时期所发放的工资薪金是相对固定的，工资薪金的调整是有序进行的；

（四）企业对实际发放的工资薪金，已依法履行了代扣代缴个人所得税义务；

（五）有关工资薪金的安排，不以减少或逃避税款为目的。

➢《国家税务总局关于企业所得税应纳税所得额若干税务处理问题的公告》（国家税务总局公告 2012 年第 15 号）

一、关于季节工、临时工等费用税前扣除问题

企业因雇用季节工、临时工、实习生、返聘离退休人员以及接受外部劳务派遣用工所实际发生的费用，应区分为工资薪金支出和职工福利费支出，并按《企业所得税法》规定在企业所得税前扣除。其中属于工资薪金支出的，准予计入企业工资薪金总额的基数，作为计算其他各项相关费用扣除的依据。

1.2.9 因违反劳动法支付给员工两倍的工资赔偿能否在企业所得税税前扣除？

问：公司因未与员工签订劳动合同被员工诉至法院，法院判决我公司支付员工两倍工资补偿，该补偿计入营业外支出，企业所得税汇算清缴时需要纳税调增吗？

答：该补偿支出属于按照经济合同规定支付的违约金、罚款，能够在企业所得税税前扣除。

政策依据：

➢《中华人民共和国劳动合同法》（1994 年 7 月 5 日中华人民共和国主席令第二十八号公布，根据 2018 年 12 月 29 日中华人民共和国主席令第二十四号第二次修正）

第八十二条　不订立书面劳动合同的法律责任

用人单位自用工之日起超过一个月不满一年未与劳动者订立书面劳动合同的，应当向劳动者每月支付二倍的工资。用人单位违反本法规定不与劳动者订立无固定期限劳动合同的，自应当订立无固定期限劳动合同之日起向劳动者每月支付二倍的工资。

➢《中华人民共和国企业所得税法》（由中华人民共和国第十届全国人民代表大会第五次会议于 2007 年 3 月 16 日通过。2017 年 2 月 24 日第十二届全

国人民代表大会常务委员会第二十六次会议《关于修改〈中华人民共和国企业所得税法〉的决定》修正），根据2018年12月29日第十三届全国人民代表大会常务委员会第七次会议《关于修改〈中华人民共和国电力法〉等四部法律的决定》第二次修正）

第十条　在计算应纳税所得额时，下列支出不得扣除：

（四）罚金、罚款和被没收财物的损失；

➤《中华人民共和国企业所得税年度纳税申报表（A类，2017年版）》部分表单及填报说明（2019年修订）

A105000《纳税调整项目明细表》填报说明：

一、有关项目填报说明

（二）扣除类调整项目

19. 第19行"（七）罚金、罚款和被没收财物的损失"：第1列"账载金额"填报纳税人会计核算计入当期损益的罚金、罚款和被没收财物的损失，不包括纳税人按照经济合同规定支付的违约金（包括银行罚息）、罚款和诉讼费。第3列"调增金额"填报第1列金额。

1.2.10　为员工负担的个人所得税能否在企业所得税税前扣除?

问：公司与员工签订的劳动合同中约定工资报酬为税后，相应的个人所得税由公司承担。公司为员工承担的个人所得税，能否在企业所得税税前扣除?

答：为个人负担的个人所得税款，如果直接在管理费中列支，不能在企业所得税税前扣除。同时，这种安排还要将负担的个人所得税款还原成含税所得，计算应预扣预缴的个人所得税（如已经还原计算则无此问题）。

解决办法：把不含税收入还原成含税收入，按含税收入在相应的成本费用中计提，支付时，预扣预缴相应的个人所得税。也就是说，不是直接列支应负担的个人所得税款，而是将其包含在正常的工资成本或费用中扣除。

类似的还有：支付个人劳务费，签订合同约定的也是税后，如果直接在管理费中列支为个人负担的个人所得税款，则不能在企业所得税税前扣除。解决方法同上。

政策依据：

➤《关于雇主为雇员承担全年一次性奖金部分税款有关个人所得税计算方法问题的公告》（国家税务总局公告2011年第28号）

四、雇主为雇员负担的个人所得税款，应属于个人工资薪金的一部分。凡单独作为企业管理费列支的，在计算企业所得税时不得税前扣除。

1.2.11 支付试用期员工工资如何在企业所得税税前扣除?

问：公司新聘员工数名，试用期3个月，支付试用期员工工资如何在企业所得税税前扣除？

答：根据《中华人民共和国劳动合同法》第十条、第十九条、第八十二条和《中华人民共和国劳动合同法实施条例》第四条至第七条的规定，用人单位自用工之日起就应当与劳动者签订劳动合同，试用期包含在劳动合同期限内。因此，即使是试用期，员工也与所任职单位构成劳动关系，企业支付给试用期的员工报酬应按工资薪金支出在企业所得税税前扣除，扣除时，以工资表等相关资料作为扣除凭证。

政策依据：

➢《中华人民共和国劳动合同法》（1994年7月5日中华人民共和国主席令第二十八号公布，根据2018年12月29日中华人民共和国主席令第二十四号第二次修正）

第十条　订立书面劳动合同

建立劳动关系，应当订立书面劳动合同。已建立劳动关系，未同时订立书面劳动合同的，应当自用工之日起1个月内订立书面劳动合同。用人单位与劳动者在用工前订立劳动合同的，劳动关系自用工之日起建立。

第十九条　试用期

劳动合同期限3个月以上不满1年的，试用期不得超过1个月；劳动合同期限1年以上不满3年的，试用期不得超过2个月；3年以上固定期限和无固定期限的劳动合同，试用期不得超过6个月。同一用人单位与同一劳动者只能约定一次试用期。以完成一定工作任务为期限的劳动合同或者劳动合同期限不满3个月的，不得约定试用期。试用期包含在劳动合同期限内。劳动合同仅约定试用期的，试用期不成立，该期限为劳动合同期限。

第八十二条　不订立书面劳动合同的法律责任

用人单位自用工之日起超过1个月不满1年未与劳动者订立书面劳动合同的，应当向劳动者每月支付2倍的工资。用人单位违反本法规定不与劳动者订立无固定期限劳动合同的，自应当订立无固定期限劳动合同之日起向劳动者每月支付2倍的工资。

1.2.12　单位替员工个人缴纳的“五险一金”是否可以作为福利费税前扣除计算基数?

问：单位为员工个人缴纳的“五险一金”是否可以作为福利费税前扣除计算基数?

答：不可以。福利费税前扣除计算基数是指本年度实际支付给在本企业任职或者受雇的员工的所有现金形式或非现金形式的劳动报酬。单位为员工个人缴纳的“五险一金”属于各类基本社会保障性缴款，通过《A105050职工薪酬支出及纳税调整明细表》第8行申报调整。

政策依据：

➢《中华人民共和国企业所得税法实施条例》(2007年12月6日中华人民共和国国务院令第512号公布，根据2019年4月23日中华人民共和国国务院令第714号第一次修订)

第三十四条　企业发生的合理的工资薪金支出，准予扣除。

前款所称工资薪金，是指企业每一纳税年度支付给在本企业任职或者受雇的员工的所有现金形式或者非现金形式的劳动报酬，包括基本工资、奖金、津贴、补贴、年终加薪、加班工资，以及与员工任职或者受雇有关的其他支出。

第四十条　企业发生的职工福利费支出，不超过工资薪金总额14%的部分，准予扣除。

➢《中华人民共和国企业所得税年度纳税申报表》(A类，2019年版)填报说明

一、有关项目填报说明

1. 第1行“一、工资薪金支出”：填报纳税人本年度支付给在本企业任职或者受雇的员工的所有现金形式或非现金形式的劳动报酬及其会计核算、纳税调整等金额，具体如下：……。

1.2.13　用于职工福利的固定资产，其折旧如何在企业所得税税前扣除?

问：我公司有宿舍楼(用作夜班员工及离家较远职工临时住宿)，食堂炊

事机械、消毒柜、浴室等用于职工福利的固定资产，这类固定资产的折旧是不是要计入职工福利费限额扣除？

答：这个问题实务界一直有争议，各地税务机关处理的口径也不太一样，但一般认为，福利费允许列支的设备、设施费用，应当不包括房屋建筑物及固定资产的折旧支出。

以下为一些地区的执行口径，供参考。

➢ 广东口径：

问：我单位自建一栋员工宿舍楼供员工住宿，属于公司固定资产，该宿舍楼折旧费用是否应该计入职工福利费？

广东国税 12366 纳税服务热线回复：您好！如作为固定资产的房屋，可用计提折旧的方式在当期费用中列支，不存在按固定资产折旧方式计入福利费这种列支方式。上述回复仅供参考，感谢您对本网站的支持！

➢ 大连口径：

问：用于食堂的购入固定资产计提折旧是计入管理费用科目还是应付福利费科目？

答：用于食堂的购入固定资产计提折旧是计入管理费用科目还是应付福利费科目，应该按照会计规定执行，不是税法规范的内容。至于食堂的固定资产折旧是直接税前扣除还是计入福利费，按照《国家税务总局关于企业工资薪金及职工福利费扣除问题的通知》（国税函〔2009〕3 号）规定：尚未实行分离办社会职能的企业，其内设福利部门所发生的设备、设施和人员费用，包括职工食堂、职工浴室、理发室、医务所、托儿所、疗养院等集体福利部门的设备、设施及维修保养费用和福利部门工作人员的工资薪金、社会保险费、住房公积金、劳务费等。文件没规定食堂的固定资产折旧要计入福利费范围，因此可以直接税前扣除。

1.2.14 个人在异地缴纳社保费能否在企业所得税税前扣除？

问：我公司注册地在北京，一名员工，其档案存放在天津人力资源中心，社保由个人在天津缴纳，我公司凭这名员工提供的个人缴纳社保的发票（收据）报销入账，该笔支出能否在企业所得税税前扣除？

答：单位依法为员工按标准缴纳的社保，能够在企业所得税税前扣除。本问题中，单位做法与社保规定不符，根据社保法的规定，这种情况下，应当办理保险关系转移手续，即员工需要将社保缴费地从天津迁移到北京，保险关系转移后，单位在北京为员工缴纳社保并在企业所得税税前扣除。

类似于这种员工在异地缴纳社保，实务中很常见，笔者认为，从税法的本意来说，不论是从什么地方缴纳的社保，只要没有超过国务院有关主管部门或者省级人民政府规定的范围和标准，就应当可以在企业所得税前扣除，但有的地方税务机关不认可，要求缴费单位与支付工资单位一致才能在税前扣除。

政策依据：

➢《中华人民共和国社会保险法》（2010 年 10 月 28 日中华人民共和国主席令第三十五号公布，根据 2018 年 12 月 29 日中华人民共和国主席令第二十五号修正）

第十九条　个人跨统筹地区就业的，其基本养老保险关系随本人转移，缴费年限累计计算。个人达到法定退休年龄时，基本养老金分段计算、统一支付。具体办法由国务院规定。

第五十八条　用人单位应当自用工之日起 30 日内为其职工向社会保险经办机构申请办理社会保险登记。未办理社会保险登记的，由社会保险经办机构核定其应当缴纳的社会保险费。

第六十条　用人单位应当自行申报、按时足额缴纳社会保险费，非因不可抗力等法定事由不得缓缴、减免。职工应当缴纳的社会保险费由用人单位代扣代缴，用人单位应当按月将缴纳社会保险费的明细情况告知本人。

无雇工的个体工商户、未在用人单位参加社会保险的非全日制从业人员以及其他灵活就业人员，可以直接向社会保险费征收机构缴纳社会保险费。

➢《中华人民共和国企业所得税法实施条例》（2007 年 12 月 6 日中华人民共和国国务院令第 512 号公布，根据 2019 年 4 月 23 日中华人民共和国国务院令第 714 号第一次修订）

第三十五条　企业依照国务院有关主管部门或者省级人民政府规定的范围和标准为职工缴纳的基本养老保险费、基本医疗保险费、失业保险费、工伤保险费、生育保险费等基本社会保险费和住房公积金，准予扣除。

企业为投资者或者职工支付的补充养老保险费、补充医疗保险费，在国务院财政、税务主管部门规定的范围和标准内，准予扣除。

1.2.15 支付员工的私车公用费用如何在企业所得税税前扣除？

问：公司与员工签订租车合同，凭员工从邮局代开的租车发票入账，同时为员工报销相应的燃油费、过路（桥）费和停车费，上述支付给员工的费用能否在企业所得税税前扣除？如果是领导的私车公用，不支付租金，但是每个月为其报销的燃油费、过路（桥）费和停车费，能否在企业所得税税前扣除？向员工支付私车公用的相关费用是否需要按工资薪金所得预扣预缴个人所得税？

答：单位租赁个人车辆，向个人支付租金，取得合法扣除凭证，相关出行资料、管理审核资料能够证明业务真实且用于公务，应当能够在企业所得税税前扣除。

租车使用过程中，实际发生的燃油费、过路（桥）费、停车费，与租车费一道计入相关成本费用，相关出行资料、管理审核资料能够证明业务真实且用于公务，应当能够在企业所得税税前扣除。

根据《个人所得税法》的相关规定，员工个人将车辆出租给单位，取得财产租赁所得，单位在向个人支付所得时应当按租赁所得代扣代缴相应的个人所得税。实际因公务发生的燃油费、过路（桥）费、停车费，并非个人所得，所以无须代扣代缴个人所得税。

但是，如果相关资料不能佐证上述费用的真实性及合理性，则有可能被认定为属于个人应负担的支出，而不允许企业所得税税前扣除；同时，还会被认定为个人有所得而会被要求合并其当月工资薪金计算代扣个人所得税。

政策依据：

➤《中华人民共和国企业所得税法》（2007 年 3 月 16 日中华人民共和国主席令第六十三号公布，根据 2018 年 12 月 29 日第十三届全国人民代表大会常务委员会第七次会议《关于修改〈中华人民共和国电力法〉等四部法律的决定》第二次修正）

第八条　企业实际发生的与取得收入有关的、合理的支出，包括成本、费用、税金、损失和其他支出，准予在计算应纳税所得额时扣除。

第十条　在计算应纳税所得额时，下列支出不得扣除：

（八）与取得收入无关的其他支出。

➤《国家税务总局关于发布〈企业所得税税前扣除凭证管理办法〉的公

告》（国家税务总局公告2018年第28号）

第十二条　企业取得私自印制、伪造、变造、作废、开票方非法取得、虚开、填写不规范等不符合规定的发票（以下简称“不合规发票”），以及取得不符合国家法律、法规等相关规定的其他外部凭证（以下简称“不合规其他外部凭证”），不得作为税前扣除凭证。

➢《国家税务总局关于进一步加强普通发票管理工作的通知》（国税发〔2008〕80号）

八、加强日常监督，打击不法活动

（二）落实管理和处罚规定。在日常检查中发现纳税人使用不符合规定发票特别是没有填开付款方全称的发票，不得允许纳税人用于税前扣除、抵扣税款、出口退税和财务报销。对应开不开发票、虚开发票、制售假发票、非法代开发票，以及非法取得发票等违法行为，应严格按照《中华人民共和国发票管理办法》的规定处罚；有偷逃骗税行为的，依照《中华人民共和国税收征收管理法》的有关规定处罚；情节严重触犯刑律的，移送司法机关依法处理。

1.2.16　员工出差办理出国签证费用能否在企业所得税税前扣除？

问：员工因公出差去美国，使用支付宝支付办理签证的费用，付款后取得签证信息回执（含签证类别、申请人信息、及签证缴费金额），无中信银行代收签证费收据，可否税前扣除？

答：因公出差支付的签证费，属于与企业取得收入有关的、合理的支出，因此，能够在企业所得税税前扣除。美国政府不是中国增值税的纳税人，因此，支付美国驻华使馆的费用不属于增值税的征税范围，无须代扣增值税，可按2018年28号公告要求，以具有发票性质的收款凭证、相关税费缴纳凭证作为税前扣除凭证。支付中介机构的代理费应当取得代理机构开具的发票作为税前扣除凭证。

政策依据：

➢《中华人民共和国企业所得税法》（2007年3月19日中华人民共和国主席令第二十三号公布，根据2018年12月29日第十三届全国人民代表大会常务委员会第七次会议《关于修改〈中华人民共和国电力法〉等四部法律的决定》第二次修正）

第八条　企业实际发生的与取得收入有关的、合理的支出，包括成本、费用、税金、损失和其他支出，准予在计算应纳税所得额时扣除。

➤《国家税务总局关于发布〈企业所得税税前扣除凭证管理办法〉的公告》（国家税务总局公告2018年第28号）

第四条　税前扣除凭证在管理中遵循真实性、合法性、关联性原则。真实性是指税前扣除凭证反映的经济业务真实，且支出已经实际发生；合法性是指税前扣除凭证的形式、来源符合国家法律、法规等相关规定；关联性是指税前扣除凭证与其反映的支出相关联且有证明力。

第十一条　企业从境外购进货物或者劳务发生的支出，以对方开具的发票或者具有发票性质的收款凭证、相关税费缴纳凭证作为税前扣除凭证。

➤《国家税务总局关于在境外提供建筑服务等有关问题的公告》（国家税务总局公告2016年第69号）

七、纳税人提供签证代理服务，以取得的全部价款和价外费用，扣除向服务接受方收取并代为支付给外交部和外国驻华使（领）馆的签证费、认证费后的余额为销售额。向服务接受方收取并代为支付的签证费、认证费，不得开具增值税专用发票，可以开具增值税普通发票。

1.2.17　单位为出差人员购买人身意外险能否在企业所得税税前扣除？

问：单位为出差人员购买人身意外险，能否在企业所得税税前扣除？

答：根据国家税务总局公告2016年第80号文件要求，只有乘坐交通工具同时购买的人身意外险才可以作为差旅费在企业所得税税前全额扣除，如乘坐飞机购买的航空意外险等。购买其他商业保险发生的支出，除《企业所得税法实施条例》第三十六条规定可以扣除的之外，不能在企业所得税税前扣除。

政策依据：

➤《中华人民共和国企业所得税法实施条例》（2007年12月6日中华人民共和国国务院令第512号公布，根据2019年4月23日中华人民共和国国务院令第714号第一次修订）

第三十六条　除企业依照国家有关规定为特殊工种职工支付的人身安全保险费和国务院财政、税务主管部门规定可以扣除的其他商业保险费外，企业为投资者或者职工支付的商业保险费，不得扣除。

➢《国家税务总局关于企业所得税有关问题的公告》（国家税务总局公告2016年第80号）

一、关于企业差旅费中人身意外保险费支出税前扣除问题

企业职工因公出差乘坐交通工具发生的人身意外保险费支出，准予企业在计算应纳税所得额时扣除。

1.2.18　为员工计提的互助基金能否在企业所得税税前扣除?

问：公司成立互助基金会，每月按20元/人的标准划转到专门账户，该支出计入了管理费用，归集的资金用于关爱平时遇到特殊困难的员工，该支出没有发票，只有内部凭证，能否作为福利费在企业所得税税前限额扣除？

答：计提的互助基金，在汇算清缴时，应就未实际支出部分纳税调整增加；实际支付给有特殊困难员工的支出，可作为职工福利费在企业所得税税前限额扣除。实际支付部分应当凭审批及当事人签收救助款的相关手续作为入账及企业所得税税前扣除凭据。

职工个人取得的这部分救助金属于《中华人民共和国个人所得税法》规定的免征范围，无须申报或由单位代扣代缴个人所得税。

政策依据：

➢《国家税务总局关于企业工资薪金及职工福利费扣除问题的通知》（国税函〔2009〕3号）

三、关于职工福利费扣除问题

《企业所得税法实施条例》第四十条规定的企业职工福利费，包括以下内容：

（一）尚未实行分离办社会职能的企业，其内设福利部门所发生的设备、设施和人员费用，包括职工食堂、职工浴室、理发室、医务所、托儿所、疗养院等集体福利部门的设备、设施及维修保养费用和福利部门工作人员的工资薪金、社会保险费、住房公积金、劳务费等。

（二）为职工卫生保健、生活、住房、交通等所发放的各项补贴和非货币性福利，包括企业向职工发放的因公外地就医费用、未实行医疗统筹企业职工医疗费用、职工供养直系亲属医疗补贴、供暖费补贴、职工防暑降温费、职工困难补贴、救济费、职工食堂经费补贴、职工交通补贴等。

（三）按照其他规定发生的其他职工福利费，包括丧葬补助费、抚恤费、

安家费、探亲假路费等。

➢《中华人民共和国个人所得税法》（1980年9月10日五届全国人民代表大会第三次会议通过，根据2018年8月31日第十三届全国人民代表大会常务委员会第五次会议《关于修改〈中华人民共和国个人所得税法〉的决定》第七次修正）

第四条　下列各项个人所得，免征个人所得税：

（一）省级人民政府、国务院部委和中国人民解放军军以上单位，以及外国组织、国际组织颁发的科学、教育、技术、文化、卫生、体育、环境保护等方面的奖金；

（二）国债和国家发行的金融债券利息；

（三）按照国家统一规定发给的补贴、津贴；

（四）福利费、抚恤金、救济金；

（五）保险赔款；

（六）军人的转业费、复员费、退役金；

（七）按照国家统一规定发给干部、职工的安家费、退职费、基本养老金或者退休费、离休费、离休生活补助费；

（八）依照有关法律规定应予免税的各国驻华使馆、领事馆的外交代表、领事官员和其他人员的所得；

（九）中国政府参加的国际公约、签订的协议中规定免税的所得；

（十）国务院规定的其他免税所得。

前款第十项免税规定，由国务院报全国人民代表大会常务委员会备案。

➢《中华人民共和国个人所得税法实施条例》（1994年1月28日中华人民共和国国务院令第142号发布，根据2018年12月18日中华人民共和国国务院令第707号第四次修订）

第十一条　《个人所得税法》第四条第一款第四项所称福利费，是指根据国家有关规定，从企业、事业单位、国家机关、社会组织提留的福利费或者工会经费中支付给个人的生活补助费；所称救济金，是指各级人民政府民政部门支付给个人的生活困难补助费。

➢《国家税务总局关于生活补助费范围确定问题的通知》（国税发〔1998〕155号）

近据一些地区反映，《中华人民共和国个人所得税法实施条例》第十四条所说的从福利费或者工会经费中支付给个人的生活补助费，由于缺乏明确的范围，在实际执行中难以具体界定，各地掌握尺度不一，须统一明确规定，以利执行。经研究，现明确如下：

一、上述所称生活补助费，是指由于某些特定事件或原因而给纳税人本人或其家庭的正常生活造成一定困难，其任职单位按国家规定从提留的福利费或者工会经费中向其支付的临时性生活困难补助。

二、下列收入不属于免税的福利费范围，应当并入纳税人的工资、薪金收入计征个人所得税：

（一）从超出国家规定的比例或基数计提的福利费、工会经费中支付给个人的各种补贴、补助；

（二）从福利费和工会经费中支付给本单位职工的人人有份的补贴、补助；

（三）单位为个人购买汽车、住房、电子计算机等不属于临时性生活困难补助性质的支出。

1.2.19 团建活动支出如何在企业所得税税前扣除?

问：企业组织团建活动发生的支出是按福利费还是职工教育经费在企业所得税税前扣除?

答：根据财建〔2006〕317 号文件规定，职工教育经费支出，一般是指企业对员工所进行的、与其工作岗位职责直接相关的知识、技能培训支出。企业组织团建活动，一般是指企业为增强企业凝聚力、增加部门及员工间的互相了解而举办的各类活动，如：拓展训练、外出游玩、聚餐、K 歌等，这些团建活动涉及的费用支出，一般都不属于职工教育经费的列支范围，而是属于福利费支出的范围。职工福利费支出与职工教育经费支出，范围不同，企业所得税税前允许扣除的比例也不同，发生团建支出，应区分不同内容，分类申报扣除。

需要注意的是，列支团建费，如果涉及人人有份的现金或实物福利，如组织员工旅游、在团建活动中给员工发放礼品，企业还负有个人所得税扣缴义务，应按规定代扣代缴或预扣预缴个人所得税。

政策依据：

➤《国家税务总局关于企业工资薪金及职工福利费扣除问题的通知》（国税函〔2009〕3 号）

三、关于职工福利费扣除问题

《企业所得税法实施条例》第四十条规定的企业职工福利费，包括以下内容：

（一）尚未实行分离办社会职能的企业，其内设福利部门所发生的设备、设施和人员费用，包括职工食堂、职工浴室、理发室、医务所、托儿所、疗养院等集体福利部门的设备、设施及维修保养费用和福利部门工作人员的工资薪金、社会保险费、住房公积金、劳务费等。

（二）为职工卫生保健、生活、住房、交通等所发放的各项补贴和非货币性福利，包括企业向职工发放的因公外地就医费用、未实行医疗统筹企业职工医疗费用、职工供养直系亲属医疗补贴、供暖费补贴、职工防暑降温费、职工困难补贴、救济费、职工食堂经费补贴、职工交通补贴等。

（三）按照其他规定发生的其他职工福利费，包括丧葬补助费、抚恤费、安家费、探亲假路费等。

➢《关于企业职工教育经费提取与使用管理的意见》（财建〔2006〕317号）

三、切实保证企业职工教育培训经费足额提取及合理使用

（五）企业职工教育培训经费列支范围包括：

1. 上岗和转岗培训；
2. 各类岗位适应性培训；
3. 岗位培训、职业技术等级培训、高技能人才培训；
4. 专业技术人员继续教育；
5. 特种作业人员培训；
6. 企业组织的职工外送培训的经费支出；
7. 职工参加的职业技能鉴定、职业资格认证等经费支出；
8. 购置教学设备与设施；
9. 职工岗位自学成才奖励费用；
10. 职工教育培训管理费用；
11. 有关职工教育的其他开支。

1.2.20 为本单位以外的人员报销差旅费能否在企业所得税税前扣除？

问：A公司与个人之间签订服务合同，合同约定A公司购买该个人提供的服务，同时负担该个人提供服务过程中所发生的差旅费，类似于这种为本单位

以外的人员报销差旅费，能否在A公司企业所得税税前扣除？

答：并没有文件直接规定为本单位以外人员报销差旅费不能税前扣除，各地做法不同：

一种执行口径是：为非本单位员工报销的差旅费判定为与取得收入无关的支出而不允许税前扣除。

另一种执行口径是：只要约定提供服务发生的差旅费由购买方承担的，且列支的差旅费与取得收入有关，就可以在企业所得税税前扣除；同时，为个人报销的差旅费不属于个人所得，无须代扣个人所得税。

笔者认为，为本单位以外人员报销差旅费，如果业务真实、取得发票且双方合同约定由该单位承担的，能够在企业所得税税前扣除。

政策依据：

➤《国家税务总局关于发布〈企业所得税税前扣除凭证管理办法〉的公告》（国家税务总局公告2018年第28号）

第二条　本办法所称税前扣除凭证，是指企业在计算企业所得税应纳税所得额时，证明与取得收入有关的、合理的支出实际发生，并据以税前扣除的各类凭证。

1.2.21　公司聘请外部专家参加项目评审并向专家支付相应的费用，应当如何入账及税前扣除？

问：公司聘请外部专家参加项目评审并向专家支付相应费用，应当如何入账及税前扣除？

答：聘请外部专家发生的劳务费借记相关成本、费用科目，贷记“银行存款”或“现金”科目，如超过增值税按次起征点（如500元），则需要到税务机关代开发票作为企业所得税税前扣除凭证，如果未超过按次的增值税起征点，则可以以内部凭证作为扣除凭证。收款凭证应载明收款单位名称、个人姓名及身份证号、支出项目、收款金额等相关信息。支付劳务费时，应按《中华人民共和国个人所得税法》的规定预扣预缴劳务报酬个人所得税。

政策依据：

➤《国家税务总局关于发布〈企业所得税税前扣除凭证管理办法〉的公告》（国家税务总局公告2018年第28号）

第九条　企业在境内发生的支出项目属于增值税应税项目（以下简称

“应税项目”）的，对方为已办理税务登记的增值税纳税人，其支出以发票（包括按照规定由税务机关代开的发票）作为税前扣除凭证；对方为依法无须办理税务登记的单位或者从事小额零星经营业务的个人，其支出以税务机关代开的发票或者收款凭证及内部凭证作为税前扣除凭证，收款凭证应载明收款单位名称、个人姓名及身份证号、支出项目、收款金额等相关信息。

……

1.2.22 跨年报销费用是否需要进行纳税调整？

问：12 月份开具的发票，跨年报销是否需要所得税纳税调整？类似问题还有，2019 年底的维修工程，当时已预开 2019 年的专用发票，现在工程完工，可否用这张发票走账计入 2020 年费用并税前扣除？有的员工长期在外出差，有部分发票年底之前不能及时报销，来年还能再报销并在报销年度税前扣除吗？还是先做预提，次年收到发票后再冲预提呢？

答：发生的费用是否能在当期扣除，需要满足两个条件：一是要取得合法扣除凭证；另一个就是要看该费用是否属于当期。是否属于当期，不是仅看发票开具或取得的时间（发票时间只是判断的一个因素），还要根据《企业所得税法》相关规定判定（有的情况下是权责发生制，有的情况下是收付实现制）。2019 年发生的费用，只要在 2020 年汇算清缴期前取得相应的扣除凭证，应当且可以在 2019 年扣除。

个人认为，从企业所得税角度来说，如果金额不大，年末发生的费用，按企业自身的报销惯例进行处理，在次年税前扣除不是大问题。也就是说，问题中的差旅费虽然发生在 A 年，发票是 A 年开具的，但次年才入账报销，如果金额不大，该支出在次年扣除也不是太大问题，没有调整的必要。

政策依据：

➢《中华人民共和国企业所得税法实施条例》（2007 年 12 月 6 日中华人民共和国国务院令第 512 号公布，根据 2019 年 4 月 23 日中华人民共和国国务院令第 714 号第一次修订）

第九条　企业应纳税所得额的计算，以权责发生制为原则，属于当期的收入和费用，不论款项是否收付，均作为当期的收入和费用；不属于当期的收入和费用，即使款项已经在当期收付，均不作为当期的收入和费用。本条例和国务院财政、税务主管部门另有规定的除外。

1.2.23 替出租方承担其租赁收入相关税费能否在企业所得税税前扣除?

问: 租赁个人房屋，替出租方承担其租赁收入相关税费能否在企业所得税税前扣除?

答: 根据国家税务总局公告2018年第28号第四条规定，税前扣除凭证要遵循关联性原则，也就是说，取得的扣除凭证与该凭证反映的支出是相关联的。出租方出租房屋，是出租收入相关税费的法定纳税义务人，相应的完税凭证只与出租方的支出相关联，而与租入方支出无关，因此，以出租方名义缴纳的相关税费的完税凭证并不能作为租入方的税前扣除凭证。如果按不含税价到税务机关代开发票、替房主负担相关税费并以相关税费完税凭证入账，则替出租方缴纳的相关税费在企业所得税税前扣除会存在问题。

为避免这一问题，可以在签订合同时，将支付给房主的不含税价还原成含税价约定租金，并按此金额到税务机关代开发票，这样，代开的发票金额已经包含了出租方所应缴纳的相关税费，在企业所得税税前扣除没有任何问题。如果已经替出租方缴纳了税款、并取得了完税凭证，则应当换成含税金额，就差额部分重新要求出租方到税务机关代开发票作为税前扣除凭证。

政策依据:

➢《国家税务总局关于发布〈企业所得税税前扣除凭证管理办法〉的公告》(国家税务总局公告2018年第28号)

第四条 税前扣除凭证在管理中遵循真实性、合法性、关联性原则。真实性是指税前扣除凭证反映的经济业务真实，且支出已经实际发生；合法性是指税前扣除凭证的形式、来源符合国家法律、法规等相关规定；关联性是指税前扣除凭证与其反映的支出相关联且有证明力。

1.2.24 汽车4S店为客户承担购置税、保险、上牌等费用，应当如何入账及税前扣除?

问: 我公司是汽车4S店，为促进销售，公司搞了一次为客户提供零首付、零费用大型活动，活动内容：一是按厂家指导价为客户办理贷款；二是为客户承担购置税、保险、上牌等费用，顾客只需按月还金融公司贷款即可，我公司为客户承担的购置税、保险及上牌费用，取得的发票，抬头都是顾客的名字，上述费用能否在我公司税前扣除？

类似问题：甲房地产公司向客户 A 销售开发的商品房，销售策略为：甲公司代 A 支付前一半按揭期的等额本息，假设 A 按揭贷款期为 20 年，每月需要向银行支付等额本息为 10000 元，则这 10000 元等额本息由甲公司替 A 支付，甲公司每月替 A 支付的本息如何账务处理？如何在税前扣除？

答：为客户承担购置税、保险、上牌等费用，实际上是购物返"现金"，只不过这个现金是指定用途而已。由于替用户承担购置税、保险、上牌等费用本身并非增值税应税行为，所以，无须取得发票作为企业所得税税前扣除凭证。根据国家税务总局 2018 年 28 号公告规定，可以以内部凭证作为税前扣除凭证，如相关合同、协议、当事人签收的收款凭证，购置税、保险、上牌等费用发票复印件等。

类似问题中，房地产开发企业替购房者负担贷款的部分本金和利息，也应当计入销售费用，并以内部凭证作为扣除凭证。麻烦的是，房地产开发一般都是成立项目公司运作，开发产品销售完成后，不会再有收入，这会导致后期房地产开发企业替购房者分期支付的本金和利息没有办法从收入中抵减，从而在企业所得税上会比较"吃亏"。

政策依据：

➢《国家税务总局关于发布〈企业所得税税前扣除凭证管理办法〉的公告》（国家税务总局公告 2018 年第 28 号）

第十条　企业在境内发生的支出项目不属于应税项目的，对方为单位的，以对方开具的发票以外的其他外部凭证作为税前扣除凭证；对方为个人的，以内部凭证作为税前扣除凭证。

企业在境内发生的支出项目虽不属于应税项目，但按税务总局规定可以开具发票的，可以发票作为税前扣除凭证。

1.2.25　网络红包支出如何在企业所得税税前扣除？

问：A 公司在天猫旗舰店中充值 5 万元作为网络红包发放给顾客，这些红包可以在本店消费也可以在其他店铺消费，天猫平台不提供发票，该部分支出，A 公司如何税前扣除？能否从税务局代开发票作为税前扣除凭证？

答：A 公司充值 5 万元赠送给客户，相当于购买多用途预付费卡赠送给客户，该支出不属于增值税应税行为，因此无须以发票作为税前扣除凭证。购买时，以相应的充值记录、付款凭证、对方开具的收据（或601编码发票）等内、外部凭证作为扣除凭证，发放红包时，以相关的活动安排、发放记录等内部凭证作为扣除凭证。

政策依据：

➢《国家税务总局关于发布〈企业所得税税前扣除凭证管理办法〉的公告》（国家税务总局公告2018年第28号）

第十条 企业在境内发生的支出项目不属于应税项目的，对方为单位的，以对方开具的发票以外的其他外部凭证作为税前扣除凭证；对方为个人的，以内部凭证作为税前扣除凭证。

➢ 参考：天津市国税局《2015年度企业所得税汇算清缴相关问题执行口径》

二、网络电商平台给顾客（个人）的促销代金券支出税前扣除的相关税务问题。

（一）网络电商平台支付给顾客的促销代金券支出，同时具备以下条件时可凭相关凭证在税前扣除：

1. 网络电商平台的促销活动的安排；

2. 消费者实际使用该优惠券的消费记录；

3. 网络电商平台实际支付优惠金额的资金划拨明细。

1.2.26 房地产开发企业样板房装修中的“硬装”和“软装”支出如何在企业所得税税前扣除？

问：房地产开发企业样板房装修中的“硬装”和“软装”支出如何在企业所得税税前扣除？一般是费用化，但别墅装修，单位价格很高，是硬装资本化、软装费用化？还是按销售期限摊销？

答：如果装修的样板房属于开发产品、用于销售，则该“样板房”的装修费计入开发产品的成本，可在企业所得税、土地增值税清算时扣除。

如果装修的样板房不属于开发产品、不是用于销售，装修样板房的目的是为了宣传、推广开发产品，那么，该“装修费”属于“项目营销设施建造费”，应当计入开发间接费用，作为开发成本在企业所得税税前扣除。土地增值税略有不同，这种情况下的装修支出，属于销售费用，应计入开发费用，按开发费用的扣除规定，在土地增值税清算时扣除。

样板房装修中的“软装”，如电视机、沙发、桌椅、各种摆件等，如未来一并作为商品房的一个组成部分对外销售，则该支出作为开发产品的成本在企业所得税税前扣除；土地增值税清算时，不属于以建筑物为载体的附属设备家电、家具，不允许扣除；增值税则需要按视同销售价格单独计税。

上述“软装”如仅作为样品，并不对外销售，则应计入存货，在样品进行处置时作为成本扣除。

政策依据：

➢《国家税务总局关于印发〈房地产开发经营业务企业所得税处理办法〉的通知》（国税〔2009〕31号）

第二十七条　开发产品计税成本支出的内容如下：

（六）开发间接费。指企业为直接组织和管理开发项目所发生的，且不能将其归属于特定成本对象的成本费用性支出。主要包括管理人员工资、职工福利费、折旧费、修理费、办公费、水电费、劳动保护费、工程管理费、周转房摊销以及项目营销设施建造费等。

➢《中华人民共和国土地增值税暂行条例实施细则》（财法字〔1995〕6号）

第七条　条例第六条所列的计算增值额的扣除项目，具体为：

（二）开发土地和新建房及配套设施（以下简称房地产开发）的成本，是指纳税人房地产开发项目实际发生的成本（以下简称房地产开发成本），包括土地征用及拆迁补偿费、前期工程费、建筑安装工程费、基础设施费、公共配套设施费、开发间接费用。

土地征用及拆迁补偿费，包括土地征用费、耕地占用税、劳动力安置费及有关地上、地下附着物拆迁补偿的净支出、安置动迁用房支出等。

前期工程费，包括规划、设计、项目可行性研究和水文、地质、测绘、“三通一平”等支出。

建筑安装工程费，是指以出包方式支付给承包单位的建筑安装工程费，以自营方式发生的建筑安装工程费。

基础设施费，包括开发小区内道路、供水、供电、供气、排污、排洪、通讯、照明、环卫、绿化、等工程发生的支出。

公共配套设施费，包括不能有偿转让的开发小区内公共配套设施发生的支出。

开发间接费用，是指直接组织、管理开发项目发生的费用，包括工资、职工福利费、折旧费、修理费、办公费、水电费、劳动保护费、周转房摊销等。

1.2.27　举办研讨会发生的场地租赁费、礼品等支出如何在企业所得税税前扣除?

问：我公司在全国各地举办研讨会，会发生奖品、给客户的礼品、餐费、会议场地租赁费、交通费等支出，在不委托中介机构举办并统一开票的情况下（公司自已筹办，所需物品自行购买），上述支出应作为会议费列支并在企业所得税税前扣除？给业绩突出的客户奖品、赠送给客户的礼品需要代扣代缴个人所得税吗？企业所得税、增值税是否需要视同销售？

答：贵公司自己承办会议，涉及的直接费用，如餐费、会议场地租赁费、交通费等，可以归为会议费支出，凭发票在企业所得税税前扣除；其中涉及交际应酬的，如奖品、给客户的礼品费，应计入业务招待费或业务宣传费限额扣除。赠送给客户的礼品均需要在企业所得税和增值税上视同销售，同时，由于是赠送给个人，还应当按“偶然所得”代扣代缴个人所得税。如果有证据证明是赠送给客户单位，则无须代扣个人所得税。

政策依据：

➤《国家税务局关于印发〈企业所得税税前扣除办法〉的通知》（国税发〔2000〕84号）（该文件已经作废，但文件精神可供参考）

第五十二条　纳税人发生的与其经营活动有关的合理的差旅费、会议费、董事会费，主管税务机关要求提供证明资料的，应能够提供证明其真实性的合法凭证，否则，不得在税前扣除。会议费证明材料应包括：会议时间、地点、出席人员、内容、目的、费用标准、支付凭证等。

➤《关于印发〈中央和国家机关会议费管理办法〉的通知》（财行〔2016〕214号）

第十四条　会议费开支范围包括会议住宿费、伙食费、会议场地租金、交通费、文件印刷费、医药费等。

➤《财政部 税务总局关于个人取得有关收入适用个人所得税应税所得项目的公告》（财政部 税务总局公告2019年第74号）

三、企业在业务宣传、广告等活动中，随机向本单位以外的个人赠送礼品（包括网络红包，下同），以及企业在年会、座谈会、庆典以及其他活动中向本单位以外的个人赠送礼品，个人取得的礼品收入，按照“偶然所得”项目计算缴纳个人所得税，但企业赠送的具有价格折扣或折让性质的消费券、代金券、抵用券、优惠券等礼品除外。

前款所称礼品收入的应纳税所得额按照《财政部 国家税务总局关于企业促销展业赠送礼品有关个人所得税问题的通知》(财税〔2011〕50号)第三条规定计算。

1.2.28 单位购买购物卡对外赠送，如何进行企业所得税处理?

问：单位购买购物卡对外赠送，如何进行企业所得税处理?

答：实务中，购买购物卡，有两种情况：一种是内部使用，另一种是对外赠送，内部使用的，应当凭购买时取得的发票和实际消费的小票这一类凭据在税前扣除；比如，单位购买1000元面值的购物卡用于购买办公用品，取得601编码的发票计入管理费用，但该年度实际允许扣除的，应当是用1000元购物卡实际采购办公用品的消费金额，如果当年只消费了800元，那么应当凭消费小票按800元扣除，多余的200元，应当纳税调增，次年消费时，再调减。

当然，单位采购物品，基本不太可能先买购物卡、再用购物卡去采购。大多数情况下，单位购买入账的购物卡，都是用于"公关"的。这种对外赠送的预付费卡，企业所得税的扣除凭证，除了发票、付款凭证外，还应当有领用记录、赠送记录等，通过这些资料证明预付费卡对外赠送，所有权已经发生转移。当然，允许扣除时，也应当根据它们的用途，分别按业务招待费或业务宣传费限额扣除。

需要说明的是，直接对外赠送购物卡，相当于交付现金，所以，不存在企业所得税视同销售问题。另外，购物卡属于礼品，如果不被界定为"黑色"支出，应当代扣个人所得税（具体请参看本书个人所得税相关章节)。如果被界定为"不合理"支出（如行贿)，则相关支出不能在企业所得税税前扣除。

政策依据：

➢《中华人民共和国企业所得税法》(2007年3月19日中华人民共和国主席令第二十三号公布，根据2018年12月29日第十三届全国人民代表大会常务委员会第七次会议《关于修改〈中华人民共和国电力法〉等四部法律的决定》第二次修正)

第八条　企业实际发生的与取得收入有关的、合理的支出，包括成本、费用、税金、损失和其他支出，准予在计算应纳税所得额时扣除。

1.2.29　支付的利润分成能否在企业所得税税前扣除?

问: B公司与A公司签订战略合作协议，A公司介绍客户给B公司，B公司保留3%利润，剩下利润付给A公司，支付给A公司的利润能否在企业所得税税前扣除?

答: 支付给A的“利润”其实属于佣金、手续费，应当按财税〔2009〕29号文件规定在企业所得税税前限额扣除。A公司应当开具相应的发票给B公司作为税前扣除凭证。

政策依据:

➤《财政部 国家税务总局关于企业手续费及佣金支出税前扣除政策的通知》(财税〔2009〕29号)

为规范企业所得税税前扣除，加强企业所得税管理，根据《中华人民共和国企业所得税法》和《中华人民共和国企业所得税法实施条例》(以下合称新税法)有关规定，现将企业发生的手续费及佣金支出税前扣除政策问题通知如下:

一、企业发生与生产经营有关的手续费及佣金支出，不超过以下规定计算限额以内的部分，准予扣除；超过部分，不得扣除。

2. 其他企业：按与具有合法经营资格中介服务机构或个人(不含交易双方及其雇员、代理人和代表人等)所签订服务协议或合同确认的收入金额的5%计算限额。

……

1.2.30　集团子公司之间的借款费用支出如何在企业所得税税前扣除?

问: 集团子公司之间的借款费用支出，在企业所得税税前扣除需要满足哪些条件?

答: 要按利息税前扣除相关规定进行操作，一是需要取得发票作为扣除凭证；二是支付的利息不能超过同期同类金融机构借款利率。不符合这两个条件的，需要纳税调整增加。

政策依据:

➤《中华人民共和国企业所得税法实施条例》(2007年12月6日中华人

民共和国国务院令第512号公布，根据2019年4月23日中华人民共和国国务院令第714号第一次修订）

第三十八条　企业在生产经营活动中发生的下列利息支出，准予扣除：

（一）非金融企业向金融企业借款的利息支出、金融企业的各项存款利息支出和同业拆借利息支出、企业经批准发行债券的利息支出；

（二）非金融企业向非金融企业借款的利息支出，不超过按照金融企业同期同类贷款利率计算的数额的部分。

➤《国家税务总局关于企业所得税若干问题的公告》（国家税务总局公告2011年第34号）

根据《中华人民共和国企业所得税法》（以下简称税法）以及《中华人民共和国企业所得税法实施条例》（以下简称《实施条例》）的有关规定，现就企业所得税若干问题公告如下：

一、关于金融企业同期同类贷款利率确定问题

根据《实施条例》第三十八条规定，非金融企业向非金融企业借款的利息支出，不超过按照金融企业同期同类贷款利率计算的数额的部分，准予税前扣除。鉴于目前我国对金融企业利率要求的具体情况，企业在按照合同要求首次支付利息并进行税前扣除时，应提供“金融企业的同期同类贷款利率情况说明”，以证明其利息支出的合理性。

“金融企业的同期同类贷款利率情况说明”中，应包括在签订该借款合同当时，本省任何一家金融企业提供同期同类贷款利率情况。该金融企业应为经政府有关部门批准成立的可以从事贷款业务的企业，包括银行、财务公司、信托公司等金融机构。“同期同类贷款利率”是指在贷款期限、贷款金额、贷款担保以及企业信誉等条件基本相同下，金融企业提供贷款的利率。既可以是金融企业公布的同期同类平均利率，也可以是金融企业对某些企业提供的实际贷款利率。

1.2.31　支付自然人借款利息如何在企业所得税税前扣除？

问： 我公司老板向朋友A借款100万元用于我公司经营，年化利率18%，到期后，我公司支付给A自然人18万元利息，该利息支出如何在企业所得税税前扣除？

答： 该利息支出超过金融企业同期同类贷款利率计算的数额部分，不能在

企业所得税税前扣除，应纳税调整增加。支付利息超过增值税按次起征点的，应当到税务机关代开发票作为企业所得税税前扣除凭证。

在向A支付利息时，贵公司作为扣缴义务人需要按股息红利适用20%税率代扣个人所得税。

政策依据：

➢《国家税务总局关于企业向自然人借款的利息支出企业所得税税前扣除问题的通知》（国税函〔2009〕777号）

一、企业向股东或其他与企业有关联关系的自然人借款的利息支出，应根据《中华人民共和国企业所得税法》（以下简称税法）第四十六条及《财政部、国家税务总局关于企业关联方利息支出税前扣除标准有关税收政策问题的通知》（财税〔2008〕121号）规定的条件，计算企业所得税扣除额。

二、企业向除第一条规定以外的内部职工或其他人员借款的利息支出，其借款情况同时符合以下条件的，其利息支出在不超过按照金融企业同期同类贷款利率计算的数额的部分，根据税法第八条和税法实施条例第二十七条规定，准予扣除。

（一）企业与个人之间的借贷是真实、合法、有效的，并且不具有非法集资目的或其他违反法律、法规的行为；

（二）企业与个人之间签订了借款合同。

1.2.32　购买方以承兑汇票支付并承担贴现利息，其承担的贴现利息能否在企业所得税税前扣除？

问： A公司与B公司签订采购合同，双方约定A公司以现汇价格支付，后A公司实际支付B公司的是银行承兑汇票，在这种情况下，双方约定由A公司承担贴现息，该贴现息能在企业所得税税前扣除？

答： A公司替B公司承担的贴现利息费用，属于增值税概念中的价外费用——延期付款利息，是B公司销售货物的销售额的一部分，因此，该部分贴现利息支出，应当取得B公司开具的增值税发票作为税前扣除凭证并在企业所得税税前扣除。

政策依据：

➢《国家税务总局关于发布〈企业所得税税前扣除凭证管理办法〉的公告》（国家税务总局公告2018年第28号）

第九条　企业在境内发生的支出项目属于增值税应税项目（以下简称“应税项目”）的，对方为已办理税务登记的增值税纳税人，其支出以发票（包括按照规定由税务机关代开的发票）作为税前扣除凭证；对方为依法无需办理税务登记的单位或者从事小额零星经营业务的个人，其支出以税务机关代开的发票或者收款凭证及内部凭证作为税前扣除凭证，收款凭证应载明收款单位名称、个人姓名及身份证号、支出项目、收款金额等相关信息。

……

➤《中华人民共和国增值税暂行条例实施细则》（2008 年 12 月 18 日以财政部、国家税务总局令第 50 号公布，依据 2011 年 10 月 28 日中华人民共和国财政部 国家税务总局令第 65 号修改）

第十二条　条例第六条第一款所称价外费用，包括价外向购买方收取的手续费、补贴、基金、集资费、返还利润、奖励费、违约金、滞纳金、延期付款利息、赔偿金、代收款项、代垫款项、包装费、包装物租金、储备费、优质费、运输装卸费以及其他各种性质的价外收费。但下列项目不包括在内：

（一）受托加工应征消费税的消费品所代收代缴的消费税。

（二）同时符合以下条件的代垫运输费用：

1. 承运部门的运输费用发票开具给购买方的；

2. 纳税人将该项发票转交给购买方的。

（三）同时符合以下条件代为收取的政府性基金或者行政事业性收费：

1. 由国务院或者财政部批准设立的政府性基金，由国务院或者省级人民政府及其财政、价格主管部门批准设立的行政事业性收费；

2. 收取时开具省级以上财政部门印制的财政票据；

3. 所收款项全额上缴财政。

（四）销售货物的同时代办保险等而向购买方收取的保险费，以及向购买方收取的代购买方缴纳的车辆购置税、车辆牌照费。

……

1.2.33　民间贴现发生的贴现利息支出能否在企业所得税税前扣除？

问：公司将电子商业承兑汇票贴现，承兑单位是一家企业，收取的贴现费用开的是收据，没有发票，这项财务费用可以在企业所得税税前扣除吗？

答：贵公司这类业务属于民间贴现，支付贴现利息，一方面没有取得合法扣除凭证；另一方面该行为本身是违法的，因此，在企业所得税税前扣除有较大风险。

政策依据：

➢《国家税务总局关于发布〈企业所得税税前扣除凭证管理办法〉的公告》（国家税务总局公告2018年第28号）

第九条 企业在境内发生的支出项目属于增值税应税项目的，对方为已办理税务登记的增值税纳税人，其支出以发票（包括按照规定由税务机关代开的发票）作为税前扣除凭证。

➢《中华人民共和国刑法修正案（七）》（中华人民共和国主席令第十号）

五、将刑法第二百二十五条第三项修改为："未经国家有关主管部门批准非法经营证券、期货、保险业务的，或者非法从事资金支付结算业务的；"

1.2.34 现金折扣支出如何在企业所得税税前扣除？

问：销售时发生现金折扣，计入财务费用，未取得发票，所得税汇算清缴时，这部分财务费用无发票需要纳税调增吗？

答：现金折扣通常发生在以赊销方式销售商品及提供劳务的交易中，此种情况下，企业为了鼓励客户提前付款，给予客户不同期限内付款可享受不同比例的折扣。

对现金折扣这种行为，实务中有争论，一种认为属于贷款服务，这种判断下，需要对方开具贷款服务的增值税发票作为扣除凭证；另一种观点是认为这不属于增值税应税行为，无须取得发票作为扣除凭证，凭相关合同协议及支付凭证扣除即可。

青岛市国税局曾于2010年汇算清缴答疑回答过这个问题，他们认同于第二种观点。我本人倾向于第一种观点。保险起见，还是让对方开具发票作为扣除凭证为好。

➢《国家税务总局关于发布〈企业所得税税前扣除凭证管理办法〉的公告》（国家税务总局公告2018年第28号）

第九条 企业在境内发生的支出项目属于增值税应税项目的，对方为已办理税务登记的增值税纳税人，其支出以发票（包括按照规定由税务机关代开的发票）作为税前扣除凭证。

……

1.2.35 已销货物未收款、未确认收入对应的成本能否在企业所得税税前扣除？

问：A公司2019年销售一批设备，购销双方口头约定了所销售设备的数量和单价。截至目前，A公司已经收取发出货物总价款60%款项，开具了对应的发票，结转了发出商品60%的成本，剩余40%成本300万元未结转。考虑对方的情况，A公司目前已经可以确定此项业务剩余货款无法收回。这种情况下，A公司未收到款项部分可否不确认收入，而直接将剩余300万元结转成本在企业所得税税前扣除？

答：从企业所得税的角度来说，这样处理有问题，企业所得税收入确认并不考虑与交易相关的经济利益能否流入企业。A公司应当按总的不含税销售额确认收入，同时对应结转相应成本。取得收入对应应收款项40%未收回部分，如果已经判定为坏账，应计入营业外支出，申报作为坏账损失在企业所得税税前扣除，当然，应按《国家税务总局关于发布〈企业资产损失所得税税前扣除管理办法〉的公告》（国家税务总局公告2011年第25号）规定的要求，将有关坏账损失资料存档备查。

政策依据：

➢《企业会计准则第14号——收入》（旧）

销售商品的收入，应在下列条件均能满足时予以确认：

（1）企业已将商品所有权上的主要风险和报酬转移给购货方；

（2）企业既没有保留通常与所有权相联系的继续管理权，也没有对已售出的商品实施控制；

（3）与交易相关的经济利益能够流入企业；

（4）相关的收入和成本能够可靠地计量。

➢《企业会计准则第14号——收入》（财会〔2017〕22号）

第五条　当企业与客户之间的合同同时满足下列条件时，企业应当在客户取得相关商品控制权时确认收入：

（一）合同各方已批准该合同并承诺将履行各自义务；

（二）该合同明确了合同各方与所转让商品或提供劳务（以下简称“转让商品”）相关的权利和义务；

（三）该合同有明确的与所转让商品相关的支付条款；

（四）该合同具有商业实质，即履行该合同将改变企业未来现金流量的风险、时间分布或金额；

（五）企业因向客户转让商品而有权取得的对价很可能收回。

➢《国家税务总局关于确认企业所得税收入若干问题的通知》（国税函〔2008〕875号）

根据《中华人民共和国企业所得税法》（以下简称企业所得税法）及《中华人民共和国企业所得税法实施条例》（以下简称实施条例）规定的原则和精神，现对确认企业所得税收入的若干问题通知如下：

一、除企业所得税法及实施条例另有规定外，企业销售收入的确认，必须遵循权责发生制原则和实质重于形式原则。

（一）企业销售商品同时满足下列条件的，应确认收入的实现：

1. 商品销售合同已经签订，企业已将商品所有权相关的主要风险和报酬转移给购货方；

2. 企业对已售出的商品既没有保留通常与所有权相联系的继续管理权，也没有实施有效控制；

3. 收入的金额能够可靠地计量；

4. 已发生或将发生的销售方的成本能够可靠地核算。

1.2.36　不得用于抵扣的增值税进项税额能否在企业所得税税前扣除？放弃抵扣的增值税进项税额能否在企业所得税税前扣除？

问：2019年我公司被稽查，稽查确认我公司2012—2018年需要转出进项税额3000万元、补缴相应的增值税及相关附加，税务机关出具了处理、处罚决定书。转出的事项分两种：一种是接受虚开；另一种是购进用于不可抵扣项目（如非应税项目）；涉及这两部分的进项税额，在企业所得税年度申报时该如何处理？

答：购进的货物、服务用于不可抵扣项目导致的进项税额转出，应计入该货物、服务的成本，在企业所得税应当扣除的年度扣除。上述转出，需要在以前年度追补扣除的，应当追溯调整。以前年度应当转出而没有转出，导致成本、费用少列、多交企业所得税的情形，可申请退税，或者申请抵缴下一年度应缴纳的企业所得税款。

接受虚开，没有真实业务、未实际发生，即使进项税额转出，这部分转出的进项税额不存在计入成本、费用在企业所得税扣除问题。

贵公司被查时，应当要求税务稽查部门就进项税额转出涉及在企业所得税税前扣除事项一并处理，否则，上述进项税额转出涉及的企业所得追补扣除可能会遇到麻烦。

实务中还会出现这样的问题：纳税人取得的进项税额可用于抵扣，但因为某种原因放弃了抵扣（如企业长期存在大量留抵，暂时不能全部退税，希望从企业所得税上找回点利益），放弃抵扣部分能否在企业所得税税前扣除？笔者认为：根据《企业所得税法》第八条和《企业所得税法实施条例》第三十一条规定，答案是不能。

政策依据：

➤《中华人民共和国企业所得税法》（2007 年 3 月 19 日年中华人民共和国主席令第二十三号公布，根据 2018 年 12 月 29 日第十三届全国人民代表大会常务委员会第七次会议《关于修改〈中华人民共和国电力法〉等四部法律的决定》第二次修正）

第八条　企业实际发生的与取得收入有关的、合理的支出，包括成本、费用、税金、损失和其他支出，准予在计算应纳税所得额时扣除。

➤《中华人民共和国企业所得税法实施条例》（2007 年 12 月 6 日中华人民共和国国务院令第 512 号公布，根据 2019 年 4 月 23 日中华人民共和国国务院令第 714 号第一次修订）

第三十一条　企业所得税法第八条所称税金，是指企业发生的除企业所得税和允许抵扣的增值税以外的各项税金及其附加。

1.2.37　公司名下的不动产处于闲置状态，是否还需要计提折旧？

问：公司名下的不动产处于闲置状态，是否还需要计提折旧？如计提折旧，能否在企业所得税税前扣除？

答：会计上，除已提足折旧仍继续使用的固定资产，以及按规定单独估价作为固定资产入账的土地外，企业应对所有固定资产计提折旧。

企业所得税：除购入但未投入使用的固定资产、投入使用后因某种原因永久停止使用的固定资产外，均可以计提折旧；只要会计上计提的折旧金额不超过当期税法允许计提的折旧金额，就无须进行纳税调整。否则，多扣除的金额需要在当期纳税调增。

政策依据：

➢《企业会计准则第 4 号——固定资产》

第十四条　企业应当对所有固定资产计提折旧。但是，已提足折旧仍继续使用的固定资产和单独计价入账的土地除外。

折旧，是指在固定资产使用寿命内，按照确定的方法对应计折旧额进行系统分摊。

应计折旧额，是指应当计提折旧的固定资产的原价扣除其预计净残值后的金额。已计提减值准备的固定资产，还应当扣除已计提的固定资产减值准备累计金额。

预计净残值，是指假定固定资产预计使用寿命已满并处于使用寿命终了时的预期状态，企业从该项资产处置中获得的扣除预计处置费用后的金额。

第十七条　企业应当根据与固定资产有关的经济利益的预期实现方式，合理选择固定资产折旧方法。

可选用的折旧方法包括年限平均法、工作量法、双倍余额递减法和年数总和法等。

固定资产的折旧方法一经确定，不得随意变更。但是，符合本准则第十九条规定的除外。

➢《中华人民共和国企业所得税法》（2007 年 3 月 19 日中华人民共和国主席令第二十三号公布，根据 2018 年 12 月 29 日第十三届全国人民代表大会常务委员会第七次会议《关于修改〈中华人民共和国电力法〉等四部法律的决定》第二次修正）

第十一条　在计算应纳税所得额时，企业按照规定计算的固定资产折旧，准予扣除。

下列固定资产不得计算折旧扣除：

（1）房屋、建筑物以外未投入使用的固定资产；

……

➢《中华人民共和国企业所得税法实施条例》（2007 年 12 月 6 日中华人

民共和国国务院令第512号公布，根据2019年4月23日中华人民共和国国务院令第714号第一次修订）

第五十九条　固定资产按照直线法计算的折旧，准予扣除。

企业应当自固定资产投入使用月份的次月起计算折旧；停止使用的固定资产，应当自停止使用月份的次月起停止计算折旧。

企业应当根据固定资产的性质和使用情况，合理确定固定资产的预计净残值。固定资产的预计净残值一经确定，不得变更。

1.2.38　融资租入单位价值不超过500万元的设备可否一次性在企业所得税税前扣除？

问： A公司融资租入一台设备，单位价值200万元，可否适用国家税务总局2018年第46号公告，一次性在企业所得税税前扣除？

答： 企业取得固定资产包括外购、自行建造、融资租入、接受捐赠、接受投资、非货币性资产交换、债务重组等多种方式。46号公告明确“购进”仅包括以货币形式购进或自行建造两种形式。《企业所得税法暂行条例实施细则》将融资租入作为取得固定资产的方式之一，是与购进、自建等并列的，并不是包含在购进之中，所以，融资租入的固定资产不在46号公告规定的范围，不可以享受一次性计入当期成本费用的优惠政策。

政策依据：

➢《国家税务总局关于设备 器具扣除有关企业所得税政策执行问题的公告》（国家税务总局公告2018年第46号）

根据《中华人民共和国企业所得税法》及其实施条例（以下简称企业所得税法及其实施条例）、《财政部 税务总局关于设备 器具扣除有关企业所得税政策的通知》（财税〔2018〕54号）规定，现就设备、器具扣除有关企业所得税政策执行问题公告如下：

一、企业在2018年1月1日至2020年12月31日期间新购进的设备、器具，单位价值不超过500万元的，允许一次性计入当期成本费用在计算应纳税所得额时扣除，不再分年度计算折旧（以下简称一次性税前扣除政策）。

（一）所称设备、器具，是指除房屋、建筑物以外的固定资产（以下简称固定资产）；所称购进，包括以货币形式购进或自行建造，其中以货币形式购进的固定资产包括购进的使用过的固定资产；以货币形式购进的固定资产，以购买价款和支付的相关税费以及直接归属于使该资产达到预定用途发生的其他支出确定单位价值，自行建造的固定资产，以竣工结算前发生的支出确定单位价值。

注：根据《财政部 税务总局关于延长部分税收优惠政策执行期限的公告》（财政部 税务总局公告2021年第6号），上述政策执行期限延长至2023年12月31日。

1.2.39 使用计提的安全生产费购买固定资产，能否一次性在企业所得税税前扣除？

问：使用计提的安全生产费购买固定资产，能否一次性在企业所得税税前扣除？

答：高危行业企业按照国家规定提取的安全生产费，应当计入相关产品的成本或当期损益，同时记入“4301 专项储备”科目。

企业使用提取的安全生产费时，属于费用性支出的，直接冲减专项储备。企业使用提取的安全生产费形成固定资产的，应当通过“在建工程”科目归集所发生的支出，待安全项目完工达到预定可使用状态时确认为固定资产；同时，按照形成固定资产的成本冲减专项储备，并确认相同金额的累计折旧。该固定资产在以后期间不再计提折旧。

政策依据：

➢《财政部关于印发企业会计准则解释第3号的通知》（财会〔2009〕8号）附件

三、高危行业企业提取的安全生产费，应当如何进行会计处理？

➢《关于煤矿企业维简费和高危行业企业安全生产费用企业所得税税前扣除问题的公告》（国家税务总局公告2011年第26号）

一、煤矿企业实际发生的维简费支出和高危行业企业实际发生的安全生产费用支出，属于收益性支出的，可直接作为当期费用在税前扣除；属于资本性支出的，应计入有关资产成本，并按企业所得税法规定计提折旧或摊销费用在税前扣除。企业按照有关规定预提的维简费和安全生产费用，不得在税前扣除。

1.2.40 固定资产后续支出中，应当费用化的支出按长期待摊费用分期摊销或并入固定资产计税成本计提折旧在企业所得税税前扣除是否可以?

问： 企业发生的不满足大修和改、扩建条件，也不适合列入维修费的技改费用，这部分支出直接增加固定资产原值或新增固定资产是否合适？替换部分的固定资产部件原价值无法估计，这个怎么处理才能满足财税要求？

答： 根据企业所得税法的规定，固定资产的后续支出分为改建支出、大修支出及大修以外的一般修理支出，一般修理支出可直接在发生当期费用化，不增加固定资产计税基础，其他的，区分情况作为长期待摊费用分期摊销或并入资产的计税成本计提折旧。

问题所提到的，会计上直接增加资产原值或新增固定资产，这样的处理似有不妥，应当直接计入当期费用，或作为长期待摊费用可能更好一些。

政策依据：

➤《国家税务总局关于企业所得税应纳税所得额若干税务处理问题的公告》（国家税务总局公告2012年第15号）

八、关于税前扣除规定与企业实际会计处理之间的协调问题

根据《企业所得税法》第二十一条规定，对企业依据财务会计制度规定，并实际在财务会计处理上已确认的支出，凡没有超过《企业所得税法》和有关税收法规规定的税前扣除范围和标准的，可按企业实际会计处理确认的支出，在企业所得税前扣除，计算其应纳税所得额。表1－1是固定资产后续支出的企业所得税相关规定。

表1－1

类别	税收定义	税前扣除方法
小修	一般维护维修支出	一次性费用化
大修	（一）修理支出达到取得固定资产时的计税基础50%以上； （二）修理后固定资产的使用年限延长2年以上（条例第69条）	按照固定资产尚可使用年限分期摊销

续表

类别	税收定义			税前扣除方法
改建	改变房屋或者建筑物结构、延长使用年限等发生的支出（条例68条）	租入（企税法13－1）		按照合同约定的剩余租赁期限分期摊销
		已经提完折旧（企税法13－2）		按照固定资产预计尚可使用年限分期摊销
		房屋、建筑物未提完折旧（《国家税务总局关于企业所得税若干问题的公告》2011年第34号）	推倒重置的	该资产原值减除提取折旧后的净值并入重置后的固定资产计税成本，并在该固定资产投入使用后的次月起，按照税法规定的折旧年限，一并计提折旧
			提升功能、增加面积	同上并入，如尚可使用的年限低于税法规定的最低年限的，可以按尚可使用的年限计提折旧。
其他				自支出发生月份的次月起，分期摊销，摊销年限不得低于3年

1.2.41　企业购买价值不高的办公桌椅如何在企业所得税税前扣除?

问：公司筹建时购买的办公桌椅，书柜，单个金额大概1000元左右（共计3万元左右），是归集起来计入开办费，还是计入低值易耗品？如何在企业所得税税前扣除？

答：根据会计准则的判定标准以及管理的实际需要，贵公司成立购买的办公桌椅等，记入固定资产可能更为妥当（准则对是否是固定资产的判断没有价格标准）。如果作为固定资产核算，则其筹建期的折旧可记入“管理费用——开办费”科目；如果作为低值易耗品核算，则相应的支出一次性记入“管理费用——开办费”科目，并作为开办费的一个组成部分，分别进行会计和税务处理。

企业所得税处理：可一次性计入筹办费用，在企业开始生产经营年度的所得税汇算时选择一次性扣除；也可以按照新税法有关长期待摊费用的处理规定，分3年摊销，但一经选定，不得改变。

政策依据：

➢《国家税务总局关于贯彻落实企业所得税法若干税收问题的通知》（国税函〔2010〕79号）

七、企业筹办期间不计算为亏损年度问题

企业自开始生产经营的年度，为开始计算企业损益的年度。企业从事生产经营之前进行筹办活动期间发生筹办费用支出，不得计算为当期的亏损，应按照《国家税务总局关于企业所得税若干税务事项衔接问题的通知》（国税函〔2009〕98号）第九条规定执行。

➢《国家税务总局关于企业所得税若干税务事项衔接问题的通知》（国税函〔2009〕98号）

九、关于开（筹）办费的处理

新税法中开（筹）办费未明确列作长期待摊费用，企业可以在开始经营之日的当年一次性扣除，也可以按照新税法有关长期待摊费用的处理规定处理，但一经选定，不得改变。

企业在新税法实施以前年度的未摊销完的开办费，也可根据上述规定处理。

➢《财政部 国家税务总局关于完善固定资产加速折旧企业所得税政策的通知》（财税〔2014〕75号）

三、对所有行业企业持有的单位价值不超过5000元的固定资产，允许一次性计入当期成本费用在计算应纳税所得额时扣除，不再分年度计算折旧。

1.2.42 企业购买软件能否缩短摊销年限在企业所得税税前扣除?

问：A公司购买财务软件（金额：1万元整），应按照无形资产入账吗？税法上说无形资产摊销不低于10年，但是由于软件更新快，最多使用5年，如果按5年进行摊销，是否需要经过主管税务局机关认可？

答：软件应当按无形资产入账。按税法规定，无形资产摊销年限是10年，不过，为了鼓励软件产业的发展，对购买使用软件有优惠政策。凡符合固定资产或无形资产确认条件的，可以按照固定资产或无形资产进行核算，其折旧或摊销年限可以适当缩短，最短可为两年（含）。缩短摊销年限符合规定条件的，无须得到税务机关认可，申报享受即可，相关资料留存备查。

政策依据：

➢《财政部 国家税务总局关于进一步鼓励软件产业和集成电路产业发展企业所得税政策的通知》（财税〔2012〕27号）

第七条　企业外购的软件，凡符合固定资产或无形资产确认条件的，可以按照固定资产或无形资产进行核算，其折旧或摊销年限可以适当缩短，最短可为两年（含）。

➢《国家税务总局关于发布修订后的〈企业所得税优惠政策事项办理办法〉的公告》（国家税务总局公告2018年第23号）

第四条　企业享受优惠事项采取“自行判别、申报享受、相关资料留存备查”的办理方式。企业应当根据经营情况以及相关税收规定自行判断是否符合优惠事项规定的条件，符合条件的可以按照《目录》列示的时间自行计算减免税额，并通过填报企业所得税纳税申报表享受税收优惠。同时，按照本办法的规定归集和留存相关资料备查。

1.2.43　施工过程中遭受水灾产生的损失如何在企业所得税税前扣除?

问：建筑企业A公司承接道路建设工程，在施工过程中因遭受水灾产生损失，但A公司购买了工程险，其自己计算确认的损失是60万元，保险公司确认理赔55万元。A公司收到的55万元是否需要缴纳增值税和企业所得税？60万元损失可以税前扣除吗？需要准备什么资料？

答：被保险人获得的保险赔付不征收增值税；60万元损失，减除55万元保险赔款后的余额，如果符合国家税务总局公告2011年第25号的规定，可以税前扣除，相关损失扣除资料应当存档备查。

该损失如果是非正常损失，即管理不善造成的损失，与该损失相关的购进货物、设计服务和建筑服务的进项税额不得从销项税额中抵扣。

政策依据：

➢《中华人民共和国企业所得税法实施条例》（2007年12月6日中华人民共和国国务院令第512号公布，根据2019年4月23日中华人民共和国国务院令第714号第一次修订）

第三十二条　企业所得税法第八条所称损失，是指企业在生产经营活动中发生的固定资产和存货的盘亏、毁损、报废损失，转让财产损失，呆账损失，坏账损失，自然灾害等不可抗力因素造成的损失以及其他损失。

企业发生的损失，减除责任人赔偿和保险赔款后的余额，依照国务院财政、税务主管部门的规定扣除。

企业已经作为损失处理的资产，在以后纳税年度又全部收回或者部分收回时，应当计入当期收入。

➢《财政部 国家税务总局关于全面推开营业税改征增值税试点的通知》（财税〔2016〕36号）附件2《营业税改征增值税试点有关事项的规定》

一、营改增试点期间，试点纳税人［指按照《营业税改征增值税试点实施办法》（以下称《试点实施办法》）缴纳增值税的纳税人］有关政策。

（二）不征收增值税项目。

3. 被保险人获得的保险赔付。

➢《财政部 国家税务总局关于全面推开营业税改征增值税试点的通知》（财税〔2016〕36号）附件1《营业税改征增值税试点实施办法》

第二十七条　下列项目的进项税额不得从销项税额中抵扣：

（五）非正常损失的不动产在建工程所耗用的购进货物、设计服务和建筑服务。

纳税人新建、改建、扩建、修缮、装饰不动产，均属于不动产在建工程。

➢《国家税务总局关于发布〈企业资产损失所得税税前扣除管理办法〉的公告》（国家税务总局公告2011年第25号）

第三十二条　在建工程停建、报废损失，为其工程项目投资账面价值扣除残值后的余额，应依据以下证据材料确认：

（一）工程项目投资账面价值确定依据；

（二）工程项目停建原因说明及相关材料；

（三）因质量原因停建、报废的工程项目和因自然灾害和意外事故停建、报废的工程项目，应出具专业技术鉴定意见和责任认定、赔偿情况的说明等。

1.2.44　属于诉讼案件的坏账损失如何在企业所得税税前扣除？

问： B公司欠A公司货款，A公司起诉，法院判决A公司胜诉，但B公司未履行判决，工商部门年检公示上显示，B公司仍处于存续状态，且为支付黑名单企业；此前，A公司曾参加一个信用保险，保险合同约定，如果B公司无钱支付欠款，A公司可向保险公司申请赔付，但A公司向保险公司提交申请，保险公司拒绝赔付，此种情况下，A公司未收到的货款能否作为坏账损失在税前扣除？

答： A公司发生的坏账损失，属于诉讼案件，应按国家税务总局2011年第25号公告规定的程序和要求向主管税务机关申报扣除。问题提到的情形，不满足企业所得税损失税前扣除的条件。

政策依据：

➢《国家税务总局关于发布〈企业资产损失所得税税前扣除管理办法〉的公告》（国家税务总局公告2011年第25号）

第二十二条　企业应收及预付款项坏账损失应依据以下相关证据材料确认：

（一）相关事项合同、协议或说明；

（二）属于债务人破产清算的，应有人民法院的破产、清算公告；

（三）属于诉讼案件的，应出具人民法院的判决书或裁决书或仲裁机构的仲裁书，或者被法院裁定终（中）止执行的法律文书；

（四）属于债务人停止营业的，应有工商部门注销、吊销营业执照证明；

（五）属于债务人死亡、失踪的，应有公安机关等有关部门对债务人个人的死亡、失踪证明；

（六）属于债务重组的，应有债务重组协议及其债务人重组收益纳税情况说明；

（七）属于自然灾害、战争等不可抗力而无法收回的，应有债务人受灾情况说明以及放弃债权申明。

1.2.45 根据国家对药品生产管理的规定，不同供应商供应的同一原料不能混用，我公司改由新供应商供应原料，原供应商剩余原料只能报废，该损失如何在企业所得税税前扣除?

问：根据药品生产规范的要求，不同供应商购买的原料不能混用。我公司生产药用原料，今年，原供应商不再供应我公司原料，换新的供应商提供原料，我公司从原供应商采购的原材料，以及用原供应商供应的材料生产的中间产品、半成品、回收品（原来都可当作原料使用）不能再用于生产，需要做报废处理，该批存货价值500多万元，损失税前扣除是用专项申报还是清单申报？是否需要进项转出？

答：贵公司上述原料及用该批次原料生产的中间产品、半成品、回收品报废处理，应当以专项申报的方式向税务机关申报扣除，相关资料按国家税务总局2011年第25号公告第二十七条要求存档备查。

上述存货按国家规定做报废处理，不属于管理不善造成的损失，因此，相应的进项税额无须转出。

政策依据：

➢《国家税务总局关于发布〈企业资产损失所得税税前扣除管理办法〉的公告》（国家税务总局2011年第25号公告）

第九条　下列资产损失，应以清单申报的方式向税务机关申报扣除：

（一）企业在正常经营管理活动中，按照公允价格销售、转让、变卖非货币资产的损失；

（二）企业各项存货发生的正常损耗；

（三）企业固定资产达到或超过使用年限而正常报废清理的损失；

（四）企业生产性生物资产达到或超过使用年限而正常死亡发生的资产损失；

（五）企业按照市场公平交易原则，通过各种交易场所、市场等买卖债券、股票、期货、基金以及金融衍生产品等发生的损失。

第十条　前条以外的资产损失，应以专项申报的方式向税务机关申报扣除。企业无法准确判别是否属于清单申报扣除的资产损失，可以采取专项申报的形式申报扣除。

第二十七条　存货报废、毁损或变质损失，为其计税成本扣除残值及责任人赔偿后的余额，应依据以下证据材料确认：

（一）存货计税成本的确定依据；

（二）企业内部关于存货报废、毁损、变质、残值情况说明及核销资料；

（三）涉及责任人赔偿的，应当有赔偿情况说明；

（四）该项损失数额较大的（指占企业该类资产计税成本10%以上，或减少当年应纳税所得、增加亏损10%以上，下同），应有专业技术鉴定意见或法定资质中介机构出具的专项报告等。

➢《中华人民共和国增值税暂行条例实施细则》（2008年12月18日以财政部、国家税务总局令第50号公布，依据2011年10月28日中华人民共和国财政部 国家税务总局令第65号修改）

第二十四条　条例第十条第（二）项所称非正常损失，是指因管理不善造成被盗、丢失、霉烂变质的损失。

➢《财政部 国家税务总局关于全面推开营业税改征增值税试点的通知》

（财税〔2016〕36号）附件1《营业税改征增值税试点实施办法》

第二十八条　不动产、无形资产的具体范围，按照本办法所附的《销售服务、无形资产或者不动产注释》执行。

固定资产，是指使用期限超过12个月的机器、机械、运输工具以及其他与生产经营有关的设备、工具、器具等有形动产。

非正常损失，是指因管理不善造成货物被盗、丢失、霉烂变质，以及因违反法律法规造成货物或者不动产被依法没收、销毁、拆除的情形。

1.2.46 购销双方有经济纠纷，购买方拒绝付款，该坏账损失能否税前扣除？

问：A公司向客户销售产品，发票已开。但是，客户以产品滞销为由，拒绝支付货款。客户企业正常经营，有偿还能力。考虑到不想破坏双方的合作关系，我们不打算到法院起诉。但鉴于货款收回无望，财务打算今年做坏账损失，该损失能否税前扣除？

答：贵公司的情况属于双方有经济纠纷，如果要作为坏账损失扣除，仍然需要通过法院诉讼的途径解决，最终以人民法院的判决书或裁决书或仲裁机构的仲裁书，或者被法院裁定终（中）止执行的法律文书，申报税前扣除。

对方有偿还能力而不偿还，或者A公司未向债务人和担保人追偿，则该坏账不能在企业所得税税前扣除。

政策依据：

➤《国家税务总局关于发布〈企业资产损失所得税税前扣除管理办法〉的公告》（国家税务总局公告2011年第25号）

第二十二条　企业应收及预付款项坏账损失应依据以下相关证据材料确认：

（一）相关事项合同、协议或说明；

（二）属于债务人破产清算的，应有人民法院的破产、清算公告；

（三）属于诉讼案件的，应出具人民法院的判决书或裁决书或仲裁机构的仲裁书，或者被法院裁定终（中）止执行的法律文书；

（四）属于债务人停止营业的，应有工商部门注销、吊销营业执照证明；

（五）属于债务人死亡、失踪的，应有公安机关等有关部门对债务人个人的死亡、失踪证明；

（六）属于债务重组的，应有债务重组协议及其债务人重组收益纳税情况说明；

（七）属于自然灾害、战争等不可抗力而无法收回的，应有债务人受灾情况说明以及放弃债权申明。

第四十六条　下列股权和债权不得作为损失在税前扣除：

（一）债务人或者担保人有经济偿还能力，未按期偿还的企业债权；

（二）违反法律、法规的规定，以各种形式、借口逃废或悬空的企业债权；

（三）行政干预逃废或悬空的企业债权；

（四）企业未向债务人和担保人追偿的债权；

（五）企业发生非经营活动的债权；

（六）其他不应当核销的企业债权和股权。

1.2.47　国家税务总局2011年25号公告关于资产损失扣除规定中提到的账面净值是指什么？

问：国家税务总局2011年25号公告提到，“固定资产盘亏、丢失损失，为其账面净值扣除责任人赔偿后的余额”，这里的账面净值具体是指什么？

答：准确地说，应当这样表述：税收上的损失是指损失时固定资产的计税基础减去固定资产处置收入或责任人赔偿后的余额。

固定资产在持有期间，会计准则按照“会计账面价值 = 实际成本 - 累计折旧 - 固定资产减值准备”进行计量，计税基础则按照“计税基础 = 实际成本 - 累计折旧（税法规定的折旧）”进行计量。由于会计处理与税务处理不同，会导致固定资产的账面价值与计税基础产生差异，该差异在资产损失时，通过《A105090资产损失税前扣除及纳税调整表》进行调整申报。

政策依据：

➤《国家税务总局关于发布〈企业资产损失所得税税前扣除管理办法〉的公告》（国家税务总局公告2011年第25号）

第二十九条　固定资产盘亏、丢失损失，为其账面净值扣除责任人赔偿后的余额，应依据以下证据材料确认：

（一）企业内部有关责任认定和核销资料；

（二）固定资产盘点表；

（三）固定资产的计税基础相关资料；

（四）固定资产盘亏、丢失情况说明；

（五）损失金额较大的，应有专业技术鉴定报告或法定资质中介机构出具的专项报告等。

第三十条　固定资产报废、毁损损失，为其账面净值扣除残值和责任人赔偿后的余额，应依据以下证据材料确认：

（一）固定资产的计税基础相关资料；

（二）企业内部有关责任认定和核销资料；

（三）企业内部有关部门出具的鉴定材料；

（四）涉及责任赔偿的，应当有赔偿情况的说明；

（五）损失金额较大的或自然灾害等不可抗力原因造成固定资产毁损、报废的，应有专业技术鉴定意见或法定资质中介机构出具的专项报告等。

第三节　税收优惠类

1.3.1　申请认定高新技术企业时，总公司的研发费用与分公司的研发费用是否可以合并一起计算？

问：申请认定高新技术企业时，总公司的研发费用与分公司的研发费用是否可以合并一起计算？年度企业所得税汇算时，总、分公司研发费用是否也可以合并计算扣除？

答：企业所得税是法人税制，总、分机构属一个法人，《高新技术企业认定管理办法》认定办法所说的研发费用，应当是指整个法人企业所发生的，而不是单指某个分支机构。

同样，企业所得税汇算清缴也是以法人企业进行的，根据企业所得税法的相关规定，年度终了后，由总机构负责进行企业所得税的年度汇算清缴，总分机构企业根据统一计算的年度应纳税所得额、应纳税额，抵减总机构、分支机构当年已就地分期预缴的企业所得税款后，多退少补。所以，总机构汇算清缴时，总分公司的研发费用，是一并作为费用扣除的。

政策依据：

➤《科技部 财政部 国家税务总局关于修订印发〈高新技术企业认定管理

办法〉的通知》（国科发火〔2016〕32号）

第十一条 认定为高新技术企业须同时满足以下条件：

（五）企业近三个会计年度（实际经营期不满3年的按实际经营时间计算，下同）的研究开发费用总额占同期销售收入总额的比例符合如下要求：

1. 最近一年销售收入小于5000万元（含）的企业，比例不低于5%；

2. 最近一年销售收入在5000万元至2亿元（含）的企业，比例不低于4%；

3. 最近一年销售收入在2亿元以上的企业，比例不低于3%。

1.3.2 间接投资取得的收益是否免税？

问：集团名下有一家企业A公司，投资设立合伙企业B，B又投资另一家法人企业C，现在C有三个事项：一是分配股息、红利；二是用资本溢价形成的资本公积转增资本；三是用未分配利润转增资本。三种情形下，A取得的投资收益是否免税？

答：合伙企业不属于企业所得税法规定的纳税人，同时，合伙企业的法人合伙人A也未直接投资C，所以，根据《中华人民共和国企业所得税法实施条例》第八十三条规定，A通过合伙企业B间接投资C取得的股息红利，应计入A当期应纳税所得额计算缴纳企业所得税。

C资本溢价形成的资本公积转增资本、用未分配利润转增资本，合伙企业的法人合伙人并未直接取得利益，因此，不涉及企业所得税收入确认问题。

政策依据：

➤《财政部 国家税务总局关于合伙企业合伙人所得税问题的通知》（财税〔2008〕159号）

二、合伙企业以每一个合伙人为纳税义务人。合伙企业合伙人是自然人的，缴纳个人所得税；合伙人是法人和其他组织的，缴纳企业所得税。

三、合伙企业生产经营所得和其他所得采取“先分后税”的原则。具体应纳税所得额的计算按照《财政部、国家税务总局关于个人独资企业和合伙企业投资者征收个人所得税的规定》（财税〔2000〕91号）及《财政部、国家税务总局关于调整个体工商户个人独资企业和合伙企业个人所得税税前扣除标准有关问题的通知》（财税〔2008〕65号）的有关规定执行。

前款所称生产经营所得和其他所得，包括合伙企业分配给所有合伙人的所得和企业当年留存的所得（利润）。

➢《中华人民共和国企业所得税法实施条例》（2007 年 12 月 6 日中华人民共和国国务院令第 512 号公布，根据 2019 年 4 月 23 日中华人民共和国国务院令第 714 号第一次修订）

第八十三条　符合条件的居民企业之间的股息红利等权益性投资收益，是指居民企业直接投资于其他居民企业取得的投资收益。

1.3.3　民办非企业单位取得的开办资金是否免税?

问：民办非企业单位取得的开办资金是否需要计入收入缴纳企业所得税？

答：民办非企业单位是利用企业事业单位、社会团体和其他社会力量以及公民个人利用非国有资产举办的，从事非营利性社会服务活动的社会组织。民办非企业单位作为非营利组织，如果取得免税资格，其收到的开办费如属于捐赠，则该接受捐赠收入免税。无免税资格或虽有免税资格，但取得的收入不属于财税〔2009〕122 号文正例举免税范围内的，不免税。

政策依据：

➢《财政部 税务总局关于非营利组织免税资格认定管理有关问题的通知》（财税〔2018〕13 号）

一、依据本通知认定的符合条件的非营利组织，必须同时满足以下条件：

（一）依照国家有关法律法规设立或登记的事业单位、社会团体、基金会、社会服务机构、宗教活动场所、宗教院校以及财政部、税务总局认定的其他非营利组织；

（二）从事公益性或者非营利性活动；

（三）取得的收入除用于与该组织有关的、合理的支出外，全部用于登记核定或者章程规定的公益性或者非营利性事业；

（四）财产及其孳息不用于分配，但不包括合理的工资薪金支出；

（五）按照登记核定或者章程规定，该组织注销后的剩余财产用于公益性或者非营利性目的，或者由登记管理机关采取转赠给与该组织性质、宗旨相同的组织等处置方式，并向社会公告；

（六）投入人对投入该组织的财产不保留或者享有任何财产权利，本款所称投入人是指除各级人民政府及其部门外的法人、自然人和其他组织；

（七）工作人员工资福利开支控制在规定的比例内，不变相分配该组织的财产，其中：工作人员平均工资薪金水平不得超过税务登记所在地的地市级（含地市级）以上地区的同行业同类组织平均工资水平的两倍，工作人员福利按照国家有关规定执行；

（八）对取得的应纳税收入及其有关的成本、费用、损失应与免税收入及其有关的成本、费用、损失分别核算。

二、经省级（含省级）以上登记管理机关批准设立或登记的非营利组织，凡符合规定条件的，应向其所在地省级税务主管机关提出免税资格申请，并提供本通知规定的相关材料；经地市级或县级登记管理机关批准设立或登记的非营利组织，凡符合规定条件的，分别向其所在地的地市级或县级税务主管机关提出免税资格申请，并提供本通知规定的相关材料。

财政、税务部门按照上述管理权限，对非营利组织享受免税的资格联合进行审核确认，并定期予以公布。

五、非营利组织必须按照《中华人民共和国税收征收管理法》及《中华人民共和国税收征收管理法实施细则》等有关规定，办理税务登记，按期进行纳税申报。取得免税资格的非营利组织应按照规定向主管税务机关办理免税手续，免税条件发生变化的，应当自发生变化之日起十五日内向主管税务机关报告；不再符合免税条件的，应当依法履行纳税义务；未依法纳税的，主管税务机关应当予以追缴。取得免税资格的非营利组织注销时，剩余财产处置违反本通知第一条第五项规定的，主管税务机关应追缴其应纳企业所得税款。

有关部门在日常管理过程中，发现非营利组织享受优惠年度不符合本通知规定的免税条件的，应提请核准该非营利组织免税资格的财政、税务部门，由其进行复核。

核准非营利组织免税资格的财政、税务部门根据本通知规定的管理权限，对非营利组织的免税优惠资格进行复核，复核不合格的，相应年度不得享受税收优惠政策。

➤《财政部、国家税务总局关于非营利组织企业所得税免税收入问题的通知》（财税〔2009〕122号）

一、非营利组织的下列收入为免税收入：

（一）接受其他单位或者个人捐赠的收入；

（二）除《中华人民共和国企业所得税法》第七条规定的财政拨款以外的其他政府补助收入，但不包括因政府购买服务取得的收入；

（三）按照省级以上民政、财政部门规定收取的会费；

（四）不征税收入和免税收入孳生的银行存款利息收入；

（五）财政部、国家税务总局规定的其他收入。

1.3.4　软件企业与小微企业税收优惠能否叠加享受？

问：我公司2019年获得了软件企业资格证书，2018年获利，2019年当年是否可以享受企业所得税税收优惠？该优惠能否和小微企业所得税优惠叠加享受？如果不行，2019年享受了软件企业的优惠，2020年是否可以享受小微企业所得税优惠？

答：软件、集成电路企业应从企业的获利年度起计算定期减免税优惠期。如获利年度不符合优惠条件的，应自首次符合软件、集成电路企业条件的年度起，在其优惠期的剩余年限内享受相应的减免税优惠。本问题中，应当自2018年起计算优惠期，2019年起符合条件，因此，2019年免征企业所得税，2020年、2021年、2022年按照25%的法定税率减半征收企业所得税。该优惠不能与小微企业所得税优惠叠加享受，且一经选择，不得改变。

政策依据：

➤《财政部 税务总局关于集成电路设计和软件产业企业所得税政策的公告》（财政部 税务总局公告2019年第68号）

一、依法成立且符合条件的集成电路设计企业和软件企业，在2018年12月31日前自获利年度起计算优惠期，第1年至第2年免征企业所得税，第3年至第5年按照25%的法定税率减半征收企业所得税，并享受至期满为止。

➤《国务院关于实施企业所得税过渡优惠政策的通知》（国发〔2007〕39号）

三、实施企业税收过渡优惠政策的其他规定

享受企业所得税过渡优惠政策的企业，应按照新税法和实施条例中有关收入和扣除的规定计算应纳税所得额，并按本通知第一部分规定计算享受税收优惠。

企业所得税过渡优惠政策与新税法及实施条例规定的优惠政策存在交叉的，由企业选择最优惠的政策执行，不得叠加享受，且一经选择，不得改变。

➤《财政部、国家税务总局关于执行企业所得税优惠政策若干问题的通知》（财税〔2009〕69号）

二、《国务院关于实施企业所得税过渡优惠政策的通知》（国发〔2007〕39号）第三条所称不得叠加享受，且一经选择，不得改变的税收优惠情形，限于企业所得税过渡优惠政策与企业所得税法及其实施条例中规定的定期减免税和减低税率类的税收优惠。

企业所得税法及其实施条例中规定的各项税收优惠，凡企业符合规定条件的，可以同时享受。

➢《财政部 国家税务总局关于进一步鼓励软件产业和集成电路产业发展企业所得税政策的通知》（财税〔2012〕27号）

二十二、集成电路生产企业、集成电路设计企业、软件企业等依照本通知规定可以享受的企业所得税优惠政策与企业所得税其他相同方式优惠政策存在交叉的，由企业选择一项最优惠政策执行，不叠加享受。

1.3.5 参与研发的人员人工费用未按工时占比分配到研发费用中，能否加计扣除？

问：我公司与客户签订合同后，做方案设计、研究开发，然后采购设备、材料，组装、出货。研发支出，我们已经申报加计扣除。2020年税务机关来稽查时，认定我公司购进材料用于研发，形成产品对外销售，研发用的材料未冲减当年的研发费用；人工这一部分我们没有进行工时分配，稽查认定也不能加计扣除。但人工部分不能加计扣除，我们觉得挺冤，因为人工这一部分不好统计，比如，我公司分机械和电控两个研发部门，研发部门的工程师每天的工作比较杂，他们可能同时参与多个项目，工作又分场内和场外，做完设计后还可能会到生产车间去参与组装，这种情况下如何进行工时分配以满足加计扣除要求？

答：企业研发人工支出这一块要加计扣除，必须按合理方法进行分配，属于研发费用的才可以扣除。我所了解的一些技术开发企业，研发人员在企业内部不同部门兼职的，企业会有一套工时计量和考核的制度，即对研发人员从事工作的受益对象进行工时分配并准确记录，这样就能满足研发费用扣除的要求。

政策依据：

➢《国家税务总局关于研发费用税前加计扣除归集范围有关问题的公告》（国家税务总局公告2017年第40号）

一、人员人工费用

（三）直接从事研发活动的人员、外聘研发人员同时从事非研发活动的，企业应对其人员活动情况做必要记录，并将其实际发生的相关费用按实际工时占比等合理方法在研发费用和生产经营费用间分配，未分配的不得加计扣除。

二、直接投入费用

指研发活动直接消耗的材料、燃料和动力费用；用于中间试验和产品试制的模具、工艺装备开发及制造费，不构成固定资产的样品、样机及一般测试手段购置费，试制产品的检验费；用于研发活动的仪器、设备的运行维护、调整、检验、维修等费用，以及通过经营租赁方式租入的用于研发活动的仪器、设备租赁费。

（一）以经营租赁方式租入的用于研发活动的仪器、设备，同时用于非研发活动的，企业应对其仪器设备使用情况做必要记录，并将其实际发生的租赁费按实际工时占比等合理方法在研发费用和生产经营费用间分配，未分配的不得加计扣除。

（二）企业研发活动直接形成产品或作为组成部分形成的产品对外销售的，研发费用中对应的材料费用不得加计扣除。

产品销售与对应的材料费用发生在不同纳税年度且材料费用已计入研发费用的，可在销售当年以对应的材料费用发生额直接冲减当年的研发费用，不足冲减的，结转以后年度继续冲减。

1.3.6 “5192 流动货摊零售”，能否享受研发费用加计扣除税收优惠？

问：我集团有一家子公司，目前注册的经营范围是“5192 流动货摊零售”，之前业务不多，未来可能做互联网、科技平台之类的业务，该公司最近委托第三方公司开发一个 APP 平台，相关支出可否列入研发费用加计扣除？如何办理加计扣除？

答：企业自主研发的项目，只需企业内部有决策权的部门，如董事会等做出决议即可。政府及相关部门支持的重点项目，按政府部门立项管理的相关要求进行操作；委托研发及合作研发的项目立项则需要科技部门登记，未登记的委托研发不能加计扣除；批发和零售业不适用研发费用加计扣除。

政策依据：

➢《财政部 国家税务总局 科技部关于完善研究开发费用税前加计扣除政策的通知》（财税〔2015〕119 号）

四、不适用税前加计扣除政策的行业

1. 烟草制造业。

2. 住宿和餐饮业。

3. 批发和零售业。

4. 房地产业。

5. 租赁和商务服务业。

6. 娱乐业。

7. 财政部和国家税务总局规定的其他行业。

上述行业以《国民经济行业分类与代码（GB/4754－2011）》为准，并随之更新。

五、管理事项及征管要求

1. 本通知适用于会计核算健全、实行查账征收并能够准确归集研发费用的居民企业。

2. 企业研发费用各项目的实际发生额归集不准确、汇总额计算不准确的，税务机关有权对其税前扣除额或加计扣除额进行合理调整。

3. 税务机关对企业享受加计扣除优惠的研发项目有异议的，可以转请地市级（含）以上科技行政主管部门出具鉴定意见，科技部门应及时回复意见。企业承担省部级（含）以上科研项目的，以及以前年度已鉴定的跨年度研发项目，不再需要鉴定。

4. 企业符合本通知规定的研发费用加计扣除条件而在2016年1月1日以后未及时享受该项税收优惠的，可以追溯享受并履行备案手续，追溯期限最长为3年。

5. 税务部门应加强研发费用加计扣除优惠政策的后续管理，定期开展核查，年度核查面不得低于20%。

➢《国家税务总局关于企业研究开发费用税前加计扣除政策有关问题的公告》（国家税务总局公告2015年第97号）

四、不适用加计扣除政策行业的判定

《通知》中不适用税前加计扣除政策行业的企业，是指以《通知》所列行业业务为主营业务，其研发费用发生当年的主营业务收入占企业按税法第六条规定计算的收入总额减除不征税收入和投资收益的余额50%（不含）以上的企业。

六、申报及备案管理

（三）企业应当不迟于年度汇算清缴纳税申报时，向税务机关报送《企业所得税优惠事项备案表》和研发项目文件完成备案，并将下列资料留存备查：

1. 自主、委托、合作研究开发项目计划书和企业有权部门关于自主、委托、合作研究开发项目立项的决议文件；

2. 自主、委托、合作研究开发专门机构或项目组的编制情况和研发人员名单；

3. 经科技行政主管部门登记的委托、合作研究开发项目的合同；

4. 从事研发活动的人员和用于研发活动的仪器、设备、无形资产的费用分配说明（包括工作使用情况记录）；

5. 集中研发项目研发费决算表、集中研发项目费用分摊明细情况表和实际分享收益比例等资料；

6. “研发支出”辅助账；

7. 企业如果已取得地市级（含）以上科技行政主管部门出具的鉴定意见，应作为资料留存备查；

8. 省税务机关规定的其他资料。

1.3.7　无形资产迭代很快，如何摊销？

问：我公司是电子商务企业，近期外购了无形资产，按照税法规定，可以有三种摊销方法：按照不少于10年摊销；按照合同约定的使用年限摊销；去税务局备案，经主管税务机关确认可缩短摊销年限。现在的问题是，无形资产迭代很快，我公司预计此无形资产使用年限为3—5年，不会达到10年。如果按照第二种方法修改合同并约定一个使用年限是否可行，此使用年限是否有标准？还是双方约定即可？按照第三种方法，税务局关认定标准是什么，现在是否还需去税务局备案？

答：企业外购的软件，凡符合固定资产或无形资产确认条件的，可以按照固定资产或无形资产进行核算，其折旧或摊销年限可以适当缩短，最短可为两年（含）。企业购买软件可自行判定、并在预缴时享受该优惠。需要存档备查的资料有：外购软件拟缩短折旧或摊销年限情况的说明；购入固定资产或软件的发票、记账凭证等。

如果企业购买是软件以外的无形资产，建议根据下列原则判定摊销年限：

一是合同规定了受益年限但法律没有规定有效年限的，摊销年限不应超过受益年限；

二是合同没有规定受益年限但法律规定了有效年限的，摊销年限不应超过有效年限；

三是合同规定了受益年限，法律也规定了有效年限的，摊销年限不应超过受益年限和有效年限两者之中较短者；

四是合同没有规定受益年限，法律也没有规定有效年限的，摊销年限可按10年确定。

无论是选取上述哪种方式摊销，贵公司应能提供相关资料备查，如购买合同，发票等。

政策依据：

➤《企业所得税优惠政策事项办理办法》（国家税务总局公告2018年第23号）

第四条　企业享受优惠事项采取“自行判别、申报享受、相关资料留存备查”的办理方式。企业应当根据经营情况以及相关税收规定自行判断是否符合优惠事项规定的条件，符合条件的可以按照《目录》列示的时间自行计算减免税额，并通过填报企业所得税纳税申报表享受税收优惠。同时，按照本办法的规定归集和留存相关资料备查。

➤《财政部 国家税务总局关于进一步鼓励软件产业和集成电路产业发展企业所得税政策的通知》（财税〔2012〕27号）

七、企业外购的软件，凡符合固定资产或无形资产确认条件的，可以按照固定资产或无形资产进行核算，其折旧或摊销年限可以适当缩短，最短可为两年（含）。

1.3.8　委托研发辅助核算明细账，由哪一方填报？

问：委托研发辅助核算明细账，由哪一方填报？

答：由委托方填报。如果是委托关联方研发的，委托研发辅助账需要根据受托方提供的费用清单填写，委托非关联方研发的，实际支出金额直接填写在委托研发“研发支出”辅助账的第七列。

政策依据：

➤《国家税务总局关于企业研究开发费用税前加计扣除政策有关问题的公告》（国家税务总局公告2015年第97号）

五、核算要求

企业应按照国家财务会计制度要求，对研发支出进行会计处理。研发项目立项时应设置研发支出辅助账，由企业留存备查；年末汇总分析填报研发支出辅助账汇总表，并在报送《年度财务会计报告》的同时随附注一并报送主管税务机关。研发支出辅助账、研发支出辅助账汇总表可参照本公告所附样式（见附件）编制。

附件 2.《委托研发“研发支出”辅助账（样式）》登记方法说明

6. 委托方与受托方存在关联关系选项：应当按照《企业（委托）研究开发项目计划书》和《技术开发（委托）合同》等类似文件选择存在、不存在；关联关系应当按照税法的相关规定判定；存在关联关系的，应当按照受托方向委托方提供研发项目费用支出明细情况分别登记在序号 1—6 对应费用明细中；不存在关联关系的，应当按照相关凭证登记在序号 7 中；

➢《国家税务总局关于研发费用税前加计扣除归集范围有关问题的公告》（国家税务总局公告 2017 年第 40 号）

七、其他事项

（五）国家税务总局公告 2015 年第 97 号第三条所称“研发活动发生费用”是指委托方实际支付给受托方的费用。无论委托方是否享受研发费用税前加计扣除政策，受托方均不得加计扣除。

委托方委托关联方开展研发活动的，受托方需向委托方提供研发过程中实际发生的研发项目费用支出明细情况。

1.3.9　某研发项目委托其他企业进行产品设计发生的费用，是计入自主研发——设计费实验费中，还是单独计入委托研发费用中？

问：我公司 RD01 项目为自主研发项目，该项目发生一笔委托另一家关联企业实施的产品设计费，该设计费是计入自主研发——“新产品设计费”中，还是计入委托研发中按 80% 扣除？

答：《研发费用加计扣除工作指引 1.1》明确：“委托研发指被委托人基于他人委托而开发的项目。委托人以支付报酬的形式获得被委托人的研发成果的所有权。委托项目的特点是研发经费受委托人支配，项目成果必须体现委托人的意志和实现委托人的使用目的。”如果研发列支的设计费具备上述特性，且经科技行政主管部门登记，则应当作为委托研发按委托研发的扣除规则进行扣除。如果不具备上述特性，则应计入新产品设计费中正常扣除，并可申报加计扣除。

问题提到的情形，应计入新产品设计费中正常扣除。

政策依据：

➢《国家税务总局关于研发费用税前加计扣除归集范围有关问题的公告》（国家税务总局公告2017年第40号）

五、新产品设计费、新工艺规程制定费、新药研制的临床试验费、勘探开发技术的现场试验费

指企业在新产品设计、新工艺规程制定、新药研制的临床试验、勘探开发技术的现场试验过程中发生的与开展该项活动有关的各类费用。

➢《财政部、国家税务总局、科学技术部关于完善研究开发费用税前加计扣除政策的通知》（财税〔2015〕119号）

二、特别事项的处理

1. 企业委托外部机构或个人进行研发活动所发生的费用，按照费用实际发生额的80%计入委托方研发费用并计算加计扣除，受托方不得再进行加计扣除。委托外部研究开发费用实际发生额应按照独立交易原则确定。

委托方与受托方存在关联关系的，受托方应向委托方提供研发项目费用支出明细情况。

……

➢《国家税务总局关于企业研究开发费用税前加计扣除政策有关问题的公告》（国家税务总局公告2015年第97号）

六、申报及备案管理

（三）企业应当不迟于年度汇算清缴纳税申报时，向税务机关报送《企业所得税优惠事项备案表》和研发项目文件完成备案，并将下列资料留存备查：

1. 自主、委托、合作研究开发项目计划书和企业有权部门关于自主、委托、合作研究开发项目立项的决议文件；

2. 自主、委托、合作研究开发专门机构或项目组的编制情况和研发人员名单；

3. 经科技行政主管部门登记的委托、合作研究开发项目的合同；

4. 从事研发活动的人员和用于研发活动的仪器、设备、无形资产的费用分配说明（包括工作使用情况记录）；

5. 集中研发项目研发费决算表、集中研发项目费用分摊明细情况表和实际分享收益比例等资料；

6. “研发支出”辅助账；

7. 企业如果已取得地市级（含）以上科技行政主管部门出具的鉴定意见，应作为资料留存备查；

8. 省税务机关规定的其他资料。

第四节　非居民税收类

1.4.1　因产品质量问题支付给非居民企业的赔偿是否需要代扣企业所得税？

问：我公司销售给叙利亚公司的汽车出现质量问题，外商提出索赔，我公司同意支付赔偿款，对外支付时，是否需要代扣代缴所得税？

答：贵公司支付的赔偿不属于企业所得税法及实施条例规定需要源泉扣缴的所得，无须代扣代缴企业所得税。

➢《中华人民共和国企业所得税法》（2007 年 3 月 19 日中华人民共和国主席令第二十三号公布，根据 2018 年 12 月 29 日第十三届全国人民代表大会常务委员会第七次会议《关于修改〈中华人民共和国电力法〉等四部法律的决定》第二次修正）

第三条　居民企业应当就其来源于中国境内、境外的所得缴纳企业所得税。

非居民企业在中国境内设立机构、场所的，应当就其所设机构、场所取得的来源于中国境内的所得，以及发生在中国境外但与其所设机构、场所有实际联系的所得，缴纳企业所得税。

非居民企业在中国境内未设立机构、场所的，或者虽设立机构、场所但取得的所得与其所设机构、场所没有实际联系的，应当就其来源于中国境内的所得缴纳企业所得税。

第三十七条　对非居民企业取得本法第三条第三款规定的所得应缴纳的所得税，实行源泉扣缴，以支付人为扣缴义务人。税款由扣缴义务人在每次支付或者到期应支付时，从支付或者到期应支付的款项中扣缴。

➤《中华人民共和国企业所得税法实施条例》（2007 年 12 月 6 日中华人民共和国国务院令第 512 号公布，根据 2019 年 4 月 23 日中华人民共和国国务院令第 714 号第一次修订）

第六条　企业所得税法第三条所称所得，包括销售货物所得、提供劳务所得、转让财产所得、股息红利等权益性投资所得、利息所得、租金所得、特许权使用费所得、接受捐赠所得和其他所得。

第七条　企业所得税法第三条所称来源于中国境内、境外的所得，按照以下原则确定：

（一）销售货物所得，按照交易活动发生地确定；

（二）提供劳务所得，按照劳务发生地确定；

（三）转让财产所得，不动产转让所得按照不动产所在地确定，动产转让所得按照转让动产的企业或者机构、场所所在地确定，权益性投资资产转让所得按照被投资企业所在地确定；

（四）股息、红利等权益性投资所得，按照分配所得的企业所在地确定；

（五）利息所得、租金所得、特许权使用费所得，按照负担、支付所得的企业或者机构、场所所在地确定，或者按照负担、支付所得的个人的住所地确定；

（六）其他所得，由国务院财政、税务主管部门确定。

1.4.2　非居民企业将其持有的境内企业股权转让给另一家非居民企业，如何预提企业所得税？

问：我公司为居民企业，母公司为境外非居民企业，母公司要把其持有的我公司股权转让给另外一家境外关联企业，我公司需要帮境外母公司交税吗？流程是什么？

答：这属于“外转外”，即境外非居民企业间将其持有的境内居民企业股权转让给另外一家非居民企业。

该类业务的纳税管理相关政策要点如下：

一、纳税期限

1. 扣缴义务发生时间及扣缴申报地点。

非居民企业转让其持有的境内居民企业股权取得的所得，实行源泉扣缴，以支付人为扣缴义务人。税款由扣缴义务人在每次支付或者到期应支付时，从支付或者到期应支付的款项中扣缴。

扣缴义务人应当自扣缴义务发生之日起 7 日内向扣缴义务人所在地主管税务机关申报和解缴代扣税款。

所得为外币的，应当按照扣缴义务发生之日人民币汇率中间价折合成人民币，计算非居民企业应纳税所得额。

2. 纳税人自行申报期限。

扣缴义务人未依法扣缴或者无法履行扣缴义务的，由纳税人在所得发生地缴纳。纳税人未依法缴纳的，税务机关可以从该纳税人在中国境内其他收入项目的支付人应付的款项中，追缴该纳税人的应纳税款。

非居民企业未按规定申报缴纳税款的，税务机关可以责令限期缴纳，非居民企业应当按照税务机关确定的期限申报缴纳税款；非居民企业在税务机关责令限期缴纳前自行申报缴纳税款的，视为已按期缴纳税款。

政策依据：

➢《国家税务总局关于非居民企业所得税源泉扣缴有关问题的公告》（国税〔2017〕37 号）

三、企业所得税法第十九条第二项规定的转让财产所得包含转让股权等权益性投资资产（以下称“股权”）所得。股权转让收入减除股权净值后的余额为股权转让所得应纳税所得额。

股权转让收入是指股权转让人转让股权所收取的对价，包括货币形式和非货币形式的各种收入。

股权净值是指取得该股权的计税基础。股权的计税基础是股权转让人投资入股时向中国居民企业实际支付的出资成本，或购买该项股权时向该股权的原转让人实际支付的股权受让成本。股权在持有期间发生减值或者增值，按照国务院财政、税务主管部门规定可以确认损益的，股权净值应进行相应调整。企业在计算股权转让所得时，不得扣除被投资企业未分配利润等股东留存收益中按该项股权所可能分配的金额。

多次投资或收购的同项股权被部分转让的，从该项股权全部成本中按照转让比例计算确定被转让股权对应的成本。

九、按照企业所得税法第三十七条规定应当扣缴的所得税，扣缴义务人未依法扣缴或者无法履行扣缴义务的，取得所得的非居民企业应当按照企业所得税法第三十九条规定，向所得发生地主管税务机关申报缴纳未扣缴税款，并填报《中华人民共和国扣缴企业所得税报告表》。

非居民企业未按照企业所得税法第三十九条规定申报缴纳税款的，税务机关可以责令限期缴纳，非居民企业应当按照税务机关确定的期限申报缴纳税款；非居民企业在税务机关责令限期缴纳前自行申报缴纳税款的，视为已按期缴纳税款。

1.4.3 我公司派人在台湾地区为台湾总部提供服务，在当地缴纳的企业所得税如何处理？

问：我公司派人在台湾为台湾总部提供服务，如果开了一张 invoce 给台湾总部，台湾总部支付我公司折合人民币 100 万元，对方付款时按当地规定代扣代缴折合人民币 20 万元的企业所得税，实际我们收到的款项只有折合人民币 80 万元（可提供完税凭证给我们入账），我公司如何进行企业所得税处理？

答：问题所提到的情况，如无其他事项，在台湾提供服务应确认收入 100 万元，同时应计算出提供该服务的所得（扣除该服务的相关成本、费用），并按国内法律计算出抵扣限额，在台湾按当地法律规定缴纳的 20 万元企业所得税，如果不超过抵免限额，可以全额从贵公司当期应纳税额中抵免。超过部分，可以在以后五个年度内结转抵免。

账务处理：单独核算，正常记该项目的收入和相应的成本、费用。

申报表填写：根据表 A108010、表 A108020、表 A108030 分国（地区）别逐行填报 A108000 进行申报。

政策依据：

➤《中华人民共和国企业所得税法》（2007 年 3 月 19 日中华人民共和国主席令第二十三号公布，根据 2018 年 12 月 29 日第十三届全国人民代表大会常务委员会第七次会议《关于修改〈中华人民共和国电力法〉等四部法律的决定》第二次修正）

第二十三条　企业取得的下列所得已在境外缴纳的所得税税额，可以从其当期应纳税额中抵免，抵免限额为该项所得依照本法规定计算的应纳税额；超过抵免限额的部分，可以在以后五个年度内，用每年度抵免限额抵免当年应抵税额后的余额进行抵补：

（一）居民企业来源于中国境外的应税所得；

（二）非居民企业在中国境内设立机构、场所，取得发生在中国境外但与该机构、场所有实际联系的应税所得。

➤《中华人民共和国企业所得税法实施条例》（2007 年 12 月 6 日中华人

民共和国国务院令第512号公布，根据2019年4月23日中华人民共和国国务院令第714号第一次修订）

第一百三十条　企业所得以人民币以外的货币计算的，预缴企业所得税时，应当按照月度或者季度最后一日的人民币汇率中间价，折合成人民币计算应纳税所得额。年度终了汇算清缴时，对已经按照月度或者季度预缴税款的，不再重新折合计算，只就该纳税年度内未缴纳企业所得税的部分，按照纳税年度最后一日的人民币汇率中间价，折合成人民币计算应纳税所得额。经税务机关检查确认，企业少计或者多计前款规定的所得的，应当按照检查确认补税或者退税时的上一个月最后一日的人民币汇率中间价，将少计或者多计的所得折合成人民币计算应纳税所得额，再计算补缴或者应退的税款。

1.4.4　应分配给非居民企业的股利作为债务转移到第三方，何时代扣代缴企业所得税？

问：A公司2018年12月召开股东会决议决定进行利润分配，其中，需要分配非居民企业股东B公司股利1亿元，但A公司一直未支付。2020年，A公司、B公司和C公司（该公司也是A公司的股东）签订债权、债务转让协议，协议约定B公司应收股利由C公司代为支付，A公司对C公司的相应债权抵减1亿元。这三家公司签订债权、债务转让协议后，对于A公司应该支付给非居民企业B公司的股利是否已经实现支付？是否应当履行扣缴义务？

答：三方签订的债权债务转让协议，只是一种债权的转移，B公司并未因为这种债权转让而收到分红。A公司转让债务后，并未实际支付，因此，不发生扣缴义务，A应当在C实际支付时履行扣缴义务，要求C配合履行扣缴义务。

政策依据：

➢《国家税务总局关于非居民企业所得税源泉扣缴有关问题的公告》（国家税务总局公告2017年第37号）

二、企业所得税法实施条例第一百零四条规定的支付人自行委托代理人或指定其他第三方代为支付相关款项，或者因担保合同或法律规定等原因由第三方保证人或担保人支付相关款项的，仍由委托人、指定人或被保证人、被担保人承担扣缴义务。

七、扣缴义务人应当自扣缴义务发生之日起7日内向扣缴义务人所在地主管税务机关申报和解缴代扣税款。扣缴义务人发生到期应支付而未支付情形，应按照《国家税务总局关于非居民企业所得税管理若干问题的公告》（国家税务总局公告2011年第24号）第一条规定进行税务处理。

非居民企业取得应源泉扣缴的所得为股息、红利等权益性投资收益的，相关应纳税款扣缴义务发生之日为股息、红利等权益性投资收益实际支付之日。

非居民企业采取分期收款方式取得应源泉扣缴所得税的同一项转让财产所得的，其分期收取的款项可先视为收回以前投资财产的成本，待成本全部收回后，再计算并扣缴应扣税款。

1.4.5 收购境外企业和自然人持有的境内企业股权，纳税地点如何确定?

问：我公司注册在上海，现在收购一家注册地在北京的公司，该公司股东有一部分是境外企业和境外自然人。我公司收购股权时，扣缴的企业所得税和个人所得税应当在上海还是北京缴纳?

答：代扣代缴境外企业转让股权涉及的企业所得税，纳税地点应为收购方所在地（即上海）。扣缴义务人未依法扣缴或者无法履行扣缴义务的，取得所得的非居民企业应当向所得发生地主管税务机关（即北京）申报缴纳未扣缴税款。

个人转让股权取得所得，支付所得方应履行扣缴义务，纳税地点是被投资企业所在地（即北京）。

政策依据：

➤《国家税务总局关于非居民企业所得税源泉扣缴有关问题的公告》（国家税务总局公告2017年第37号）

七、扣缴义务人应当自扣缴义务发生之日起7日内向扣缴义务人所在地主管税务机关申报和解缴代扣税款。扣缴义务人发生到期应支付而未支付情形，应按照《国家税务总局关于非居民企业所得税管理若干问题的公告》（国家税务总局公告2011年第24号）第一条规定进行税务处理。

九、按照企业所得税法第三十七条规定应当扣缴的所得税，扣缴义务人未依法扣缴或者无法履行扣缴义务的，取得所得的非居民企业应当按照企业所得税法第三十九条规定，向所得发生地主管税务机关申报缴纳未扣缴税款，并填报《中华人民共和国扣缴企业所得税报告表》。

➤《国家税务总局关于发布〈股权转让所得个人所得税管理办法（试

行)〉的公告》(国家税务总局公告2014年第67号)

第十九条　个人股权转让所得个人所得税以被投资企业所在地地税机关为主管税务机关。

第二十条　具有下列情形之一的，扣缴义务人、纳税人应当依法在次月15日内向主管税务机关申报纳税：

(一) 受让方已支付或部分支付股权转让价款的；

(二) 股权转让协议已签订生效的；

(三) 受让方已经实际履行股东职责或者享受股东权益的；

(四) 国家有关部门判决、登记或公告生效的；

(五) 本办法第三条第四至第七项行为已完成的；

(六) 税务机关认定的其他有证据表明股权已发生转移的情形。

1.4.6　境外企业向我公司支付费用时代扣的税款，能否从我公司当期应纳税额中抵免?

问：我公司的产品工程师在境内给境外巴西关联公司提供项目工程咨询服务，服务按小时收费，巴西公司在付款给我公司时，按当地规定代扣代缴15%的企业所得税，巴西公司代扣代缴的企业所得税，能否在我公司申报缴纳企业所得税时用于抵免？如可以抵免，如何抵免？有无时间要求？

答：贵公司向境外企业提供劳务，境外企业按当地法律代扣代缴的企业所得税，未超过依照中国企业所得税法计算的抵免限额，可全额从贵公司当期应纳税额中抵免。

贵公司可凭境外完税凭证在该年度企业所得税汇算清缴时计算抵免限额并申报抵免。

但问题提到的情形，如果是提供劳务，劳务发生地在中国境内，按中、巴双边税收协定，贵公司该所得虽然是由巴西企业支付的，但并非来源于巴西的所得，巴西不应当有征税权。

政策依据：

➢《中华人民共和国企业所得税法》(2007年3月19日中华人民共和国主席令第二十三号公布，根据2018年12月29日第十三届全国人民代表大会常务委员会第七次会议《关于修改〈中华人民共和国电力法〉等四部法律的决定》第二次修正)

第二十三条　企业取得的下列所得已在境外缴纳的所得税税额，可以从其当期应纳税额中抵免，抵免限额为该项所得依照本法规定计算的应纳税额；超过抵免限额的部分，可以在以后五个年度内，用每年度抵免限额抵免当年应抵税额后的余额进行抵补：

（一）居民企业来源于中国境外的应税所得；

（二）非居民企业在中国境内设立机构、场所，取得发生在中国境外但与该机构、场所有实际联系的应税所得。

➢《中华人民共和国企业所得税法实施条例》（2007 年 12 月 6 日中华人民共和国国务院令第 512 号公布，根据 2019 年 4 月 23 日中华人民共和国国务院令第 714 号第一次修订）

第七十八条　企业所得税法第二十三条所称抵免限额，是指企业来源于中国境外的所得，依照企业所得税法和本条例的规定计算的应纳税额。除国务院财政、税务主管部门另有规定外，该抵免限额应当分国（地区）不分项计算，计算公式如下：

抵免限额 = 中国境内、境外所得依照企业所得税法和本条例的规定计算的应纳税总额 × 来源于某国（地区）的应纳税所得额 ÷ 中国境内、境外应纳税所得总额

➢《中华人民共和国政府和巴西联邦共和国政府关于对所得避免双重征税和防止偷漏税的协定》

第七条　营业利润

一、缔约国一方企业的利润应仅在该缔约国征税，但该企业通过设在缔约国另一方的常设机构在该缔约国另一方进行营业的除外。如果该企业通过设在该缔约国另一方的常设机构在该缔约国另一方进行营业，其利润可以在该缔约国另一方征税，但应仅以属于该常设机构的利润为限。

第二十三条　消除双重征税方法

二、在中国，消除双重征税如下：

（一）中国居民从巴西取得的所得，按照本协定规定在巴西就该项所得缴纳的税额，应在对该居民征收的中国税收中抵免。但是，抵免额不应超过对该项所得按照中国税法和规章计算的中国税收数额。

（二）除第（一）项规定以外，从巴西取得的所得是巴西居民公司支付给中国居民公司的股息，同时该中国居民公司拥有支付股息公司股份不少于 10% 的，该项抵免应考虑支付该股息公司就该项所得缴纳的巴西税收。

1.4.7　境外公司就境外项目在境外提供前期开发服务，我公司支付款项时是否需要代扣企业所得税、增值税?

问：境内企业与境外企业签订了一份在境外建设核电站项目的开发协议，协议约定，境外公司就该项目提供前期开发服务，费用按月支付，每次不超过5万美元，我公司在支付时是否需要代扣企业所得税、增值税?

答：该劳务由境外企业提供，完全发生在境外，贵公司支付时无须预提企业所得税。

该服务接受方虽然为境内单位，属于财税〔2016〕36号所列举的“不属于在境内销售服务或者无形资产”，因此，无须代扣增值税。

政策依据：

➢《中华人民共和国企业所得税法实施条例》（2007年12月6日中华人民共和国国务院令第512号公布，根据2019年4月23日中华人民共和国国务院令第714号第一次修订）

第七条　企业所得税法第三条所称来源于中国境内、境外的所得，按照以下原则确定：

（一）销售货物所得，按照交易活动发生地确定；

（二）提供劳务所得，按照劳务发生地确定；

（三）转让财产所得，不动产转让所得按照不动产所在地确定，动产转让所得按照转让动产的企业或者机构、场所所在地确定，权益性投资资产转让所得按照被投资企业所在地确定；

（四）股息、红利等权益性投资所得，按照分配所得的企业所在地确定；

（五）利息所得、租金所得、特许权使用费所得，按照负担、支付所得的企业或者机构、场所所在地确定，或者按照负担、支付所得的个人的住所地确定；

（六）其他所得，由国务院财政、税务主管部门确定。

➢《财政部 国家税务总局关于全面推开营业税改征增值税试点的通知》（财税〔2016〕36号）附件1《营业税改征增值税试点实施办法》

第十三条　下列情形不属于在境内销售服务或者无形资产：

（一）境外单位或者个人向境内单位或者个人销售完全在境外发生的服务。

（二）境外单位或者个人向境内单位或者个人销售完全在境外使用的无形资产。

（三）境外单位或者个人向境内单位或者个人出租完全在境外使用的有形动产。

（四）财政部和国家税务总局规定的其他情形。

➢《国家税务总局关于营改增试点若干征管问题的公告》（国家税务总局公告 2016 年第 53 号）

一、境外单位或者个人发生的下列行为不属于在境内销售服务或者无形资产：

（一）为出境的函件、包裹在境外提供的邮政服务、收派服务；

（二）向境内单位或者个人提供的工程施工地点在境外的建筑服务、工程监理服务；

（三）向境内单位或者个人提供的工程、矿产资源在境外的工程勘察勘探服务；

（四）向境内单位或者个人提供的会议展览地点在境外的会议展览服务。

第五节　其　　他

1.5.1　子公司拆迁获得补偿款如何处理？

问：主要业务在集团公司，子公司无业务，现子公司拆迁，获得拆迁补偿款 1000 万元，如何进行税务处理？

答：如果属于政策性搬迁，则可以适用《企业政策性搬迁所得税管理办法》（国家税务总局公告 2012 年第 40 号）进行处理。从问题来看，贵公司可能不属于政策性搬迁，这种情况下，按资产处置处理即可，即拆迁补偿收入计入子公司当期应纳税所得额，相应的处置支出可以在企业所得税税前扣除。处置后形成的税后利润可作为投资收益分回母公司，母公司按符合条件的投资收益作免税申报处理。

政策依据：

➢《国家税务总局关于发布〈企业政策性搬迁所得税管理办法〉的公告》

（国家税务总局公告2012年第40号）

第三条 企业政策性搬迁，是指由于社会公共利益的需要，在政府主导下企业进行整体搬迁或部分搬迁。企业由于下列需要之一，提供相关文件证明资料的，属于政策性搬迁：

（一）国防和外交的需要；

（二）由政府组织实施的能源、交通、水利等基础设施的需要；

（三）由政府组织实施的科技、教育、文化、卫生、体育、环境和资源保护、防灾减灾、文物保护、社会福利、市政公用等公共事业的需要；

（四）由政府组织实施的保障性安居工程建设的需要；

（五）由政府依照《中华人民共和国城乡规划法》有关规定组织实施的对危房集中、基础设施落后等地段进行旧城区改建的需要；

（六）法律、行政法规规定的其他公共利益的需要。

1.5.2 季度少预缴企业所得税，会不会被加收滞纳金？

问：我公司企业所得税季度预缴总额没有超过汇算清缴总税额的70%，这种情况下，“金三系统”是否会有风险提示？如果确认是季度少预缴企业所得税了，会不会要加收滞纳金？

答：季度预缴总额没有超过汇算总税额的70%这个说法来自国税函〔2009〕34号文件，该文件是税务机关为强化企业所得税预缴的管理，采取的一种监控措施。

建议贵公司按规定的办法计算预缴税款。如未按规定预缴税款，可能有一定风险——虽然汇算清缴时已经补缴，但税务机关会加收季度少预缴时起，到汇算清缴补缴时止，这段时间相应的滞纳金。不过，从实际工作中看，少有税务机关对这类问题进行处理的，主管税务机关更多的是关注汇算清缴时是不是按规定进行申报。税务稽查也大体如此——在企业所得税检查中，主要看年度申报情况，不再进一步关注预缴是否正确。

政策依据：

➢《国家税务总局关于加强企业所得税预缴工作的通知》（国税函〔2009〕34号）

一、各级税务机关要处理好企业所得税预缴和汇算清缴税款入库的关系，原则上各地企业所得税年度预缴税款占当年企业所得税入库税款（预缴数+

汇算清缴数）应不少于70%。

四、各级税务机关要进一步加大监督管理力度。对未按规定申报预缴企业所得税的，按照《中华人民共和国税收征收管理法》及其实施细则的有关规定进行处理。

➢《中华人民共和国税收征收管理法》（2001年中华人民共和国主席令第四十九号公布，2018年中华人民共和国主席令第二十三号修订）

第三十二条　纳税人未按照规定期限缴纳税款的，扣缴义务人未按照规定期限解缴税款的，税务机关除责令限期缴纳外，从滞纳税款之日起，按日加收滞纳税款万分之五的滞纳金。

1.5.3　全资子公司关停、清算后，需要合并它的账，怎么操作？

问：我公司全资子公司关停、清算后，需要合并它的账，怎么操作？

答：子公司被吸收合并成为分公司与子公司注销清算不同，前者需要并账（承继注销前的债权、债务及其他资产），后者无须并账。子公司注销清算后，母公司应当就收回的资产入账。其中，分回的投资中，相当于盈余公积和未分配利润部分，如符合条件，可按居民企业的投资收益做免税处理。剩余资产减除股息所得后的余额，超过或低于股东投资成本的部分，应确认为股东的投资转让所得或损失。

母公司会计处理如下：

借：银行存款（收回投资款）或其他资产类科目

　　贷：长期投权投资（根据账面净额）

借或贷：投资收益（投资收益在借方还是贷方得看发生的是收益还是损失）

政策依据：

➢《财政部 国家税务总局关于企业清算业务企业所得税处理若干问题的通知》（财税〔2009〕60号）

五、企业全部资产的可变现价值或交易价格减除清算费用，职工的工资、社会保险费用和法定补偿金，结清清算所得税、以前年度欠税等税款，清偿企业债务，按规定计算可以向所有者分配的剩余资产。

被清算企业的股东分得的剩余资产的金额，其中相当于被清算企业累计未分配利润和累计盈余公积中按该股东所占股份比例计算的部分，应确认为股息所得；剩余资产减除股息所得后的余额，超过或低于股东投资成本的部分，应确认为股东的投资转让所得或损失。

被清算企业的股东从被清算企业分得的资产应按可变现价值或实际交易价格确定计税基础。

1.5.4　房地产开发企业以开发产品抵工程款如何税务处理?

问：房地产开发企业以开发产品抵工程款如何税务处理?

答：以房抵债属于取得其他经济利益的销售，需要缴纳增值税。该行为属于企业所得税、土地增值税视同销售情形，应当按视同销售处理，各税种价格的确定参看附列的文件规定。同时，该行为应按产权转移书据申报缴纳印花税。

政策依据：

➢《财政部 国家税务总局关于全面推开营业税改征增值税试点的通知》(财税〔2016〕36号) 附件1《营业税改征增值税试点实施办法》

第十条　销售服务、无形资产或者不动产，是指有偿提供服务、有偿转让无形资产或者不动产，但属于下列非经营活动的情形除外：

(一) 行政单位收取的同时满足以下条件的政府性基金或者行政事业性收费。

1. 由国务院或者财政部批准设立的政府性基金，由国务院或者省级人民政府及其财政、价格主管部门批准设立的行政事业性收费；

2. 收取时开具省级以上（含省级）财政部门监（印）制的财政票据；

3. 所收款项全额上缴财政。

(二) 单位或者个体工商户聘用的员工为本单位或者雇主提供取得工资的服务。

(三) 单位或者个体工商户为聘用的员工提供服务。

(四) 财政部和国家税务总局规定的其他情形。

第十一条　有偿，是指取得货币、货物或者其他经济利益。

➢《中华人民共和国企业所得税法实施条例》(2007年12月6日中华人民共和国国务院令第512号公布，根据2019年4月23日中华人民共和国国务院令第714号第一次修订)

第二十五条　企业发生非货币性资产交换，以及将货物、财产、劳务用于捐赠、偿债、赞助、集资、广告、样品、职工福利或者利润分配等用途的，应当视同销售货物、转让财产或者提供劳务，但国务院财政、税务主管部门另有规定的除外。

➢《国家税务总局关于印发〈房地产开发经营业务企业所得税处理办法〉的通知》（国税发〔2009〕31号）

第七条　企业将开发产品用于捐赠、赞助、职工福利、奖励、对外投资、分配给股东或投资人、抵偿债务、换取其他企事业单位和个人的非货币性资产等行为，应视同销售，于开发产品所有权或使用权转移，或于实际取得利益权利时确认收入（或利润）的实现。确认收入（或利润）的方法和顺序为：

（一）按本企业近期或本年度最近月份同类开发产品市场销售价格确定；

（二）由主管税务机关参照当地同类开发产品市场公允价值确定；

（三）按开发产品的成本利润率确定。开发产品的成本利润率不得低于15%，具体比例由主管税务机关确定。

➢《国家税务总局关于印发〈土地增值税清算管理规程〉的通知》（国税发〔2009〕91号）

第十九条　非直接销售和自用房地产的收入确定

（一）房地产开发企业将开发产品用于职工福利、奖励、对外投资、分配给股东或投资人、抵偿债务、换取其他单位和个人的非货币性资产等，发生所有权转移时应视同销售房地产，其收入按下列方法和顺序确认：

1. 按本企业在同一地区、同一年度销售的同类房地产的平均价格确定；

2. 由主管税务机关参照当地当年、同类房地产的市场价格或评估价值确定。

……

（四）印花税

➢《财政部国家税务总局关于印花税若干政策的通知》（财税〔2006〕162号）

四、对商品房销售合同按照产权转移书据征收印花税。

1.5.5　企业举办员工运动会发生的费用如何进行税务处理?

问：我公司每年会举办运动会，举办时会发生一些场地租赁费，购置运动器材的费用，同时还会购买运动服装发放给每名员工，这些支出该如何入账，如何进行税务处理？我公司有工会组织，但举办运动会发生的支出不走工会账。

答：贵公司可将相关支出计入福利费并按福利费在企业所得税前限额扣除。需要注意的是，上述支出，个人福利部分，还应并入员工工资薪金所得预扣预缴个人所得税（归员工个人所有的服装、用品、用具等）。

政策依据：

➤《国家税务总局关于企业工资薪金及职工福利费扣除问题的通知》（国税函〔2009〕3号）

三、关于职工福利费扣除问题

《实施条例》第四十条规定的企业职工福利费，包括以下内容：

（一）尚未实行分离办社会职能的企业，其内设福利部门所发生的设备、设施和人员费用，包括职工食堂、职工浴室、理发室、医务所、托儿所、疗养院等集体福利部门的设备、设施及维修保养费用和福利部门工作人员的工资薪金、社会保险费、住房公积金、劳务费等。

（二）为职工卫生保健、生活、住房、交通等所发放的各项补贴和非货币性福利，包括企业向职工发放的因公外地就医费用、未实行医疗统筹企业职工医疗费用、职工供养直系亲属医疗补贴、供暖费补贴、职工防暑降温费、职工困难补贴、救济费、职工食堂经费补贴、职工交通补贴等。

（三）按照其他规定发生的其他职工福利费，包括丧葬补助费、抚恤费、安家费、探亲假路费等。

➤《中华人民共和国个人所得税法实施条例》（1994年1月28日中华人民共和国国务院令第142号发布，根据2018年12月18日中华人民共和国国务院令第707号第四次修订）

第四条　个人所得税法规定的各项个人所得的范围：

（一）工资、薪金所得，是指个人因任职或者受雇取得的工资、薪金、奖金、年终加薪、劳动分红、津贴、补贴以及与任职或者受雇有关的其他所得。

第二章　增值税问题

第一节　销售额、纳税义务发生时间及销项税额类

2.1.1　收取客户的违约金，是否需要计入销售额？

问：客户拖欠我公司货款8万元，我公司提起诉讼，法院判决我公司胜诉，最终我公司收回货款8万元、收到法院判赔的违约金2万元，我公司收到的2万元违约金如何进行账务、税务处理？另外，我公司销售给客户的货还有部分未运走，根据我公司与客户的约定，未按期提货，我公司将加收仓储费，因为双方有纠纷，如果客户后续不再支付仓储费，违约金2万是否可以抵应收的款项？

答：贵公司在已经发生增值税应税行为的前提下收到的违约金，应作为价外费用计入销售额计算申报缴纳增值税。

违约金和仓储费分别对应的是两个业务，应当分别处理。应当收取的仓储费即使款项未收到，也应确认收入并按仓储服务计算申报缴纳增值税。如应收的仓储费，一直未收到，未符合条件，可按国家税务总局2011年25号公告规定，作为坏账损失申报在企业所得税税前扣除。

政策依据：

➢《中华人民共和国增值税暂行条例实施细则》（2008年12月18日以财政部、国家税务总局令第50号公布，依据2011年10月28日中华人民共和国财政部 国家税务总局令第65号修改）

第十二条　条例第六条第一款所称价外费用，包括价外向购买方收取的手

续费、补贴、基金、集资费、返还利润、奖励费、违约金、滞纳金、延期付款利息、赔偿金、代收款项、代垫款项、包装费、包装物租金、储备费、优质费、运输装卸费以及其他各种性质的价外收费。

……

2.1.2 销售外购的设备并且负责安装，如何开票及申报纳税？

问：我公司（非建筑企业）承接一个造价6000万元的销售安装合同，为甲方安装大型球幕影院。施工过程中收到甲方预付款2000万元，收到这笔工程款是否发生增值税纳税义务？如何计税？

答：一般情况下，增值税纳税义务发生时间的通俗表述是：按照合同约定的收款时间、销售过程中或结束后收到款项的时间、应税行为完成的当天、开具发票时间孰先原则确定。贵公司收取2000万元款项时，应税行为已经发生，因此，已经发生纳税义务。

贵公司购进货物同时负责安装，如果销售货物及安装服务分开核算，可分别计税，其中，安装服务可适用简易计税。否则，应按销售货物计算缴纳增值税。

政策依据：

➤《中华人民共和国增值税暂行条例》（1993年12月13日中华人民共和国国务院令第134号公布，根据2017年11月19日中华人民共和国国务院令第691号第二次修订）

第十九条　增值税纳税义务发生时间：

（一）发生应税销售行为，为收讫销售款项或者取得索取销售款项凭据的当天；先开具发票的，为开具发票的当天。

（二）进口货物，为报关进口的当天。增值税扣缴义务发生时间为纳税人增值税纳税义务发生的当天。

➤《中华人民共和国增值税暂行条例实施细则》（2008年12月18日以财政部、国家税务总局令第50号公布，依据2011年10月28日中华人民共和国财政部 国家税务总局令第65号修改）

第三十八条　条例第十九条第一款第（一）项规定的收讫销售款项或者取得索取销售款项凭据的当天，按销售结算方式的不同，具体为：

（一）采取直接收款方式销售货物，不论货物是否发出，均为收到销售款或者取得索取销售款凭据的当天；

（二）采取托收承付和委托银行收款方式销售货物，为发出货物并办妥托收手续的当天；

（三）采取赊销和分期收款方式销售货物，为书面合同约定的收款日期的当天，无书面合同的或者书面合同没有约定收款日期的，为货物发出的当天；

（四）采取预收货款方式销售货物，为货物发出的当天，但生产销售生产工期超过12个月的大型机械设备、船舶、飞机等货物，为收到预收款或者书面合同约定的收款日期的当天；

（五）委托其他纳税人代销货物，为收到代销单位的代销清单或者收到全部或者部分货款的当天。未收到代销清单及货款的，为发出代销货物满180天的当天；

（六）销售应税劳务，为提供劳务同时收讫销售款或者取得索取销售款的凭据的当天；

（七）纳税人发生本细则第四条第（三）项至第（八）项所列视同销售货物行为，为货物移送的当天。

➢《财政部 国家税务总局关于全面推开营业税改征增值税试点的通知》（财税〔2016〕36号）附件1《营业税改征增值税试点实施办法》

第四十五条　增值税纳税义务、扣缴义务发生时间为：

（一）纳税人发生应税行为并收讫销售款项或者取得索取销售款项凭据的当天；先开具发票的，为开具发票的当天。

收讫销售款项，是指纳税人销售服务、无形资产、不动产过程中或者完成后收到款项。

取得索取销售款项凭据的当天，是指书面合同确定的付款日期；未签订书面合同或者书面合同未确定付款日期的，为服务、无形资产转让完成的当天或者不动产权属变更的当天。

（二）纳税人提供租赁服务采取预收款方式的，其纳税义务发生时间为收到预收款的当天。

（三）纳税人从事金融商品转让的，为金融商品所有权转移的当天。

（四）纳税人发生本办法第十四条规定情形的，其纳税义务发生时间为服务、无形资产转让完成的当天或者不动产权属变更的当天。

（五）增值税扣缴义务发生时间为纳税人增值税纳税义务发生的当天。

➢《国家税务总局关于明确中外合作办学等若干增值税征管问题的公告》

（国家税务总局公告2018年第42号）

六、一般纳税人销售自产机器设备的同时提供安装服务，应分别核算机器设备和安装服务的销售额，安装服务可以按照甲供工程选择适用简易计税方法计税。

一般纳税人销售外购机器设备的同时提供安装服务，如果已经按照兼营的有关规定，分别核算机器设备和安装服务的销售额，安装服务可以按照甲供工程选择适用简易计税方法计税。

纳税人对安装运行后的机器设备提供的维护保养服务，按照“其他现代服务”缴纳增值税。

2.1.3 自产货物作为福利发放给员工，增值税如何处理？

问：我公司生产的产品是先卖给代理商，然后再由代理商卖给零售商，不直接针对个人用户，如果我公司自产的货物作为福利发放给员工，视同销售的销售额按哪个价格来计算？是按我公司卖给代理商的价格，还是按最终零售商卖给消费者的价格？

答：这个问题涉及增值税和企业所得税的视同销售。两个税种视同销售价格确定的程序和方法有所不同。增值税视同销售价格应按贵公司销售给代理商的价格确定；企业所得税视同销售价格应按最终零售商卖给消费者的价格确定。

政策依据：

➢《中华人民共和国增值税暂行条例实施细则》（2008年12月18日以财政部、国家税务总局令第50号公布，依据2011年10月28日中华人民共和国财政部 国家税务总局令第65号修改）

纳税人有条例第七条所称价格明显偏低并无正当理由或者有本细则第四条所列视同销售货物行为而无销售额者，按下列顺序确定销售额：

（一）按纳税人最近时期同类货物的平均销售价格确定；

（二）按其他纳税人最近时期同类货物的平均销售价格确定；

（三）按组成计税价格确定。组成计税价格的公式为：组成计税价格 = 成本 ×（1 + 成本利润率）

➢《国家税务总局关于企业所得税有关问题的公告》（国家税务总局公告2016年第80号）

二、企业移送资产所得税处理问题

企业发生《国家税务总局关于企业处置资产所得税处理问题的通知》（国税函〔2008〕828号）第二条规定情形的，除另有规定外，应按照被移送资产的公允价值确定销售收入。

➤《国家税务总局关于企业处置资产所得税处理问题的通知》（国税函〔2008〕828号）

二、企业将资产移送他人的下列情形，因资产所有权属已发生改变而不属于内部处置资产，应按规定视同销售确定收入。

（一）用于市场推广或销售；

（二）用于交际应酬；

（三）用于职工奖励或福利；

（四）用于股息分配；

（五）用于对外捐赠；

（六）其他改变资产所有权属的用途。

2.1.4 收取工程款计入往来科目，项目早已完工，增值税应如何处理？

问：我公司为建筑企业。2019年，我公司承接了一个“彩钢房销售及安装”的工程，当年结束，工程已经办理结算，款项已经付清。其中有50万元，对方不需要发票，我公司收取后一直挂在“应收账款”贷方，开票部分我公司已经在当年确认收入、申报纳税。2020年10月，我公司转为小规模纳税人了，现在情况下，应如何处理这笔“贷方”中的“应收账款”？

答：根据问题叙述，贵公司收取工程款计入“应收账款”的50万元部分，在2019年已经发生增值税纳税义务，无论是否开具发票，都应按规定计提销项税额、计算缴纳增值税（当时是一般纳税人，因此，应按适用税率）。另外，该部分未计收入也应当计入2019年企业所得税应纳税所得额计算缴纳企业所得税。贵公司的行为属于典型的取得收入计入往来不申报纳税情形，有风险。贵公司应就2019年度少缴的增值税、企业所得税向税务机关申报。

政策依据：

➤《财政部 国家税务总局关于全面推开营业税改征增值税试点的通知》（财税〔2016〕36号）附件1《营业税改征增值税试点实施办法》

第四十五条　增值税纳税义务、扣缴义务发生时间为：

（一）纳税人发生应税行为并收讫销售款项或者取得索取销售款项凭据的当天；先开具发票的，为开具发票的当天。

收讫销售款项，是指纳税人销售服务、无形资产、不动产过程中或者完成后收到款项。

取得索取销售款项凭据的当天，是指书面合同确定的付款日期；未签订书面合同或者书面合同未确定付款日期的，为服务、无形资产转让完成的当天或者不动产权属变更的当天。

（二）纳税人提供租赁服务采取预收款方式的，其纳税义务发生时间为收到预收款的当天。

（三）纳税人从事金融商品转让的，为金融商品所有权转移的当天。

（四）纳税人发生本办法第十四条规定情形的，其纳税义务发生时间为服务、无形资产转让完成的当天或者不动产权属变更的当天。

（五）增值税扣缴义务发生时间为纳税人增值税纳税义务发生的当天。

2.1.5　向客户支付现金返利，增值税应如何处理？

问：我公司销售货物，目前要给几个大客户做现金返利，如何进行账务处理和税务处理？如果对方是个人，支付时，是否要视同个人所得，代扣代缴个人所得税？

我公司未按期交货赔偿购买方损失，该笔支出如何进行增值税处理？是否需要取得发票作为扣除凭证？

答：对方为企业，支付现金返利时，销售方可按现行《增值税专用发票使用规定》的有关规定开具红字增值税专用发票，冲减收入，并冲减相应的销项税额。购货方取得现金返利，冲减成本及相应的进项税额。支付现金返利的会计处理：

借：主营业务收入　　100

　　应交税费——应交增值税（销项税额）　　13

　　贷：银行存款（现金、应收账款）　　113

如果销售对象为自然人，向自然人客户支付现金返利，个人购物取得的销售返利，不属于个人所得，不征收个人所得税。

未按期交货赔偿给对方的支出，建议处理成销售折让，开具红字专用发票，冲减收入，并冲减相应的销项税额。如对方不配合，可凭相关合同、协议、付款凭证列营业外支出并税前扣除。

政策依据：

➢《国家税务总局关于纳税人折扣折让行为开具红字增值税专用发票问题的通知》（国税函〔2006〕1279号）

纳税人销售货物并向购买方开具增值税专用发票后，由于购货方在一定时期内累计购买货物达到一定数量，或者由于市场价格下降等原因，销货方给予购货方相应的价格优惠或补偿等折扣、折让行为，销货方可按现行《增值税专用发票使用规定》的有关规定开具红字增值税专用发票。

➢《国家税务总局关于商业企业向货物供应方收取的部分费用征收流转税问题的通知》（国税发〔2004〕136号）

一、商业企业向供货方收取的部分收入，按照以下原则征收增值税或营业税：

（一）对商业企业向供货方收取的与商品销售量、销售额无必然联系，且商业企业向供货方提供一定劳务的收入，例如进场费、广告促销费、上架费、展示费、管理费等，不属于平销返利，不冲减当期增值税进项税金，应按营业税的适用税目税率征收营业税。

（二）对商业企业向供货方收取的与商品销售量、销售额挂钩（如以一定比例、金额、数量计算）的各种返还收入，均应按照平销返利行为的有关规定冲减当期增值税进项税金，不征收营业税。

2.1.6 转售单用途商业预付卡，增值税应如何处理？

问：我公司有销售单用途商业预付卡业务。公司支付给商家预付款（预付卡面值的50%），购入单用途卡，商家如何开具发票？我公司卖卡（按面值的60%作为销售价格对外销售），如何开具发票，能否差额征税、全额开票？收到对方的销售返利，税务处理应当如何？

答：商家销售单用途预付费卡，贵公司购入，商家应按确定的交易价格开具增值税普通发票，不能开具增值税专用发票，贵公司可凭对方开具的普通发票入账作为主营业务成本（或其他业务成本）在税前扣除。

贵公司购卡后再销售，应选择商品和服务编码6010000000000000000，货物和劳务名称“预付卡销售和充值”，开具普通发票，不缴纳增值税，在卡销售的同时确认收入。

收到对方直接给予的现金返利，收到时，应当冲减取得当期的主营业务成本。

政策依据：

➢《国家税务总局关于营改增试点若干征管问题的公告》（国家税务总局公告2016年第53号）

三、单用途商业预付卡（以下简称“单用途卡”）业务按照以下规定执行：

（一）单用途卡发卡企业或者售卡企业（以下统称“售卡方”）销售单用途卡，或者接受单用途卡持卡人充值取得的预收资金，不缴纳增值税。售卡方可按照本公告第九条的规定，向购卡人、充值人开具增值税普通发票，不得开具增值税专用发票。

单用途卡，是指发卡企业按照国家有关规定发行的，仅限于在本企业、本企业所属集团或者同一品牌特许经营体系内兑付货物或者服务的预付凭证。

发卡企业，是指按照国家有关规定发行单用途卡的企业。售卡企业，是指集团发卡企业或者品牌发卡企业指定的，承担单用途卡销售、充值、挂失、换卡、退卡等相关业务的本集团或同一品牌特许经营体系内的企业。

2.1.7　超过经营范围提供租赁服务，如何申报缴纳增值税及开具发票？

问：我公司经营范围没有租赁服务这一项，但有房屋出租业务，此种情况下如何开具发票及申报缴纳增值税？合同约定租金价格中包含物业费，但是，物业费属于代收代缴，我公司在申报缴纳租赁合同印花税时，是否应包括代收物业费的金额？

答：根据相关规定，一般纳税人发生超出税务登记范围业务，一律自行开具增值税发票。目前，纳税人的经营业务日趋多元化，在主营业务范围以外发生其他经营活动非常正常，所以，纳税人自行开具增值税发票时，不受其营业执照中的营业范围限制，只要发生真实的应税业务均可开具增值税发票。超范围经营开具发票可分以下两种情况处理：

临时性业务，建议向主管税务机关说明情况后，增加相应征收品目，自行开具发票。

经常性业务：建议先联系工商部门变更经营范围，再由主管税务机关增加相应的征收品目，自行开具发票。

关于代收物业费的款，应在合同中约定：租金是多少，物业费是多少，其中，租赁合同印花税计税依据不应包括物业费部分。如未做约定，有较大风险，税务机关会将全部价款判定为租赁收入，一并计算应缴的增值税、房产税和租赁合同印花税。另外，如果物业费作为代收代付的费用，一定要是物业服务提供方向接受方开具发票，否则，也会被视为出租方收取的租金一并征税，而不是作为代收代付的费用。

政策依据：

➢《财政部 国家税务总局关于全面推开营业税改征增值税试点的通知》（财税〔2016〕36号）附件1《营业税改征增值税试点实施办法》

第三十七条　销售额，是指纳税人发生应税行为取得的全部价款和价外费用，财政部和国家税务总局另有规定的除外。

价外费用，是指价外收取的各种性质的收费，但不包括以下项目：

（一）代为收取并符合本办法第十条规定的政府性基金或者行政事业性收费。

（二）以委托方名义开具发票代委托方收取的款项。

2.1.8　采购设备，支付逾期付款利息，如何税务处理？

问：我公司采购设备，与供应商有纠纷，所以，尾款一直没有支付。后来，供应商起诉我们，法院判决我公司向供应商支付尾款，同时还要支付对方一笔逾期付款利息，我公司支付逾期付款利息如何进行税务处理？

答：对供应商来说，贵公司支付的逾期利息属于供应商向贵公司销售货物收取的价外费用，作为货款的一部分，对方收到时，应向贵公司开具增值税专用发票。贵公司凭他们开具的增值税专用发票入账，取得的进项税额可以用于抵扣。如果对方不配合、不开具增值税专用发票，可向对方所在地主管税务机关投诉。

政策依据：

➢《中华人民共和国增值税暂行条例实施细则》（2008年12月18日以财政部、国家税务总局令第50号公布，依据2011年10月28日中华人民共和国财政部 国家税务总局令第65号修改）

第十二条　条例第六条第一款所称价外费用，包括价外向购买方收取的手续费、补贴、基金、集资费、返还利润、奖励费、违约金、滞纳金、延期付款利息、赔偿金、代收款项、代垫款项、包装费、包装物租金、储备费、优质费、运输装卸费以及其他各种性质的价外收费。但下列项目不包括在内：

（一）受托加工应征消费税的消费品所代收代缴的消费税；

（二）同时符合以下条件的代垫运输费用：

1. 承运部门的运输费用发票开具给购买方的；

2. 纳税人将该项发票转交给购买方的。

（三）同时符合以下条件代为收取的政府性基金或者行政事业性收费：

1. 由国务院或者财政部批准设立的政府性基金，由国务院或者省级人民政府及其财政、价格主管部门批准设立的行政事业性收费；

2. 收取时开具省级以上财政部门印制的财政票据；

3. 所收款项全额上缴财政。

（四）销售货物的同时代办保险等而向购买方收取的保险费，以及向购买方收取的代购买方缴纳的车辆购置税、车辆牌照费。

2.1.9　物业公司一次性收客户一年的物业费，增值税如何处理？

问：物业公司一次性收取客户一年的物业费，能否一次开发票、分月确认收入？生产企业根据客户实际接收、验收数量进行结算，会计上确认销售收入而不确认销项税，放到待转销项税额科目，这样的处理是否会被税务机关判定没有按申报期确认销项税额而被追缴增值税？

答：增值税纳税义务发生时间的规定，基本是基于现金流的。根据36号文对增值税纳税义务发生时间的规定，物业服务纳税义务发生时间，应按合同约定的付款时间、收款时间、开具发票时间、服务完成时间四个时间点孰先来确定。

如果一次性开具发票，则已经发生纳税义务，应全额计提增值税销项税额。如果开始提供服务，一次性收取全年的款项，则该收款时间是纳税义务发生时间，含税销售额为该次收款的全额。有的企业一次收款，分期计算申报缴纳增值税，主管税务机关没有提出异议，但这并不等于该做法符合税法规定。

《增值税会计处理规定》（财会〔2016〕22号）明确：按照国家统一的会计制度确认收入或利得的时点早于按照增值税制度确认增值税纳税义务发生时点的，应将相关销项税额计入“应交税费——待转销项税额”科目，待实际发生纳税义务时再转入“应交税费——应交增值税（销项税额）”或“应交税费——简易计税”科目。生产企业生产销售货物，根据客户实际接收、验收数量进行结算属于直接收款方式销售货物。对方确认接收并验收，说明已经取得索取销售款项凭据，此时已经发生增值税纳税义务，将应计提并需要申报的销项税额计入“应交税费——待转销项税额”科目是不正确的。

政策依据：

➢《财政部 国家税务总局关于全面推开营业税改征增值税试点的通知》（财税〔2016〕36号）附件1《营业税改征增值税试点实施办法》

第四十五条　增值税纳税义务、扣缴义务发生时间为：

（一）纳税人发生应税行为并收讫销售款项或者取得索取销售款项凭据的当天；先开具发票的，为开具发票的当天。

收讫销售款项，是指纳税人销售服务、无形资产、不动产过程中或者完成后收到款项。

取得索取销售款项凭据的当天，是指书面合同确定的付款日期；未签订书面合同或者书面合同未确定付款日期的，为服务、无形资产转让完成的当天或者不动产权属变更的当天。

（二）纳税人提供租赁服务采取预收款方式的，其纳税义务发生时间为收到预收款的当天。

（三）纳税人从事金融商品转让的，为金融商品所有权转移的当天。

（四）纳税人发生本办法第十四条规定情形的，其纳税义务发生时间为服务、无形资产转让完成的当天或者不动产权属变更的当天。

（五）增值税扣缴义务发生时间为纳税人增值税纳税义务发生的当天。

➢《中华人民共和国增值税暂行条例》（1993年12月13日中华人民共和国国务院令第134号公布，根据2017年11月19日中华人民共和国国务院令第691号第二次修订）

第十九条　增值税纳税义务发生时间：

（一）发生应税销售行为，为收讫销售款项或者取得索取销售款项凭据的当天；先开具发票的，为开具发票的当天。

➢《国家税务总局关于增值税纳税义务发生时间有关问题的公告》（国家税务总局公告2011年第40号）

纳税人生产经营活动中采取直接收款方式销售货物，已将货物移送对方并暂估销售收入入账，但既未取得销售款或取得索取销售款凭据也未开具销售发票的，其增值税纳税义务发生时间为取得销售款或取得索取销售款凭据的当天；先开具发票的，为开具发票的当天。

➢ 参考：《天津市国家税务局关于增值税若干税政问题的通知》（津国税流〔2000〕1号）

一、关于纳税义务发生时间问题

根据增值税暂行条例及其实施细则规定，纳税人采取直接收款方式销售货物，不论货物是否发出，其纳税义务发生时间，均为收到销售额或取得索取销售额的凭据，并将提货单交给买方的当天。对索取销售额凭据的当天，我市具体解释为“开出发票的当天。”

鉴于目前企业生产经营方式多种多样，对其取得的索取销售额的凭据，不仅限于发票，还应包括各种凭据，如出库单、提货单、收据等。经请示国家税务总局，只要企业取得上述有关凭据，都应视为取得了索取销售额的凭据，纳税义务已经发生，应该缴纳增值税。

➢ 参考：《山西省国家税务局关于下发增值税业务问题解答的通知》晋国税流发〔1999〕63号

二、**问：**根据《增值税暂行条例》第19条的规定，何种凭据可以认定为是索取销售额的有效凭据？

答：增值税暂行条例及实施细则规定，销售货物是指有偿转让货物的所有权，所以凡是能够证明纳税人所销售的货物，所有权已经发生了转移的凭据都可以作为索取销售额的有效凭据。这些凭据主要有：发票、欠账凭据、出库单、提货单、合同、协议书、自制结算单、代销清单、投资协议、分配股金协议、赠送协议、运输货票，等等。各地对这些凭据的把握应结合企业实际全面掌握。

2.1.10　购进货物跨税率变化时点，如何确定增值税税率？

问：我公司（甲方）于2019年4月1日前与乙方签订钢管采购合同，合同约定：2019年3月2日前甲方向乙方预付定金50万元，甲方用货量低于合同约定总量5%以上时，货款自动从定金中扣除，甲方收到乙方开具的（每批次）相应发票后，每批次（除最末次）送货前，甲方根据乙方（每批次）将要送货的数量于7日内向乙方支付相应款项，最末批次送货前，甲乙双方须按照最终用货量总价对全部货款（含定金）进行结算，乙方交货数量以实际到货为准。合同约定全部发货不迟于3月30日，但由于天气原因，有一半的货物4月1日后才付款发货。剩余的货物适用税率是16%还是13%。如果是13%，价格怎样确定？是否应该是按照不含税价降3%？

答：一项销售行为增值税税率适用时间，是看该销售行为的增值税纳税义务发生时间。贵公司该销售行为发生在2019年4月1日前的，适用调整前税率，也就是16%；如果是发生在2019年4月1日后的，是适用调整后的税率，也就是13%。

贵公司销售货物约定的是根据乙方（每批次）将要送货的数量于7日内向乙方支付相应款项，属于直接收款方式下销售货物，因此，一半未发的货物要在4月1日后发货及付款，所以，对销售方来说，这部分货物的增值税纳税义务发生时间是4月1日后合同约定的付款时间（假定未在收款前开具发票），此时适用税率应按调整后的。如果4月1日前未发的货物，已经开具了发票，则增值税纳税义务发生在4月1日前，应适用调整前的税率。

价格在4月1日前确定，但增值税纳税义务发生时间在4月1日后，理论上，仍按原来约定的价格收、付款，且适用税率是13%，因为降低税率，给销售方带来的利益，购买方如果也想分一杯“羹”，由双方协商确定，但价格无论怎么确定，纳税义务发生时间是4月1日后的，适用税率只能按调整后的。

政策依据：

➢《中华人民共和国增值税暂行条例》（1993年12月13日中华人民共和国国务院令第134号公布，根据2017年11月19日中华人民共和国国务院令第691号第二次修订）

第十九条　增值税纳税义务发生时间：

（一）发生应税销售行为，为收讫销售款项或者取得索取销售款项凭据的当天；先开具发票的，为开具发票的当天。

➢《财政部 税务总局 海关总署关于深化增值税改革有关政策的公告》（财政部 税务总局 海关总署公告2019年第39号）

为贯彻落实党中央、国务院决策部署，推进增值税实质性减税，现将2019年增值税改革有关事项公告如下：

一、增值税一般纳税人（以下称纳税人）发生增值税应税销售行为或者进口货物，原适用16%税率的，税率调整为13%；原适用10%税率的，税率调整为9%。

二、纳税人购进农产品，原适用10%扣除率的，扣除率调整为9%。纳税人购进用于生产或者委托加工13%税率货物的农产品，按照10%的扣除率计算进项税额。

三、原适用16%税率且出口退税率为16%的出口货物劳务，出口退税率调整为13%；原适用10%税率且出口退税率为10%的出口货物、跨境应税行为，出口退税率调整为9%。

……

九、本公告自2019年4月1日起执行。

2.1.11 企业间无息借款，是否需要视同销售缴纳增值税？

问：企业间无息借款，是否需要视同销售缴纳增值税？纳税义务发生时间如何确定？有息借款，合同里约定了到期一次性还款付息（5年），收取该利息的增值税纳税义务发生时间如何确定？

答：企业间无息借款，除非集团成员间无偿借款，否则应按财税〔2016〕36号规定，视同销售贷款服务计算申报缴纳增值税。该视同销售服务纳税义务发生时间为该服务完成的时间，也就是无偿借款合同约定的还款时间，没有约定的，以实际还款时间确定。

合同约定到期一次性还本付息，应以合同约定的付息时间作为销售贷款服务的纳税义务发生时间。如果先开具发票的，以开具发票时间作为销售贷款服务的纳税义务发生时间。

政策依据：

➢《财政部 国家税务总局关于全面推开营业税改征增值税试点的通知》（财税〔2016〕36号）附件1《营业税改征增值税试点有关事项的规定》

第十四条 下列情形视同销售服务、无形资产或者不动产：

（一）单位或者个体工商户向其他单位或者个人无偿提供服务，但用于公益事业或者以社会公众为对象的除外。

（二）单位或者个人向其他单位或者个人无偿转让无形资产或者不动产，但用于公益事业或者以社会公众为对象的除外。

（三）财政部和国家税务总局规定的其他情形。

第四十五条 增值税纳税义务、扣缴义务发生时间为：

（四）纳税人发生本办法第十四条规定情形的，其纳税义务发生时间为服务、无形资产转让完成的当天或者不动产权属变更的当天。

➤《财政部 税务总局关于明确养老机构免征增值税等政策的通知》（财税〔2019〕20号）

三、自2019年2月1日至2020年12月31日，对企业集团内单位（含企业集团）之间的资金无偿借贷行为，免征增值税。

五、本通知自发布之日起执行。此前已发生未处理的事项，按本通知规定执行。

注：依据财政部 税务总局公告2021年第6号《财政部 税务总局关于延长部分税收优惠政策执行期限的公告》，财税〔2019〕20号规定的税收优惠政策已到期的，执行期限延长至2023年12月31日。

2.1.12 资管产品的管理人、投资人纳税义务分别是怎样的？

问：相关文件规定："资管产品运营过程中发生的增值税应税行为，以资管产品管理人为纳税人。"那是不是就意味着资管产品（例如私募基金）发生的应税行为就可以不用缴纳增值税？购买资管产品的投资人如何纳税？

答：按基金的组织形式和法律地位不同，基金有三种形式：公司型基金（以有限责任公司或股份有限公司方式发起设立）、有限合伙型基金（基金的投资人作为有限合伙人（LP）参与投资，以其认缴的出资额为限对基金承担有限责任）、契约型基金（基于基金投资者、基金管理人、基金托管人之间所签署的基金合同而设立）。

私募基金投资、运营过程中发生增值税应税行为的，应按规定计算申报缴纳增值税，其中，公司型基金、有限合伙型基金以该公司或合伙企业作为增值税纳税主体；契约型基金以基金管理人就运营资管产品过程中发生的增值税应税行为作为增值税纳税主体，且适用简易计税方法，按照3%的征收率缴纳增值税。

与资管产品有关的纳税义务人，有两类，一类是资管产品投资人，另一类是资管产品的管理人。根据相关文件规定，资管产品运营过程中发生的增值税应税行为，以资管产品管理人为纳税人。但这并不意味着资管产品投资人没有纳税义务。事实上，资管产品投资人获取的收益，区分不同情况，应负有增值税纳税义务：

根据财税〔2017〕56号规定，投资人从契约型资管产品取得的持有收益，凡合同中明确承诺到期本金可全部收回，其取得的收益，不论是固定收益还是浮动收益，均按"贷款服务"缴纳增值税。如果合同约定不保障本金，则取得的持有收益不征增值税。

投资人或出资人从公司型、合伙型资管产品取得的收益属于分红或分得的利润，只涉及企业所得税、个人所得税，不涉及增值税。

投资人转让契约型资管产品份额按照“金融商品转让”缴纳增值税（个人投资者免征增值税），投资人将各类资管产品持有至到期取得的清算等收益，不属于金融商品转让。投资人转让持有的公司股权或合伙企业份额不征增值税。

政策依据：

➢《财政部、国家税务总局关于明确金融、房地产开发、教育辅助服务等增值税政策的通知》（财税〔2016〕140号）

四、资管产品运营过程中发生的增值税应税行为，以资管产品管理人为增值税纳税人。

➢《财政部 税务总局关于资管产品增值税有关问题的通知》（财税〔2017〕56号）

一、资管产品管理人（以下称管理人）运营资管产品过程中发生的增值税应税行为（以下称资管产品运营业务），暂适用简易计税方法，按照3%的征收率缴纳增值税。

资管产品管理人，包括银行、信托公司、公募基金管理公司及其子公司、证券公司及其子公司、期货公司及其子公司、私募基金管理人、保险资产管理公司、专业保险资产管理机构、养老保险公司。

资管产品，包括银行理财产品、资金信托（包括集合资金信托、单一资金信托）、财产权信托、公开募集证券投资基金、特定客户资产管理计划、集合资产管理计划、定向资产管理计划、私募投资基金、债权投资计划、股权投资计划、股债结合型投资计划、资产支持计划、组合类保险资产管理产品、养老保障管理产品。

财政部和税务总局规定的其他资管产品管理人及资管产品。

2.1.13　将租入的房产无偿提供给子公司使用，有何税务风险？

问：母公司的办公室是租赁第三方的，收到的是5%税率的增值税专用发票，母公司是否可以给子公司免租金使用？如果租赁给子公司收取租金，也必须开具税率5%的增值税专票吗？是否需要到税务机关备案？

答：贵公司将租入房产无偿提供给子公司使用，企业所得税和增值税均需要视同销售，如未做视同销售，会有税务风险。

如果向子公司收取租金，则属于转租，转租人根据2016年4月30日前签订的老租赁合同收取的租金，视为在2016年4月30日之前取得的不动产对外出租，可以选择简易计税方法。否则，需要采用一般计税方法。采用简易计税方法需要到主管税务机关备案。

政策依据：

➢《中华人民共和国企业所得税法实施条例》（2007年12月6日中华人民共和国国务院令第512号公布，根据2019年4月23日中华人民共和国国务院令第714号第一次修订）

第二十五条　企业发生非货币性资产交换，以及将货物、财产、劳务用于捐赠、赞助、集资、广告、样品、职工福利和利润分配等用途的，应当视同销售货物、转让财产和提供劳务，国务院财政、税务主管部门另有规定的除外。

➢《财政部 国家税务总局关于全面推开营业税改征增值税试点的通知》（财税〔2016〕36号）附件1《营业税改征增值税试点有关事项的规定》

第十四条　下列情形视同销售服务、无形资产或者不动产：

（一）单位或者个体工商户向其他单位或者个人无偿提供服务，但用于公益事业或者以社会公众为对象的除外。

（二）单位或者个人向其他单位或者个人无偿转让无形资产或者不动产，但用于公益事业或者以社会公众为对象的除外。

（三）财政部和国家税务总局规定的其他情形。

第四十五条　增值税纳税义务、扣缴义务发生时间为：

（四）纳税人发生本办法第十四条规定情形的，其纳税义务发生时间为服务、无形资产转让完成的当天或者不动产权属变更的当天。

2.1.14 厂区向不在一个区（县、市）的仓库移送货物，是否要视同销售?

问：我公司工厂与我公司所租仓库不在一个区，听说这样跨区移送货物应当视同销售，仓库需要在所在地申请营业执照，这感觉就像硬要我们再设一个分公司呀?

答：贵公司仓库职能主要是储存保管货物，并根据贵公司开出的提货单将货物发送给相应的客户，向购货方开具发票、收取货款均由贵公司操作，这不属于《增值税暂行条例实施细则》第四条第（三）项的视同销售货物行为，不存在视同销售问题。

政策依据：

➢《中华人民共和国增值税暂行条例实施细则》（2008 年 12 月 18 日以财政部、国家税务总局令第 50 号公布，依据 2011 年 10 月 28 日中华人民共和国财政部 国家税务总局令第 65 号修改）

第四条　单位或者个体工商户的下列行为，视同销售货物：

（一）将货物交付其他单位或者个人代销；

（二）销售代销货物；

（三）设有两个以上机构并实行统一核算的纳税人，将货物从一个机构移送其他机构用于销售，但相关机构设在同一县（市）的除外；

（四）将自产或者委托加工的货物用于非增值税应税项目；

（五）将自产、委托加工的货物用于集体福利或者个人消费；

（六）将自产、委托加工或者购进的货物作为投资，提供给其他单位或者个体工商户；

（七）将自产、委托加工或者购进的货物分配给股东或者投资者；

（八）将自产、委托加工或者购进的货物无偿赠送其他单位或者个人。

➢《关于企业所属机构间移送货物征收增值税问题的通知》（国税发〔1998〕137 号）

《中华人民共和国增值税暂行条例实施细则》第四条视同销售货物行为的第（三）项所称的用于销售，是指受货机构发生以下情形之一的经营行为：

一、向购货方开具发票；

二、向购货方收取货款。

受货机构的货物移送行为有上述两项情形之一的，应当向所在地税务机关缴纳增值税；未发生上述两项情形的，则应由总机构统一缴纳增值税。

如果受货机构只就部分货物向购买方开具发票或收取货款，则应当区别不同情况计算并分别向总机构所在地或分支机构所在地缴纳税款。

2.1.15　取得政府支付的房屋拆迁补偿费是否要申报缴纳增值税？

问：我单位周边属农村，政府撤村建社区占用我公司部分道路（不更改土地证面积)，管委会要求我公司将道路边树木迁走、建筑物拆除，同时支付我公司“房屋拆迁补偿费”6万元，我公司收到这6万元要不要缴纳增值税？具体依据和理由是什么？

答：该问题实务中有争议。个人认为，在商业交易过程中，不依附于增值税应税行为而独立存在的补偿款（不论来自企业还是政府)，不属于增值税的纳税范围。贵公司并未将不动产交付给政府，虽然取得政府的房屋拆迁补偿款，但这种拆迁补偿款不是随着服务、无形资产或不动产的销售而产生，不属于增值税应税范围，不应当征收增值税。

政策依据：

➢《财政部 国家税务总局关于全面推开营业税改征增值税试点的通知》（财税〔2016〕36号）附件1《营业税改征增值税试点实施办法》

第一条　在中华人民共和国境内（以下称境内）销售服务、无形资产或者不动产（以下称应税行为）的单位和个人，为增值税纳税人，应当按照本办法缴纳增值税，不缴纳营业税。

单位，是指企业、行政单位、事业单位、军事单位、社会团体及其他单位。

个人，是指个体工商户和其他个人。

➢《财政部 国家税务总局关于全面推开营业税改征增值税试点的通知》（财税〔2016〕36号）附件1《营业税改征增值税试点有关事项的规定》《销售服务、无形资产、不动产注释》

三、销售不动产

销售不动产，是指转让不动产所有权的业务活动。不动产，是指不能移动或者移动后会引起性质、形状改变的财产，包括建筑物、构筑物等。

建筑物，包括住宅、商业营业用房、办公楼等可供居住、工作或者进行其他活动的建造物。

构筑物，包括道路、桥梁、隧道、水坝等建造物。

转让建筑物有限产权或者永久使用权的，转让在建的建筑物或者构筑物所有权的，以及在转让建筑物或者构筑物时一并转让其所占土地的使用权的，按照销售不动产缴纳增值税。

➢《财政部 国家税务总局关于全面推开营业税改征增值税试点的通知》（财税〔2016〕36号）附件3《营业税改征增值税试点过渡政策的规定》

一、下列项目免征增值税

（三十七）土地所有者出让土地使用权和土地使用者将土地使用权归还给

土地所有者。

➢ 参考：

问：纳税人将国有土地使用权交由土地收购储备中心收储，取得的补偿收入能否免征增值税？

湖北国税答：纳税人将国有土地使用权交由土地收购储备中心收储，取得的建筑物、构筑物和机器设备的补偿收入征收增值税，取得的其他补偿收入免征增值税。

问：企业的房产被拆迁，获得了另一处的房产补偿和一部分现金补偿，被拆迁企业是不是要把作为补偿的房屋作价加上取得的现金补偿收入按销售不动产来缴纳增值税？被拆迁企业获得的补偿房屋对应的进项税额，是否可以抵扣？

北京国税答：取得的拆迁补偿款（现金补偿和房屋补偿）按照转让不动产缴纳增值税。取得的补偿房屋若可以取得增值税专用发票，是可以抵扣进项税额的。"

《河北省国家税务局关于全面推开营改增有关政策问题的解答之七》（河北省国家税务局营改增办公室 2016 年 10 月 11 日）

二十、关于单位和个人土地被国家征用取得土地及地上附着物补偿费免征增值税问题

国家因公共利益或城市规划需要而收回单位和个人所拥有的土地使用权，并按照《中华人民共和国土地管理法》规定的标准支付给单位和个人的土地及地上附着物（包括不动产）的补偿费，属于土地使用者将土地使用权归还给土地所有者的行为。单位和个人取得的上述补偿费免征增值税。

➢《财政部 税务总局关于明确无偿转让股票等增值税政策的公告》（财政部 税务总局公告 2020 年第 40 号）

三、土地所有者依法征收土地，并向土地使用者支付土地及其相关有形动产、不动产补偿费的行为，属于《营业税改征增值税试点过渡政策的规定》（财税〔2016〕36 号印发）第一条第（三十七）项规定的土地使用者将土地使用权归还给土地所有者的情形。

2.1.16 退租取得新接手企业支付的装修补偿费是否要缴增值税，是否要开具发票？

问：受疫情影响，A 公司为压缩租房支出，与房东甲协商退租。退租后 B

公司接手，经协商B公司向A公司支付10万元房屋装修补偿。A公司租入房屋装修时发生的费用计入了“长期待摊费用”，取得的进项已经用于抵扣，但是未摊销完毕，A公司取得补偿费是否要缴增值税，是否要开具发票？

答：第一种情况，如果合同约定或双方的真实意思表示是，B公司接手后，需要继续使用A公司留下的装修，则支付的补偿费实际上是购买装修形成的构筑物，此时，应按不动产销售计算申报纳税并开具发票。

第二种情况，如果合同约定或双方意思的表示是，B公司接手后，肯定要重新装修，B公司向A公司支付10万元是为了补偿A公司租期未满退租导致的装修损失（目的可能是让A公司尽快离场，好接手使用该房屋），此种情况下，未发生增值税应税行为，A公司无须申报缴纳增值税、收取补偿费也无须向B公司开具发票。

第一种情况下，有的人说，这属于转让建筑服务——这个说法是站不住脚的。A公司装修时，购进的是建筑服务，装修完成后，已经形成构筑物（虽然会计上记为“长期待摊费用”），再次转让时，转让的是装修形成的构筑物，而不是（也不可能是）建筑服务——过程和结果要区分清楚，过程是建筑服务，结果是构筑物。

政策依据：

➢《财政部 国家税务总局关于全面推开营业税改征增值税试点的通知》（财税〔2016〕36号）附件1《营业税改征增值税试点实施办法》

第一条　在中华人民共和国境内（以下称境内）销售服务、无形资产或者不动产（以下称应税行为）的单位和个人，为增值税纳税人，应当按照本办法缴纳增值税，不缴纳营业税。

单位，是指企业、行政单位、事业单位、军事单位、社会团体及其他单位。

个人，是指个体工商户和其他个人。

➢《财政部 国家税务总局关于全面推开营业税改征增值税试点的通知》（财税〔2016〕36号）附件1《营业税改征增值税试点实施办法》《销售服务、无形资产、不动产注释》

三、销售不动产

销售不动产，是指转让不动产所有权的业务活动。不动产，是指不能移动或者移动后会引起性质、形状改变的财产，包括建筑物、构筑物等。

建筑物，包括住宅、商业营业用房、办公楼等可供居住、工作或者进行其他活动的建造物。

构筑物，包括道路、桥梁、隧道、水坝等建造物。

转让建筑物有限产权或者永久使用权的，转让在建的建筑物或者构筑物所有权的，以及在转让建筑物或者构筑物时一并转让其所占土地的使用权的，按照销售不动产缴纳增值税。

2.1.17　为消防系统提供维护、保养服务如何计算申报缴纳增值税？

问：为消防系统提供维护、保养增值税税率是多少？维保中换零件的税率是多少？

答：消防设备或系统属于建筑物或者构筑物的组成部分，提供消防设备或系统维护、保养等服务符合修缮服务的定义，应按“修缮服务”计算缴纳增值税。

在维护保养中更换零件，如果包括在合同约定的维护保养价款中，应按销售“修缮服务”计算缴纳增值税。如另外单独收费，则应按销售货物计算申报缴纳增值税。

政策依据：

➢《财政部、国家税务总局关于固定资产进项税额抵扣问题的通知》（财税〔2009〕113号）

……

以建筑物或者构筑物为载体的附属设备和配套设施，无论在会计处理上是否单独记账与核算，均应作为建筑物或者构筑物的组成部分。附属设备和配套设施是指：给排水、采暖、卫生、通风、照明、通讯、煤气、消防、中央空调、电梯、电气、智能化楼宇设备和配套设施。

➢《财政部 国家税务总局关于全面推开营业税改征增值税试点的通知》（财税〔2016〕36号）附件1《营业税改征增值税试点有关事项的规定》《销售服务、无形资产、不动产注释》

一、销售服务

（四）建筑服务。

建筑服务，是指各类建筑物、构筑物及其附属设施的建造、修缮、装饰，线路、管道、设备、设施等的安装以及其他工程作业的业务活动。包括工程服务、安装服务、修缮服务、装饰服务和其他建筑服务。

3. 修缮服务。

修缮服务，是指对建筑物、构筑物进行修补、加固、养护、改善，使之恢复原来的使用价值或者延长其使用期限的工程作业。

2.1.18 降低税率后，双方就合同价款有争议如何解决？

问：我公司与一设备供应商签订了一份设备采购合同，合同金额为 400 万元（含税）。付款方式为：第一阶段，预付 30%；第二阶段，预验收、发货时付 20%；第三阶段，出具试运行合格报告后付 25%；第四阶段验收合格后付 25%、且 100% 开具发票。目前我公司已付 50% 的款项，设备已经到货，但业务部门反馈，收到的设备达不到验收标准，故不予验收。按照合同约定，正常情况下是在第四阶段，最终验收并开具 100% 发票，但是乙方现在已经提前开出 100% 发票。

因为所购买设备没有达到最终验收条件，我公司仅仅接受付款 50% 的发票，另外的 50% 发票退给乙方可否？（因为如果全额退回发票，不接受 50% 的发票，乙方一怒之下会不给开具发票）。

该采购合同是 2018 年 9 月签订，当时税率是 16%，但是，发货时间 2019 年 9 月，故应该按 13% 开具，税率影响的差额应该退给我公司。但乙方很强势，不同意退，如果经过协商同意退，那么，又会造成结算价与开票价格不同，是否有什么风险？

答：首先，发票不是主要问题，问题的焦点是，设备能否通过验收及后续违约责任未达成协议。如果达成协议，根据协议开具相应的发票，不会有什么问题。目前，双方争议协商的结果，无非有三种情况，相应的税务处理及开票如下：

第一种，退货、退款，开具红字发票，相当于购进业务归零，如果对方有赔偿，则贵公司记入营业外收入，无须向对方开具增值税发票、不缴纳增值税；

第二种，如果对方承认有问题，但不愿退货，愿意给购买方一定的销售折让作为补偿，则折让部分开具红字发票，贵公司冲减购进设备成本及相应的进项税额；

第三种，如不退货，也不赔偿，并且通过诉讼也没有支持贵公司主张，则按正常购进处理。

贵公司的采购业务属于分期付款方式，这种方式下，销售方的增值税纳税义务为合同约定的每次收款的时间，但由于销售方提前开具了发票，所以，以发票开具时间作为增值税纳税义务发生时间。2019 年 4 月 1 日起销售货物税率由 16% 降到 13%，这是国家减轻企业负担的一个举措，在合同未变的情况下，降税率只影响销售方的申报，但是如果贵公司也想从销售方因降低税率所获利益分一杯“羹”，则只能双方协商。如果双方协商一致、签订补充协议，销售方愿意把降税率所获利益分一部分给购买方（如销售额的 1%），则可以以销售折让的形式让利给购买方，折让部分开具红字发票，贵公司冲减购进设备成本及相应的进项税额。

政策依据：

➢《财政部 税务总局 海关总署关于深化增值税改革有关政策的公告》（财政部 税务总局 海关总署公告 2019 年第 39 号）

为贯彻落实党中央、国务院决策部署，推进增值税实质性减税，现将 2019 年增值税改革有关事项公告如下：

一、增值税一般纳税人（以下称纳税人）发生增值税应税销售行为或者进口货物，原适用 16% 税率的，税率调整为 13%；原适用 10% 税率的，税率调整为 9%。

二、纳税人购进农产品，原适用 10% 扣除率的，扣除率调整为 9%。纳税人购进用于生产或者委托加工 13% 税率货物的农产品，按照 10% 的扣除率计算进项税额。

三、原适用 16% 税率且出口退税率为 16% 的出口货物劳务，出口退税率调整为 13%；原适用 10% 税率且出口退税率为 10% 的出口货物、跨境应税行为，出口退税率调整为 9%。

……

九、本公告自 2019 年 4 月 1 日起执行。

➢《中华人民共和国增值税暂行条例实施细则》（2008 年 12 月 18 日以财政部、国家税务总局令第 50 号公布，依据 2011 年 10 月 28 日中华人民共和国财政部 国家税务总局令第 65 号修改）

第三十八条　条例第十九条第一款第（一）项规定的收讫销售款项或者取得索取销售款项凭据的当天，按销售结算方式的不同，具体为：

……

（三）采取赊销和分期收款方式销售货物，为书面合同约定的收款日期的当天，无书面合同的或者书面合同没有约定收款日期的，为货物发出的当天。

2.1.19 建筑装饰企业自己生产保温、装饰材料用于所承接的装饰工程是否要按混合销售进行增值税处理？

问：我单位是建筑装饰企业，公司自己生产保温、装饰材料用于工程。我方承接工程，给甲方开具9%增值税专用发票，合同未约定材料费和劳务费金额，工程使用的、自产的材料是否需缴纳单独按销售货物计算申报缴纳增值税？

答：贵公司属于销售建筑服务，按约定的建筑服务价款计税。其中所耗用的保温、装饰材料为提供建筑服务的材料成本，不需要单独另外申报增值税。

这个问题可能会有争议，有的人会认为适用国家税务总局2017年11号公告，但个人认为，11号公告所指并非这种情形。11号公告所明确的应当是：自产的动产，且购买后必须安装才能使用，这个安装过程对购进的货物形态基本不做改变，只是连接、组装、固定等，这种情况下才适用。

但本问题所描述的情况明显不同，购买方购买的是装饰服务，并非购买保温、装饰材料，而且，装饰过程中，保温、装饰材料外形会发生巨大改变，成为不动产的一个组成部分，本质上只属于装饰服务所耗用的材料，正如销售餐饮服务会用到一些副食调料一样，显然不可能单独把副食调料作为销售货物来计税。

政策依据：

➢《国家税务总局关于进一步明确营改增有关征管问题的公告》（国家税务总局公告2017年第11号）

一、纳税人销售活动板房、机器设备、钢结构件等自产货物的同时提供建筑、安装服务，不属于《营业税改征增值税试点实施办法》（财税〔2016〕36号文件印发）第四十条规定的混合销售，应分别核算货物和建筑服务的销售额，分别适用不同的税率或者征收率。

➢《国家税务总局关于明确中外合作办学等若干增值税征管问题的公告》（国家税务总局公告2018年第42号）

六、一般纳税人销售自产机器设备的同时提供安装服务，应分别核算机器设备和安装服务的销售额，安装服务可以按照甲供工程选择适用简易计税方法计税。

一般纳税人销售外购机器设备的同时提供安装服务，如果已经按照兼营的有关规定，分别核算机器设备和安装服务的销售额，安装服务可以按照甲供工程选择适用简易计税方法计税。

纳税人对安装运行后的机器设备提供的维护保养服务，按照“其他现代服务”缴纳增值税。

2.1.20　购买理财产品取得的保本收益，如何申报缴纳增值税？

问：从银行存款购买理财产品，期限有3个月、6个月，合同约定保本，到期收到的利息需要缴纳增值税吗？我公司在开户银行的结构性存款收取的利息是否需要计算申报缴纳增值税？

答：取得的保本理财收益需要按贷款服务计算申报缴纳增值税。投资保本型的金融产品，投资的本金可以全部收回，本金部分无风险，其性质与提供贷款服务相同，属于一种债权性投资，因此需要按“贷款服务”缴纳增值税。而投资非保本型的金融产品，由于本金不能确保可以全部收回，需要对本金承担风险，属于一项权益性投资，若一直持有至到期，期间取得的收益不需要缴纳增值税。

所谓“结构性存款”是指在普通存款的基础上嵌入期权等金融衍生工具，通过与利率、汇率、股指等的波动性挂钩，从而使存款人拥有获得较高收益机会的产品。换句话说，它就是“定期存款＋期权”。结构性存款实质上不属于存款，而是一种金融产品，由于结构性存款通常具有保证本金的特点，因此，持有结构性存款期间取得的收益需要按“贷款服务”缴纳增值税。但这个问题的处理实务中有争议。

政策依据：

➢《财政部 国家税务总局关于明确金融 房地产开发 教育辅助服务等增值税政策的通知》（财税〔2016〕140号）

一、《销售服务、无形资产、不动产注释》（财税〔2016〕36号）第一条第（五）项第1点所称“保本收益、报酬、资金占用费、补偿金”，是指合同中明确承诺到期本金可全部收回的投资收益。金融商品持有期间（含到期）取得的非保本的上述收益，不属于利息或利息性质的收入，不征收增值税。

2.1.21　购进旧汽车再销售，如何申报缴纳增值税？

问：企业买进一批二手车，然后转卖，买进的时候取得增值税专用专票，卖出的时候应当选择何种税率？商品和服务税收分类编码应当选择什么？机动车还是乘用车？星号后面用不用写上具体的车的排量，还是直接写一个二手车即可？

答：自2020年5月1日至2023年12月31日，从事二手车经销业务的纳税人销售其收购的二手车，减按0.5%征收率征收增值税。贵公司可按此规定申报，取得的进项税额不能抵扣，应当转出。商品和服务税收分类编码应当根据所销售二手车类型确定，如乘用车。

政策依据：

➢《国家税务总局关于明确二手车经销等若干增值税征管问题的公告》（国家税务总局公告2020年第9号）

现将二手车经销等增值税征管问题公告如下：

一、自2020年5月1日至2023年12月31日，从事二手车经销业务的纳税人销售其收购的二手车，按以下规定执行：

（一）纳税人减按0.5%征收率征收增值税，并按下列公式计算销售额：

销售额＝含税销售额÷(1＋0.5%)

本公告发布后出台新的增值税征收率变动政策，比照上述公式原理计算销售额。

（二）纳税人应当开具二手车销售统一发票。购买方索取增值税专用发票的，应当再开具征收率为0.5%的增值税专用发票。

（三）一般纳税人在办理增值税纳税申报时，减按0.5%征收率征收增值税的销售额，应当填写在《增值税纳税申报表附列资料（一）》（本期销售情况明细）"二、简易计税方法计税"中"3%征收率的货物及加工修理修配劳务"相应栏次；对应减征的增值税应纳税额，按销售额的2.5%计算填写在《增值税纳税申报表（一般纳税人适用）》"应纳税额减征额"及《增值税减免税申报明细表》减税项目相应栏次。

小规模纳税人在办理增值税纳税申报时，减按0.5%征收率征收增值税的销售额，应当填写在《增值税纳税申报表（小规模纳税人适用）》"应征增值税不含税销售额（3%征收率）"相应栏次；对应减征的增值税应纳税额，按销售额的2.5%计算填写在《增值税纳税申报表（小规模纳税人适用）》"本期应纳税额减征额"及《增值税减免税申报明细表》减税项目相应栏次。

2.1.22 代驾平台能否差额征税？

问：我公司为代驾平台——收取客户10元钱，给代驾司机9元钱，最终收益为1元钱，代驾司机不是我们平台的员工，没有相应的发票作为成本扣除凭证，可否差额征税？

答：如果代驾平台只是提供中介服务，则代驾交易双方分别为代驾司机和客户。代驾平台收取客户10元钱，转付代驾司机9元，余款1元是手续费收入，支付的9元，代驾平台可作为代收、代付处理，不属于平台收入，亦不存在扣除凭证问题。

如果代驾平台直接向客户提供的是旅客运输服务，则收取的10元均应计入收入，计算缴纳增值税、企业所得税，支付司机的9元是工资薪金支出（构成劳动关系）或劳务费支出（不构成劳动关系），以工资表或发票作为企业所得税税前扣除凭证，支付时，按个人所得税法的相关规定预扣预缴个人所得税。

政策依据：

➢《财政部 国家税务总局关于全面推开营业税改征增值税试点的通知》（财税〔2016〕36号）附件1《营业税改征增值税试点有关事项的规定》

一、销售服务

（六）现代服务。

8. 商务辅助服务。

商务辅助服务，包括企业管理服务、经纪代理服务、人力资源服务、安全保护服务。

（1）企业管理服务，是指提供总部管理、投资与资产管理、市场管理、物业管理、日常综合管理等服务的业务活动。

（2）经纪代理服务，是指各类经纪、中介、代理服务。包括金融代理、知识产权代理、货物运输代理、代理报关、法律代理、房地产中介、职业中介、婚姻中介、代理记账、拍卖等。

货物运输代理服务，是指接受货物收货人、发货人、船舶所有人、船舶承租人或者船舶经营人的委托，以委托人的名义，为委托人办理货物运输、装卸、仓储和船舶进出港口、引航、靠泊等相关手续的业务活动。

代理报关服务，是指接受进出口货物的收、发货人委托，代为办理报关手续的业务活动。

2.1.23 促销活动时，对外赠送礼品，如何处理才能在增值税上不视同销售？

问：我公司开展促销活动，当客户购买超过一定金额的，会给予抽奖机会，或直接赠送礼品IPAD、手机、电器等礼品，赠送上述礼品，要如何处理才能在增值税上不被视同销售？

有专家建议，可以按买赠业务开具发票，即按销售货物和随同销售赠送货物的公允价值的比例来分摊确认其销售收入，同时应将销售货物和随同销售赠送的货物品名、数量以及按各项商品公允价值的比例分摊确认的价格和金额在同一张发票上注明。可是，这样做会让客户感觉礼品是卖给他们的，不是赠给他们的，并且，这样做还暴露了真实价格，客户取得这样的发票，礼品要如何入账呢？我们是否可以在发票备注处说明“此售价包含××××（即赠送的礼品），而不把赠品他们分开在同一张发票上注明？

答：贵公司举办促销活动对外赠送礼品，只要进行了账务处理，想不视同销售，几乎不可能，除非故意不申报，但这样稽查很容易查出来。发票备注栏注明相关折扣信息，并不能享受销售折扣的增值税政策。

搞促销活动，是赠送礼品还是打折，还是要贵公司根据客户的心理，以及销售的是何种货物来确定。

比如，如果是单位购买，买方经办人肯定是希望不打折而是赠送礼品。此时，如果把商品和赠品直接在发票上注明，买方单位只能把购买的商品和赠品一起入账，经办人购买动力可能会因此不足。所以，大多数商家采用的方式都是单独给赠品，而不是通过销售折扣或把销售的商品与赠品一起体现在发票上。

赠送礼品方式下，规范的企业需要全额视同销售申报企业所得税和增值税，如果受赠方是个人，企业还需要负担相应的个人所得税款。而不规范的做法，要么就是赠品不记账（比如由供货商提供，或账外资金购买），要么就是如实记账，但不如实申报纳税。这两种情况均违反税法规定，存在较大风险。

政策依据：

➢《中华人民共和国增值税暂行条例实施细则》（2008年12月18日以财政部、国家税务总局令第50号公布，依据2011年10月28日中华人民共和国财政部 国家税务总局令第65号修改）

第四条　单位或者个体工商户的下列行为，视同销售货物：

（一）将货物交付其他单位或者个人代销；

（二）销售代销货物；

（三）设有两个以上机构并实行统一核算的纳税人，将货物从一个机构移送其他机构用于销售，但相关机构设在同一县（市）的除外；

（四）将自产或者委托加工的货物用于非增值税应税项目；

（五）将自产、委托加工的货物用于集体福利或者个人消费；

（六）将自产、委托加工或者购进的货物作为投资，提供给其他单位或者个体工商户；

（七）将自产、委托加工或者购进的货物分配给股东或者投资者；

（八）将自产、委托加工或者购进的货物无偿赠送其他单位或者个人。

➤《国家税务总局关于印发〈增值税若干具体问题的规定〉的通知》（国税发〔1993〕154号）

二、计税依据

（二）纳税人采取折扣方式销售货物，如果销售额和折扣额在同一张发票上分别注明的，可按折扣后的销售额征收增值税；如果将折扣额另开发票，不论其在财务上如何处理，均不得从销售额中减除折扣额。

……

2.1.24　提供产品给客户试用收取的试验费，如何计算缴纳增值税？

问：我公司有一项业务，合同约定我公司提供产品供客户试用，如果适用现场工况，则销售合同成立，对方支付相应价款，如果不适用，则要拆除，对方将根据试用时间支付我公司一笔试用费。我公司收取的试用费是租赁收入还是补偿费？如果是租赁收入，如何开具发票吗？

答：试用期结束后，产品所有权仍归销售方，贵公司收取的“试用费”并非针对试用产品损坏而给予的补偿，且收费是根据试用时长收取的，所以，不是补偿收入，而应界定为动产租赁收入，并按动产租赁的适用税率开具相应的增值税专用发票。

政策依据：

➤《财政部 国家税务总局关于全面推开营业税改征增值税试点的通知》（财税〔2016〕36号）附件1《营业税改征增值税试点有关事项的规定》

一、销售服务

（六）现代服务。

5. 租赁服务。

（2）经营租赁服务，是指在约定时间内将有形动产或者不动产转让他人使用且租赁物所有权不变更的业务活动。

按照标的物的不同，经营租赁服务可分为有形动产经营租赁服务和不动产经营租赁服务。

第二节　进项抵扣、加计抵减类

2.2.1　房地产开发企业计算销售额时，自持房产对应的土地价款能否扣减？

问：房地产企业开发一个项目，因当地政府规定，开发的房产必须有一定的比例自持，其房产正常销售，那么计算销售额时，自持部分的土地价款能否从销售取得的全部价款和价外费用中扣除？

答：自持房产所对应土地涉及的土地价款，是不能在计算销售额时扣除的。根据18号公告，当期允许扣除的土地价款=(当期销售房地产项目建筑面积÷房地产项目可供销售建筑面积)×支付的土地价款。当期销售房地产项目建筑面积，是指当期进行纳税申报的增值税销售额对应的建筑面积；开发产品转为自持，并未销售，所以，无法从销售额中计算扣除自持物业对应的土地价款。

如果自持物业对应的土地价款不能从销售额中扣除，会增加房地产开发企业的税负，解决的方法是：把产权办在本单位名下，自己为自己开一张增值税专用发票，把自持变为开发正常的销售。

政策依据：

➢《国家税务总局关于〈房地产开发企业销售自行开发的房地产项目增值税征收管理暂行办法〉的公告》（国家税务总局公告2016年第18号）

第二章　一般纳税人征收管理

第一节　销售额

第四条　房地产开发企业中的一般纳税人（以下简称一般纳税人）销售自行开发的房地产项目，适用一般计税方法计税，按照取得的全部价款和价外费用，扣除当期销售房地产项目对应的土地价款后的余额计算销售额。销售额的计算公式如下：

销售额＝（全部价款和价外费用－当期允许扣除的土地价款）÷（1＋11%）

【注：根据《财政部 税务总局 海关总署关于深化增值税改革有关政策的公告财政部》（税务总局 海关总署公告2019年第39号）规定，税率调整为9%】

第五条　当期允许扣除的土地价款按照以下公式计算：

当期允许扣除的土地价款＝（当期销售房地产项目建筑面积÷房地产项目可供销售建筑面积）×支付的土地价款

当期销售房地产项目建筑面积，是指当期进行纳税申报的增值税销售额对应的建筑面积。

房地产项目可供销售建筑面积，是指房地产项目可以出售的总建筑面积，不包括销售房地产项目时未单独作价结算的配套公共设施的建筑面积。

支付的土地价款，是指向政府、土地管理部门或受政府委托收取土地价款的单位直接支付的土地价款。

➢ 参考：《营改增政策执行口径第三辑》（湖北省国税局2016年7月21日）

二十二　房地产开发企业将开发产品转为自用，是否需要视同销售缴纳增值税？

答：房地产开发企业将开发产品转为自用时，不开具发票，且不办理产权权属登记的，不属于销售不动产，不需要缴纳增值税。否则，应按规定缴纳增值税。

2.2.2　收到物流企业支付的承运货物损失赔偿费，增值税如何处理？

问：物流企业承运过程中导致我公司货物受损，按合同约定支付我公司赔偿费，我公司收到赔偿费时，需要开具发票吗？还是直接开具收据，相关的进项税做转出？

答：由于是物流企业的责任导致的赔偿，应当属于物流企业给予贵公司的运费折让，所以，应当由物流企业开具红字发票，冲减运输费用、冲减运输费用对应的进项税额。贵公司协助物流企业开具红字发票，承运方凭贵公司提供的“开具红字增值税专用发票通知单”开具红字专用发票，在防伪税控系统中以销项负数开具即可。

如果对方不配合开具红字发票，贵公司可将收到的赔偿金直接计入营业外收入，以相关合同协议及赔偿确认资料作为入账凭证。

政策依据：

➢《国家税务总局关于红字增值税发票开具有关问题的公告》（国家税务总局公告〔2016〕47号）

为进一步规范纳税人开具增值税发票管理，现将红字发票开具有关问题公告如下：

一、增值税一般纳税人开具增值税专用发票（以下简称“专用发票”）后，发生销货退回、开票有误、应税服务中止等情形但不符合发票作废条件，或者因销货部分退回及发生销售折让，需要开具红字专用发票的，按以下方法处理：

（一）购买方取得专用发票已用于申报抵扣的，购买方可在增值税发票管理新系统（以下简称“新系统”）中填开并上传《开具红字增值税专用发票信息表》（以下简称《信息表》，详见附件），在填开《信息表》时不填写相对应的蓝字专用发票信息，应暂依《信息表》所列增值税税额从当期进项税额中转出，待取得销售方开具的红字专用发票后，与《信息表》一并作为记账凭证。

购买方取得专用发票未用于申报抵扣、但发票联或抵扣联无法退回的，购买方填开《信息表》时应填写相对应的蓝字专用发票信息。

销售方开具专用发票尚未交付购买方，以及购买方未用于申报抵扣并将发票联及抵扣联退回的，销售方可在新系统中填开并上传《信息表》。销售方填开《信息表》时应填写相对应的蓝字专用发票信息。

（二）主管税务机关通过网络接收纳税人上传的《信息表》，系统自动校验通过后，生成带有“红字发票信息表编号”的《信息表》，并将信息同步至纳税人端系统中。

（三）销售方凭税务机关系统校验通过的《信息表》开具红字专用发票，在新系统中以销项负数开具。红字专用发票应与《信息表》一一对应。

（四）纳税人也可凭《信息表》电子信息或纸质资料到税务机关对《信息表》内容进行系统校验。

2.2.3 非正常损失的货物，取得了保险赔偿，其进项税额应当如何处理？

问：受台风的影响，我公司存放在码头的一些货物被淹没，收到保险公司保险赔款后，需要开发票吗？相关的进项税是否需要转出（属于非正常损失）？

答：保险公司的赔偿，是一种依据保险合同对贵公司所做的经济补偿，贵公司并未向保险公司提供相应的应税业务，所以，不需要开具发票。应收保险赔偿，计入“待处理流动资产损失”贷方。如果上述损失属于非正常损失，相应进项税额不能抵扣，应做进项税额转出。

政策依据：

➢《中华人民共和国增值税暂行条例》（1993 年 12 月 13 日中华人民共和国国务院令第 134 号公布，根据 2017 年 11 月 19 日中华人民共和国国务院令第 691 号第二次修订）

第十条　下列项目的进项税额不得从销项税额中抵扣：

（一）用于简易计税方法计税项目、免征增值税项目、集体福利或者个人消费的购进货物、劳务、服务、无形资产和不动产；

（二）非正常损失的购进货物，以及相关的劳务和交通运输服务；

（三）非正常损失的在产品、产成品所耗用的购进货物（不包括固定资产）、劳务和交通运输服务；

（四）国务院规定的其他项目。

2.2.4　营改增前取得的、用于非应税项目的进项税额能否在营改增后用于抵扣？

问：我公司为商业企业，增值税一般纳税人，名下有房产，2016 年 4 月 30 日前取得，营改增前对外出租取得租金收入，申报缴纳了租金收入的营业税，但是支付电费、空调、电梯等维修费取得了进项税额，累积起来，产生了较大的留抵。营改增后，我公司出租不动产业务选择了简易征收，根据国税发〔2016〕36 号附件 1 第 18 条规定，36 个月以后可以改为一般计税吧？另外根据国税〔2016〕75 号文，申报表主表第 20 栏“期末留抵税额”“一般项目”列“本年累计”中有余额的增值税一般纳税人，在本公告发布之日起的第一个纳税申报期，将余额一次性转入第 13 栏“上期留抵税额”“一般项目”列“本月数”中，这样 36 个月以后，出租不动产改为一般计税方式后，原来累积的进项税额可用于一般计税方式下租金收入产生的销项税额，这样可行吗？

答：根据增值税的相关规定，在“营改增”以前，购进货物用于非应税项目的，取得的进项税额不得抵扣，应当转出。贵公司当年购进电费和维修这些货物和劳务，用于非应税项目（“营改增”前，不动产出租属于非应税项目）的，取得的进项税额原本就不能抵扣，取得后，应当转出，贵公司没有转出形成了留抵，即使“营改增”后，依旧不能抵扣。如果不转出，会有税务风险。“营改增”后，购进用于简易计税项目取得的进项税额同样不能从销项税额中抵扣，应当转出。

政策依据：

➢《中华人民共和国增值税暂行条例》（1993 年 12 月 13 日中华人民共和国国务院令第 134 号公布，根据 2017 年 11 月 19 日中华人民共和国国务院令第 691 号第二次修订）

第十条　下列项目的进项税额不得从销项税额中抵扣：

（一）用于非增值税应税项目、免征增值税项目、集体福利或者个人消费的购进货物或者应税劳务；

……

2.2.5 “即征即退”项目已经申请退税后取得的进项税额如何处理？

问：我公司做污水处理项目，2019 年与甲方结清污水处理项目款项，当年完工，已经全部确认收入，申报缴纳了增值税，并且申请“即征即退”，收到税务局退税款。但是，该项目成本、费用所对应的增值税专用发票，有一小部分 2020 年才取得，那么这部分增值税专用发票对应的进项税额，我公司是否可以用于其他一般计税项目抵扣？

答：纳税人日常发生的一般货物及劳务和即征即退货物及劳务需要分别核算和申报，属于即征即退项目的进项税额不能计入一般货物及劳务的进项税额中，不能用于其他一般计税项目抵扣，否则会导致少缴增值税情况的发生。

贵公司“即征即退”项目因为取得发票时间晚、未申报抵扣的进项税额应当向税务机关作更正申报，退回税务机关多退的税款（纳税人一般不会选择主动这么做），或者用于今后“即征即退”项目的抵扣。

政策依据：

➢《国家税务总局关于纳税人既享受增值税即征即退、先征后退政策又享受免抵退税政策有关问题的公告》（国家税务总局 2011 年第 69 号公告）

一、纳税人既有增值税即征即退、先征后退项目，也有出口等其他增值税应税项目的，增值税即征即退和先征后退项目不参与出口项目免抵退税计算。纳税人应分别核算增值税即征即退、先征后退项目和出口等其他增值税应税项目，分别申请享受增值税即征即退、先征后退和免抵退税政策。

➤《财政部 国家税务总局关于印发〈资源综合利用产品和劳务增值税优惠目录〉的通知》（财税〔2015〕78号）

五、纳税人应当单独核算适用增值税即征即退政策的综合利用产品和劳务的销售额和应纳税额。未单独核算的，不得享受本通知规定的增值税即征即退政策。

2.2.6 购买方被豁免债务对应的进项税额能否用于抵扣?

问： A公司从B公司购进设备，总价款113万元，合同约定货到付款，票货同行，A公司取得增值税专用发票已认证抵扣。但是货到后，A公司以资金困难为由，未按期支付货款，随后B公司多次找A公司讨要货款未果。两年后，经双方协商，签订“采购合同补充协议”，约定：鉴于A方资金困难，双方进行债务重组，即B公司放弃债权10万元，余款A公司须在3日内支付B公司。合同签订后，双方按约定履行了相应的义务。A公司被豁免的10万元债务，对应的进项税额是否需要转出?

答： 有类似案例，税务机关认定购买方被豁免的债务对应的进项税额并没有实际支付，并且被豁免债务相当于从销售方返还的资金，所以，被豁免债务对应的进项税额需转出，不能用于抵扣。笔者认为，这种处理值得商榷。债务豁免不应界定为从销售方取得的返还资金，也不能简单地认为债务豁免对应的进项税额未实际支付。理由如下：

购买货物而从销售方取得的各种形式的返还资金，可能的表现形式是：销售折让、销售返利、销售折扣，销售方要给购买方返还资金，主要是鼓励购买方多采购，当采购方采购货物达到一定数量时，销售方从价格上给购买方一定的折让，最终实质上是降低了销售价格。此时，销售方冲减收入和销项税额，购买方冲减成本和进项税额，符合交易的实质，符合增值税抵扣原理。而债务重组则明显不同，债务重组双方，无任何修改交易价格的意思表示，是销售方鉴于购买方无足够的支付能力，对所应收取价款的一种让步，而绝对不是降低销售价格，销售方从未明示或暗示要给购买方各种形式返还资金，也没有这样的行为。

政策依据：

➢《中华人民共和国增值税暂行条例》（1993年12月13日中华人民共和国国务院令第134号公布，根据2017年11月19日中华人民共和国国务院令第691号第二次修订）

第八条　纳税人购进货物、劳务、服务、无形资产、不动产支付或者负担的增值税额，为进项税额。

下列进项税额准予从销项税额中抵扣：

（一）从销售方取得的增值税专用发票上注明的增值税额。

（二）从海关取得的海关进口增值税专用缴款书上注明的增值税额。

（三）购进农产品，除取得增值税专用发票或者海关进口增值税专用缴款书外，按照农产品收购发票或者销售发票上注明的农产品买价和11%的扣除率计算的进项税额，国务院另有规定的除外。进项税额计算公式：

进项税额 = 买价 × 扣除率

（四）自境外单位或者个人购进劳务、服务、无形资产或者境内的不动产，从税务机关或者扣缴义务人取得的代扣代缴税款的完税凭证上注明的增值税额。

准予抵扣的项目和扣除率的调整，由国务院决定。

➢《国家税务总局关于平销行为征收增值税问题的通知》（国税发〔1997〕167号）

二、自1997年1月1日起，凡增值税一般纳税人，无论是否有平销行为，因购买货物而从销售方取得的各种形式的返还资金，均应依所购货物的增值税税率计算应冲减的进项税额，并从其取得返还资金当期的进项税额中予以冲减。

2.2.7　购进知识产权服务取得的进项税额可以从销售酒类货物的销项税额中抵扣吗？

问：我公司是做酒类批发的，前段时间注册商标花费了20多万元，对方说只能开具知识产权服务费专票，那么，我公司购进知识产权服务取得的进项税额可以从销售酒类货物的销项税额中抵扣吗？

答：如果业务真实，且不是用于不可抵扣项目，则可用于抵扣。

政策依据：

➢《中华人民共和国增值税暂行条例》（1993年12月13日中华人民共和

国国务院令第134号公布，根据2017年11月19日中华人民共和国国务院令第691号第二次修订）

第十条 下列项目的进项税额不得从销项税额中抵扣：

（一）用于简易计税方法计税项目、免征增值税项目、集体福利或者个人消费的购进货物、劳务、服务、无形资产和不动产；

（二）非正常损失的购进货物，以及相关的劳务和交通运输服务；

（三）非正常损失的在产品、产成品所耗用的购进货物（不包括固定资产）、劳务和交通运输服务；

（四）国务院规定的其他项目。

2.2.8 纳税人不动产在建工程拟用于集体福利，该项目取得的进项税额能否从销项税额中抵扣？

问：我公司在建工程项目中有员工宿舍楼和食堂，因此该部分的进项税额不能抵扣，需要做进项税转出。但是，宿舍和办公楼无法单独核算也没有进行单独核算，这种情况下我们的进项税需要如何处理？

答：固定资产只有专门用于集体福利的，其进项税额才不能用于抵扣，如果不是专门用于集体福利的，则全部可以用于抵扣。如果所建的食堂、职工宿舍是单独的，则购进的材料、建筑服务等取得的进项税额不能用于抵扣，需要转出，否则无须转出。建议贵公司审查一下在建项目情况，再分别处理。

问题所提到的不动产，如果分别是独立的建筑物，无论是哪个角度来看，都必须单独核算，否则，后期的折旧、房产税计算及处置都会存在问题。在单独核算的基础上，购进的进项税额自然能够清晰地划分，不能抵扣的，按规定转出即可。如果本来就是一个独立的建筑，只是同时承担了办公楼、宿舍、食堂的职能，则不属于专用于集体福利，进项税额无须转出，可一次性用于抵扣。

政策依据：

➢《国家税务总局关于深化增值税改革有关事项的公告》（财政部 税务总局 海关总署公告2019年第39号）

五、自2019年4月1日起，《营业税改征增值税试点有关事项的规定》（财税〔2016〕36号印发）第一条第（四）项第1点、第二条第（一）项第1点停止执行，纳税人取得不动产或者不动产在建工程的进项税额不再分2年抵扣。此前按照上述规定尚未抵扣完毕的待抵扣进项税额，可自2019年4月税款所属期起从销项税额中抵扣。

➢《财政部 国家税务总局关于全面推开营业税改征增值税试点的通知》（财税〔2016〕36号）附件1《营业税改征增值税试点实施办法》

第二十七条 下列项目的进项税额不得从销项税额中抵扣：

（一）用于简易计税方法计税项目、免征增值税项目、集体福利或者个人消费的购进货物、加工修理修配劳务、服务、无形资产和不动产。其中涉及的固定资产、无形资产、不动产，仅指专用于上述项目的固定资产、无形资产（不包括其他权益性无形资产）、不动产。

2.2.9 小规模纳税人转一般纳税人前购进货物取得的进项税额能否用于抵扣？

问：A公司销售机械设备给M公司，M公司为小规模纳税人，按12个月的分段方式付款给A公司。合同约定，在M公司付完全部款后，A公司再开具发票给M公司。A公司内部先开具了全额的普通发票，缴纳了增值税，但发票按合同约定先不给客户，待客户付完全款之后，A公司会先红冲原来的普通发票，再重新开具新的普通发票给客户。货物交付6个月后，M公司变更为一般纳税人。M公司要求A公司把其之前已付款的部分开具增值税专用发票。

A公司对于M公司在变更为一般纳税人之前的分期付款，能够开具增值税专用发票吗？A公司之前已开具的全额增值税普通发票，只是为了纳税，并没有给M公司，M公司现在是否可以要求A公司都开具增值税专用发票用于抵扣？

答：没有规定不得向小规模纳税人开具增值税专用发票，所以，向小规模纳税人开具增值税专用发票是可以的。

问题提到的情形，属于分期收款方式销售货物，A公司在M公司转一般纳税人前已经开具发票，此时已经发生纳税义务。由于销售方该业务纳税义务发生时，购买方是小规模纳税人，所以，即使取得增值税专用发票，购买方也不能申报用于抵扣。除非A公司开具增值税专用发票，且M公司符合国家税务总局公告2015年第59号第一条规定的情形。

问题提到的情形，如果改变一下，即销售方按分期付款的时间开具增值税专用发票，则购买方转为一般纳税人后取得对方开具的增值税专用发票，相应的进项税额，购买方可以申报用于抵扣。

政策依据：

➢《国家税务总局关于纳税人认定或登记为一般纳税人前进项税额抵扣问题的公告》（国家税务总局公告2015年第59号）

一、纳税人自办理税务登记至认定或登记为一般纳税人期间，未取得生产经营收入，未按照销售额和征收率简易计算应纳税额申报缴纳增值税的，其在此期间取得的增值税扣税凭证，可以在认定或登记为一般纳税人后抵扣进项税额。

➢《国家税务总局关于修订《增值税专用发票使用规定》的通知》（国税发〔2006〕156号）

第十一条 专用发票应按下列要求开具：

（一）项目齐全，与实际交易相符；

（二）字迹清楚，不得压线、错格；

（三）发票联和抵扣联加盖财务专用章或者发票专用章；

（四）按照增值税纳税义务的发生时间开具。

对不符合上列要求的专用发票，购买方有权拒收。

2.2.10 从国外进口货物，在海运途中发生毁损，相应的进项税额能否抵扣？

问：我公司从国外进口货物，在海运途中，部分货物发生毁损无法使用，相应的损失，保险公司会偿赔。此种情况下，对应的进口增值税进项税额可否用于抵扣？相应的损失能否在企业所得税税前扣除？

答：上述问题，可能会有不同解读。个人认为，进项税额可以抵扣，原因有二：一是进口缴纳的增值税与一般境内购进取得增值税专用发票抵扣不同，前者是真金白银缴纳了相应的进口增值税；二是运输途中的毁损，不属于一般的非正常损失，因为该毁损是购进方不可控的，不能说是管理不善。基于上述两个考虑，贵公司取得的进项税额不属于不可抵扣事项，因此，可申报用于抵扣。

第二个问题，收到毁损货物，正常入账后，再进行处置，将处置收入、保险赔偿扣除账面价值和相关税费后的金额计入当期损益。产生的损失，凭国家税务总局公告2011年第25号第二十七条列举的证据材料内容在企业所得税税前扣除。

政策依据：

➢《中华人民共和国增值税暂行条例实施细则》（2008年12月18日以财政部、国家税务总局令第50号公布，依据2011年10月28日中华人民共和国财政部 国家税务总局令第65号修改）

第二十四条　条例第十条第（二）项所称非正常损失，是指因管理不善造成被盗、丢失、霉烂变质的损失。

➢《国家税务总局关于发布〈企业资产损失所得税税前扣除管理办法〉的公告》（国家税务总局公告2011年第25号）

第二十七条　存货报废、毁损或变质损失，为其计税成本扣除残值及责任人赔偿后的余额，应依据以下证据材料确认：

（一）存货计税成本的确定依据；

（二）企业内部关于存货报废、毁损、变质、残值情况说明及核销资料；

（三）涉及责任人赔偿的，应当有赔偿情况说明；

（四）该项损失数额较大的（指占企业该类资产计税成本10%以上，或减少当年应纳税所得、增加亏损10%以上，下同），应有专业技术鉴定意见或法定资质中介机构出具的专项报告等。

➢《企业会计准则第1号——存货》

第二十一条　企业发生的存货毁损，应当将处置收入扣除账面价值和相关税费后的金额计入当期损益。存货的账面价值是存货成本扣减累计跌价准备后的金额。

存货盘亏造成的损失，应当计入当期损益。

2.2.11　将符合不征收收入条件的财政性资金用于支出，取得的进项税额能否申报用于抵扣？公司上市支付给券商的手续费，其进项税能否申报用于抵扣？

问：将符合不征收收入条件的财政性资金用于支出，取得的进项税额能否申报用于抵扣？公司上市支付给券商、审计事务所、律师事务所的相关发行费用（如手续费、拥金、律师费、审计费等）取得增值税专用发票，其进项税能否申报用于抵扣？

答：增值税进项税额的抵扣规则是，只要不是用于不可抵扣项目，即可用于抵扣，无须转出。问题提到的情形，如不是专门用于不可抵扣项目，或不属于无法划分是用于可抵扣或不可抵扣的，即可用于抵扣，无须转出。所以，公司上市支付给券商、审计事务所、律师事务所的相关发行费用（如手续费、拥金、律师费、审计费等）、符合不征收收入条件的财政性资金发生支出取得的进项税额，如不是专门用于不可抵扣项目，或不属于无法划分是用于可抵扣或不可抵扣的，同样可用于抵扣，无须转出。

符合不征收收入条件的财政性资金发生支出取得的进项税额用于抵扣了，相当于把该符合不征收收入条件的财政性资金用于缴税，此种情形如果不符合该财政性资金特定用途的要求，则不能作为不征税收入处理。保险的处理措施是，符合不征收收入条件的财政性资金发生支出时，进项税额部分由其他资金支付，而不是用符合不征收收入条件的财政性资金支付。

政策依据：

➢《中华人民共和国增值税暂行条例》（1993 年 12 月 13 日中华人民共和国国务院令第 134 号公布，根据 2017 年 11 月 19 日中华人民共和国国务院令第 691 号第二次修订）

第十条　下列项目的进项税额不得从销项税额中抵扣：

（一）用于简易计税方法计税项目、免征增值税项目、集体福利或者个人消费的购进货物、劳务、服务、无形资产和不动产；

（二）非正常损失的购进货物，以及相关的劳务和交通运输服务；

（三）非正常损失的在产品、产成品所耗用的购进货物（不包括固定资产）、劳务和交通运输服务；

（四）国务院规定的其他项目。

➢《财政部 国家税务总局关于专项用途财政性资金企业所得税处理问题的通知》（财税〔2011〕70 号）

一、企业从县级以上各级人民政府财政部门及其他部门取得的应计入收入总额的财政性资金，凡同时符合以下条件的，可以作为不征税收入，在计算应纳税所得额时从收入总额中减除：

（一）企业能够提供规定资金专项用途的资金拨付文件；

（二）财政部门或其他拨付资金的政府部门对该资金有专门的资金管理办法或具体管理要求；

（三）企业对该资金以及以该资金发生的支出单独进行核算。

……

2.2.12 房地产开发企业缴纳的城市配套设施费，是否可以作为土地价款抵减销售额？

问：我公司为增值税一般纳税人，前不久通过招拍挂方式取得一块土地，合同中规定土地的成交价款包含城市基础设施配套费。我公司销售开发产品计算应纳增值税税款时，能否在销售额中扣除支付的城市基础设施配套费？

答：各地口径有所不同，可参考各地12366纳税服务平台的回复。

政策依据：

➢ 山西省12366纳税服务中心答复：尊敬的纳税人（扣缴义务人、缴费人）您好！您提交的网上留言咨询已收悉，现答复如下：

根据《财政部 国家税务总局关于全面推开营业税改征增值税试点的通知》（财税〔2016〕36号）规定，房地产开发企业中的一般纳税人销售其开发的房地产项目（选择简易计税方法的房地产老项目除外），以取得的全部价款和价外费用，扣除受让土地时向政府部门支付的土地价款后的余额为销售额。

根据《财政部 国家税务总局关于明确金融 房地产开发 教育辅助服务等增值税政策的通知》（财税〔2016〕140号）规定，《营业税改征增值税试点有关事项的规定》（财税〔2016〕36号）第一条第（三）项第10点中“向政府部门支付的土地价款”，包括土地受让人向政府部门支付的征地和拆迁补偿费用、土地前期开发费用和土地出让收益等。根据《国家税务总局关于发布的公告》（国家税务总局公告2016年第18号）规定，第六条 在计算销售额时从全部价款和价外费用中扣除土地价款，应当取得省级以上（含省级）财政部门监（印）制的财政票据。

因此，销售额中可以扣除的土地价款须符合以下条件：向政府部门支付的土地价款并取得省级以上（含省级）财政部门监（印）制的财政票据。感谢您的咨询！上述回复仅供参考，有关具体办理程序方面的事宜请直接向您的主管或所在地税务机关咨询。

➢ 四川观点：城市基础设施配套费属于土地价款，可以。

四川12366纳税服务中心答复：您好！您提交的网上留言咨询已收悉，现答复如下：根据《财政部 国家税务总局关于全面推开营业税改征增值税试点的通知》（财税〔2016〕36号）的规定，房地产开发企业中的一般纳税人销售其开发的房地产项目（选择简易计税方法的房地产老项目除外），以取得的全部价款和价外费用，扣除受让土地时向政府部门支付的土地价款后的余额为销售额。《财政部、国家税务总局关于明确金融房地产开发教育辅助服务等增值税政策的通知》（财税〔2016〕140号）第七条规定，“向政府部门支付的土地价款”包括土地受让人向政府部门支付的征地和拆迁补偿费用、土地前期开发费用和土地出让收益等。参照《国家税务总局关于印发〈房地产开发经营业务企业所得税处理办法〉的通知》（国税发〔2009〕31号）第二十七条规定：土地征用费及拆迁补偿费是指为取得土地开发使用权（或开发权）而发生的各项费用，主要包括土地买价或出让金、大市政配套费、契税、耕地占用税、土地使用费、土地闲置费、土地变更用途和超面积补交的地价及相关税费、拆迁补偿支出、安置及动迁支出、回迁房建造支出、农作物补偿费、危房补偿费等（若您对此仍有疑问，请联系您的主管税务机关咨询）。

➢ 黑龙江观点：不可以，其不属于向政府部门支付的土地价款。

原文回复——黑龙江省12366纳税服务热线答复：您好，根据国家税务总局关于发布《房地产开发企业销售自行开发的房地产项目增值税征收管理暂行办法》的公告（国家税务总局公告2016年第18号）第四条房地产开发企业中的一般纳税人（以下简称一般纳税人）销售自行开发的房地产项目，适用一般计税方法计税，按照取得的全部价款和价外费用，扣除当期销售房地产项目对应的土地价款后的余额计算销售额。支付的土地价款，是指向政府、土地管理部门或受政府委托收取土地价款的单位直接支付的土地价款。

企业缴纳的市政配套设施费不属于“向政府部门支付的土地价款”，不可以在计算销售额时扣除。

第三节 税收优惠类

2.3.1 小规模纳税人企业出租房产，一次性收取一年租金超过45万元，如何适用增值税优惠政策？

问：我公司是小规模纳税人，出租房产，一次收取一年租金超过45万元，如何适用增值税优惠政策？

答：贵公司作为单位，不是增值税相关规定所说的“其他个人”，其出租房产不能享受“将收取的租金在租金对应的租赁期内平均分摊”政策，一次收取一年租金超过45万元，导致当季增值税销售额超过45万元，应全额计税。

政策依据：

➢《国家税务总局关于小规模纳税人免征增值税征管问题的公告》（国家税务总局公告2021年第5号）

一、小规模纳税人发生增值税应税销售行为，合计月销售额未超过15万元（以1个季度为1个纳税期的，季度销售额未超过45万元，下同）的，免征增值税。

小规模纳税人发生增值税应税销售行为，合计月销售额超过15万元，但扣除本期发生的销售不动产的销售额后未超过15万元的，其销售货物、劳务、服务、无形资产取得的销售额免征增值税。

四、《中华人民共和国增值税暂行条例实施细则》第九条所称的其他个人，采取一次性收取租金形式出租不动产取得的租金收入，可在对应的租赁期内平均分摊，分摊后的月租金收入未超过15万元的，免征增值税。

2.3.2 销售嵌入式软件应如何开具发票和申请办理即征即退？与销售非嵌入式软件政策有何不同？

问：销售嵌入式软件应如何开具发票和申请办理即征即退？与销售非嵌入式软件政策有何不同？

答：纳税人销售嵌入式软件应划分软件和硬件部分的销售额，并在发票的票面有关栏目（包括备注栏）单独注明软件部分的名称和销售额。

增值税一般纳税人销售嵌入式软件与非嵌入式软件，实际税负超过3%的部分均可以享受即征即退优惠。与非嵌入式软件不同，由于嵌入式软件需要嵌入相应的硬件中一起销售，所以，销售额中会包括两部分：一部分是硬件的，另一部分是软件的。销售软件可以享受即征即退政策，而销售其中的硬件则不行，所以，对销售嵌入式软件来说，必须分别核算嵌入式软件和计算机硬件的销售额，否则，不能享受增值税的退税政策。

政策依据：

➢《财政部、国家税务总局关于软件产品增值税政策的通知》（财税〔2011〕100号）

一、软件产品增值税政策

（一）增值税一般纳税人销售其自行开发生产的软件产品，按17%税率征收增值税后，对其增值税实际税负超过3%的部分实行即征即退政策。

二、软件产品界定及分类

本通知所称软件产品，是指信息处理程序及相关文档和数据。软件产品包括计算机软件产品、信息系统和嵌入式软件产品。嵌入式软件产品是指嵌入在计算机硬件、机器设备中并随其一并销售，构成计算机硬件、机器设备组成部分的软件产品。

四、软件产品增值税即征即退税额的计算

（二）嵌入式软件产品增值税即征即退税额的计算：

1. 嵌入式软件产品增值税即征即退税额的计算方法

即征即退税额＝当期嵌入式软件产品增值税应纳税额－当期嵌入式软件产品销售额×3%

当期嵌入式软件产品增值税应纳税额＝当期嵌入式软件产品销项税额－当期嵌入式软件产品可抵扣进项税额

当期嵌入式软件产品销项税额＝当期嵌入式软件产品销售额×17%

2. 当期嵌入式软件产品销售额的计算公式

当期嵌入式软件产品销售额＝当期嵌入式软件产品与计算机硬件、机器设备销售额合计－当期计算机硬件、机器设备销售额

计算机硬件、机器设备销售额按照下列顺序确定：

①按纳税人最近同期同类货物的平均销售价格计算确定；

②按其他纳税人最近同期同类货物的平均销售价格计算确定；

③按计算机硬件、机器设备组成计税价格计算确定。

计算机硬件、机器设备组成计税价格＝计算机硬件、机器设备成本×（1＋10%）。

六、增值税一般纳税人在销售软件产品的同时销售其他货物或者应税劳务的，对于无法划分的进项税额，应按照实际成本或销售收入比例确定软件产品应分摊的进项税额；对专用于软件产品开发生产设备及工具的进项税额，不得进行分摊。纳税人应将选定的分摊方式报主管税务机关备案，并自备案之日起一年内不得变更。

七、对增值税一般纳税人随同计算机硬件、机器设备一并销售嵌入式软件产品，如果适用本通知规定按照组成计税价格计算确定计算机硬件、机器设备销售额的，应当分别核算嵌入式软件产品与计算机硬件、机器设备部分的成本。凡未分别核算或者核算不清的，不得享受本通知规定的增值税政策。

2.3.3 可否选择部分销售货物享受增值税免税优惠?

问: 我公司为一家贸易企业，采购的肉有两个来源，一是自产农产品企业，他们开具的普通发票，我公司能够计算抵扣9%；二是流通企业，他们适用流通环节免征增值税的政策，开具免税的普通发票。我公司在对外销售这些肉时，如果享受免税政策，从自产农产品企业那里采购的是不是就不能计算抵扣？如果我公司放弃享受免税政策，但是，从流通企业采购的那部分，没有进项税额可抵扣，岂不是税负增加？

答: 增值税是链条税，根据增值税相关条例规定，如果购进货物用于免税项目，取得的进项税额不能抵扣。如果贵公司放弃免税政策，则其购进货物取得的进项税额能够抵扣，但前提条件是要取得抵扣凭证，如果没有取得抵扣凭证，同样没有办法抵扣。需要注意的是，纳税人也并不能选择部分销售货物适用免税政策。

没有取得进项抵扣，不能说是损失，因为有无抵扣的进项税额，会影响双方确定的购销价格，这里面有个博弈的问题。

政策依据:

➤《中华人民共和国增值税暂行条例实施细则》（2008年12月18日以财政部、国家税务总局令第50号公布，依据2011年10月28日中华人民共和国财政部 国家税务总局令第65号修改）

第三十六条　纳税人销售货物或者应税劳务适用免税规定的，可以放弃免税，依照条例的规定缴纳增值税。放弃免税后，36个月内不得再申请免税。

➤《财政部、国家税务总局关于增值税纳税人放弃免税权有关问题的通知》（财税〔2007〕127号）

三、纳税人一经放弃免税权，其生产销售的全部增值税应税货物或劳务均应按照适用税率征税，不得选择某一免税项目放弃免税权，也不得根据不同的销售对象选择部分货物或劳务放弃免税权。

2.3.4 集团公司境内外成员单位间无偿拆借资金是否适用财税〔2019〕20号文件规定免增值税?

问: A公司是W集团企业的成员单位，那么A公司的分公司、子公司，是否属于“集团内单位”适用财税〔2019〕20号文件规定免征增值税？集团公司境内外成员单位间无偿拆借资金是否该文件？

答：只要按国市监企注〔2018〕139 号文件规定公示的成员单位，均可适用财税〔2019〕20 号文件第二条规定。20 号文第三条规定并没有特意强调跨境的不能享受，所以，应当享受。但是从国家税权的角度来看，税务机关未必认可这一点。因为这可能会涉及利用境内外关联交易避税的操作。

政策依据：

➢《财政部 税务总局关于明确养老机构免征增值税等政策的通知》（财税〔2019〕20 号）

三、自 2019 年 2 月 1 日至 2020 年 12 月 31 日，对企业集团内单位（含企业集团）之间的资金无偿借贷行为，免征增值税。

注：该优惠延期到 2023 年 12 月 31 日。

➢《市场监管总局关于做好取消企业集团核准登记等 4 项行政许可等事项衔接工作的通知》（国市监企注〔2018〕139 号）

一、取消《企业集团登记证》核发，强化企业信息公示

各地工商和市场监管部门要按照《决定》要求，不再单独登记企业集团，不再核发《企业集团登记证》，并认真做好以下衔接工作。

一是放宽名称使用条件。企业法人可以在名称中组织形式之前使用"集团"或者"（集团）"字样，该企业为企业集团的母公司。企业集团名称应与母公司名称的行政区划、字号、行业或者经营特点保持一致。需要使用企业集团名称和简称的，母公司应当在申请企业名称登记时一并提出，并在章程中记载。母公司全资或者控股的子公司、经母公司授权的参股公司可以在名称中冠以企业集团名称或者简称。各级工商和市场监管部门对企业集团成员企业的注册资本和数量不做审查。

二是强化企业集团信息公示。取消企业集团核准登记后，集团母公司应当将企业集团名称及集团成员信息通过国家企业信用信息公示系统向社会公示。本通知下发前已经取得《企业集团登记证》的，可以不再公示。

三是依法加强对企业集团的监督管理。综合运用各种监管手段，依法对辖区内企业集团及其成员企业进行动态监测和核查，形成长效监管机制。发现有违反市场监督管理法律法规行为的，依据相关规定进行处理。

2.3.5　我公司销售旅游类图书是否享受免税待遇？如享受，如何开具发票？

问：我公司销售旅游类图书是否享受免税待遇？如享受，如何开具发票？

我们之前申报、开票都适用的9%税率，多缴税款了，还能申请退税吗？

答：未按规定备案的，纳税人不得享受增值税减免。建议补充备案，如果确实多缴税款，可申请退税。涉及销售图书免税备案，可以直接在网上电子税务局办理。

如果贵公司已向购买方开具了增值税专用发票，做免税备案后，将专用发票追回后可申请办理免税，无法追回的，一律照章征收增值税。

销售免税货物不得开具专用发票，可以开具增值税普通发票。在防伪税控系统中开具增值税普通发票时，税率栏选“0”，申报时在报表中体现减免税。

政策依据：

➢《财政部 税务总局公告关于延续宣传文化增值税优惠政策的公告》（财政部 税务总局公告2021年第10号）

二、自2021年1月1日起至2023年12月31日，免征图书批发、零售环节增值税。

八、本公告自2021年1月1日起执行。《财政部 税务总局关于延续宣传文化增值税优惠政策的通知》（财税〔2018〕53号）同时废止。

按照本公告第二条和第三条规定应予免征的增值税，凡在接到本公告以前已经征收入库的，可抵减纳税人以后月份应缴纳的增值税税款或者办理税款退库。纳税人如果已向购买方开具了增值税专用发票，应当将专用发票追回后方可申请办理免税。凡专用发票无法追回的，一律照章征收增值税。

➢《国家税务总局关于税务行政审批制度改革若干问题的意见》（税总发〔2014〕107号）

四、坚持放管结合强化事中事后管理

（十一）实施备案管理。各级税务机关应当严格区分行政审批和备案管理方式，不得以事前核准性备案方式变相实施审批。实施备案管理的事项，纳税人等行政相对人应当按照规定向税务机关报送备案材料，税务机关应当将其作为加强后续管理的资料，但不得以纳税人等行政相对人没有按照规定备案为由，剥夺或者限制其依法享有的权利、获得的利益、取得的资格或者可以从事的活动。纳税人等行政相对人未按照规定履行备案手续的，税务机关应当依法进行处理。

第四节　跨境业务类

2.4.1　从境外租赁设备在境内使用，期满后会留购，入关时如何完税？

问：我公司从境外租赁设备在境内使用，到期后会购买该设备。在海关设备入关环节，是否有融资租赁和经营租赁的区别？交易双方考虑之前租金的因素，到期后购买的定价可能较低，海关会接受这种解释吗？

答：无论是融资租赁还是经营租赁，在进口时，需要向海关申报贸易方式，如果申报的是租赁贸易方式，需要进口企业有相应的租赁资质，如果没有，只有按货物贸易方式申报。

如果按租赁贸易方式租入设备，海关认为必要时，纳税义务人应当提供税款担保。分期支付租金的，纳税义务人应当在申报租赁货物进口时，按照第一期应当支付的租金办理纳税手续，缴纳相应税款；在其后分期支付租金时，纳税义务人向海关申报办理纳税手续应当不迟于每次支付租金后的第15日。

需要留购时，海关对留购的租赁进口货物，按照审定进口货物完税价格的有关规定和海关接受申报办理留购的相关手续之日该货物适用的计征汇率、税率，审核确定其完税价格、计征应缴纳的税款。

政策依据：

➢《中华人民共和国海关进出口货物征税管理办法》（中华人民共和国海关总署令2005年第124号公布，依据中华人民共和国海关总署令235号修改）

第三章　特殊进出口货物税款的征收

第二节　租赁进口货物

第三十六条　纳税义务人进口租赁货物，除另有规定外，应当向其所在地海关办理申报进口及申报纳税手续。

纳税义务人申报进口租赁货物，应当向海关提交租赁合同及其他有关文件。海关认为必要时，纳税义务人应当提供税款担保。

第三十七条　租赁进口货物自进境之日起至租赁结束办结海关手续之日止，应当接受海关监管。

一次性支付租金的，纳税义务人应当在申报租赁货物进口时办理纳税手续，缴纳税款。

分期支付租金的，纳税义务人应当在申报租赁货物进口时，按照第一期应当支付的租金办理纳税手续，缴纳相应税款；在其后分期支付租金时，纳税义务人向海关申报办理纳税手续应当不迟于每次支付租金后的第 15 日。纳税义务人未在规定期限内申报纳税的，海关按照纳税义务人每次支付租金后第 15 日该货物适用的税率、计征汇率征收相应税款，并自本款规定的申报办理纳税手续期限届满之日起至纳税义务人申报纳税之日止按日加收应缴纳税款万分之五的滞纳金。

第三十九条　纳税义务人应当自租赁进口货物租期届满之日起 30 日内，向海关申请办结监管手续，将租赁进口货物复运出境。需留购、续租租赁进口货物的，纳税义务人向海关申报办理相关手续应当不迟于租赁进口货物租期届满后的第 30 日。

海关对留购的租赁进口货物，按照审定进口货物完税价格的有关规定和海关接受申报办理留购的相关手续之日该货物适用的计征汇率、税率，审核确定其完税价格、计征应缴纳的税款。

续租租赁进口货物的，纳税义务人应当向海关提交续租合同，并按照本办法第三十六条和第三十七条的有关规定办理申报纳税手续。

2.4.2　在境外向境外企业提供技术开发服务是否免征增值税?

问：我公司派出人员去境外为境外企业提供技术开发服务，开具的是形式发票，我公司取得的这笔收入要交增值税吗？如果交税，是填到未开发票收入一栏进行申报吗？如果符合免税条件，如何申报？

答：贵公司在境外为境外单位提供开发服务，按规定应当适用零税率，如果放弃零税率，可享受免税优惠。贵公司可向主管税务机关备案后享受免税待遇，填写《增值税纳税申报表》主表和《增值税减免税申报明细表》进行申报。

政策依据：

➤《财政部 国家税务总局关于全面推开营业税改征增值税试点的通知》（财税〔2016〕36 号）附件 4《跨境应税行为适用增值税零税率和免税政策的规定》

一、中华人民共和国境内（以下称境内）的单位和个人销售的下列服务和无形资产，适用增值税零税率：

（三）向境外单位提供的完全在境外消费的下列服务：

1. 研发服务。

2. 合同能源管理服务。

3. 设计服务。

4. 广播影视节目（作品）的制作和发行服务。

5. 软件服务。

6. 电路设计及测试服务。

7. 信息系统服务。

8. 业务流程管理服务。

9. 离岸服务外包业务。

离岸服务外包业务，包括信息技术外包服务（ITO）、技术性业务流程外包服务（BPO）、技术性知识流程外包服务（KPO），其所涉及的具体业务活动，按照《销售服务、无形资产、不动产注释》相对应的业务活动执行。

10. 转让技术。

二、境内的单位和个人销售的下列服务和无形资产免征增值税，但财政部和国家税务总局规定适用增值税零税率的除外：

（三）向境外单位提供的完全在境外消费的下列服务和无形资产：

1. 电信服务。

2. 知识产权服务。

3. 物流辅助服务（仓储服务、收派服务除外）。

4. 鉴证咨询服务。

5. 专业技术服务。

6. 商务辅助服务。

7. 广告投放地在境外的广告服务。

8. 无形资产。

五、境内的单位和个人销售适用增值税零税率的服务或无形资产的，可以放弃适用增值税零税率，选择免税或按规定缴纳增值税。放弃适用增值税零税率后，36 个月内不得再申请适用增值税零税率。

2.4.3　小规模纳税人向支付境外费用是否应按 3%征收率代扣增值税?

问：我公司为小规模纳税人，从境外借款，合同约定 2019 年 12 月 31 日前支付利息，但我公司直到2020年5月才支付，支付时，代扣增值税是否享受2020年3月1日至2020年12月31日小规模纳税人增值税减按1%征收的政策？申报时，税款属期应是什么时间？

答：境内的购买方为境外单位和个人扣缴增值税的，按照适用税率扣缴，不涉及增值税的减免。

另外，增值税扣缴义务人扣缴义务发生时间为该业务纳税义务发生时间。合同约定2019年12月31日前支付利息，早于实际支付时间（2020年5月），则该贷款服务的增值税纳税义务发生时间为2019年12月31日前，所以，代扣增值税的税款属期应为2019年12月31日前。

政策依据：

➢《财政部 国家税务总局关于全面推开营业税改征增值税试点的通知》（财税〔2016〕36号）附件1《营业税改征增值税试点实施办法》

第二十条　境外单位或者个人在境内发生应税行为，在境内未设有经营机构的，扣缴义务人按照下列公式计算应扣缴税额：

应扣缴税额＝购买方支付的价款÷(1＋税率)×税率

第四十五条　增值税纳税义务、扣缴义务发生时间为：

（五）增值税扣缴义务发生时间为纳税人增值税纳税义务发生的当天。

➢《财政部 国家税务总局关于全面推开营业税改征增值税试点的通知》（财税〔2016〕36号）附件2《营业税改征增值税试点有关事项的规定》

一、营改增试点期间，试点纳税人［指按照《营业税改征增值税试点实施办法》（以下称《试点实施办法》）缴纳增值税的纳税人］有关政策

（十五）扣缴增值税适用税率。

境内的购买方为境外单位和个人扣缴增值税的，按照适用税率扣缴增值税。

2.4.4　中国人在境外为我公司介绍客户，我公司会按销售金额一定比例支付佣金，支付时是否需要代扣增值税和个人所得税？

问：中国人在境外为我公司介绍客户，介绍成功后，我公司会按照销售金额一定比例给他支付佣金，支付时是否需要代扣增值税和个人所得税？

答：增值税方面，该劳务虽发生在境外，但贵公司作为接受方，是境内企

业，所以，该服务不属于境外单位或者个人向境内单位或者个人销售完全在境外发生的服务，贵公司在向该个人支付佣金时，需要代扣增值税。

个人所得税方面，该劳务完全发生在境外，如果该个人是居民纳税人，则支付时需要按劳务报酬预扣预缴个人所得税；如果该个人是非居民纳税人，且该劳务发生在境外，则属于非居民纳税人从境外取得的所得，贵公司支付时无须代扣个人所得税。

需要注意的是，增值税和个人所得税关于劳务发生地的判定是有差异的。

政策依据：

➢《中华人民共和国个人所得税法》（1994 年 1 月中华人民共和国主席令第四十八号公布，根据 2018 年 8 月 31 日第十三届全国人民代表大会常务委员会第五次会议《关于修改〈中华人民共和国个人所得税法〉的决定》第七次修正）

第一条　在中国境内有住所，或者无住所而一个纳税年度内在中国境内居住累计满 183 天的个人，为居民个人。居民个人从中国境内和境外取得的所得，依照本法规定缴纳个人所得税。

在中国境内无住所又不居住，或者无住所而一个纳税年度内在中国境内居住累计不满 183 天的个人，为非居民个人。非居民个人从中国境内取得的所得，依照本法规定缴纳个人所得税。

纳税年度，自公历 1 月 1 日起至 12 月 31 日止。

➢《中华人民共和国个人所得税法实施条例》（1994 年 1 月 28 日中华人民共和国国务院令第 142 号发布，根据 2018 年 12 月 18 日中华人民共和国国务院令第 707 号第四次修订）

第三条　除国务院财政、税务主管部门另有规定外，下列所得，不论支付地点是否在中国境内，均为来源于中国境内的所得：

（一）因任职、受雇、履约等在中国境内提供劳务取得的所得。

➢《财政部 国家税务总局关于全面推开营业税改征增值税试点的通知》（财税〔2016〕36 号）附件 1《营业税改征增值税试点实施办法》

第十二条　在境内销售服务、无形资产或者不动产，是指：

服务（租赁不动产除外）或者无形资产（自然资源使用权除外）的销售方或者购买方在境内；

第十三条规定，下列情形不属于在境内销售服务或者无形资产：

(1) 境外单位或者个人向境内单位或者个人销售完全在境外发生的服务；

（2）境外单位或者个人向境内单位或者个人销售完全在境外使用的无形资产；

（3）境外单位或者个人向境内单位或者个人出租完全在境外使用的有形动产；

（4）财政部和国家税务总局规定的其他情形。

➢《国家税务总局关于营改增试点若干征管问题的公告》（国家税务总局公告2016年第53号）

一、境外单位或者个人发生的下列行为不属于在境内销售服务或者无形资产：

（一）为出境的函件、包裹在境外提供的邮政服务、收派服务；

（二）向境内单位或者个人提供的工程施工地点在境外的建筑服务、工程监理服务；

（三）向境内单位或者个人提供的工程、矿产资源在境外的工程勘察勘探服务；

（四）向境内单位或者个人提供的会议展览地点在境外的会议展览服务。

➢《关于企业手续费及佣金支出税前扣除政策的通知》（财税〔2009〕29号）

一、企业发生与生产经营有关的手续费及佣金支出，不超过以下规定计算限额以内的部分，准予扣除；超过部分，不得扣除。

2. 其他企业：按与具有合法经营资格中介服务机构或个人（不含交易双方及其雇员、代理人和代表人等）所签订服务协议或合同确认的收入金额的5%计算限额。

2.4.5 从境外采购原材料，支付境外企业在境内的运输费用，是否需要代扣增值税？

问：我公司从境外企业采购原材料，货物由境外运往境内某地。双方约定，我方需要支付一半的运输费给境外公司，我方支付时，是否需要代扣代缴增值税？

答：支付境外运输费用，运输服务发生在境内的，应当代扣代缴增值税，同时，需要代扣企业所得税。如果按照中国与对方企业所在国的双边税收协定，属于免税的情形，则向中国税务机关报送相关资料，办理享受税收协定待遇备案后，则可享受免税。

发生在境外的运输费用，由于劳务完全发生在境外，因此，不需要代扣企业所得税和增值税。

政策依据：

➢《财政部 国家税务总局关于全面推开营业税改征增值税试点的通知》（财税〔2016〕36 号）附件 1《营业税改征增值税试点实施办法》

第六条　中华人民共和国境外（以下称境外）单位或者个人在境内发生应税行为，在境内未设有经营机构的，以购买方为增值税扣缴义务人。财政部和国家税务总局另有规定的除外。

第十二条　在境内销售服务、无形资产或者不动产，是指：

（一）服务（租赁不动产除外）或者无形资产（自然资源使用权除外）的销售方或者购买方在境内；

（二）所销售或者租赁的不动产在境内；

（三）所销售自然资源使用权的自然资源在境内；

（四）财政部和国家税务总局规定的其他情形。

第十三条　下列情形不属于在境内销售服务或者无形资产：

（一）境外单位或者个人向境内单位或者个人销售完全在境外发生的服务。

（二）境外单位或者个人向境内单位或者个人销售完全在境外使用的无形资产。

（三）境外单位或者个人向境内单位或者个人出租完全在境外使用的有形动产。

（四）财政部和国家税务总局规定的其他情形。

➢《国家税务总局关于发布〈非居民企业从事国际运输业务税收管理暂行办法〉的公告》（国家税务总局公告 2014 年第 37 号）

第九条　非居民企业从事国际运输业务符合企业所得税法指定扣缴情形的，支付人所在地主管税务机关应按照《非居民承包工程作业和提供劳务税收管理暂行办法》（国家税务总局令第 19 号）第十四条规定的程序，指定支付人为扣缴义务人。支付人包括：

（一）向非居民企业或其境内子公司、分公司或代表机构，或者有权代表非居民企业收取款项的境内外代理人支付款项的单位或个人；

（二）通过其境外关联方或有特殊利益联系的第三方支付款项的单位或个人；

（三）其他符合企业所得税法规定的单位或个人。

➢《中华人民共和国企业所得税法实施条例》（2007 年 12 月 6 日中华人民共和国国务院令第 512 号公布，根据2019 年 4 月 23 日中华人民共和国国务院令第 714 号第一次修订）

第一百零六条　企业所得税法第三十八条规定的可以指定扣缴义务人的情形，包括：

（一）预计工程作业或者提供劳务期限不足一个纳税年度，且有证据表明不履行纳税义务的；

（二）没有办理税务登记或者临时税务登记，且未委托中国境内的代理人履行纳税义务的；

（三）未按照规定期限办理企业所得税纳税申报或者预缴申报的。

前款规定的扣缴义务人，由县级以上税务机关指定，并同时告知扣缴义务人所扣税款的计算依据、计算方法、扣缴期限和扣缴方式。

第五节　申报表填报类

2.5.1　销售报废的固定资产应如何填报增值税申报表?

问：销售报废的固定资产应申报缴纳增值税，在增值税申报表里如何填报?

答：首先要确认贵公司处置固定资产应适用的增值税政策。贵公司处置的固定资产，如果当时购进时取得的进项税额，按政策规定不允许用于抵扣，且实际上也没有用于抵扣，可适用简易计税按照 3% 征收率减按 2% 计算申报缴纳增值税；若允许抵扣且已抵扣了，或者允许抵扣但是放弃了抵扣，则按 13% 税率计算申报缴纳增值税。

如果是按适用税率，则正常填入主表的“按适用税率计税销售额”中；如果符合按照 3% 征收率减按 2% 计征增值税政策，填写申报表时：在《增值税纳税申报表附列资料（一）》（本期销售情况明细）中第 11 行填写对应的不含税销售额，《增值税纳税申报表附列资料（四）》（税额抵减情况表）中第 2、4 列以及增值税申报表主表 23 行填写“不含税金额乘以 1% 得出的金额”。

虽然简易征收的实际征收率是 2%，但企业只能按照 3% 的征收率开具普通发票，因此，减免的1%税款部分只能在一般纳税人增值税申报表主表填列时进行体现。在增值税申报表主表21栏“简易征收办法计算的应纳税额”栏中填入按照3%征收率计算的全部税额；在23栏“应纳税额减征额”栏中填写按照1%征收率计算的减免的增值税税额，报表会根据钩稽关系21栏-23栏自动计算结果到24栏“应纳税额”一栏中。

政策依据：

➢《财政部 国家税务总局 关于全国实施增值税转型改革若干问题的通知》（财税〔2008〕170号）

四、自2009年1月1日起，纳税人销售自己使用过的固定资产（以下简称已使用过的固定资产），应区分不同情形征收增值税：

（一）销售自己使用过的2009年1月1日以后购进或者自制的固定资产，按照适用税率征收增值税；

（二）2008年12月31日以前未纳入扩大增值税抵扣范围试点的纳税人，销售自己使用过的2008年12月31日以前购进或者自制的固定资产，按照4%征收率减半征收增值税；

（三）2008年12月31日以前已纳入扩大增值税抵扣范围试点的纳税人，销售自己使用过的在本地区扩大增值税抵扣范围试点以前购进或者自制的固定资产，按照4%征收率减半征收增值税；销售自己使用过的在本地区扩大增值税抵扣范围试点以后购进或者自制的固定资产，按照适用税率征收增值税。

本通知所称已使用过的固定资产，是指纳税人根据财务会计制度已经计提折旧的固定资产。

【注：根据（财税〔2014〕57号）《财政部 国家税务总局关于简并增值税征收率政策的通知》规定，第（二）、（三）中“按照4%征收率减半征收增值税”调整为“按照简易办法依照3%征收率减按2%征收增值税”】

2.5.2　申报增值税进项税额加计抵减时，在客户端怎样操作？

问：申报增值税进项税额加计抵减时，在客户端怎样操作？

答：加计抵减公式为：当期可抵减加计抵减额=上期末加计抵减额余额+当期计提加计抵减额-当期调减加计抵减额

填表规则：

主表的第19栏“一般项目”列“本月数”和《附列资料（四）》（以下

简称“附表四”）第6行“一般项目加计抵减额计算”存在勾稽关系。

（一）适用加计抵减政策的纳税人，按以下公式填写：

主表第19栏“一般项目”列“本月数”=第11栏“销项税额”“一般项目”列“本月数”－第18栏“实际抵扣税额”“一般项目”列“本月数”－“实际抵减额”（“实际抵减额”来自附表四）。

（二）《附列资料（四）》

第1列“期初余额”：填写上期期末结余的加计抵减额。

第2列“本期发生额”：填写按照规定本期计提的加计抵减额。

第3列“本期调减额”：填写按照规定本期应调减的加计抵减额。

第4列“本期可抵减额”：按表中所列公式填写。

第5列“本期实际抵减额”：反映按照规定本期实际加计抵减额，按以下要求填写：（“实际抵减额”根据“主表第11栏－主表第18栏”分析填列）

政策依据：

➤《财政部 税务总局 海关总署关于深化增值税改革有关政策的公告》（财政部 税务总局 海关总署公告2019年第39号）

七、自2019年4月1日至2021年12月31日，允许生产、生活性服务业纳税人按照当期可抵扣进项税额加计10%，抵减应纳税额（以下称加计抵减政策）。

2.5.3 申报了未开票收入后，补开发票，如何申报？

问：上年的收入，去年10月会计上已经确认收入并计提了销项税，且已经申报，但未开具发票。今年9月，对方需要开具发票，应当如何处理？增值税申报表的销售额入和财务报表上的收入数不一致怎么办？

答：问题提到的情形，已经按未开票收入在规定的申报期内申报了增值税，后期开具发票时，应在增值税申报表未开票收入填写负数，以冲减已经申报的销售额，确保不重复纳税。有的地区，已经不允许在未开票收入填写负数，可到当地税务机关说明情况解锁后填写负数。

财务报表的收入，是会计上的收入，该金额一般情况下不会与增值税申报表上的销售额一致，这是由于会计收入确认时间和增值税纳税义务发生时间不一致造成的。只要业务真实，没有少缴税，能够向税务机关解释清楚。

政策依据：

➢ 总局深化增值税改革即问即答（之四）总局12366纳税服务平台（2019年4月8日发布）

九、某增值税一般纳税人已在2019年2月就一笔销售收入申报并缴纳税款。2019年4月，该纳税人根据客户要求就该笔销售收入补开增值税专用发票（税率16%）。纳税人应当如何填写增值税纳税申报表?

答：按照《国家税务总局关于调整增值税纳税申报有关事项的公告》（国家税务总局公告2019年第15号）规定，纳税人2019年4月补开原16%税率的增值税专用发票，在纳税申报时应当按照申报表调整前后的对应关系，将金额、税额填入4月税款所属期的《增值税纳税申报表附列资料（一）》第1行“13%税率的货物及加工修理修配劳务”“开具增值税专用发票”相关列次。同时，由于原适用16%税率的销售额已经在前期按照未开具发票收入申报纳税，本期应当在《增值税纳税申报表附列资料（一）》第1行“13%税率的货物及加工修理修配劳务”“未开具发票”相关列次填写相应负数进行冲减。

2.5.4 技术开发合同经科技局认定登记后，如何享受免征增值税优惠？如何填写申报表？

问：技术开发合同经科技局认定登记后，如何享受免征增值税优惠？如何填写申报表？

答：贵公司提供技术开发服务申请免征增值税时，须持技术转让、开发的书面合同，到纳税人所在地省级科技主管部门进行认定，并持有关的书面合同和科技主管部门审核意见证明文件报主管税务机关备查。申报时应按相关规定填写“增值税减免税申报明细表”。

政策依据：

➢《财政部 国家税务总局关于全面推开营业税改征增值税试点的通知》（财税〔2016〕36号）附件3《营业税改征增值税试点过渡政策的规定》

一、下列项目免征增值税

（二十六）纳税人提供技术转让、技术开发和与之相关的技术咨询、技术服务。

1. 技术转让、技术开发，是指《销售服务、无形资产、不动产注释》中“转让技术”“研发服务”范围内的业务活动。技术咨询，是指就特定技术项目提供可行性论证、技术预测、专题技术调查、分析评价报告等业务活动。

与技术转让、技术开发相关的技术咨询、技术服务，是指转让方（或者受托方）根据技术转让或者开发合同的规定，为帮助受让方（或者委托方）掌握所转让（或者委托开发）的技术，而提供的技术咨询、技术服务业务，且这部分技术咨询、技术服务的价款与技术转让或者技术开发的价款应当在同一张发票上开具。

2. 备案程序。试点纳税人申请免征增值税时，须持技术转让、开发的书面合同，到纳税人所在地省级科技主管部门进行认定，并持有关的书面合同和科技主管部门审核意见证明文件报主管税务机关备查。

➤《国家税务总局关于调整增值税纳税申报有关事项的公告》（国家税务总局公告2019年第15号）附件2《增值税纳税申报表（一般纳税人适用）》及其附列资料填写说明

七、《增值税减免税申报明细表》填写说明

（四）“二、免税项目”由本期按照税收法律、法规及国家有关税收规定免征增值税的增值税纳税人填写。仅享受小微企业免征增值税政策或未达起征点的小规模纳税人不需填写，即小规模纳税人申报表主表第12栏“其他免税销售额”“本期数”无数据时，不需填写本栏。

1. “免税性质代码及名称”：根据国家税务总局最新发布的《减免性质及分类表》所列减免性质代码、项目名称填写。同时有多个免税项目的，应分别填写。

2. “出口免税”填写增值税纳税人本期按照税法规定出口免征增值税的销售额，但不包括适用免、抵、退税办法出口的销售额。小规模纳税人不填写本栏。

3. 第1列“免征增值税项目销售额”：填写增值税纳税人免税项目的销售额。免税销售额按照有关规定允许从取得的全部价款和价外费用中扣除价款的，应填写扣除之前的销售额。

一般纳税人填写时，本列“合计”等于申报表主表第8行“一般项目”列“本月数”。

4. 第2列“免税销售额扣除项目本期实际扣除金额”：免税销售额按照有关规定允许从取得的全部价款和价外费用中扣除价款的，据实填写扣除金额；无扣除项目的，本列填写“0”。

5. 第3列“扣除后免税销售额”：按表中所列公式填写。

6. 第4列“免税销售额对应的进项税额”：本期用于增值税免税项目的进项税额。小规模纳税人不填写本列，一般纳税人按下列情况填写：

(1) 一般纳税人兼营应税和免税项目的，按当期免税销售额对应的进项税额填写；

(2) 一般纳税人本期销售收入全部为免税项目，且当期取得合法扣税凭证的，按当期取得的合法扣税凭证注明或计算的进项税额填写；

(3) 当期未取得合法扣税凭证的，一般纳税人可根据实际情况自行计算免税项目对应的进项税额；无法计算的，本栏次填“0”。

7. 第5列“免税额”：一般纳税人和小规模纳税人分别按下列公式计算填写，且本列各行数应大于或等于0。

一般纳税人公式：第5列“免税额”≤第3列“扣除后免税销售额”×适用税率－第4列“免税销售额对应的进项税额”。

小规模纳税人公式：第5列“免税额”＝第3列“扣除后免税销售额”×征收率。

2.5.5 房地产开发企业退房、退款后，预收账款余额为负数，如何申报预缴增值税？

问：我公司是房地产开发企业，增值税一般纳税人，2020年2月的时候，购房者申请退房，我公司共退回2000万元房款，导致预收账款科目2月余额为负数，负了6百多万元，申报预缴增值税时，负数申报、零申报均通不过，是不是就不用申报预缴增值税了？

答：退房款和预缴是两个概念。贵公司如2月有预售收入，则按预售收入预缴增值税。如无，则不需要预缴，预缴申报为0即可。问题所提到的退房款，如果属于取消合同、退还房款，则原先预收该房款时已经预缴的增值税可以申请退还，或者申请用于后续取得预收收入时，抵减应预缴增值税；如果所售开发产品已经交付、会计上确认了收入，发生了增值税纳税义务，可按销售退回处理，多缴的增值税可申请办理退税。退税或抵缴手续可到大厅办理。问题提到的情形，应当属于后一种。

政策依据：

➤《国家税务总局关于发布〈房地产开发企业销售自行开发的房地产项目增值税征收管理暂行办法〉的公告》（国家税务总局公告2016年第18号）

第十条　一般纳税人采取预收款方式销售自行开发的房地产项目，应在收到预收款时按照3%的预征率预缴增值税。

第十四条　一般纳税人销售自行开发的房地产项目适用一般计税方法计税的，应按照《营业税改征增值税试点实施办法》（财税〔2016〕36号文件印发，以下简称《试点实施办法》）第四十五条规定的纳税义务发生时间，以当期销售额和11%的适用税率【注：2018年5月1日期适用税率为10%，2019年4月1日期适用税率为9%】计算当期应纳税额，抵减已预缴税款后，向主管税务机关申报纳税。未抵减完的预缴税款可以结转下期继续抵减。

➢《中华人民共和国税收征收管理法》（1992年9月4日第九届全国人民代表大会常务委员会第二十一次会议通过，2015年4月24日第十二届全国人民代表大会常务委员会第十四次会议修正）

第五十一条　纳税人超过应纳税额缴纳的税款，税务机关发现后应当立即退还；纳税人自结算缴纳税款之日起3年内发现的，可以向税务机关要求退还多缴的税款并加算银行同期存款利息，税务机关及时查实后应当立即退还；涉及从国库中退库的，依照法律、行政法规有关国库管理的规定退还。

第三章　发票问题

第一节　发票开具类

3.1.1　一般纳税人销售“营改增”前购入，不能用于抵扣且未用于抵扣的固定资产，能否按销售货物适用税率计税开票？

问：我公司是建筑企业，增值税一般纳税人，我公司销售自己使用过的、营改增之前购入的固定资产（施工设备），能否按照销售货物适用税率开具增值税专用发票？

答：营改增之前购进的固定资产，用于非应税项目，即使取得进项税额也不能抵扣，该固定资产如果使用后再销售，根据国家税务总局2014年第36号公告规定，可按简易办法依3%征收率减按2%征收增值税，同时不得开具增值税专用发票。放弃减税的，可以开具增值税专用发票。这里的适用税率表述是“可”，也就是说，采用简易计税方式不是强制的，纳税人销售营改增前购进的、不能用于抵扣、且未用于抵扣的固定资产，完全可以按正常销售货物的适用税率申报纳税。

政策依据：

➢《财政部 国家税务总局关于全面推开营业税改征增值税试点的通知》（财税〔2016〕36号）附件2《营业税改征增值税试点有关事项的规定》

一、营改增试点期间，试点纳税人［指按照《营业税改征增值税试点实施办法》（以下称《试点实施办法》）缴纳增值税的纳税人］有关政策

（十四）销售使用过的固定资产。

一般纳税人销售自己使用过的、纳入营改增试点之日前取得的固定资产，按照现行旧货相关增值税政策执行。

使用过的固定资产，是指纳税人符合《试点实施办法》第二十八条规定并根据财务会计制度已经计提折旧的固定资产。

➤《国家税务总局关于简并增值税征收率有关问题的公告》（国家税务总局公告2014年第36号）

五、将《国家税务总局关于一般纳税人销售自己使用过的固定资产增值税有关问题的公告》（国家税务总局公告2012年第1号）中“可按简易办法依4%征收率减半征收增值税”，修改为“可按简易办法依3%征收率减按2%征收增值税”。

3.1.2 一般纳税人销售转让异地房产如何计税开票？

问：我公司注册地在A省，增值税一般纳税人，拟转让一套“营改增”以前购得、位于北京的房产，如何开具发票及申报纳税？

答：贵公司转让异地不动产，应向不动产所在地主管税务机关预缴增值税款，向机构所在地主管税务机关申报纳税；预缴的增值税税款，可以在机构所在地申报的当期应纳增值税税额中抵减，抵减不完的，可结转下期继续抵减。

其中，转让2016年4月30日以前取得的不动产，可以适用简易计税方法，以取得的全部价款和价外费用扣除不动产购置原价或者取得不动产时的作价后的余额为销售额，按照5%的征收率计算应纳税额。同时，按此计算方法及金额在不动产所在地预缴税款。

该业务应当自行开具发票，开具时应在发票「货物或应税劳务、服务名称」栏填写不动产名称及房屋产权证书号码（无房屋产权证书的可不填写），「单位」栏填写面积单位，备注栏注明不动产的详细地址。

政策依据：

➤《国家税务总局关于全面推开营业税改征增值税试点有关税收征收管理事项的公告》（国家税务总局公告2016年第23号）

四、增值税发票开具

（四）销售不动产，纳税人自行开具或者税务机关代开增值税发票时，应在发票“货物或应税劳务、服务名称”栏填写不动产名称及房屋产权证书号码（无房屋产权证书的可不填写），“单位”栏填写面积单位，备注栏注明不动产的详细地址。

➤《关于发布〈纳税人转让不动产增值税征收管理暂行办法〉的公告》（国家税务总局公告2016年第14号）

第三条　一般纳税人转让其取得的不动产，按照以下规定缴纳增值税：

（一）一般纳税人转让其2016年4月30日前取得（不含自建）的不动产，可以选择适用简易计税方法计税，以取得的全部价款和价外费用扣除不动产购置原价或者取得不动产时的作价后的余额为销售额，按照5%的征收率计算应纳税额。纳税人应按照上述计税方法向不动产所在地主管地税机关预缴税款，向机构所在地主管国税机关申报纳税。

……

3.1.3　公司收到员工的赔偿金，不需要开具发票，对吗？

问： 公司收到员工的赔偿金，只需要开收据，不用开发票缴税，对吗？

答： 收到员工的赔偿金，一般情况下，不属于一种应税行为，不涉及增值税，不需要开具发票。收到时开收据，计入营业外收入即可。

会有特殊情况：如单位配给员工的电脑，因为员工保管不善，有损坏，维修后能使用，单位决定该台电脑按市场价处理给员工，由员工负责修理的费用，修好后归员工个人所有和使用，这种情况下，就是一种销售行为，应按规定开具发票，并计提增值税销项税额。

政策依据：

➤《中华人民共和国发票管理办法》（1993年中华人民共和国财政部令第6号发布，根据2019年3月2日中华人民共和国国务院令第709号第二次修订）

第四章　发票的开具和保管

第十九条　销售商品、提供服务以及从事其他经营活动的单位和个人，对外发生经营业务收取款项，收款方应当向付款方开具发票；特殊情况下，由付款方向收款方开具发票。

3.1.4　到税务局代开的增值税专用发票如何作废或红冲？

问： A公司从李某处租借设备，李某是自然人，他不愿意使用自己的身份证到税务局代开增值税发票，而是委托了B公司到税务局代开增值税专用发票给公司A，并且把签订租赁合同的双方改成A公司与B公司。A公司财务人员在支付租赁设备款时，发现收款人与开票方不一致，追问下才发现发票是李某找B公司到税务局代开的，A公司财务把发票退给了李某，并要求李某到税务局以个人身份重新代开发票。那么，B公司到税务局代开给A公司的发票如何作废或红冲？

答：从税务局代开的发票同样可以红冲和作废，其流程与正常的发票红冲或作废是一样的。当月的，可以作废；跨月的，可以红冲。当事人可以持发票的所有联次到税务机关办理作废或红冲（抵扣联和发票联不能收回的，需要购买方填开并上传“开具红字增值税专用发票信息表”）。已代扣税款或相关附加的，可以同时一并办理退税手续（由于已经入国库，所以真正退回需要一段时间）。

政策依据：

➢《国家税务总局关于红字增值税发票开具有关问题的公告》（国家税务总局公告2016年第47号）

为进一步规范纳税人开具增值税发票管理，现将红字发票开具有关问题公告如下：

一、增值税一般纳税人开具增值税专用发票（以下简称“专用发票”）后，发生销货退回、开票有误、应税服务中止等情形但不符合发票作废条件，或者因销货部分退回及发生销售折让，需要开具红字专用发票的，按以下方法处理：

（一）购买方取得专用发票已用于申报抵扣的，购买方可在增值税发票管理新系统（以下简称“新系统”）中填开并上传《开具红字增值税专用发票信息表》（以下简称《信息表》，详见附件），在填开《信息表》时不填写相对应的蓝字专用发票信息，应暂依《信息表》所列增值税税额从当期进项税额中转出，待取得销售方开具的红字专用发票后，与《信息表》一并作为记账凭证。

购买方取得专用发票未用于申报抵扣、但发票联或抵扣联无法退回的，购买方填开《信息表》时应填写相对应的蓝字专用发票信息。

销售方开具专用发票尚未交付购买方，以及购买方未用于申报抵扣并将发票联及抵扣联退回的，销售方可在新系统中填开并上传《信息表》。销售方填开《信息表》时应填写相对应的蓝字专用发票信息。

（二）主管税务机关通过网络接收纳税人上传的《信息表》，系统自动校验通过后，生成带有“红字发票信息表编号”的《信息表》，并将信息同步至纳税人端系统中。

（三）销售方凭税务机关系统校验通过的《信息表》开具红字专用发票，在新系统中以销项负数开具。红字专用发票应与《信息表》一一对应。

（四）纳税人也可凭《信息表》电子信息或纸质资料到税务机关对《信息表》内容进行系统校验。

3.1.5 多年前错开的普通发票，如何处理？

问：A公司在2017年分别出租了一批设备给X公司与Y公司，当时开票人员误把所有的普通发票抬头都开成了X公司，业务员后来发现发票有误，把开错的部分发票收了回来，但忘了把发票退回给财务，也没有通知开票人员重新开具发票。2020年，当Y公司向A公司支付租赁款时，A公司才发现当初发票错开给了X公司；但此时经办的业务员已经离职，当初开错的普通发票也找不到了。这种情况下，开错而且丢失的普通发票是否可以红冲（已经超过两年）？重新开具的普通发票现在需要开具给Y公司，而不是X公司，红冲后重新开具抬头不一致的普通发票是否会有问题？

答：上述问题，其实可以归结为两个业务：给X公司的发票错开；未给Y公司开具发票。

贵公司开给X公司的发票错误，应收回发票的所有联次，正常开红字发票即可，增值税普通发票红冲是没有时间限制的。贵公司的特殊之处在于，无法收回发票的所有联次，此种情况下，如果是收票方丢失，应报告税务机关，凭收票方主管税务机关的处罚文书，由开票方开出红字发票，最后，分别向X公司、Y公司开出正确的发票即可。

➢《国家税务总局关于红字增值税发票开具有关问题的公告》（国家税务总局公告2016年第47号）

三、纳税人需要开具红字增值税普通发票的，可以在所对应的蓝字发票金额范围内开具多份红字发票。红字机动车销售统一发票需与原蓝字机动车销售统一发票一一对应。

3.1.6 开具的普通发票丢失，如何处理？

问：我公司有个同事把3张已经开出准备交给对方的增值税普通发票遗失

了，跟客户沟通后，客户不接受复印件，要求拿到发票原件后，才付款，我公司如何操作既符合规定又满足客户的需求？

答：其实，对对方来说，由于是普通发票，主要面临没有合法凭据不能在企业所得税税前扣除的问题。如果可能，可与对方商量，向他们提供发票记账联复印件等证明资料，对方凭借上述资料加上相关的合同、协议、进货资料，应当可以解决税前扣除凭证的问题。

另一种思路是，因为对方没有入账，所以，上报主管税务机关，红冲，然后重新开具给对方发票。

政策依据：

➢《国家税务总局关于红字增值税发票开具有关问题的公告》（国家税务总局公告2016年第47号）

三、纳税人需要开具红字增值税普通发票的，可以在所对应的蓝字发票金额范围内开具多份红字发票。红字机动车销售统一发票需与原蓝字机动车销售统一发票一一对应。

➢《中华人民共和国发票管理办法实施细则》（2011年2月14日国家税务总局令第25号公布，2018年6月5日国家税务总局令第44号、2019年7月24日《国家税务总局关于公布取消一批税务证明事项以及废止和修改部分规章规范性文件的决定》修正。）

第三十一条　使用发票的单位和个人应当妥善保管发票。发生发票丢失情形时，应当于发现丢失当日书面报告税务机关。

3.1.7 提供建筑服务时，因工程质量问题被业主罚款5万元，如何开具发票？

问：我公司承接建筑工程，工程竣工后，结算金额100万元。因为工程质量有问题，业主扣款5万元作为罚款，有扣款通知单，最终实际支付95万元。此种情况下，我公司是按照工程结算金额100万元开具发票，还是按照实际收款95万元开具发票？

答：可以有两种方式：一种是处理为销售折让。所谓销售折让是指企业因售出商品质量不符合要求等原因而在售价上给予的减让。贵公司少收业主的5万元，可以看作是因为工程质量问题给业主的价格折让。贵公司可按折让后的价格开票给业主，也可以按100万元全额开发票给业主，然后再开5万元红字发票，总包方凭红字发票冲减收入，冲减销项税额。

第二种方式是按工程决算金额 100 万元开具发票、计算申报缴纳增值税。少收的 5 万元为工程罚款，可记入营业外支出，凭合同协议及扣款通知单在税前扣除。

两种方式下，第一种对贵公司有利，因为要冲减收入、冲减销项税额，增值税会因此少缴。

政策依据：

➢《国家税务总局关于纳税人折扣折让行为开具红字增值税专用发票问题的通知》（国税函〔2006〕1279 号）

纳税人销售货物并向购买方开具增值税专用发票后，由于购货方在一定时期内累计购买货物达到一定数量，或者由于市场价格下降等原因，销货方给予购货方相应的价格优惠或补偿等折扣、折让行为，销货方可按现行《增值税专用发票使用规定》的有关规定开具红字增值税专用发票。

➢《国家税务总局关于红字增值税发票开具有关问题的公告》（国家税务总局公告 2016 年第 47 号）

一、增值税一般纳税人开具增值税专用发票（以下简称“专用发票”）后，发生销货退回、开票有误、应税服务中止等情形但不符合发票作废条件，或者因销货部分退回及发生销售折让，需要开具红字专用发票的，按以下方法处理：

（一）购买方取得专用发票已用于申报抵扣的，购买方可在增值税发票管理新系统（以下简称“新系统”）中填开并上传《开具红字增值税专用发票信息表》（以下简称《信息表》，详见附件），在填开《信息表》时不填写相对应的蓝字专用发票信息，应暂依《信息表》所列增值税税额从当期进项税额中转出，待取得销售方开具的红字专用发票后，与《信息表》一并作为记账凭证。

……

3.1.8　出租房屋收取租金包含的物业费是否应作为增值税、印花税的计税依据？

问：我公司对外出租房屋，但经营范围中不包括租赁，能给对方开租金发票吗？租金中包括物业服务费，但物业费是代收代缴的，开票及纳税申报要将物业费金额一并计入吗？印花税计税依据，是否包括物业费？

答：目前，纳税人的经营业务日趋多元化，在主营范围以外发生其他经营活动非常正常，所以，纳税人自行开具增值税发票时，不受其营业执照中的营业范围限制，只要发生真实的应税业务均可开具增值税发票。超范围经营开具发票分以下两种情况：临时性业务，建议向主管税务机关说明情况后，增加相应征收品目，自行开具发票；经常性业务，建议先联系工商部门变更经营范围，再由主管税务机关增加相应的征收品目，自行开具发票。

关于代收物业费的款，应在合同中约定：租金是多少，物业费是多少，并且，代收的物业费应由物业提供方向承租人开具发票，这种情况下，租赁合同印花税计税依据不应包括物业费部分。如未做上述约定，税务机关会将全部价款作为租赁收入，一并计算增值税、房产税和租赁合同印花税，存在税务风险。

政策依据：

➤《财政部 国家税务总局关于全面推开营业税改征增值税试点的通知》（财税〔2016〕36号）附件1《营业税改征增值税试点实施办法》

第三十七条　销售额，是指纳税人发生应税行为取得的全部价款和价外费用，财政部和国家税务总局另有规定的除外。

价外费用，是指价外收取的各种性质的收费，但不包括以下项目：

（一）代为收取并符合本办法第十条规定的政府性基金或者行政事业性收费。

（二）以委托方名义开具发票代委托方收取的款项。

3.1.9　小规模纳税人能否拒收增值税专用发票？

问：增值税一般纳税人与一家小规模纳税人发生业务，前者向后者开了一张增值税专用发票，后者不同意要增值税专用发票，要求对方重新开普通发票，此要求是否有依据？如果收取了，是否有“滞留票”的风险？

答：只有特定情况下才不能开具增值税专用发票，没有规定不能给小规模纳税人开具专用发票，也就是说，只要小规模纳税人索取专用发票，增值税一般纳税人是可以开具专用发票的，但小规模纳税人取得后，不能用于抵扣，专用发票只能当作普通发票使用。

那么，小规模纳税人取得专票是否有“滞留票”风险？答案是否定的。

增值税小规模纳税人不存在对增值税专用发票进行认证的问题，“滞留票”只针对增值税一般纳税人，与小规模纳税人无关。

政策依据：

➤《中华人民共和国增值税暂行条例》（1993 年 12 月 13 日中华人民共和国国务院令第 134 号公布，根据 2017 年 11 月 19 日中华人民共和国国务院令第 691 号第二次修订）

第二十一条　纳税人销售货物或者应税劳务，应当向索取增值税专用发票的购买方开具增值税专用发票，并在增值税专用发票上分别注明销售额和销项税额。属于下列情形之一的，不得开具增值税专用发票：

（一）向消费者个人销售货物或者应税劳务的；

（二）销售货物或者应税劳务适用免税规定的；

（三）小规模纳税人销售货物或者应税劳务的。

3.1.10　运输企业提供运输服务的同时替客户代垫的费用如何开具发票?

问：运输企业为我公司提供运输服务的同时代垫了一些其他杂费，如港建费，报关费等，需要开发票给我们吗？如果代垫的费用开具发票给我公司，税率也是 9% 吗？

答：如何开具发票要看业务实质，而业务实质的判定，要看合同是怎么约定的。

如果港建费、报关费等杂费，是运输企业替贵公司代交，然后由实际收取款项单位向贵公司开具发票或行政事业收据，抬头是贵公司，则上述港建费、报关费等为运输企业代收代付费用，你们可凭抬头为贵公司的发票、收据入账。

如果运输企业与贵公司的协议中约定，不另外收取上述杂费（即上述费用由运输企业全额负担了），则运输企业给贵公司提供的就是运输服务，全额开具运输服务发票，适用税率 9%，他们负担的港建费、报关费属于他们提供运输服务发生的费用，由他们进行处理。

政策依据：

➤《财政部 国家税务总局关于全面推开营业税改征增值税试点的通知》（财税〔2016〕36 号）附件 1《营业税改征增值税试点实施办法》

第三十七条　销售额，是指纳税人发生应税行为取得的全部价款和价外费用，财政部和国家税务总局另有规定的除外。

价外费用，是指价外收取的各种性质的收费，但不包括以下项目：

（一）代为收取并符合本办法第十条规定的政府性基金或者行政事业性收费。

（二）以委托方名义开具发票代委托方收取的款项。

3.1.11　销售设备的同时负责安装，并提供3年的驻场服务，如何计税及开票？

问：我公司与甲方签订了一项软硬件外包服务项目合同，我公司提供外购的设备、负责安装并提供3年的驻场服务，甲方分3年付款给我公司。现在甲方要求我公司开安装服务发票，不能开销售设备的发票，甲方的解释是甲方采购的是服务不是设备，而实际上，我公司是既提供设备又提供服务，这种情况下，我公司是不是应当开9%的安装工程服务发票？采购设备13%的进项税额可以用于抵扣吗？

答：贵公司的销售行为应当分解为三个：一是销售外购的设备；二是安装；三是提供后续的技术服务（如果3年驻场服务是包含在设备销售价款中的，无须单独拆分）。

销售外购设备同时提供安装服务，可适用2018年第42号公告第六条规定，分别核算货物和建筑服务销售额，分别适用不同的税率。其中，安装服务以按照甲供工程选择适用简易计税方法计税。如未分别核算，则按财税〔2016〕36号混合销售进行处理，即：从事货物的生产、批发或者零售的单位和个体工商户的混合销售行为，按照销售货物缴纳增值税；其他单位和个体工商户的混合销售行为，按照销售服务缴纳增值税。

如合同对3年驻场服务单独计价的，则应单独计算销售额，单独计税。

贵公司购进货物再销售时，采用的是一般计税方式，则采购设备13%的进项税额可用于抵扣。

政策依据：

➤《财政部 国家税务总局关于全面推开营业税改征增值税试点的通知》（财税〔2016〕36号）附件1《营业税改征增值税试点实施办法》

第四十条　一项销售行为如果既涉及服务又涉及货物，为混合销售。从事货物的生产、批发或者零售的单位和个体工商户的混合销售行为，按照销售货物缴纳增值税；其他单位和个体工商户的混合销售行为，按照销售服务缴纳增值税。

➢《国家税务总局关于进一步明确营改增有关征管问题的公告》（国家税务总局公告2017年第11号）

三、纳税人销售活动板房、机器设备、钢结构件等自产货物的同时提供建筑、安装服务，不属于《营业税改征增值税试点实施办法》（财税〔2016〕36号文件印发）第四十条规定的混合销售，应分别核算货物和建筑服务的销售额，分别适用不同的税率或者征收率。

➢《国家税务总局关于明确中外合作办学等若干增值税征管问题的公告》（国家税务总局公告2018年第42号）

六、一般纳税人销售自产机器设备的同时提供安装服务，应分别核算机器设备和安装服务的销售额，安装服务可以按照甲供工程选择适用简易计税方法计税。

一般纳税人销售外购机器设备的同时提供安装服务，如果已经按照兼营的有关规定，分别核算机器设备和安装服务的销售额，安装服务可以按照甲供工程选择适用简易计税方法计税。

纳税人对安装运行后的机器设备提供的维护保养服务，按照“其他现代服务”缴纳增值税。

3.1.12　未发出货物能否提前全额开具增值税专用发票？

问：客户预付我公司30%货款，款已到，货未发，现客户要求全额开具增值税专用发票，是否可以？

答：货未发，先开具发票，只要业务真实、是双方真实的意思表示，没有什么问题。不过，先开具发票时，要发生增值税纳税义务。

政策依据：

➢《中华人民共和国增值税暂行条例》（1993年12月13日中华人民共和国国务院令第134号公布，根据2017年11月19日中华人民共和国国务院令第691号第二次修订）

第十九条　增值税纳税义务发生时间：

（一）发生应税销售行为，为收讫销售款项或者取得索取销售款项凭据的当天；先开具发票的，为开具发票的当天。

（二）进口货物，为报关进口的当天。

增值税扣缴义务发生时间为纳税人增值税纳税义务发生的当天。

➢《中华人民共和国增值税暂行条例实施细则》（2008 年 12 月 18 日以财政部、国家税务总局令第 50 号公布，依据 2011 年 10 月 28 日中华人民共和国财政部 国家税务总局令第 65 号修改）

第三十八条　条例第十九条第一款第（一）项规定的收讫销售款项或者取得索取销售款项凭据的当天，按销售结算方式的不同，具体为：

（三）采取赊销和分期收款方式销售货物，为书面合同约定的收款日期的当天，无书面合同的或者书面合同没有约定收款日期的，为货物发出的当天；

➢《国家税务总局关于修订〈增值税专用发票使用规定〉的通知》（国税发〔2006〕156 号）

第十一条　专用发票应按下列要求开具：

（一）项目齐全，与实际交易相符；

（二）字迹清楚，不得压线、错格；

（三）发票联和抵扣联加盖财务专用章或者发票专用章；

（四）按照增值税纳税义务的发生时间开具。

对不符合上列要求的专用发票，购买方有权拒收。

3.1.13　采用分期收款方式销售货物期间税率变化了，如何开具发票？

问：我公司于 2019 年 2 月与客户签订销售合同，合同约定，付 60% 款项时，全额开具 16% 税率的发票。按合同约定，客户于 2 月 28 日向我公司支付了 30% 预付款。3 月时，我公司应客户要求，按收到的 30% 款项开具 16% 税率的发票。2019 年 10 月，设备发货，我们要给客户按剩余 70% 金额开具 13% 税率的发票。但客户拒收，并要求按全额 16% 税率或全额 13% 新税率开具发票。我公司能否按客户要求开具发票？

答：开具发票适用哪个税率、如何计算申报纳税取决于对应销售行为的增值税纳税义务发生时间。从问题提供的信息来看，贵公司应当是采取分期收款方式销售货物，根据增值税条例的相关规定，分期收款方式纳税义务发生时间为合同约定的收款时间；无书面合同的或者书面合同没有约定收款日期的，为货物发出的当天。

贵公司 3 月份收到款项产生纳税义务，适用税率 16%，应开具相应发票并在次月申报期内申报；10 月份发货按合同约定收款 70%，于 10 月份发生增值税纳税义务，适用税率 13%，应开具相应发票并在次月申报期内申报。按全额适用 16% 税率开具或全额适用 13% 税率开具发票是有问题的。

政策依据：

➢《中华人民共和国增值税暂行条例实施细则》（2008 年 12 月 18 日以财政部、国家税务总局令第 50 号公布，依据 2011 年 10 月 28 日中华人民共和国财政部 国家税务总局令第 65 号修改）

第三十八条　条例第十九条第一款第（一）项规定的收讫销售款项或者取得索取销售款项凭据的当天，按销售结算方式的不同，具体为：

（三）采取赊销和分期收款方式销售货物，为书面合同约定的收款日期的当天，无书面合同的或者书面合同没有约定收款日期的，为货物发出的当天。

➢《国家税务总局关于修订〈增值税专用发票使用规定〉的通知》（国税发〔2006〕156 号）

第十一条　专用发票应按下列要求开具：

（一）项目齐全，与实际交易相符；

（二）字迹清楚，不得压线、错格；

（三）发票联和抵扣联加盖财务专用章或者发票专用章；

（四）按照增值税纳税义务的发生时间开具。

对不符合上列要求的专用发票，购买方有权拒收。

3.1.14　商贸企业销售货物并承担运输费用，可以向购买方开具运输发票吗？

问：我公司做煤炭贸易，从甲方购入销售给丙方，承担运输费用，取得煤炭发票和汽车运输发票用于抵扣，由于是送货上门，相当于我公司给对方提供了运输服务，此种情况下，可以再给丙方开具运输发票吗？

答：开具发票，业务是基础，也就是说，业务是怎样的，相应的开具发票，而不是反过来。贵公司销售煤炭给丙方，应当向对方开具销售货物发票。

如果合同约定是贵公司负责将煤碳运输到丙公司指定地点，则贵公司发生的运输费用作为销售费用列支，取得的运输发票可以作为抵扣凭证并申报抵扣。

如果是对方负担运费，则应由对方向承运单位支付运费，承运单位应向丙方开具发票。

如贵公司开具发票，一部分为销售货物，一部分为销售运输服务，并按此计税，则运输服务收费这部分会被税务机关认定为价外费用而一律按销售货物的税率征税。

政策依据：

➢《中华人民共和国发票管理办法》（1993 年中华人民共和国财政部令第 6 号发布，根据 2019 年 3 月 2 日中华人民共和国国务院令第 709 号第二次修订）

第二十二条　开具发票应当按照规定的时限、顺序、栏目，全部联次一次性如实开具，并加盖发票专用章。

任何单位和个人不得有下列虚开发票行为：

（一）为他人、为自己开具与实际经营业务情况不符的发票；

（二）让他人为自己开具与实际经营业务情况不符的发票；

（三）介绍他人开具与实际经营业务情况不符的发票。

➢《财政部 国家税务总局关于全面推开营业税改征增值税试点的通知》（财税〔2016〕36 号）附件 1《营业税改征增值税试点实施办法》

第三十七条　销售额，是指纳税人发生应税行为取得的全部价款和价外费用，财政部和国家税务总局另有规定的除外。

价外费用，是指价外收取的各种性质的收费，但不包括以下项目：

（一）代为收取并符合本办法第十条规定的政府性基金或者行政事业性收费。

（二）以委托方名义开具发票代委托方收取的款项。

3.1.15 被迫向购买方支付的让利，如何开具发票，如何账务处理？

问：去年，我公司按正常价格销售货物并开具相应的销售发票，1 年后，采购单位要求我公司上一年销售量每单位让利 1000 元，为了保住市场，公司被迫同意了，合计需要退回销售货款 50 万元，此种情况下，如何开具发票，如何账务处理？

答：即使是被迫的，这也属于销售返利，应当向购货方开具红字发票，冲减收入及相应的销项税额。可由购货方向其主管税务机关申请“开具红字增值税专用发票通知单”转交销货方，销货方凭通知单开具红字专用发票，购货方依据通知单所列增值税税额从当期增值税进项税金中转出。

销售折让的会计处理：

借：主营业务收入

应交税费——应交增值税（销项税额）

贷：应收账款或银行存款

需要注意的是，发生在收入确认之后的销售折让应直接冲减发生当期的销售收入，属于资产负债表日后事项的除外（通过以前年度损益调整科目进行）。

政策依据：

➢《国家税务总局关于纳税人折扣折让行为开具红字增值税专用发票问题的通知》（国税函〔2006〕1279号）

纳税人销售货物并向购买方开具增值税专用发票后，由于购货方在一定时期内累计购买货物达到一定数量，或者由于市场价格下降等原因，销货方给予购货方相应的价格优惠或补偿等折扣、折让行为，销货方可按现行《增值税专用发票使用规定》的有关规定开具红字增值税专用发票。

➢《国家税务总局关于红字增值税发票开具有关问题的公告》（国家税务总局公告〔2016〕47号）

一、增值税一般纳税人开具增值税专用发票（以下简称“专用发票”）后，发生销货退回、开票有误、应税服务中止等情形但不符合发票作废条件，或者因销货部分退回及发生销售折让，需要开具红字专用发票的，按以下方法处理：……

3.1.16　适用特殊重组时涉及的资产转移，如何开具发票？

问：适用特殊重组时，整体资产、负债、人员全部转移，收购方接受的资产可否按照公允价值计量？如何开具发票？是按照账面原值还是公允价值？

答：如果采用特殊重组，则股权支付部分以被转让资产的原有计税基础确定。

整体资产、负债、人员全部转移，这种重组过程中涉及的货物，不属于增值税的征税范围，因此无须开具发票，应以重组前相关资料、凭证入账。

整体资产、负债、人员全部转移涉及的不动产，不属于增值税的征税范围，但考虑到需要办理不动产权证，所以应按“607 资产重组涉及的不动产”开具发票，接受资产方按账面净值计入相关科目，因此，开具发票的金额应当是账面净值。

政策依据：

➢《国家税务总局关于纳税人资产重组有关增值税问题的公告》（国家税务总局公告 2011 年第 13 号）

根据《中华人民共和国增值税暂行条例》及其实施细则的有关规定，现将纳税人资产重组有关增值税问题公告如下：

纳税人在资产重组过程中，通过合并、分立、出售、置换等方式，将全部或者部分实物资产以及与其相关联的债权、负债和劳动力一并转让给其他单位和个人，不属于增值税的征税范围，其中涉及的货物转让，不征收增值税。

➢《财政部 国家税务总局关于全面推开营业税改征增值税试点的通知》（财税〔2016〕36 号）

一、营改增试点期间，试点纳税人［指按照《营业税改征增值税试点实施办法》（以下称《试点实施办法》）缴纳增值税的纳税人］有关政策

（二）不征收增值税项目。

5. 在资产重组过程中，通过合并、分立、出售、置换等方式，将全部或者部分实物资产以及与其相关联的债权、负债和劳动力一并转让给其他单位和个人，其中涉及的不动产、土地使用权转让行为。

➢《国家税务总局关于增值税发票管理若干事项的公告》（国家税务总局公告〔2017〕45）所附商品服务编码。

➢《财政部、国家税务总局关于企业重组业务企业所得税处理若干问题的通知》（财税〔2009〕59 号）

六、企业重组符合本通知第五条规定条件的，交易各方对其交易中的股权支付部分，可以按以下规定进行特殊性税务处理：

（三）资产收购，受让企业收购的资产不低于转让企业全部资产的 75%【注：根据财税〔2014〕109 号调整为“资产收购，受让企业收购的资产不低于转让企业全部资产的 50%”】，且受让企业在该资产收购发生时的股权支付金额不低于其交易支付总额的 85%，可以选择按以下规定处理：

1. 转让企业取得受让企业股权的计税基础，以被转让资产的原有计税基

础确定。

2. 受让企业取得转让企业资产的计税基础，以被转让资产的原有计税基础确定。

➢《国家税务总局关于纳税人资产重组增值税留抵税额处理有关问题的公告》（国家税务总局公告2012年第55号）

一、增值税一般纳税人（以下称“原纳税人”）在资产重组过程中，将全部资产、负债和劳动力一并转让给其他增值税一般纳税人（以下称“新纳税人”），并按程序办理注销税务登记的，其在办理注销登记前尚未抵扣的进项税额可结转至新纳税人处继续抵扣。

3.1.17　分公司销售，总公司开具发票是否可以？

问：我公司在外省市的分公司均为非独立核算分公司，营业范围为：从事总公司经营范围内的联络、咨询业务，目前由总公司统一开具销售发票，各分公司按不具有主体生产经营职能的二级分支机构对待，不参与企业所得税分配。若公司增加售后服务业务，分公司对维修、售后服务业务开票，销售业务仍由总公司开票；或分公司不开票，所有业务均由总公司开票，这两种方案是否可行？

答：发票是由业务决定的。也就是说，先发生业务才涉及如何开具发票问题，谁提供了服务，谁就是纳税人，谁是纳税人就是由谁来开具发票。如果是分公司提供了维修、售后服务业务，分公司就是纳税人，就应当由分公司向接受服务方开具相应的发票。如果是分公司提供服务、劳务，却由总公司开具发票，服务提供方与开票方不一致，这样是有问题的。

所以，归根结底，是要根据总分机构各自的职能和所发生的业务进行会计核算并按规定计算申报缴纳增值税、企业所得税。

政策依据：

➢《中华人民共和国发票管理办法》（1993年中华人民共和国财政部令第6号发布，根据2019年3月2日中华人民共和国国务院令第709号第二次修订）

第十九条　销售商品、提供服务以及从事其他经营活动的单位和个人，对外发生经营业务收取款项，收款方应当向付款方开具发票；特殊情况下，由付款方向收款方开具发票。

➤《国家税务总局关于印发〈跨地区经营汇总纳税企业所得税征收管理办法〉的公告》（国家税务总局公告2012年第57号）

第五条　以下二级分支机构不就地分摊缴纳企业所得税：

（一）不具有主体生产经营职能，且在当地不缴纳增值税、营业税的产品售后服务、内部研发、仓储等汇总纳税企业内部辅助性的二级分支机构，不就地分摊缴纳企业所得税。

（二）上年度认定为小型微利企业的，其二级分支机构不就地分摊缴纳企业所得税。

（三）新设立的二级分支机构，设立当年不就地分摊缴纳企业所得税。

（四）当年撤销的二级分支机构，自办理注销税务登记之日所属企业所得税预缴期间起，不就地分摊缴纳企业所得税。

（五）汇总纳税企业在中国境外设立的不具有法人资格的二级分支机构，不就地分摊缴纳企业所得税。

3.1.18　总机构向分支机构销售货物、开具发票是否存在税务风险？

问：总公司与分公司的经营及注册地分别在不同省份。总公司负责购进货物，然后由分公司负责对外销售。

（1）分公司对外销售的货物，总公司按照其购进的成本，再加3%，然后开具发票销售给分公司。比如：总公司采购货物的进价是100元，总公司按100×1.03=103，开具103元发票销售给分公司。上述的交易是否有问题？总公司与分公司是否能进行一般的买卖，开具发票给对方？

（2）总公司采购的存货，若转为分公司的固定资产，总公司是否需要开具发票给分公司？

（3）目前税法上是否有文件规定，总公司与分公司之间的交易规则？

（4）总公司采购的货物，有部分是寄放在分公司的厂库，但分公司账上的存货为零，这样是否会有税务风险？

答：问题1所述交易不存在问题，增值税与企业所得税纳税人的界定不同，前者是独立核算单位，可以理解为法人或下属独立核算、且需要办理税务登记证的单位。后者一定是指法人，如企业法人、事业单位法人等。总公司与分公司各自作为独立的增值税纳税人进行交易，发生应税行为，当然可以开具发票给对方。

问题2中，总机构向分支机构调拨固定资产如果用于生产使用，而不是用于销售，增值税无需按视同销售处理。判断是否用于销售，简单说，就是符合三个条件：受货机构开票，收款。总分机构间没有开票，也没有收款，且未用于销售，就不属于销售。因此，问题所提到的事项，总机构不需要开具发票给分公司。

风险提示：除满足上述条件外，总分机构间移送货物的行为要有合理商业目的，如果没有合理商业目的，会被税务机关认定为销售而补税。

关于问题3，税法并没有一个统一的专门针对总分机构交易涉税问题的规定。如果有，也是分散在各个税种中。如企业所得税是法人税制，所以，从企业所得税的角度来说，总分机构间的资产流动，从法人的角度来看，资产的所有权未发生改变，所以并不会视同销售确认收入。增值税非法人税制，相互间交易应按规定申报缴纳增值税，除非属于增值税条例或国税发〔1998〕137号所列特殊事项。

关于问题4，该问题所述行为应没有税务风险，纳税人货物存储的物理位置不必然与纳税人实际经营地的物理位置一致。总机构将货物存储在分支机构应当属于一种正常行为。因为不属于分支机构的货物，分支机构自然没有对应的账载数据，这也是正常的。

政策依据：

➢《中华人民共和国增值税暂行条例实施细则》（2008年12月18日以财政部、国家税务总局令第50号公布，依据2011年10月28日中华人民共和国财政部 国家税务总局令第65号修改）

第八条　条例第一条所称单位，是指企业、行政单位、事业单位、军事单位、社会团体及其他单位

➢《国家税务总局关于企业所属机构间移送货物征收增值税问题的通知》（国税发〔1998〕137号）

《中华人民共和国增值税暂行条例实施细则》第四条视同销售货物行为的第（三）项所称的用于销售，是指受货机构发生以下情形之一的经营行为：

一、向购货方开具发票；

二、向购货方收取货款。

受货机构的货物移送行为有上述两项情形之一的，应当向所在地税务机关缴纳增值税；未发生上述两项情形的，则应由总机构统一缴纳增值税。

如果受货机构只就部分货物向购买方开具发票或收取货款，则应当区别不同情况计算并分别向总机构所在地或分支机构所在地缴纳税款。

第二节　发票取得类

3.2.1　收到增值税专用发票上注明的购进方的地址与营业执照不一致，是否影响抵扣？

问：我公司收到的增值税专用发票，上面的公司地址是与我公司营业执照的地址不完全一致，是否有影响抵扣？地址错误，比如公司地址“斑”开成了“班”是否影响抵扣？

答：发票开具有基本的要求，如项目填写齐全，全部联次一次填开，上、下联的内容和金额一致等。按照发票管理的相关规定，开票时，购货单位信息要与其在税务机关登记信息一致。贵公司收到的发票有一定的瑕疵，但如果能认证通过，应该不会有什么问题。建议取得发票时，向对方提供完整、正确的开票信息，并且要求对方正确开具，否则，会有不能抵扣的风险。

政策依据：

➢《国家税务总局关于修订〈增值税专用发票使用规定〉的通知》（国税发〔2006〕156号）

第十一条　专用发票应按下列要求开具

（一）项目齐全，与实际交易相符；

（二）字迹清楚，不得压线、错格；

（三）发票联和抵扣联加盖财务专用章或者发票专用章；

（四）按照增值税纳税义务的发生时间开具。

对不符合上列要求的专用发票，购买方有权拒收。

第二十条　同时具有下列情形的，为本规定所称作废条件：

（一）收到退回的发票联、抵扣联时间未超过销售方开票当月；

（二）销售方未抄税并且未记账；

（三）购买方未认证或者认证结果为“纳税人识别号认证不符”“专用发

票代码、号码认证不符”。

本规定所称抄税，是报税前用IC卡或者IC卡和软盘抄取开票数据电文。

3.2.2　劳务分包给未办税务登记的施工队，是否需要对方代开发票？

问：我公司销售风机压缩机并提供售后服务，售后服务人员出去服务的时候，部分业务会委托给没有办理税务登记的施工队去做，这种情况下，可以要求施工队去税务局代开发票入账吗？如可以，开什么内容？普票还是专票？开几个点的发票呢？

答：未办理税务登记的，到税务机关代开发票，只能代开普通发票，不能代开增值税专用发票。问题所提到的施工队应属于长期经营的固定业户，须办理税务登记，如未办理税务登记，到税务机关代开发票时，应按经营所得代开劳务发票（实务中，有的税务机关一律界定为劳务报酬所得）。代开发票时，会按次征收增值税，征收率为3%。

政策依据：

➢《国家税务总局货物和劳务税司关于做好增值税发票使用宣传辅导有关工作的通知》（税总货便函〔2016〕127号）【注：下文提到的国税发〔2004〕153号已于由国家税务总局公告2018年第33号《国家税务总局关于公布全文失效废止和部分条款失效废止的税收规范性文件目录的公告》宣布作废，但总局网站依旧能查询到该文件】

第二节　税务机关代开发票基本规定

一、代开发票范围

（一）已办理税务登记的小规模纳税人（包括个体工商户）以及国家税务总局确定的其他可予代开增值税专用发票的纳税人，发生增值税应税行为，可以申请代开增值税专用发票。

【注：相关政策——《国家税务总局关于印发〈税务机关代开增值税专用发票管理办法（试行）〉的通知》（国税发〔2004〕153号）第五条】

（二）有下列情形之一的，可以向税务机关申请代开增值税普通发票：

1. 被税务机关依法收缴发票或者停止发售发票的纳税人，取得经营收入需要开具增值税普通发票的；

2. 正在申请办理税务登记的单位和个人，对其自领取营业执照之日起至取得税务登记证件期间发生的业务收入需要开具增值税普通发票的；

3. 应办理税务登记而未办理的单位和个人，主管税务机关应当依法予以处理，并在补办税务登记手续后，对其自领取营业执照之日起至取得税务登记证件期间发生的业务收入需要开具增值税普通发票的；

4. 依法不需要办理税务登记的单位和个人，临时取得收入，需要开具增值税普通发票的。

3.2.3 税务局认定我公司取得异常抵扣凭证要求进项税额转出，我公司是否应当申请核查?

问：本月税务局通知我们，说我公司的一个供应商 2019 年 11 月开具给我们的发票涉嫌虚开，项目是运输费，业务内容是将柜台运送到各地商场。我公司入账的资料有保函、内部审批文件、运输合同、发票、运输清单。接到通知后，我公司将进项税额转出。税局说如果我们有异议可以申请税务机关核查，此种情况下，如果我公司凭借现有的证据资料，能否申请税务局核查？能否挽回损失？

答：贵公司如果认为所取得的发票不存在问题，有权申请核查，核查后，无问题，贵公司仍可以用于抵扣。一般情况下，税务机关基于大数据认定某企业对外虚开或接受虚开这种，都是比较准的，当然，被认定为接受虚开，并不是说你们没有真实的购进业务——有可能确实有购进业务，但销售方不提供发票或其他什么原因，没有取得发票，于是经办人“找”的票，或“买”的票；也有可能是销售方找别人代开的，而贵公司不知情。总之，发票是有问题的。要杜绝这类问题，主要是选择合适的供应商，另外，加强对经办人管理。但在目前的税制下，很难彻底杜绝。

政策依据：

➢《国家税务总局关于印发〈异常增值税扣税凭证处理操作规程（试行)〉的通知》(税总发〔2017〕46 号)

三、处理工作流程

(四) 异常凭证的核实

接受异常凭证的纳税人，对税务机关认定的异常凭证存有异议，提出核查申请的，主管税务机关一般应自接收申请之日起 90 个工作日内完成异常凭证的核实，核实过程中应重点关注以下方面。

1. 纳税人稽核比对、纳税申报情况，增值税发票抵扣联备查簿，相关纸质信息与电子数据是否相符等。

2. 增值税发票信息、业务合同、运输仓储证明以及银行账单资金流的一致性等。

3. 需要委托异地税务机关协助调查的，可通过抵扣凭证审查系统，委托与纳税人发生交易的上、下游企业所在地主管税务机关协助核实。

4. 需要实地调查的，主管税务机关派员赴纳税人实际生产经营场所，就其经营状况、生产能力等进行调查。

异常凭证经税务机关核实后，未发现异常情形，符合现行增值税进项抵扣或出口退税有关规定的，主管税务机关出具《税务事项通知书》，允许纳税人按照现行规定，继续申报抵扣或办理出口退税。

异常凭证的开具方和接受方涉嫌虚开发票、虚抵进项，骗取出口退税以及其他需要稽查立案的，移交稽查部门查处。

➢《国家税务总局关于异常增值税扣税凭证管理等有关事项的公告》（国家税务总局公告 2019 年第 38 号）

三、增值税一般纳税人取得的增值税专用发票列入异常凭证范围的，应按照以下规定处理：

（四）纳税信用 A 级纳税人取得异常凭证且已经申报抵扣增值税、办理出口退税或抵扣消费税的，可以自接到税务机关通知之日起 10 个工作日内，向主管税务机关提出核实申请。经税务机关核实，符合现行增值税进项税额抵扣、出口退税或消费税抵扣相关规定的，可不作进项税额转出、追回已退税款、冲减当期允许抵扣的消费税税款等处理。纳税人逾期未提出核实申请的，应于期满后按照本条第（一）项、第（二）项、第（三）项规定作相关处理。

（五）纳税人对税务机关认定的异常凭证存有异议，可以向主管税务机关提出核实申请。经税务机关核实，符合现行增值税进项税额抵扣或出口退税相关规定的，纳税人可继续申报抵扣或者重新申报出口退税；符合消费税抵扣规定且已缴纳消费税税款的，纳税人可继续申报抵扣消费税税款。

3.2.4 采购业务已经在 17%税率适用期内付款并到货，销售方要按 13%税率向我公司开具发票，是否符合相关规定？

问：我公司与供货方签署一份买卖合同，已全款付款且在 17% 税率适用期内到货，但对方一直未开具发票。现在，销售要按照合同原价开 13% 的发票给我们，这样处理，是否符合相关规定？

答：从问题所描述的情形看，销售方增值税纳税义务发生时间为17%税率适用期间，应适用17%税率申报并开具发票，如果按13%税率开票，则销售方会少申报纳税。

贵公司作为受票方，会面临两个问题：一是因为销售方开票错误导致取得进项税额少；二是根据增值税相关规定，该适用税率错误的增值税扣税凭证不符合法律、行政法规或者国家税务总局有关规定，其进项税额不得从销项税额中抵扣。

建议贵公司收到税率错误的增值税专用发票及时与客户沟通进行更换，开具正确税率的发票，避免发生涉税风险。

政策依据：

➤《财政部 国家税务总局关于全面推开营业税改征增值税试点的通知》（财税〔2016〕36号）附件1《营业税改征增值税试点实施办法》

第二十六条　纳税人取得的增值税扣税凭证不符合法律、行政法规或者国家税务总局有关规定的，其进项税额不得从销项税额中抵扣。

➤《中华人民共和国增值税暂行条例》（1993年12月13日中华人民共和国国务院令第134号公布，根据2017年11月19日中华人民共和国国务院令第691号第二次修订）

第九条　纳税人购进货物、劳务、服务、无形资产、不动产，取得的增值税扣税凭证不符合法律、行政法规或者国务院税务主管部门有关规定的，其进项税额不得从销项税额中抵扣。

3.2.5　取得失控票导致的进项税额损失如何处理？

问：取得供应商开具的增值税专用发票，已认证申报用于抵扣，但供应商失联，也未申报纳税，我公司按规定做进项转出导致的税金损失怎么解决？

答：问题提到的情形属于收到异常凭证，根据国家税务总局2019年第38号公告规定，收到异常凭证后的处理，总的来说有三种情况：一是经检查确属失控发票的，不得作为增值税扣税凭证；二是经税务机关检查确认属于税务机关责任以及技术性错误造成的，允许作为增值税进项税额的抵扣凭证；不属于税务机关责任以及技术性错误造成的，不得作为增值税进项税额的抵扣凭证；三是属于销售方已申报并缴纳税款的，可由销售方主管税务机关出具书面证明，并通过协查系统回复购买方主管税务机关，该失控发票可作为购买方抵扣增值税进项税额的凭证。如果贵公司的业务是真实的，可按国家税务总局公告2019年第38号规定，要求税务机关核查，核查后，分不同情况处理。

该问题同时还涉及企业所得税税前扣除问题，即：取得的凭证已经被认定为异常凭证，不能作为纳税人企业所得税税前扣除凭证。不过，如果业务确实是真实发生的，可以用28号公告第十三、十四、十五条给出的方法补救，尽量挽回取得异常凭证的企业所得税损失。

该异常凭证相应的进项税额，如果已经转出了，能否在企业所得税税前扣除呢？在被认定为虚开的情况下，转出的进项税额不能在企业所得税税前扣除；没有被认定为虚开，纳税人按税务机关要求转出相应的进项税额，可在企业所得税税前扣除。

政策依据：

➢《国家税务总局关于异常增值税扣税凭证管理等有关事项的公告》（国家税务总局公告2019年第38号）

三、增值税一般纳税人取得的增值税专用发票列入异常凭证范围的，应按照以下规定处理：

（一）尚未申报抵扣增值税进项税额的，暂不允许抵扣。已经申报抵扣增值税进项税额的，除另有规定外，一律作进项税额转出处理。

（二）尚未申报出口退税或者已申报但尚未办理出口退税的，除另有规定外，暂不允许办理出口退税。适用增值税免抵退税办法的纳税人已经办理出口退税的，应根据列入异常凭证范围的增值税专用发票上注明的增值税额作进项税额转出处理；适用增值税免退税办法的纳税人已经办理出口退税的，税务机关应按照现行规定对列入异常凭证范围的增值税专用发票对应的已退税款追回。

纳税人因骗取出口退税停止出口退（免）税期间取得的增值税专用发票列入异常凭证范围的，按照本条第（一）项规定执行。

（三）消费税纳税人以外购或委托加工收回的已税消费品为原料连续生产应税消费品，尚未申报扣除原料已纳消费税税款的，暂不允许抵扣；已经申报抵扣的，冲减当期允许抵扣的消费税税款，当期不足冲减的应当补缴税款。

（四）纳税信用A级纳税人取得异常凭证且已经申报抵扣增值税、办理出口退税或抵扣消费税的，可以自接到税务机关通知之日起10个工作日内，向主管税务机关提出核实申请。经税务机关核实，符合现行增值税进项税额抵扣、出口退税或消费税抵扣相关规定的，可不作进项税额转出、追回已退税款、冲减当期允许抵扣的消费税税款等处理。纳税人逾期未提出核实申请的，应于期满后按照本条第（一）项、第（二）项、第（三）项规定作相关处理。

（五）纳税人对税务机关认定的异常凭证存有异议，可以向主管税务机关提出核实申请。经税务机关核实，符合现行增值税进项税额抵扣或出口退税相关规定的，纳税人可继续申报抵扣或者重新申报出口退税；符合消费税抵扣规定且已缴纳消费税税款的，纳税人可继续申报抵扣消费税税款。

➢《国家税务总局关于发布〈企业所得税税前扣除凭证管理办法〉的公告》的公告（国家税务总局公告2018年第28号）

第十二条　企业取得私自印制、伪造、变造、作废、开票方非法取得、虚开（失联走逃）、填写不规范等不符合规定的发票（以下简称不合规发票），以及取得不符合国家法律、法规等相关规定的其他外部凭证（以下简称不合规其他外部凭证），不得作为税前扣除凭证。

3.2.6　老板个人洗浴取得的增值税专用发票能作为抵扣凭证吗?

问：老板个人洗浴取得的发票能用吗？开的还是增值税专用发票。

答：老板个人洗浴属于纳税人向个人销售服务，不能开具增值税专用发票，对方开具增值税专用发票是有问题的。对贵公司来说，即使取得增值税专用发票，但由于该业务属于购进服务用于个人消费，所以，取得的进项税额不能从销项税额中抵扣。

从企业所得税角度来说，该支出与取得收入无关，也不能在企业所得税税前扣除；

从个人所得税角度来说，如果给老板报销了该笔费用，应并入其工资薪金所得计算并预扣预缴个人所得税。

政策依据：

➢《财政部 国家税务总局关于全面推开营业税改征增值税试点的通知》（财税〔2016〕36号）附件2《营业税改征增值税试点有关事项的规定》

第五十三条　纳税人发生应税行为，应当向索取增值税专用发票的购买方开具增值税专用发票，并在增值税专用发票上分别注明销售额和销项税额。

属于下列情形之一的，不得开具增值税专用发票：

（一）向消费者个人销售服务、无形资产或者不动产。

（二）适用免征增值税规定的应税行为。

第二十七条　下列项目的进项税额不得从销项税额中抵扣：

（一）用于简易计税方法计税项目、免征增值税项目、集体福利或者个人消费的购进货物、加工修理修配劳务、服务、无形资产和不动产。其中涉及的固定资产、无形资产、不动产，仅指专用于上述项目的固定资产、无形资产（不包括其他权益性无形资产）、不动产。

纳税人的交际应酬消费属于个人消费。

➢《中华人民共和国企业所得税法》（2007 年中华人民共和国主席令第二十三号公布，2017 年中华人民共和国主席令第六十四号公布修订）

第八条　企业实际发生的与取得收入有关的、合理的支出，包括成本、费用、税金、损失和其他支出，准予在计算应纳税所得额时扣除。

3.2.7　供应商已经因被合并而注销，但与供应商的业务，还有部分未开具发票，如何处理？

问：我公司供应商被合并，已经被注销，但供应商与我公司间还有部分采购业务，款项已经支付，货物已经收到，但对方未开具发票，未开具的发票，能否由合并后的单位来开具？

答：该项业务发生在供应商被合并前，发票应由合并前的供应商开具，由于供应商已经因合并而被注销，所以，不可能再开具发票，对于贵公司来说，已经无法取得发票作为增值税的抵扣凭证。但如果符合国家税务总局公告 2018 年第 28 号第十四条规定的条件，依旧可以在企业所得税税前扣除。

政策依据：

➢《中华人民共和国发票管理办法》（1993 年中华人民共和国财政部令第 6 号发布，根据 2019 年 3 月 2 日中华人民共和国国务院令第 709 号第二次修订）

第四章　发票的开具和保管

第十九条　销售商品、提供服务以及从事其他经营活动的单位和个人，对外发生经营业务收取款项，收款方应当向付款方开具发票；特殊情况下，由付款方向收款方开具发票。

第二十条　所有单位和从事生产、经营活动的个人在购买商品、接受服务以及从事其他经营活动支付款项，应当向收款方取得发票。取得发票时，不得要求变更品名和金额。

➤《中华人民共和国公司法》(1993 年 12 月 29 日中华人民共和国主席令第十六号公布，根据 2018 年 10 月 26 日中华人民共和国主席令第十五号第四次修正)

第一百七十四条　公司合并时，合并各方的债权、债务，应当由合并后存续的公司或者新设的公司承继。

➤《中华人民共和国民法典》(2020 年 5 月 28 日十三届全国人大三次会议表决通过)

第三编　合同

第六十七条　法人合并的，其权利和义务由合并后的法人享有和承担。

➤《国家税务总局关于发布〈企业所得税税前扣除凭证管理办法〉的公告》(国家税务总局公告 2018 年第 28 号)

第十四条　企业在补开、换开发票、其他外部凭证过程中，因对方注销、撤销、依法被吊销营业执照、被税务机关认定为非正常户等特殊原因无法补开、换开发票、其他外部凭证的，可凭以下资料证实支出真实性后，其支出允许税前扣除：

(一) 无法补开、换开发票、其他外部凭证原因的证明资料 (包括工商注销、机构撤销、列入非正常经营户、破产公告等证明资料)；

(二) 相关业务活动的合同或者协议；

(三) 采用非现金方式支付的付款凭证；

(四) 货物运输的证明资料；

(五) 货物入库、出库内部凭证；

(六) 企业会计核算记录以及其他资料。

前款第一项至第三项为必备资料。

第三节　虚开与接受虚开风险类

3.3.1　接受虚开并申请了留抵退税，应当受到怎样的处理、处罚？

问： A 公司所在地主管税务机关收到 B 公司所在地主管税务机关发来的协

查通知，并附“已证实虚开通知单”。相关线索表明：A公司在没有真实业务的情况下，让他人为自己开具增值税专用发票。A公司辖区税务稽查局立案检查发现，2019年5月，A公司从B公司购进货物，账载以承兑汇票支付了相应款项，但调查发现，该承兑汇票通过多次背书转让后，最后返回受票方，因此认定A公司取得虚开的增值税专用发票。调查同时发现，A公司取得发票后认证用于留抵，于2020年1月，根据国家税务总局2019年20号公告向主管税务机关申请了留抵退税，获得退税款100万元，退税款已退到A公司账户。

A公司虚增进项取得留抵退税款，税务机关应如何处理、处罚？纳税人如何申辩救赎？

答：A公司的该行为不应定性为偷税，不适用征管法六十三条，因为A公司虚增进项并未用于抵扣，并未造成少缴增值税税款的事实。

该行为也不应适用征管法六十六条。虚增进项骗取留抵退税款，虽然性质上极其接近骗取出口退税，但是很遗憾，六十六条只针对骗取出口退税，不适用本案例的行为。除非单独行文明确规定针对虚增进项骗取留抵退税款行为的处罚参照六十六条执行。

在针对这类行为处理的法规明确之前，目前，税务机关恐怕暂时只能这样处理、处罚：根据2019年第20号公告规定，追回A公司骗取的留抵退税；该公司接受虚开发票、虚增进项税额并申报留抵，为编造虚假计税依据，针对该行为，根据征管法六十四条第一款规定，应处5万元以下罚款。

随着留抵退税政策的持续，本案例类似情形将会越来越多，建议税务机关关注此类问题的处理；建议纳税人注意防范此类税务风险。

政策依据：

➢《国家税务总局关于办理增值税期末留抵税额退税有关事项的公告》（国家税务总局公告2019年第20号）

十六、纳税人以虚增进项、虚假申报或其他欺骗手段骗取留抵退税的，由税务机关追缴其骗取的退税款，并按照《中华人民共和国税收征收管理法》等有关规定处理。

➢《中华人民共和国税收征收管理法》（2001年中华人民共和国主席令第四十九号公布，2018年中华人民共和国主席令第二十三号修订）

第六十四条　纳税人、扣缴义务人编造虚假计税依据的，由税务机关责令限期改正，并处5万元以下的罚款。

纳税人不进行纳税申报，不缴或者少缴应纳税款的，由税务机关追缴其不缴或者少缴的税款、滞纳金，并处不缴或者少缴的税款50%以上5倍以下的罚款。

第六十六条　以假报出口或者其他欺骗手段，骗取国家出口退税款，由税务机关追缴其骗取的退税款，并处骗取税款1倍以上5倍以下的罚款；构成犯罪的，依法追究刑事责任。

➢《最高人民法院关于适用〈全国人民代表大会常务委员会关于惩治虚开、伪造和非法出售增值税专用发票犯罪的决定〉的若干问题的解释》（最高人民法院审判委员会第446次会议讨论通过）

一、根据《决定》第一条规定，虚开增值税专用发票的，构成虚开增值税专用发票罪。

具有下列行为之一的，属于“虚开增值税专用发票”：

（1）没有货物购销或者没有提供或接受应税劳务而为他人、为自己、让他人为自己、介绍他人开具增值税专用发票；

（2）有货物购销或者提供或接受了应税劳务但为他人、为自己、让他人为自己、介绍他人开具数量或者金额不实的增值税专用发票；

（3）进行了实际经营活动，但让他人为自己代开增值税专用发票。

➢《中华人民共和国发票管理办法》（1993年中华人民共和国财政部令第6号发布，根据2019年3月2日中华人民共和国国务院令第709号第二次修订）

第二十二条　开具发票应当按照规定的时限、顺序、栏目，全部联次一次性如实开具，并加盖发票专用章。

任何单位和个人不得有下列虚开发票行为：

（一）为他人、为自己开具与实际经营业务情况不符的发票；

（二）让他人为自己开具与实际经营业务情况不符的发票；

（三）介绍他人开具与实际经营业务情况不符的发票。

➢《中华人民共和国刑法》（1979年7月1日第五届全国人民代表大会第二次会议通过，2020年12月26日，第十三届全国人民代表大会常务委员会第二十四次会议通过《中华人民共和国刑法修正案（十一）》）

第二百零五条　虚开增值税专用发票或者虚开用于骗取出口退税、抵扣税款的其他发票的，处3年以下有期徒刑或者拘役，并处2万元以上20万元以下罚金；虚开的税款数额较大或者有其他严重情节的，处3年以上10年以下有期徒刑，并处5万元以上50万元以下罚金；虚开的税款数额巨大或者有其他特别严重情节的，处10年以上有期徒刑或者无期徒刑，并处5万元以上50万元以下罚金或者没收财产。

单位犯本条规定之罪的，对单位判处罚金，并对其直接负责的主管人员和其他直接责任人员，处3年以下有期徒刑或者拘役；虚开的税款数额较大或者有其他严重情节的，处3年以上10年以下有期徒刑；虚开的税款数额巨大或者有其他特别严重情节的，处10年以上有期徒刑或者无期徒刑。

虚开增值税专用发票或者虚开用于骗取出口退税、抵扣税款的其他发票，是指有为他人虚开、为自己虚开、让他人为自己虚开、介绍他人虚开行为之一的。

➢《行政执法机关移送涉嫌犯罪案件的规定》（2001年7月9日中华人民共和国国务院令第310号公布，根据2020年8月7日《国务院关于修改〈行政执法机关移送涉嫌犯罪案件的规定〉的决定》修订）

第三条　行政执法机关在依法查处违法行为过程中，发现违法事实涉及的金额、违法事实的情节、违法事实造成的后果等，根据刑法关于破坏社会主义市场经济秩序罪、妨害社会管理秩序罪等罪的规定和最高人民法院、最高人民检察院关于破坏社会主义市场经济秩序罪、妨害社会管理秩序罪等罪的司法解释以及最高人民检察院、公安部关于经济犯罪案件的追诉标准等规定，涉嫌构成犯罪，依法需要追究刑事责任的，必须依照本规定向公安机关移送。

➢《最高人民检察院、公安部关于公安机关管辖的刑事案件立案追诉标准的规定（二）》（公通字〔2008〕36号）

第六十一条　虚开增值税专用发票或者虚开用于骗取出口退税、抵扣税款的其他发票，虚开的税款数额在1万元以上或者致使国家税款被骗数额在5000元以上的，应予立案追诉。

➢《最高人民法院关于虚开增值税专用发票定罪量刑标准有关问题的通知》（法〔2018〕226号）

二、在新的司法解释颁行前，对虚开增值税专用发票刑事案件定罪量刑的数额标准，可以参照《最高人民法院关于审理骗取出口退税刑事案件具体应用法律若干问题的解释》（法释〔2002〕30号）第三条的规定执行，即虚开的税款数额在5万元以上的，以虚开增值税专用发票罪处3年以下有期徒刑或者拘役，并处2万元以上20万元以下罚金；虚开的税款数额在50万元以上的，认定为刑法第二百零五条规定的“数额较大”；虚开的税款数额在250万元以上的，认定为刑法第二百零五条规定的“数额巨大”。

3.3.2 客户是总公司，发票开给分公司，是否会被定性为虚开？

问：我公司与某总公司签订合同，但是客户要求将发票开给其分公司，我方是否有虚开风险？

答：总公司与分公司均是独立的增值税纳税人，合同应与实际销售业务及开票一致，否则会有虚开风险。

政策依据：

➢《最高人民法院关于适用〈全国人民代表大会常务委员会关于惩治虚开、伪造和非法出售增值税专用发票犯罪的决定〉的若干问题的解释》（最高人民法院审判委员会第446次会议讨论通过）

一、根据《决定》第一条规定，虚开增值税专用发票的，构成虚开增值税专用发票罪。

具有下列行为之一的，属于“虚开增值税专用发票”：

（1）没有货物购销或者没有提供或接受应税劳务而为他人、为自己、让他人为自己、介绍他人开具增值税专用发票；

（2）有货物购销或者提供或接受了应税劳务但为他人、为自己、让他人为自己、介绍他人开具数量或者金额不实的增值税专用发票；

（3）进行了实际经营活动，但让他人为自己代开增值税专用发票。

3.3.3 业务部门刷单并开具了发票，是否会被定性为虚开？

问：我公司在进行内部审计时，发现业务部门有刷单行为，虚增了收入，同时也虚增了成本并给客户开了发票，业务部门伪造了完整的链条，如果我公司去税局举报自己的员工，会不会导致公司被判定为虚开发票而受到处罚？

答：如果举报到税务机关，税务机关调查后，会定性为虚开并会根据发票管理办法的相关规定，对贵公司对外虚开发票的行为进行处罚；如果金额达到一定标准，案件还会被移送到公安机关，但考虑到贵公司业务部门对外虚开的目的，主要是为了业绩和提升品牌形象，并不是以偷逃国家税款为目的，所以，相关责任人员最终应当不会被追究刑事责任。

如果调查确认虚增了收入，多缴纳了税款，税务机关应按规定办理退税。

政策依据：

➤《中华人民共和国发票管理办法》（1993 年中华人民共和国财政部令第 6 号发布，根据 2019 年 3 月 2 日中华人民共和国国务院令第 709 号第二次修订）

第二十二条　开具发票应当按照规定的时限、顺序、栏目，全部联次一次性如实开具，并加盖发票专用章。

任何单位和个人不得有下列虚开发票行为：

（一）为他人、为自己开具与实际经营业务情况不符的发票；

（二）让他人为自己开具与实际经营业务情况不符的发票；

（三）介绍他人开具与实际经营业务情况不符的发票。

第三十七条　违反本办法第二十二条第二款的规定虚开发票的，由税务机关没收违法所得；虚开金额在 1 万元以下的，可以并处 5 万元以下的罚款；虚开金额超过 1 万元的，并处 5 万元以上 50 万元以下的罚款；构成犯罪的，依法追究刑事责任。

非法代开发票的，依照前款规定处罚。

➤《关于印发〈最高人民检察院关于充分发挥检察职能服务保障“六稳”“六保”的意见〉的通知》（高检发〔2020〕10 号）

6. 依法维护有利于对外开放的法治化营商环境。……三是依法慎重处理企业涉税案件。注意把握一般涉税违法行为与以骗取国家税款为目的的涉税犯罪的界限，对于有实际生产经营活动的企业为虚增业绩、融资、贷款等非骗税目的且没有造成税款损失的虚开增值税专用发票行为，不以虚开增值税专用发票罪定性处理，依法作出不起诉决定的，移送税务机关给予行政处罚。

➤《中华人民共和国最高人民法院（2016）最高法刑核 51732773 号刑事裁定书》

最高人民法院经复核认为，被告人张某强以其他单位名义对外签订销售合同，由该单位收取货款、开具增值税专用发票，不具有骗取国家税款的目的，未造成国家税款损失，其行为不构成虚开增值税专用发票罪。

3.3.4　A 个人销售货物，却找 D 公司为其开具发票，是否会被定性为虚开？

问：A 是个人，从 B 公司采购了一批货物转售给 C 公司，但没有以自己的名义开具销售发票给 C 公司，而是找到 D 公司，以 D 公司的名义向 C 公司开具发票，C公司也将货款付给了D公司，D公司扣除税点后将余款付给A。目前，该业务相关当事人已经被税务机关立案检查。A在该笔交易中要负什么责任？会受到什么样处罚？

答：税务机关立案检查的对象应当是D，如果D有证据证明是A挂靠D公司完成的销售业务，则税务机关很难认定D对外虚开，自然无法对D实施行政处罚。

同样，如果有证据证明是A挂靠D公司完成的销售业务，则从刑事的角度来看，由于这是一个挂靠行为，所以最终也很难追究A的刑事责任。

如果税务机关或公安机关调查并有足够的证据证明，A与D双方的真实意思表示，就是一手交钱、一手开票，并无挂靠关系，A也实际支付了开票手续费，D注册成立的目的就是对外虚开，则此种情况下，应当定性为虚开，按虚开进行处理、处罚，达到一定标准，还可能会被追究刑事责任。

政策依据：

➢《最高人民法院研究室〈关于如何认定以“挂靠”有关公司名义实施经营活动并让有关公司为自己虚开增值税专用发票行为的性质〉征求意见的复函》（法研〔2015〕58号）

贵局《关于如何认定以“挂靠”有关公司名义实施经营活动并让有关公司为自己虚开增值税专用发票行为的性质的函》（公经财税〔2015〕40号）收悉，经研究，现提出如下意见：

一、挂靠方以挂靠形式向受票方实际销售货物，被挂靠方向受票方开具增值税专用发票的，不属于刑法第二百零五条规定的“虚开增值税专用发票”。

主要考虑：

（1）由挂靠方适用被挂靠方的经营资格进行经营活动，并向挂靠方支付挂靠费的经营方式在实践中客观存在，且带有一定普遍性。相关法律并未明确禁止以挂靠形式从事经营活动。

（2）虚开增值税专用发票罪是行政犯，对相关入罪要件的判断，应当依据、参照相关行政法规、部门规章等，而根据《国家税务总局关于纳税人对外开具增值税专用发票有关问题的公告》（国家税务总局公告2014年第39号），挂靠方以挂靠形式向受票方实际销售货物，被挂靠方向受票方开具增值税专用发票的，不属于虚开。

二、行为人利用他人的名义从事经营活动，并以他人名义开具增值税专用发票的，即便行为人与该他人之间不存在挂靠关系，但如行为人进行了实际的经营活动，主观上并无骗取抵扣税款的故意，客观上也未造成国家增值税款损失的，不宜认定为刑法第二百零五条条规定的“虚开增值税专用发票”；符合逃税罪等其他犯罪构成条件的，可以其他犯罪论处。

➢《国家税务总局关于纳税人对外开具增值税专用发票有关问题的公告》（国家税务总局公告2014年第39号）

纳税人通过虚增增值税进项税额偷逃税款，但对外开具增值税专用发票同时符合以下情形的，不属于对外虚开增值税专用发票：

一、纳税人向受票方纳税人销售了货物，或者提供了增值税应税劳务、应税服务；

二、纳税人向受票方纳税人收取了所销售货物、所提供应税劳务或者应税服务的款项，或者取得了索取销售款项的凭据；

三、纳税人按规定向受票方纳税人开具的增值税专用发票相关内容，与所销售货物、所提供应税劳务或者应税服务相符，且该增值税专用发票是纳税人合法取得、并以自己名义开具的。

受票方纳税人取得的符合上述情形的增值税专用发票，可以作为增值税扣税凭证抵扣进项税额。

……

3.3.5 汽车4S店维修被保险车辆，将发票开具给保险公司，是否会被认定为虚开？

问：汽车4S店维修被保险车辆，维修款由保险公司直接付给4S店，保险公司要求4S店给其开具增值税专用发票，这个要求是否合理？4S店如果给其开具增值税专用发票，是否会被认定为虚开？

答：问题提到的情形，根据国家税务总局公告2019年第31号第十一条规定，应区分两种情况进行处理。其中，现金赔付的，如果发票开具给保险公司，会被定性虚开。

政策依据：

➢《国家税务总局关于国内旅客运输服务进项税抵扣等增值税征管问题的公告》（国家税务总局公告2019年第31号）

十一、关于保险服务进项税抵扣

（一）提供保险服务的纳税人以实物赔付方式承担机动车辆保险责任的，

自行向车辆修理劳务提供方购进的车辆修理劳务，其进项税额可以按规定从保险公司销项税额中抵扣。

（二）提供保险服务的纳税人以现金赔付方式承担机动车辆保险责任的，将应付给被保险人的赔偿金直接支付给车辆修理劳务提供方，不属于保险公司购进车辆修理劳务，其进项税额不得从保险公司销项税额中抵扣。

（三）纳税人提供的其他财产保险服务，比照上述规定执行。

3.3.6 税务机关对我公司进行发票检查，我公司未收到的发票，税务机关会怎样进行处理?

问：我公司2018年取得的部分发票涉嫌接受虚开，金额约400万元，主管税务机关要求我公司进行发票自查，并提供这些发票的供应链资料，包括银行流水和合同。通过自查发现，这些发票，我公司没有真实业务、没合同、没银行付款，但是，列示的400万元金额发票中，有100万元金额的发票没收到，更不存在入账问题，这100万元金额的发票，我们需要承认接受虚开吗?如何解释应对?

答：如果400万元金额发票中的100万元，确实没收到、没入账，没抵扣、没扣除，应如实提供资料进行说明。但税务机关可能不相信纳税人的解释或陈述，会调账检查，如果税务机关通过检查确定，没有证据证明纳税人收到了这100万元金额的发票，则税务机关无法将这100万元金额的发票定性为纳税人接受虚开。

由于是自查，贵公司可就已经入账的300万元发票进行处理：如取得的增值税专用发票，则进项税额转出；如果已经作为成本或费用在企业所得税税前扣除了，则调增当期应纳税所得额；已经入账的300万元发票造成贵公司少缴增值税、企业所得税的，应按规定补缴，补缴时，税务机关还会按日加收万分之五的滞纳金。有证据表明未收到、未入账的100万元发票，无须调整补税。

如果主管税务机关认为该案重大，需要移交稽查进行处理，则后果会很严重，少缴的税款，不仅会被定性为偷税、处以少缴税款的罚款，达到标准，还会被移送公安机关追缴相关责任人员的刑事责任。

政策依据：

➤《中华人民共和国税收征收管理法》（2001年中华人民共和国主席令第

四十九号公布，2018 年中华人民共和国主席令第二十三号修订）

第六十三条　纳税人伪造、变造、隐匿、擅自销毁账簿、记账凭证，或者在账簿上多列支出或者不列、少列收入，或者经税务机关通知申报而拒不申报或者进行虚假的纳税申报，不缴或者少缴应纳税款的，是偷税。对纳税人偷税的，由税务机关追缴其不缴或者少缴的税款、滞纳金，并处不缴或者少缴的税款 50% 以上 5 倍以下的罚款；构成犯罪的，依法追究刑事责任。

扣缴义务人采取前款所列手段，不缴或者少缴已扣、已收税款，由税务机关追缴其不缴或者少缴的税款、滞纳金，并处不缴或者少缴的税款 50% 以上 5 倍以下的罚款；构成犯罪的，依法追究刑事责任。

3.3.7　施工队挂靠别的建筑企业，被挂靠方有的已经注销，有的不愿意开具发票，我公司能否让实际承包人到税务机关代开发票？

问：房地产企业开发的老项目，承包工程的施工队挂靠别的建筑企业，结算工程尾款时，施工队挂靠的企业，有的已经注销，有的不愿意开具发票，我公司能否让实际承包人到税务机关代开发票？

答：如果合同、结算书、付款方向不一致，取得的发票会被认定为是虚开，不能作为合法有效的税前扣除凭证。发包合同是与被挂靠方的，发票却是包工头个人到税务机关代开的，有很大风险。

如果被挂靠方经营状态仍然正常，可以要求对方配合补开发票；如果对方已经注销，只要业务真实，可根据国家税务总局公告 2018 年第 28 号第十四条规定，凭合同、协议，注销证明，以及非现金的付款凭证等资料在企业所得税税前扣除。

政策依据：

➤《国家税务总局关于发布〈企业所得税税前扣除凭证管理办法〉的公告》（国家税务总局公告 2018 年第 28 号）

第十四条　企业在补开、换开发票、其他外部凭证过程中，因对方注销、撤销、依法被吊销营业执照、被税务机关认定为非正常户等特殊原因无法补开、换开发票、其他外部凭证的，可凭以下资料证实支出真实性后，其支出允许税前扣除：

（一）无法补开、换开发票、其他外部凭证原因的证明资料（包括工商注销、机构撤销、列入非正常经营户、破产公告等证明资料)；

(二) 相关业务活动的合同或者协议；

(三) 采用非现金方式支付的付款凭证；

(四) 货物运输的证明资料；

(五) 货物入库、出库内部凭证；

(六) 企业会计核算记录以及其他资料。

前款第一项至第三项为必备资料。

3.3.8 外贸公司为了业绩好看，在系统里做了假入库和假出库，把次年才履行的合同提前开票，是否会被认定为对外虚开?

问：我公司是外贸公司，年底时，为了显得当年收入高、业绩好看，把次年才履行的合同提前开票了，但是，销售的货物其实还没有购进，当然也不可能发给客户，于是，我们在系统里做了假入库和假出库，这样操作会不会被定性为虚开？客户方面会有什么风险？

答：一些国有企业和上市公司会有这样的操作，目的是为了虚假的业绩(更多的企业是推迟确认、少确认或不确认收入，目的是为了少缴税款)。从会计角度，这样做显然违反了《中华人民共和国会计法》的相关规定，应承担相应的法律责任。

从税收的角度来看，提前确认收入或虚增收入导致当期多缴税款，根据征管法规定，纳税人超过应纳税额缴纳的税款，税务机关发现后应当立即退还。但未见《中华人民共和国税收征收管理法》《中华人民共和国企业所得税法》《中华人民共和国增值税法》等法律、法规、规范性文件对这类行为的处罚规定（编造虚假计税依据可能会沾边，不过，编造虚假计税依据多交税了，税务局因此罚纳税人的款，是不是有点搞笑?)。

那么，业务尚未发生，提前开具发票，是否会被定性为虚开？个人认为，不能定性为虚开，因为这与真正的虚开有本质的不同。虚开增值税发票，任何时候不会有对应的真实业务，而问题所提到的情形，合同已经签订，虽然尚未履行，但该合同按正常计划肯定是要履行的，只是发票提前开具而已，并且，该单位在开具发票时已经确认发生增值税纳税义务、正常计算申报缴纳了税款，没有造成国家税款损失，所以，提前开具发票本身并无风险。

政策依据：

➢《中华人民共和国会计法》（1985 年 1 月 21 日第六届全国人民代表大会常务委员会第九次会议通过，根据 2017 年 11 月 4 日中华人民共和国主席令第 81 号第二次修正）

第九条　各单位必须根据实际发生的经济业务事项进行会计核算，填制会计凭证，登记会计账簿，编制财务会计报告。

任何单位不得以虚假的经济业务事项或者资料进行会计核算。

➢《中华人民共和国税收征收管理法》（2001 年中华人民共和国主席令第 49 号公布，2018 年中华人民共和国主席令第 23 号修订）

第五十一条　纳税人超过应纳税额缴纳的税款，税务机关发现后应当立即退还；纳税人自结算缴纳税款之日起 3 年内发现的，可以向税务机关要求退还多缴的税款并加算银行同期存款利息，税务机关及时查实后应当立即退还；涉及从国库中退库的，依照法律、行政法规有关国库管理的规定退还。

➢《国家税务总局关于修订〈增值税专用发票使用规定〉的通知》（国税发〔2006〕156 号）

第十一条　专用发票应按下列要求开具：

（一）项目齐全，与实际交易相符；

（二）字迹清楚，不得压线、错格；

（三）发票联和抵扣联加盖财务专用章或者发票专用章；

（四）按照增值税纳税义务的发生时间开具。

对不符合上列要求的专用发票，购买方有权拒收。

3.3.9　与母公司签订供货合同，子公司实际供货并开具发票是否有风险？

问：我公司一在建项目招标采购水泥，某水泥生产厂家总公司中标并与我公司签订供货合同，但实际上却是由总公司授权位于施工现场区域附近的下属子公司供货，这种情况下，子公司供货并向我公司开具发票是否会被定性为虚开？

答：水泥生产厂家总公司中标后授权给所属子公司供货，应是征得了采购方的同意，所以，这实际上是一个三方的合同。贵公司从总公司授权的子公司采购水泥、支付款项，并取得发票，是一个正常的购销模式，如果业务真实，不属于虚开。

政策依据：

➢《国家税务总局关于进一步明确营改增有关征管问题的公告》（国家税务总局公告2017年第11号）（虽规定对象不同，但基本原理一致，建议参照）

二、建筑企业与发包方签订建筑合同后，以内部授权或者三方协议等方式，授权集团内其他纳税人（以下称“第三方”）为发包方提供建筑服务，并由第三方直接与发包方结算工程款的，由第三方缴纳增值税并向发包方开具增值税发票，与发包方签订建筑合同的建筑企业不缴纳增值税。发包方可凭实际提供建筑服务的纳税人开具的增值税专用发票抵扣进项税额。

第四章　个人所得税问题

第一节　综合所得类

4.1.1　向员工支付交通补助，餐补，通讯补助是否要并入工资、薪金所得预扣预缴个人所得税？是否应作为社保缴费基数？

问：我公司向员工支付交通补助，餐补，通讯补助，为员工报销加班餐费，是否要并入工资、薪金所得预扣预缴个人所得税？是否应作为社保缴费基数？

答：根据国税发〔1999〕58号规定，发放给员工的交通补贴、通讯费补贴，应扣除一定标准的费用后，并入工资、薪金所得预扣预缴个人所得税（费用扣除标准由各省、市、自治区、直辖市等确定并报国家税务总局备案）。

餐补如果属于误餐补助则不征税（一般的餐补都不是误餐补助）。为员工报销的加班餐费，如果是多个就餐人员且不可分割，则不征个人所得税，如果是为员工个人报销的加班餐费，真实的、在合理范围内的，个人倾向于认定为误餐补助，不征个人所得税。

按月随工资发放的交通补助、通讯费补贴，应作为社保缴费计算基数。出差补助、误餐补助不列入缴费基数。

政策依据：

➢《国家税务总局关于个人所得税有关政策问题的通知》（国税发〔1999〕58号）

二、关于个人取得公务交通、通讯补贴收入征税问题

个人因公务用车和通讯制度改革而取得的公务用车、通讯补贴收入，扣除一定标准的公务费用后，按照“工资、薪金”所得项目计征个人所得税。按月发放的，并入当月“工资、薪金”所得计征个人所得税；不按月发放的，分解到所属月份并与该月份“工资、薪金”所得合并后计征个人所得税。

公务费用的扣除标准，由省级地方税务局根据纳税人公务交通、通讯费用的实际发生情况调查测算，报经省级人民政府批准后确定，并报国家税务总局备案。

➢《国家税务总局关于印发〈征收个人所得税若干问题的规定〉的通知》（国税发〔1994〕089 号）

二、关于工资、薪金所得的征税问题

（二）下列不属于工资、薪金性质的补贴、津贴或者不属于纳税人本人工资、薪金所得项目的收入，不征税：

1. 独生子女补贴；

2. 执行公务员工资制度未纳入基本工资总额的补贴、津贴差额和家属成员的副食品补贴；

3. 托儿补助费；

4. 差旅费津贴、误餐补助。

➢《财政部、国家税务总局关于误餐补助范围确定问题的通知》（财税字〔1995〕82 号）

国税发〔1994〕89 号文件规定不征税的误餐补助，是指按财政部门规定，个人因公在城区、郊区工作，不能在工作单位或返回就餐，确实需要在外就餐的，根据实际误餐顿数，按规定的标准领取的误餐费。一些单位以误餐补助名义发给职工的补贴、津贴，应当并入当月工资、薪金所得计征个人所得税。

➢《上海市国税局关于转发〈国家税务总局关于执行《企业会计制度》需要明确的有关所得税问题的通知〉及本市实施意见的通知》（沪国税所一〔2003〕135 号）

五、关于通讯费的税前扣除标准问题。

纳税人发生的与取得应纳税收入有关的办公通讯费用，可选择据实列支或包干使用的方法处理，但不可二种方法混合使用。采用包干使用方法的纳税人，应制定办公通讯费包干使用方案，并报主管税务机关备案。包干使用办公通讯费的方案，由纳税人根据企业经营业务需要并参照市政府制定的市级政府

机关通讯费标准制定。与取得应纳税收入无关人员的通讯费不得税前扣除。

➤《中华人民共和国劳动和社会保障部社会保险事业管理中心关于规范社会保险缴费基数有关问题的通知》（劳社险中心函〔2006〕60号）

三、关于计算缴费基数的具体项目

根据国家统计局的规定，下列项目作为工资总额统计，在计算缴费基数时作为依据：

4. 津贴，包括：

（6）其他津贴。例如，支付给个人的伙食津贴（火车司机和乘务员的乘务津贴、航行和空勤人员伙食津贴、水产捕捞人员伙食津贴补贴、汽车司机行车津贴、体育运动员和教练员伙食补助费、少数民族伙食津贴、伙食单位补贴、单位按月发放的伙食补贴、补助或提供的工作餐等）、上下班交通补贴、洗理卫生费、书报费、工种粮补贴、过节费、干部行车补贴、私车补贴等。

8. 特殊项目构成的工资：

（4）单位给职工个人实报实销的职工个人家庭使用的固定电话话费、职工个人使用的手机费（不含因工作原因产生的通讯费，如不能明确区分公用、私用均计入工资总额）、职工个人购买的服装费（不包括工作服）等各种费用〔国家统计局《关于印发2002年劳动统计年报新增指标解释及问题解答的通知》（国统办字〔2002〕20号）〕；

四、关于不列入缴费基数的项目

（六）出差补助、误餐补助。指职工出差应购卧铺票实际改乘座席的减价提成归己部分；因实行住宿费包干，实际支出费用低于标准的差价归己部分，不作为社保缴费基数。

4.1.2　给新来的总经理买了一部手机，是否需要代扣代缴个人所得税？

问：公司给新来的总经理买了一部手机，价值5000多元，话费也由公司承担，应该如何进行账务处理？是否涉及个人所得税？

答：该手机如登记在公司名下，作为固定资产管理，不属于个人所得，不应当代扣个人所得税。如果不列入企业资产，而是赠送给个人，则应并入工资、薪金所得计算并预扣预缴个人所得税。建议采用第一种方式，记入固定资产。

关于报销的话费，如果是单位为员工个人通讯工具（因公需要，发票抬头是单位名称）负担通讯费，其全额实报实销或限额实报实销部分属于公务支出，不属于个人所得，可不计入员工当月工资、薪金所得计算扣缴个人所得税。

如果是单位为个人通讯工具负担通讯费采取发放补贴形式或者报销（发票抬头是个人），形式，应扣除一定标准的公务费用后，按照"工资、薪金"所得项目计征个人所得税。公务费用扣除标准由当地政府制定（各地会略有差别，以当地规定标准为准）。

政策依据：

➢《国家税务总局关于个人所得税有关政策问题的通知》（国税发〔1999〕58号）

二、关于个人取得公务交通、通讯补贴收入征税问题

个人因公务用车和通讯制度改革而取得的公务用车、通讯补贴收人，扣除一定标准的公务费用后，按照"工资、薪金"所得项目计征个人所得税。按月发放的，并入当月"工资、薪金"所得计征个人所得税；不按月发放的，分解到所属月份并与该月份"工资、薪金"所得合并后计征个人所得税。

公务费用的扣除标准，由省级地方税务局根据纳税人公务交通、通讯费用的实际发生情况调查测算，报经省级人民政府批准后确定，并报国家税务总局备案。

4.1.3 员工为关联公司办理业务，取得对方支付的差旅补助是否要申报缴纳个人所得税？

问： A、B为关联公司，A公司有一名员工为B公司办理业务时，需出差至上海（该员工与A公司签署劳动合同），该员工发生的差旅费等，直接在B公司报销，如果要同时给该员工发放差旅补贴，是否需要代扣个人所得税？B公司是否需要与该员工签订劳动合同？

答： 如该员工确实为B公司提供服务，且按合同约定应由B公司负担差旅费，则B公司报销相关差旅费并在税前扣除时，需要有相关合同协议等资料来证明。否则，会被判定为不属于本单位支出，而不允许在企业所得税税前扣除。

如果B公司根据员工出差情况，按当地标准向该员工支付出差补贴而不再报销费用，这属于出差包干的费用，不征个人所得税。超过标准的，应按劳务

报酬预扣预缴个人所得税。此种情况，不同地区的税务机关会有不同理解，以当地税务机关执行口径为准。

政策依据：

➢《国家税务总局关于印发〈征收个人所得税若干问题的规定〉的通知》（国税发〔1994〕089号）

二、关于工资、薪金所得的征税问题

（二）下列不属于工资、薪金性质的补贴、津贴或者不属于纳税人本人工资、薪金所得项目的收入，不征税：

1. 独生子女补贴；

2. 执行公务员工资制度未纳入基本工资总额的补贴、津贴差额和家属成员的副食品补贴；

3. 托儿补助费；

4. 差旅费津贴、误餐补助。

4.1.4　员工出差期间通过“饿了么”订餐，我公司在限额标准内统一结算，是否可以作为差旅费补贴进行税务处理？

问：我公司与“饿了么”签约，员工出差需要就餐时，通过“饿了么”订餐，如果费用未超过公司规定的差旅津贴报销标准，则由公司与“饿了么”统一结算，超过部分，由员工个人负担。针对标准内的这部分费用，我公司认为属于差旅费津贴，无需取得餐饮费发票作为税前扣除凭证，也无须代扣个人所得税，这种看法是否正确？

答：问题所提到的情形可以理解为向员工发放差旅费补贴，只不过这个补贴由企业按标准计算的金额直接支付给了“饿了么”。该补贴如果不超过当地机关事业单位标准，则无需并入工资、薪金所得预扣预缴个人所得税。

政策依据：

➢《国家税务总局关于印发〈征收个人所得税若干问题的规定〉的通知》（国税发〔1994〕089号）

二、关于工资、薪金所得的征税问题

（二）下列不属于工资、薪金性质的补贴、津贴或者不属于纳税人本人工资、薪金所得项目的收入，不征税：

4. 差旅费津贴、误餐补助。

4.1.5 为员工报销私车公用燃油费是否需要并入工资、薪金所得预扣预缴个人所得税?

问：公司规定，员工私车公用，可按每公里2元为员工报销加油费，比如，我开自己的车去税务局办事，从公司到税务局30公里，我可以报销(30×2)60元，那么支付这60元时，是否需要取得发票作为入账及税前扣除凭证？是否需要并入工资、薪金所得预扣预缴个人所得税？

答：问题所叙述的情形属于员工私车公用为企业办理业务，应由企业承担相关燃油费用，并可以在企业所得税税前扣除。同样，这也不属于个人所得，不应代扣代缴个人所得税。但一定要有相关的出行资料、管理核算资料证明支出发生的真实性、支付金额的合理性。

如果相关资料不能佐证上述费用的真实性及合理性，则很有可能被认定为属于个人应负担的支出，而不允许企业所得税税前扣除；同时，还会被要求并入员工当月工资、薪金所得预扣预缴个人所得税。

政策依据：

➢《国家税务总局关于个人所得税有关政策问题的通知》(国税发〔1999〕58号)

二、关于个人取得公务交通、通讯补贴收入征税问题

个人因公务用车和通讯制度改革而取得的公务用车、通讯补贴收人，扣除一定标准的公务费用后，按照“工资、薪金”所得项目计征个人所得税。按月发放的，并入当月“工资、薪金”所得计征个人所得税；不按月发放的，分解到所属月份并与该月份“工资、薪金”所得合并后计征个人所得税。

公务费用的扣除标准，由省级地方税务局根据纳税人公务交通、通讯费用的实际发生情况调查测算，报经省级人民政府批准后确定，并报国家税务总局备案。

4.1.6 公司组织员工旅游，支付旅游费用，是否需要预扣预缴个人所得税?

问：公司组织员工旅游，支付旅游费用，是否需要预扣预缴个人所得税？

答： 单位组织旅游，可分割，属于员工因任职受雇取得的非货币所得，应计入个人所得计算预扣预缴个人所得税。

政策依据：

➢《中华人民共和国个人所得税法实施条例》（1994 年 1 月 28 日中华人民共和国国务院令第 142 号发布，根据 2018 年 12 月 18 日中华人民共和国国务院令第 707 号第四次修订）

第八条　个人所得的形式，包括现金、实物、有价证券和其他形式的经济利益；所得为实物的，应当按照取得的凭证上所注明的价格计算应纳税所得额，无凭证的实物或者凭证上所注明的价格明显偏低的，参照市场价格核定应纳税所得额；所得为有价证券的，根据票面价格和市场价格核定应纳税所得额；所得为其他形式的经济利益的，参照市场价格核定应纳税所得额。

➢ 参考：国家税务总局所得税司副司长叶霖儿就此问题的回答——

对于任职受雇单位发给个人的福利，不论是现金还是实物，依法均应缴纳个人所得税。但对于集体享受的、不可分割的、未向个人量化的非现金方式的福利，原则上不征收个人所得税。

4.1.7　我公司法人代表在三家公司任职，未合并申报，汇算清缴时补税会不会被加收滞纳金？

问： 我公司法人代表同时是另外两家公司的法人代表，每个月从三家公司领取工资，每家公司只按他所任职公司支付的工资计算并且预扣预缴个人所得税，汇算清缴时，需要补缴个人所得税，补缴时，是否会被加收滞纳金？预扣预缴时，没有把从三家企业取得的所得合并纳税，是否存在风险？

答： 自 2019 年 1 月 1 日起，新的个人所得税法实施，按新的个人所得税法，个人取得综合所得的，按年汇算清缴，汇算清缴时，应补缴的税款在 6 月 30 日前缴纳入库的，不加收滞纳金。

纳税人从两处以上取得工资、薪金所得，有扣缴义务人的，由扣缴义务人按月或者按次预扣预缴税款，扣缴义务人每次预扣预缴时，就自己支付的所得履行义务即可，无须考虑该个人从其他地方取得所得的扣缴问题；该个人当年达到办理汇算清缴条件的，应当在取得所得的次年 3 月 1 日至 6 月 30 日内办理汇算清缴。

政策依据：

➢《中华人民共和国个人所得税法》（1980 年 9 月 10 日第五届全国人民代表大会第三次会议通过，根据 2018 年 8 月 31 日第十三届全国人民代表大会常务委员会第五次会议《关于修改〈中华人民共和国个人所得税法〉的决定》第七次修正）

第十一条　居民个人取得综合所得，按年计算个人所得税；有扣缴义务人的，由扣缴义务人按月或者按次预扣预缴税款；需要办理汇算清缴的，应当在取得所得的次年 3 月 1 日至 6 月 30 日内办理汇算清缴。预扣预缴办法由国务院税务主管部门制定。

居民个人向扣缴义务人提供专项附加扣除信息的，扣缴义务人按月预扣预缴税款时应当按照规定予以扣除，不得拒绝。

非居民个人取得工资、薪金所得，劳务报酬所得，稿酬所得和特许权使用费所得，有扣缴义务人的，由扣缴义务人按月或者按次代扣代缴税款，不办理汇算清缴。

六、法律责任

根据《中华人民共和国税收征收管理法》及其实施细则的规定，纳税人未在规定期限内办理纳税申报和报送纳税资料的，由税务机关责令限期改正，可以处 2000 元以下罚款；情节严重的，可以处 2000 元以上 10000 元以下罚款。

➢《国家税务总局关于个人所得税自行纳税申报有关问题的公告》（国家税务总局公告 2018 年第 62 号）

一、取得综合所得需要办理汇算清缴的纳税申报

……

需要办理汇算清缴的纳税人，应当在取得所得的次年 3 月 1 日至 6 月 30 日内，向任职、受雇单位所在地主管税务机关办理纳税申报，并报送《个人所得税年度自行纳税申报表》。纳税人有两处以上任职、受雇单位的，选择向其中一处任职、受雇单位所在地主管税务机关办理纳税申报；纳税人没有任职、受雇单位的，向户籍所在地或经常居住地主管税务机关办理纳税申报。

纳税人办理综合所得汇算清缴，应当准备与收入、专项扣除、专项附加扣除、依法确定的其他扣除、捐赠、享受税收优惠等相关的资料，并按规定留存备查或报送。

纳税人取得综合所得办理汇算清缴的具体办法，另行公告。

4.1.8　给员工发放夏季高温补贴，没有扣缴个人所得税，是不是有风险？

问：给员工发放夏季高温补贴，在福利费列支并按福利费在企业所得税税前扣除，没有扣缴个人所得税，是不是有风险？为员工发放过节福利呢？

答：一些纳税人有这样的认识误区，企业所得税允许扣除的，就不应当再代扣代缴个人所得税。单位是否需要代扣个人所得税，并不看支付的项目是在哪个科目里核算，也不是看该支出能否在企业所得税税前扣除。判断是否需要代扣个税的标准就是：个人是否有所得、是不是人人有份（实物）、是不是属于免税事项。如果确认为应税所得，那么支付所得的单位必须履行个人所得税的扣缴义务。

夏季高温津贴（职工防暑降温费）属于福利费的内容，但不属于免税范围，有的地方的税务机关做了从宽处理，即必须野外作业的特殊岗位，且在规定限额内免税（如野外高压线施工人员、野外道路桥梁施工人员），否则，应当全额计入当月工资、薪金所得计算并扣缴个人所得税。一些企业以为夏季高温津贴（职工防暑降温费）计入福利费就可以免个人所得税的想法是不正确的，发放夏季高温补贴未按规定履行扣缴义务是存在风险的。

员工的过节福利属于任职受雇取得的非货币所得，应并入工资、薪金所得预扣预缴个人所得税。

政策依据：

➢《中华人民共和国个人所得税法》（1980 年 9 月 10 日第五届全国人民代表大会第三次会议通过，根据 2018 年 8 月 31 日第十三届全国人民代表大会常务委员会第五次会议《关于修改〈中华人民共和国个人所得税法〉的决定》第七次修正）

第四条　下列各项个人所得，免征个人所得税：

（一）省级人民政府、国务院部委和中国人民解放军军以上单位，以及外国组织、国际组织颁发的科学、教育、技术、文化、卫生、体育、环境保护等方面的奖金；

（二）国债和国家发行的金融债券利息；

（三）按照国家统一规定发给的补贴、津贴；

（四）福利费、抚恤金、救济金；

（五）保险赔款；

（六）军人的转业费、复员费、退役金；

（七）按照国家统一规定发给干部、职工的安家费、退职费、基本养老金或者退休费、离休费、离休生活补助费；

（八）依照有关法律规定应予免税的各国驻华使馆、领事馆的外交代表、领事官员和其他人员的所得；

（九）中国政府参加的国际公约、签订的协议中规定免税的所得；

（十）国务院规定的其他免税所得。

前款第十项免税规定，由国务院报全国人民代表大会常务委员会备案。

➢《中华人民共和国个人所得税法实施条例》（1994 年 1 月 28 日中华人民共和国国务院令第 142 号发布，根据 2018 年 12 月 18 日中华人民共和国国务院令第 707 号第四次修订）

第十一条　个人所得税法第四条第一款第四项所称福利费，是指根据国家有关规定，从企业、事业单位、国家机关、社会组织提留的福利费或者工会经费中支付给个人的生活补助费；所称救济金，是指各级人民政府民政部门支付给个人的生活困难补助费。

➢《国家税务总局关于印发〈征收个人所得税若干问题的规定〉的通知》（国税发〔1994〕089 号）

二、关于工资、薪金所得的征税问题

4. 差旅费津贴、误餐补助。

4.1.9　各子公司员工的工资、“五险一金”均在母公司发放、缴纳，双方应如何进行账务处理及税务处理？

问：各子公司员工的工资、“五险一金”均在母公司发放、缴纳，双方应如何账务处理及税务处理？

答：母、子公司均为独立法人，有各自独立的权利、义务，是各自独立的利益主体，也是各自独立的纳税主体。会计上，应当各自独立的核算资产、负债、所有者权益，包括经营期间的收入、成本、费用。作为独立的纳税主体，母子公司均负有不同税种的、独立的纳税申报义务，也应当各自履行。

子公司员工的工资、“五险一金”在母公司发放、缴纳，如果作为母公司的代收、代付款项处理是没有问题的，即子公司将其员工的工资、“五险一金”

拨付给母公司，母公司收到款项，通过工资发放系统分发给员工、将“五险一金”缴纳到相关管理部门，上述款项的收、付均可通过“其他应收款”“其他应付款”下设的二级甚至三级明细科目进行核算。

各子公司转交母公司发放的工资、缴纳的“五险一金”应分别计入子公司相关成本、费用科目。需要注意的是，即使由母公司代发，但子公司“对所得的支付对象和支付数额有决定权”，所以，个人所得税的扣缴义务仍应当由子公司履行。

如果子公司员工的工资、“五险一金”不仅由母公司发放，同时也计入母公司成本、费用，则违背了独立原则，会计核算存在问题、企业所得税纳税申报也会存在很大风险，这种情况应当避免出现。

政策依据：

➤《国家税务总局关于个人所得税偷税案件查处中有关问题的补充通知》（国税函〔1996〕602号）

三、关于扣缴义务人的认定

扣缴义务人的认定，按照个人所得税法的规定，向个人支付所得的单位和个人为扣缴义务人。由于支付所得的单位和个人与取得所得的人之间有多重支付的现象，有时难以确定扣缴义务人。为保证全国执行的统一，现将认定标准规定为：凡税务机关认定对所得的支付对象和支付数额有决定权的单位和个人，即为扣缴义务人。

4.1.10　在自有土地上种植农作物、生产的农产品用于发放员工福利，是否涉及个人所得税？

问：在厂区自有土地上种植农作物，生产出来的农产品用于发放员工福利，是否涉及个人所得税？

答：如果是员工利用业余时间自己动手生产的农产品，贵公司不主张产品的所有权，则参与生产员工获得农产品与贵公司无关，不应涉及个人所得税。

如果是贵公司组织员工生产的产品，则该产品属于贵公司生产的货物，将自产的货物作为员工福利发放给员工，且可分割，应并入员工工资、薪金所得计算并预扣预缴个人所得税。

政策依据：

➤《中华人民共和国个人所得税法实施条例》（1994年1月28日中华人

民共和国国务院令第 142 号发布，根据 2018 年 12 月 18 日中华人民共和国国务院令第 707 号第四次修订）

第六条　个人所得税法规定的各项个人所得的范围：

（一）工资、薪金所得，是指个人因任职或者受雇取得的工资、薪金、奖金、年终加薪、劳动分红、津贴、补贴以及与任职或者受雇有关的其他所得。

➢ 参考：2012－04－11　20：43 国家税务总局在线答疑

卢云回答："但目前我们对于集体享受的、不可分割的、非现金方式的福利，原则上不征收个人所得税。"

4.1.11　给优秀部门发放奖金是否涉及个人所得税?

问：我公司年终给被评为优秀的部门发奖金 5 万元，我们应记入什么科目，是否涉及个人所得税?

答：要弄清楚奖励对象。这种情况下，一般是奖励给部门，然后部门再分配给员工。这部分奖励支出，应记入该部门所对应的成本或费用中。员工取得的这部分所得，应当按工资、薪金所得项目计算并预扣预缴个人所得税。

如果奖励给部门后，部门未分给个人，而是作为部门的福利、办公、招待、团建费用，则发生相应支出时，应凭取得的相应发票，记入相应的管理费用中，并按企业所得税的相关规定限额或全额扣除（此时，其实奖励的是部门报销集体福利的额度）。其中，用于团建支出或福利支出，员工有所得且可分割，则应按规定按工资、薪金所得项目计算并预扣预缴个人所得税。其余支出，不属于个人所得，不涉及代扣代缴个人所得税问题。

政策依据：

➢《中华人民共和国个人所得税法实施条例》（1994 年 1 月 28 日中华人民共和国国务院令第 142 号发布，根据 2018 年 12 月 18 日中华人民共和国国务院令第 707 号第四次修订）

第六条　个人所得税法规定的各项个人所得的范围：

（一）工资、薪金所得，是指个人因任职或者受雇取得的工资、薪金、奖金、年终加薪、劳动分红、津贴、补贴以及与任职或者受雇有关的其他所得。

➢ 参考：2012－04－11　20：43 国家税务总局在线答疑

卢云回答："但目前我们对于集体享受的、不可分割的、非现金方式的福利，原则上不征收个人所得税"。

4.1.12 集团公司奖励给我公司员工的奖金，我公司支付时如何扣缴个人所得税？

问：我公司员工代表我单位参加集团公司的科技奖评选并且获奖，集团公司奖励给该员工 15 万元并将款项转至我公司账户，我公司支付给该员工时，是按照工资、薪金所得还是偶然所得代扣代缴个人所得税？

答：该员工取得的所得并非偶然，如果不是因为任职受雇，不会取得该项奖金，因此，应按工资、薪金所得项目预扣预缴个人所得税。

政策依据：

➢《中华人民共和国个人所得税法实施条例》（1994 年 1 月 28 日中华人民共和国国务院令第 142 号发布，根据 2018 年 12 月 18 日中华人民共和国国务院令第 707 号第四次修订）

第六条　个人所得税法规定的各项个人所得的范围：

（一）工资、薪金所得，是指个人因任职或者受雇取得的工资、薪金、奖金、年终加薪、劳动分红、津贴、补贴以及与任职或者受雇有关的其他所得。

4.1.13 企业发给员工结婚礼金、丧葬费需要扣缴个人所得税吗？

问：企业发给员工的结婚礼金、丧葬费之类的福利费，要并入工资、薪金所得预扣预缴个人所得税吗？

答：结婚礼金，属于员工的工资、薪金所得，毫无疑问要并入员工工资、薪金所得预扣预缴个税。

按照《工伤保险条例》（国务院令第 586 号）规定取得的丧葬补助金免征个人所得税。

➢《中华人民共和国个人所得税法》（1980 年 9 月 10 日第五届全国人民代表大会第三次会议通过，根据 2018 年 8 月 31 日第十三届全国人民代表大会常务委员会第五次会议《关于修改〈中华人民共和国个人所得税法〉的决定》第七次修正）

第四条　下列各项个人所得，免征个人所得税：

（一）省级人民政府、国务院部委和中国人民解放军军以上单位，以及外国组织、国际组织颁发的科学、教育、技术、文化、卫生、体育、环境保护等方面的奖金；

（二）国债和国家发行的金融债券利息；

（三）按照国家统一规定发给的补贴、津贴；

（四）福利费、抚恤金、救济金；

➤《财政部 国家税务总局关于工伤职工取得的工伤保险待遇有关个人所得税政策的通知》（财税〔2012〕40号）

一、对工伤职工及其近亲属按照《工伤保险条例》（国务院令第586号）规定取得的工伤保险待遇，免征个人所得税。

二、本通知第一条所称的工伤保险待遇，包括工伤职工按照《工伤保险条例》（国务院令第586号）规定取得的一次性伤残补助金、伤残津贴、一次性工伤医疗补助金、一次性伤残就业补助金、工伤医疗待遇、住院伙食补助费、外地就医交通食宿费用、工伤康复费用、辅助器具费用、生活护理费等，以及职工因工死亡，其近亲属按照《工伤保险条例》（国务院令第586号）规定取得的丧葬补助金、供养亲属抚恤金和一次性工亡补助金等。

4.1.14 企业为员工购买商业医疗保险，要扣缴个人所得税吗？

问：企业为员工购买商业医疗保险，要扣缴个人所得税吗？

答：除购买符合规定的商业健康保险产品外，单位为员工购买的商业医疗保险属于员工因任职受雇取得的所得，应并入工资、薪金所得计算并预扣预缴个人所得税。

政策依据：

➤《财政部 税务总局 保监会关于将商业健康保险个人所得税试点政策推广到全国范围实施的通知》（财税〔2017〕39号）

自2017年7月1日起，将商业健康保险个人所得税试点政策推广到全国范围实施。现将有关问题通知如下：

一、关于政策内容

对个人购买符合规定的商业健康保险产品的支出，允许在当年（月）计算应纳税所得额时予以税前扣除，扣除限额为2400元/年（200元/月）。单位统一为员工购买符合规定的商业健康保险产品的支出，应分别计入员工个人工资薪金，视同个人购买，按上述限额予以扣除。

2400 元/年（200 元/月）的限额扣除为个人所得税法规定减除费用标准之外的扣除。

4.1.15　支付上市公司董事津贴如何计算扣缴个人所得税？

问：支付上市公司董事津贴（含独立董事），如何计算并扣缴个人所得税？是否需要到税务局代开发票并缴纳增值税及相关附加？

答：分成两种情况：一种是在公司没有同时担任除董事外的其他职务；另一种是同时担任除董事外的其他职务。

前者按照劳务报酬所得项目征收个人所得税，需要到税务机关代开发票作为该支出的企业所得税税前扣除凭证（一般情况董事津贴下均超过增值税起征点，已经不属于小额零星经营业务）。代开发票时，税务机关会附征增值税及相关附加。

后者按工资、薪金所得项目缴纳个人所得税，以工资表作为扣除凭证，无须代开增值税发票。

政策依据：

➢《国家税务总局关于印发〈征收个人所得税若干问题的规定〉的通知》（国税发〔1994〕89 号）

八、关于董事费的征税问题

个人由于担任董事职务所取得的董事费收入，属于劳务报酬所得性质，按照劳务报酬所得项目征收个人所得税。

➢《国家税务总局关于明确个人所得税若干政策执行问题的通知》（国税发〔2009〕121 号）

二、关于董事费征税问题

（一）《国家税务总局关于印发〈征收个人所得税若干问题的规定〉的通知》（国税发〔1994〕89 号）第八条规定的董事费按劳务报酬所得项目征税方法，仅适用于个人担任公司董事、监事，且不在公司任职、受雇的情形。

（二）个人在公司（包括关联公司）任职、受雇，同时兼任董事、监事的，应将董事费、监事费与个人工资收入合并，统一按工资、薪金所得项目缴纳个人所得税。

➢《关于发布〈企业所得税税前扣除凭证管理办法〉的公告》（国家税务总局公告 2018 年第 28 号）

第九条　企业在境内发生的支出项目属于增值税应税项目（以下简称“应税项目”）的，对方为已办理税务登记的增值税纳税人，其支出以发票（包括按照规定由税务机关代开的发票）作为税前扣除凭证；对方为依法无需办理税务登记的单位或者从事小额零星经营业务的个人，其支出以税务机关代开的发票或者收款凭证及内部凭证作为税前扣除凭证，收款凭证应载明收款单位名称、个人姓名及身份证号、支出项目、收款金额等相关信息。

……

4.1.16　为员工购买补充医疗团体险如何计算扣缴个人所得税?

问：现在外资企业都会购买补充医疗保险团体险，参保员工去医院看病后，报销的费用由保险公司直接打到员工的个人账户上（企业并不参与打款），企业仅在购买时向保险公司支付该团体险的费用，到期后续费。员工收到报销的看病费用，是否需要交个税？如果交，该怎么计算？按照员工人头平均分摊？

答：根据国税函〔2005〕318号文件规定，应在企业向保险公司缴付时（即该保险落到被保险人的保险账户）并入员工当期的工资收入，按“工资、薪金所得”项目计征个人所得税。

但对于团体购买的医疗保险，这样处理会遇到问题：因为是团体购买，不存在个人账户问题，也就不存在保险落到被保险人的保险账户这一说；另外这种情况下，没有生病的员工不会得到报销的费用，如果在企业向保险公司缴付时扣缴其个税，会引起较大争议。针对这种情况，有的地区税务机关的处理办法是：单位缴费时，不涉及个人所得税，但在报销时，支付员工的、实际报销的费用，计入工资、薪金所得并预扣预缴个人所得税。

政策依据：

➤《国家税务总局关于单位为员工支付有关保险缴纳个人所得税问题的批复》（国税函〔2005〕318号）

你局《关于代扣代缴单位为员工支付保险有关缴纳个人所得税问题的请示》）（黑地税发〔2005〕19号）收悉。经研究，现批复如下：

依据《中华人民共和国个人所得税法》及有关规定，对企业为员工支付各项免税之外的保险金，应在企业向保险公司缴付时（即该保险落到被保险人的保险账户）并入员工当期的工资收入，按“工资、薪金所得”项目计征个人所得税，税款由企业负责代扣代缴。

【注：该文件在国家税务总局《税收法规库》及失效文件目录中均未查询到，但结合个人所得税法精神判断，该文件应当有效。】

4.1.17　建筑企业支付临时工工资如何计算扣缴个人所得税?

问：建筑劳务公司临时工，流动性强，工资不固定，向这类人员支付工资时，需要预扣预缴个人所得税吗?

答：与贵公司构成劳动关系的员工，向其支付工资时，应办理全员全额明细申报。符合账证不全等条件的，可提请当地税务机关采取核定的方式征收工程作业人员工资、薪金所得的个人所得税。

政策依据：

➢《国家税务总局关于印发〈建筑安装业个人所得税征收管理暂行办法〉的通知》(国税发〔1996〕127 号)

第三条　承包建筑安装业各项工程作业的承包人取得的所得，应区别不同情况计征个人所得税：经营成果归承包人个人所有的所得，或按照承包合同(协议)规定，将一部分经营成果留归承包人个人的所得，按对企事业单位的承包经营、承租经营所得项目征税；以其他分配方式取得的所得，按工资、薪金所得项目征税。

从事建筑安装业的个体工商户和未领取营业执照承揽建筑安装业工程作业的建筑安装队和个人，以及建筑安装企业实行个人承包后工商登记改变为个体经济性质的，其从事建筑安装业取得的收入应依照个体工商户的生产、经营所得项目计征个人所得税。

从事建筑安装业工程作业的其他人员取得的所得，分别按照工资、薪金所得项目和劳务报酬所得项目计征个人所得税。

第六条　从事建筑安装业的单位和个人应设置会计账簿，健全财务制度，准确、完整地进行会计核算。对未设立会计账簿，或者不能准确、完整地进行会计核算的单位和个人，主管税务机关可根据其工程规模、工程承包合同(协议)价款和工程完工进度等情况，核定其应纳税所得额或应纳税额，据以征税。具体核定办法由县以上(含县级)税务机关制定。

➢《关于建筑安装业跨省异地工程作业人员个人所得税征收管理问题的公告》(国家税务总局公告 2015 年第 52 号)

一、总承包企业、分承包企业派驻跨省异地工程项目的管理人员、技术人员和其他工作人员在异地工作期间的工资、薪金所得个人所得税，由总承包企业、分承包企业依法代扣代缴并向工程作业所在地税务机关申报缴纳。

跨省异地施工单位应就其所支付的工程作业人员工资、薪金所得，向工程作业所在地税务机关办理全员全额扣缴明细申报。凡实行全员全额扣缴明细申报的，工程作业所在地税务机关不得核定征收个人所得税。

➢《江西省地方税务局关于个人所得税征收管理有关问题的公告》（江西省地方税务局公告2016年第4号）

三、关于建筑安装工程项目征收个人所得税的问题

（一）从事建筑安装工程作业的单位和个人是个人所得税的扣缴义务人，应在向个人支付收入时依法代扣代缴其应纳的个人所得税，并向工程作业所在地的主管地税机关进行全员全额明细申报。

（二）施工企业承揽工程项目有以下情形之一的，工程作业所在地的主管地税机关可按项目经营收入的1%预征个人所得税：

1. 企业未依照国家有关规定设置账簿的；

2. 企业虽设置账簿，但账目混乱或者成本资料、收入凭证、费用凭证残缺不全，难以查账的；

3. 企业未按照规定的期限办理扣缴纳税申报（全员全额明细申报），经地方税务机关责令限期申报，逾期仍不申报的。

（三）每年年度终了后3个月内，纳税人应凭完税凭证到主管地税机关进行清算，多退少补。

➢《广东省地方税务局关于统一全省异地施工建筑安装企业作业人员个人所得税核定征收比例的公告》（广东省地方税务局公告2017年第2号）

跨省（自治区、直辖市和计划单列市）在广东省范围内从事建筑安装的异地施工企业及广东省内跨市从事建筑安装的异地施工企业，符合核定征收条件的，其作业人员个人所得税由工程所在地主管税务机关统一按工程造价的4‰核定征收。

➢《江苏省地方税务局公告关于调整建筑安装业个人所得税核定征收比例的公告》（苏地税规〔2015〕5号）

建筑安装业个人所得税采取按照工程价款的一定比例核定征收税款办法的，核定征收的比例为工程价款的4‰。

➢《建筑安装业跨省异地工程作业人员个人所得税申报事项操作规程（试行）》（沪地税函〔2015〕3号）

自2015年9月1日起，外省市建筑安装的总承包企业、分承包企业在沪新办登记的工程项目，其工程作业人员工资、薪金所得，由总承包企业、分承包企业或者劳务派遣企业代扣代缴的个人所得税，向工程作业所在地税务机关办理全员全额扣缴明细申报。上海市个人所得税代扣代缴申报软件可在上海税务网“下载中心”专栏下载。

对2015年9月1日以前已在市税务三分局办理登记的工程项目，可按原核定征收办法执行至该工程项目结束为止，也可改为个人所得税全员全额明细申报，并根据操作规程中的“事项名称”有关方法办理。执行中如有问题，请及时向市局反映。

4.1.18 父母子女户口不在一起，父母可以享受子女教育专项附加扣除吗？

问：父母子女户口不在一起，父母可以享受子女教育专项附加扣除吗？

答：能否享受子女教育专项附加扣除，户口是否在一起并非前置条件。只要符合国发〔2018〕41号规定条件，其父母或监护人就可以享受子女教育附加扣除。如果是父母之外的其他人担任未成年人的监护人，应当协商扣除，但是只能选择一人扣除100%，或者两人分别按扣除标准的50%扣除，不能三人或更多人同时享受，扣除金额上限也不能超过1000元/月。

政策依据：

➢《国务院关于印发个人所得税专项附加扣除暂行办法的通知》（国发〔2018〕41号）

第二十九条　本办法所称父母，是指生父母、继父母、养父母。本办法所称子女，是指婚生子女、非婚生子女、继子女、养子女。父母之外的其他人担任未成年人的监护人的，比照本办法规定执行。

➢《国家税务总局关于发布〈个人所得税专项附加扣除操作办法（试行）〉的公告》（国家税务总局公告2018年第60号）

第十二条　纳税人享受子女教育专项附加扣除，应当填报配偶及子女的姓名、身份证件类型及号码、子女当前受教育阶段及起止时间、子女就读学校以及本人与配偶之间扣除分配比例等信息。

4.1.19 支付退休返聘人员报酬如何扣缴个人所得税？

问：单位雇佣退休返聘人员，约定每月固定支付报酬5000元。支付时，是按劳务报酬还是工资、薪金项目计算扣缴个人所得税？

答：应按按工资、薪金项目计算扣缴个人所得税。

政策依据：

➢《国家税务总局关于个人兼职和退休人员再任职取得收入如何计算征收个人所得税问题的批复》（国税函〔2005〕382号）

根据《中华人民共和国个人所得税法》（以下简称个人所得税法）、《国家税务总局关于印发〈征收个人所得税若干问题的规定〉的通知》（国税发〔1994〕89号）和《国家税务总局关于影视演职人员个人所得税问题的批复》（国税函〔1997〕385号）的规定精神，个人兼职取得的收入应按照“劳务报酬所得”应税项目缴纳个人所得税；退休人员再任职取得的收入，在减除按个人所得税法规定的费用扣除标准后，按“工资、薪金所得”应税项目缴纳个人所得税。

➢《国家税务总局国家税务总局关于离退休人员再任职界定问题的批复》（国税函〔2006〕526号）

《国家税务总局关于个人兼职和退休人员再任职取得收入如何计算征收个人所得税问题的批复》（国税函〔2005〕382号）所称的“退休人员再任职”，应同时符合下列条件：

一、受雇人员与用人单位签订一年以上（含一年）劳动合同（协议），存在长期或连续的雇用与被雇用关系；

二、受雇人员因事假、病假、休假等原因不能正常出勤时，仍享受固定或基本工资收入；

三、受雇人员与单位其他正式职工享受同等福利、社保、培训及其他待遇；

四、受雇人员的职务晋升、职称评定等工作由用人单位负责组织。因此，同时符合上述条件的退休返聘人员取得的报酬按工资、薪金缴纳个人所得税，否则按劳务报酬缴纳个人所得税。

➢《国家税务总局关于个人所得税有关问题的公告》（国家税务总局公告2011年第27号公告）

二、关于离退休人员再任职的界定条件问题

《国家税务总局关于离退休人员再任职界定问题的批复》（国税函〔2006〕526号）第三条中，单位是否为离退休人员缴纳社会保险费，不再作为离退休人员再任职的界定条件。

4.1.20 员工休产假期间，在生育津贴未发放前垫付工资，是否需要扣缴个人所得税？

问：员工休产假期间，在生育津贴还没有下来之前，公司先垫付一部分工资给员工，这部分工资能入费用吗？需要申报个税吗？还是直接算到其他应收款——员工个人借款里，等生育津贴到公司账了，再给员工多退少补？

答：要先确定这是否是代垫的款项，如果是代垫的生育津贴款项，挂往来即可，多退少补均通过往来科目进行操作，支付时，无须代扣代缴个人所得税。如果属于企业支付且负担的，即职工休产假期间，除生育津贴外，单位另外再向生育个人支付工资，则应按工资、薪金所得项目预扣预缴个人所得税，相应的工资成本正常计入相关成本或费用科目。

政策依据：

➢《财政部 国家税务总局关于生育津贴和生育医疗费有关个人所得税政策的通知》（财税〔2008〕8号）

一、生育妇女按照县级以上人民政府根据国家有关规定制定的生育保险办法，取得的生育津贴、生育医疗费或其他属于生育保险性质的津贴、补贴，免征个人所得税。

4.1.21 员工取得上一家任职单位支付的绩效奖，如何申报纳税？

问：我单位一名员工2020年收到上一家任职单位2019年的绩效奖金4万元，这笔收入如何申报纳税？

答：贵公司不是扣缴义务人，无须理会。该员工可在2021年汇算清缴期对2020年综合所得应纳个人所得税进行汇算清缴时申报。

政策依据：

➢《国家税务总局关于个人所得税自行纳税申报有关问题的公告》（国家

税务总局公告2018年第62号）

一、取得综合所得需要办理汇算清缴的纳税申报

取得综合所得且符合下列情形之一的纳税人，应当依法办理汇算清缴：

（一）从两处以上取得综合所得，且综合所得年收入额减除专项扣除后的余额超过6万元；

（二）取得劳务报酬所得、稿酬所得、特许权使用费所得中一项或者多项所得，且综合所得年收入额减除专项扣除的余额超过6万元；

（三）纳税年度内预缴税额低于应纳税额；

（四）纳税人申请退税。

需要办理汇算清缴的纳税人，应当在取得所得的次年3月1日至6月30日内，向任职、受雇单位所在地主管税务机关办理纳税申报，并报送《个人所得税年度自行纳税申报表》。纳税人有两处以上任职、受雇单位的，选择向其中一处任职、受雇单位所在地主管税务机关办理纳税申报；纳税人没有任职、受雇单位的，向户籍所在地或经常居住地主管税务机关办理纳税申报。

纳税人办理综合所得汇算清缴，应当准备与收入、专项扣除、专项附加扣除、依法确定的其他扣除、捐赠、享受税收优惠等相关的资料，并按规定留存备查或报送。

纳税人取得综合所得办理汇算清缴的具体办法，另行公告。

三、取得应税所得，扣缴义务人未扣缴税款的纳税申报

纳税人取得应税所得，扣缴义务人未扣缴税款的，应当区别以下情形办理纳税申报：

（一）居民个人取得综合所得的，按照本公告第一条办理。

4.1.22 因违反劳动法支付给员工的赔偿是否需要代扣代缴个人所得税？

问：因违反劳动法支付给员工的赔偿是否需要代扣代缴个人所得税？

答：该赔偿不属于个人所得税法正列举的征税项目，同时也不属于个人所得税相关政策文件规定需要归入个人所得税某一征税项目的赔偿，因此，支付该赔偿时，无须代扣代缴个人所得税。

有的人士认为，该赔偿因任职或者受雇取得，属于工资、薪金所得，笔者不认同这种观点。该赔偿是用人单位违反劳动合同法所承担的违法成本，个人取得该赔偿款，没有对应的劳动付出，不是用人单位依据国家有关规定以及双

方的劳动关系约定，支付给员工的劳动报酬（如月工资、加班费、年终奖等），不属于工资、薪金所得。另外，《中华人民共和国个人所得税法实施条例》第六条第一项对工资、薪金所得的定义有“与任职受雇有关”的表述，这里的“有关”应理解为直接“有关”，范围是有限的，因违反劳动法支付给员工的赔偿，不是直接“有关”，而是间接与任职有关，所以，从这一点来说，也不应属于工资、薪金所得。

政策依据：

➢《中华人民共和国个人所得税法实施条例》（1994 年 1 月 28 日中华人民共和国国务院令第 142 号发布，根据 2018 年 12 月 18 日中华人民共和国国务院令第 707 号第四次修订）

第六条　个人所得税法规定的各项个人所得的范围：

（一）工资、薪金所得，是指个人因任职或者受雇取得的工资、薪金、奖金、年终加薪、劳动分红、津贴、补贴以及与任职或者受雇有关的其他所得。

➢《中华人民共和国劳动合同法》（1994 年 7 月 5 日中华人民共和国主席令第二十八号公布，根据 2018 年 12 月 29 日中华人民共和国主席令第二十四号第二次修正）

第八十二条　不订立书面劳动合同的法律责任

用人单位自用工之日起超过 1 个月不满 1 年未与劳动者订立书面劳动合同的，应当向劳动者每月支付两倍的工资。用人单位违反本法规定不与劳动者订立无固定期限劳动合同的，自应当订立无固定期限劳动合同之日起向劳动者每月支付两倍的工资。

➢ 参考：个人取得赔偿需要纳税的项目

1. 个人转让股权取得违约金按财产转让项目缴纳个人所得税。依据：《国家税务总局关于个人股权转让过程中取得违约金收入征收个人所得税问题的批复》（国税函〔2006〕866 号）。

2. 个人离职取得竞业限制补偿金按“偶然所得”项目计算缴纳个人所得税。依据：《财政部、国家税务总局关于企业向个人支付不竞争款项征收个人所得税问题的批复》（财税〔2007〕102 号）。

3. 关于解除劳动关系、提前退休、内部退养的一次性补偿收入应计算纳税。依据：《财政部关于个人所得税法修改后有关优惠政策衔接问题的通知》（财税〔2018〕164 号）。

4. 个人终止投资取得的赔偿按照“财产转让所得”项目适用的规定计算

缴纳个人所得税。依据：《国家税务总局关于个人终止投资经营收回款项征收个人所得税问题的公告》（国家税务总局公告2011年第41号）。

5. 因专利权被使用而取得的经济赔偿按“特许权使用费所得”应税项目缴纳个人所得税。依据：《国家税务总局关于个人取得专利赔偿所得征收个人所得税问题的批复》（国税函〔2000〕257号）（总局网站未查到该文件）。

4.1.23 授予员工的限制性股票解禁时，如何扣缴个人所得税？

问：我公司授予员工的限制性股票，2020年8月初解禁，员工取得的该部分股权激励如何申报缴纳个人所得税？

答：问题所涉及员工取得股权激励所得的纳税义务发生时间为解禁日，即2020年8月，贵公司作为扣缴义务人应在该纳税义务发生时间点履行扣缴义务，并在次月申报缴纳相应的个人所得税。计算时，不并入当年综合所得，全额单独适用综合所得税率表，计算纳税。

政策依据：

➢《国家税务总局关于股权激励有关个人所得税问题的通知》（国税函〔2009〕461号）

三、关于限制性股票应纳税所得额的确定

按照个人所得税法及其实施条例等有关规定，原则上应在限制性股票所有权归属于被激励对象时确认其限制性股票所得的应纳税所得额。即上市公司实施限制性股票计划时，应以被激励对象限制性股票在中国证券登记结算公司（境外为证券登记托管机构）进行股票登记日期的股票市价（指当日收盘价，下同）和本批次解禁股票当日市价（指当日收盘价，下同）的平均价格乘以本批次解禁股票份数，减去被激励对象本批次解禁股份数所对应的为获取限制性股票实际支付资金数额，其差额为应纳税所得额。被激励对象限制性股票应纳税所得额计算公式为：

应纳税所得额 =（股票登记日股票市价 + 本批次解禁股票当日市价）÷2 × 本批次解禁股票份数 − 被激励对象实际支付的资金总额 ×（本批次解禁股票份数 ÷ 被激励对象获取的限制性股票总份数）

五、关于纳税义务发生时间

（一）股票增值权个人所得税纳税义务发生时间为上市公司向被授权人兑现股票增值权所得的日期；

（二）限制性股票个人所得税纳税义务发生时间为每一批次限制性股票解禁的日期。

➤《财政部 税务总局关于个人所得税法修改后有关优惠政策衔接问题的通知》（财税〔2018〕164号）

二、关于上市公司股权激励的政策

（一）居民个人取得股票期权、股票增值权、限制性股票、股权奖励等股权激励（以下简称股权激励），符合《财政部 国家税务总局关于个人股票期权所得征收个人所得税问题的通知》（财税〔2005〕35号）、《财政部国家税务总局关于股票增值权所得和限制性股票所得征收个人所得税有关问题的通知》（财税〔2009〕5号）、《财政部 国家税务总局关于将国家自主创新示范区有关税收试点政策推广到全国范围实施的通知》（财税〔2015〕116号）第四条、《财政部国家税务总局关于完善股权激励和技术入股有关所得税政策的通知》（财税〔2016〕101号）第四条第（一）项规定的相关条件的，在2021年12月31日前，不并入当年综合所得，全额单独适用综合所得税率表，计算纳税。计算公式为：

应纳税额 = 股权激励收入 × 适用税率 − 速算扣除数

（二）居民个人一个纳税年度内取得两次以上（含两次）股权激励的，应合并按本通知第二条第（一）项规定计算纳税。

（三）2022年1月1日之后的股权激励政策另行明确。

➤《财政部 国家税务总局关于股票增值权所得和限制性股票所得征收个人所得税有关问题的通知》（财税〔2009〕5号）

一、对于个人从上市公司（含境内、外上市公司，下同）取得的股票增值权所得和限制性股票所得，比照《财政部 国家税务总局关于个人股票期权所得征收个人所得税问题的通知》（财税〔2005〕35号）、《国家税务总局关于个人股票期权所得缴纳个人所得税有关问题的补充通知》（国税函〔2006〕902号）的有关规定，计算征收个人所得税。

4.1.24 企业支付的独生子女父母退休一次性奖励，是否要作为工资、薪金所得预扣预缴个人所得税？

问：企业支付的独生子女父母退休一次性奖励，能否在企业所得税税前扣除？是否要作为工资、薪金所得预扣预缴个人所得税？

答：按政府规定标准支付给退休员工的独生子女父母退休一次性奖励可计入企业福利费在企业所得税税前扣除，员工取得的上述所得应界定为《中华人民共和国个人所得税法》第四条第一项的免税所得，支付时无须代扣代缴个人所得税。

政策依据：

➢《山东省人口与计划生育条例》（其他省份类似）

第二十六条在国家提倡一对夫妻生育一个子女期间，自愿终身只生育一个子女的夫妻，发给《独生子女父母光荣证》。获得《独生子女父母光荣证》或者符合国家和省计划生育家庭奖励扶助制度的夫妻，享受以下奖励或者扶助：

（二）独生子女父母为机关、事业组织职工的，退休时按照省有关规定给予本人一次性退休补贴，其经费从原渠道列支。独生子女父母为企业职工的，退休时由所在单位按照设区的市上一年度职工年平均工资的30%发给一次性养老补助。对农村年满60周岁，符合计划生育家庭奖励扶助条件的夫妻，按照国家和省有关规定给予奖励扶助。独生子女父母为城镇其他居民的，由县（市、区）人民政府参照农村部分计划生育家庭奖励扶助制度给予奖励扶助。

参考：

➢《北京市财政局、北京市地方税务局关于计划生育奖励费等有关税收问题的通知》（京财税〔2003〕1604号）

一、个人所得税

1. 对于《条例》规定的“每月发给10元独生子女父母奖励费”（即独生子女补贴），根据国家税务总局关于印发《征收个人所得税若干问题的规定》的通知（国税发〔1994〕89号）第二条第（二）项规定，独生子女补贴，不属于个人的工资、薪金项目所得，不征税。

2. 对于《条例》规定的“一次性奖励”和“一次性经济帮助”，分别视同市政府颁发的计划生育奖励和救济金，根据《中华人民共和国个人所得税法》第四条第一项之规定，免征个人所得税。

二、企业所得税

对于企事业单位按照《条例》规定发放的“独生子女奖励费”“一次性奖励”“一次性经济帮助”，允许在企业所得税前扣除。

以上免征个人所得税以及允许企业所得税前扣除的标准暂按“独生子女奖励费”1000元、“一次性奖励”500元、“一次性经济帮助”5000元的标准执行，超出部分予以纳税调整。

➢《广州市地方税务局关于个人取得劳务报酬等收入征收个人所得税问题的通知》（穗地税发〔2003〕46号）

八、个人取得的计划生育奖励计征个人所得税问题

个人取得企业（单位）等发放的计划生育奖励金，除按照《广东省人口与计划生育条例》第三十八、三十九条规定标准发放的独生子女保健费和一次性奖励（或补助），以及获得国家计划生育委员会核发计划生育荣誉证书的人员退休时取得的一次性奖励金，在国家税务总局未有明确规定之前暂不征收个人所得税外，其他形式奖励金应并入"工资、薪金所得"计征个人所得税。

➢《中华人民共和国个人所得税法》（1980年9月10日第五届全国人民代表大会第三次会议通过，根据2018年8月31日第十三届全国人民代表大会常务委员会第五次会议《关于修改〈中华人民共和国个人所得税法〉的决定》第七次修正）

第四条　下列各项个人所得，免征个人所得税：

（一）省级人民政府、国务院部委和中国人民解放军军以上单位，以及外国组织、国际组织颁发的科学、教育、技术、文化、卫生、体育、环境保护等方面的奖金；

……

4.1.25　向搬运工支付搬运费是否需要代扣个人所得税？

问：雇搬运工向其支付搬运费，凭对方写的收条入账，是否需要代扣代缴个人所得税？

答：向搬运工支付搬运费属于支付劳务报酬所得，应当按个人所得税法的规定，预扣预缴个人所得税。如果超过增值税按次计算的起征点，则根据《企业所得税税前扣除凭证管理办法》（国家税务总局公告2018年第28号）规定，应当到税务代开增值税发票作为企业所得税税前扣除凭证。

政策依据：

➢《国家税务总局关于发布〈个人所得税扣缴申报管理办法（试行）〉的公告》（国家税务总局公告2018年第61号）

第八条　扣缴义务人向居民个人支付劳务报酬所得、稿酬所得、特许权使用费所得时，应当按照以下方法按次或者按月预扣预缴税款：

劳务报酬所得、稿酬所得、特许权使用费所得以收入减除费用后的余额为收入额；其中，稿酬所得的收入额减按70%计算。

减除费用：预扣预缴税款时，劳务报酬所得、稿酬所得、特许权使用费所得每次收入不超过4000元的，减除费用按800元计算；每次收入4000元以上的，减除费用按收入的20%计算。

应纳税所得额：劳务报酬所得、稿酬所得、特许权使用费所得，以每次收入额为预扣预缴应纳税所得额，计算应预扣预缴税额。劳务报酬所得适用个人所得税预扣率，稿酬所得、特许权使用费所得适用20%的比例预扣率。

4.1.26 单位将业务外包给本单位员工，向其支付报酬应按什么项目计算扣缴个人所得税?

问：我公司承接一个工程项目，项目预算原计划外包给其他公司做，但领导最终决定交给自己员工做。员工按规定的时间做完了，需要向员工支付报酬，该报酬应如何确定所得项目、如何代扣个人所得税?

答：问题所提到的项目预算工作，如果在员工岗位职责范围内，则无论什么时间做，员工由此取得的所得属于因任职受雇而取得，应按工资、薪金所得预扣预缴个人所得税。如果该业务与员工的岗位职责无关，员工利用业余时间(类似情形有：财务人员利用自己的编程特长，为单位编一段代码，单位向该员工支付报酬，这项工作并不在财务人员岗位职责范围内，因此，应界定为劳务报酬）编制项目预算，则该员工从单位取得的所得应界定为劳务报酬，需要按劳务报酬所得预扣预缴个人所得税。

实务中，这个问题有争议，有的认为，凡是员工从所任职单位取得的所得都应界定为工资、薪金所得，个人认为，这个说法站不住脚，因为个人所得税法关于所得的判定，主要是依据业务实质，而不是根据支付所得是否为同一人来判定。

政策依据：

➤《中华人民共和国个人所得税法实施条例》(1994年1月28日中华人民共和国国务院令第142号发布，根据2018年12月18日中华人民共和国国务院令第707号第四次修订)

第六条　个人所得税法规定的各项个人所得的范围：

（一）工资、薪金所得，是指个人因任职或者受雇取得的工资、薪金、奖金、年终加薪、劳动分红、津贴、补贴以及与任职或者受雇有关的其他所得。

（二）劳务报酬所得，是指个人从事劳务取得的所得，包括从事设计、装潢、安装、制图、化验、测试、医疗、法律、会计、咨询、讲学、翻译、审稿、书画、雕刻、影视、录音、录像、演出、表演、广告、展览、技术服务、介绍服务、经纪服务、代办服务以及其他劳务取得的所得。

……

4.1.27　房产销售代理支付给推广客户的报酬，应按什么项目计算扣缴个人所得税？

问：我公司主营房产销售代理，其中有营销方案规定：老客户介绍新的客户，成交后，可得到公司支付的8000元佣金，支付时，我公司是否需要按照劳务报酬所得代扣缴个人所得税？是否需要当事个人去税务局代开发票作为我公司入账及税前扣除凭证？

答：该业务应按劳务报酬所得预扣预缴个人所得税，同时，该业务属于增值税应税行为，贵公司应当取得对方到税务机关代开的增值税发票作为入账及税前扣除凭证。

政策依据：

➢《关于发布〈企业所得税税前扣除凭证管理办法〉的公告》（国家税务总局公告2018年第28号）

第九条　企业在境内发生的支出项目属于增值税应税项目（以下简称“应税项目”）的，对方为已办理税务登记的增值税纳税人，其支出以发票（包括按照规定由税务机关代开的发票）作为税前扣除凭证；对方为依法无需办理税务登记的单位或者从事小额零星经营业务的个人，其支出以税务机关代开的发票或者收款凭证及内部凭证作为税前扣除凭证，收款凭证应载明收款单位名称、个人姓名及身份证号、支出项目、收款金额等相关信息。

小额零星经营业务的判断标准是个人从事应税项目经营业务的销售额不超过增值税相关政策规定的起征点。

税务总局对应税项目开具发票另有规定的，以规定的发票或者票据作为税前扣除凭证。

4.1.28 构成劳动关系的员工能不能在同一单位，同时取得工资、薪金所得和劳务报酬所得？

问：我公司员工工资分两部分，一部分是基本工资，一部分是劳务费。建立劳动关系的员工能不能在同一单位，同时取得工资、薪金所得和劳务报酬所得？如可以，预扣预缴申报时，是否需要合并？

答：建立劳动关系的员工从所任职单位同时取得工资、薪金所得和劳务报酬所得，从理论上来说，无任何问题。员工从所任职单位取得劳务报酬所得的合理可能是：该员工取得的所得，和其岗位任职无关。但目前税务机关后台预警指标当中有这一条：扣缴申报时，同一员工既有工资、薪金所得，也有劳务报酬所得。问题提到的情形，极有可能被税务机关预警。如果个别员工同时从所任职单位取得工资、薪金所得和劳务报酬所得，尚有解释的可能，但所有员工都从所任职单位同时取得工资、薪金所得和劳务报酬所得，则很难有令人信服的解释，如无合理解释，则可能会被认定为虚假申报而面临补税、罚款的风险。

政策依据：

➤《中华人民共和国税收征收管理法》（1992 年 9 月 4 日第九届全国人民代表大会常务委员会第二十一次会议通过，2015 年 4 月 24 日第十二届全国人民代表大会常务委员会第十四次会议修正）

第六十四条　纳税人、扣缴义务人编造虚假计税依据的，由税务机关责令限期改正，并处 5 万元以下的罚款。

……

4.1.29 我公司雇佣的农民工有多种情形，不同情形下应按什么项目代扣个人所得税？

问：我公司是建筑企业，大部分农民工工资由甲方代发，直接通过他们的专户打进农民工个人的银行卡，一部分是包工头找来的工人，工资由我公司直接付给包工头，包工头以个体工商户名义开具发票并提供名单，还有小部分是在工地上的搬运、清洁小工，他们的工资是几天一结，用现金！上述几种情形下，我公司支付款项时，是否需要代扣个税？按什么项目代扣个人所得税？

答：要准确区分贵公司与所雇佣农民工的关系——构成劳动关系的，按工资列支并在税前扣除，支付时按工资、薪金所得预扣预缴个人所得税；构成劳务关系的，按劳务报酬所得预扣预缴个人所得税，凭个人到税务机关代开的劳务发票入账并作为税前扣除凭证。

如果是包工头以个体工商户开票，则表明，是贵公司将部分建筑劳务分包给该个体工商户，支付给该个体工商户工程款无须代扣农民工个人所得税。

在工地上的搬运、清洁小工，建议可按非全日制用工处理，此种情况下也构成劳动关系，支付给他们的报酬属于工资、薪金所得，应按工资、薪金所得预扣预缴个人所得税。

劳动关系与劳务关系是不同的。劳动关系下，劳动提供方的个人与单位有人身依附关系，员工与所任职单位签订劳动合同（包括书面或口头的），或者虽未签订合同，但构成事实上的劳动关系；接受单位管理，并享受单位福利，有相对固定且职责清晰的工作岗位。

劳务关系下，提供服务一方与接受服务一方没有人身依附关系，双方按《中华人民共和国合同法》约定双方的权利及义务，国税函〔2006〕526号的规定有助于我们理解二者的差异。

政策依据：

➢《国家税务总局关于离退休人员再任职界定问题的批复》（国税函〔2006〕526号）

北京市地方税务局：

你局《关于学校外聘教师征收个人所得税问题的请示》（京地税个〔2006〕174号）收悉。经研究，批复如下：

《国家税务总局关于个人兼职和退休人员再任职取得收入如何计算征收个人所得税问题的批复》（国税函〔2005〕382号）所称的“退休人员再任职”，应同时符合下列条件：

一、受雇人员与用人单位签订1年以上（含1年）劳动合同（协议），存在长期或连续的雇佣与被雇佣关系；

二、受雇人员因事假、病假、休假等原因不能正常出勤时，仍享受固定或基本工资收入；

三、受雇人员与单位其他正式职工享受同等福利、社保、培训及其他待遇；

【注：依据国家税务总局公告2011年第27号《国家税务总局关于个人所得税有关问题的公告》，自2011年5月1日起，单位是否为离退休人员缴纳社会保险费，不再作为离退休人员再任职的界定条件】

四、受雇人员的职务晋升、职称评定等工作由用人单位负责组织。

4.1.30 股东个人向境外企业转让个人持有的域名，通过公司“走账”，是否要履行个人所得税扣缴义务？

问：我公司大股东以前购买的一个域名，现在要转让给境外的另一家公司，但境外受让方不允许把资金打到个人账户，解决方案是让受让方把收购域名的资金打到我企业账户，通过我公司“走账”，如果该款项打到我公司账户，我公司如何把款项支付给该股东？支付时，是否需要代扣代缴个人所得税？

答：问题提到的情形，其实是股东个人想借用公司账户“走账”。这种“走账”行为，对于企业来说，收到款项不是企业的收入，支付款项也不是企业的成本或费用，应通过往来科目进行账务处理（该“走账”行为是否符合我国金融监管的法规，暂不讨论）。同时，支付款项时，贵公司不是扣缴义务人，无须代扣代缴股东的个人所得税。

该股东个人转让域名取得的所得应界定为特许权使用费所得，应按规定计入该个人综合所得计算缴纳个人所得税，在取得所得的次年3月1日至6月30日内，向中国境内任职、受雇单位所在地主管税务机关办理纳税申报。

政策依据：

➤《中华人民共和国个人所得税法实施条例》（1994年1月28日中华人民共和国国务院令第142号发布，根据2018年12月18日中华人民共和国国务院令第707号第四次修订）

第六条　个人所得税法规定的各项个人所得的范围：

……

（四）特许权使用费所得，是指个人提供专利权、商标权、著作权、非专利技术以及其他特许权的使用权取得的所得；提供著作权的使用权取得的所得，不包括稿酬所得。

➤《国家税务总局关于个人所得税自行纳税申报有关问题的公告》（国家税务总局公告2018年第62号）

三、取得境外所得的纳税申报

居民个人从中国境外取得所得的，应当在取得所得的次年3月1日至6月30日内，向中国境内任职、受雇单位所在地主管税务机关办理纳税申报；在中国境内没有任职、受雇单位的，向户籍所在地或中国境内经常居住地主管税务机关办理纳税申报；户籍所在地与中国境内经常居住地不一致的，选择其中一地主管税务机关办理纳税申报；在中国境内没有户籍的，向中国境内经常居住地主管税务机关办理纳税申报。

纳税人取得境外所得办理纳税申报的具体规定，另行公告。

➤《中华人民共和国个人所得税法实施条例》（1994年1月28日中华人民共和国国务院令第142号发布，根据2018年12月18日中华人民共和国国务院令第707号第四次修订）

第三十二条　所得为人民币以外货币的，按照办理纳税申报或者扣缴申报的上一月最后一日人民币汇率中间价，折合成人民币计算应纳税所得额。年度终了后办理汇算清缴的，对已经按月、按季或者按次预缴税款的人民币以外货币所得，不再重新折算；对应当补缴税款的所得部分，按照上一纳税年度最后一日人民币汇率中间价，折合成人民币计算应纳税所得额。

第二节　分类所得类

4.2.1　股东将被投资企业的抵账房登记在家庭成员名下，企业是否需要代扣个人所得税？

问：房地产公司将自己开发的商品房抵账给材料供应商，供应商把抵账房登记在股东的父亲名下，涉及个人所得吗？如果涉及，谁是扣缴义务人？

答：登记在该股东父亲名下的房产，实质为企业对个人进行了实物性质的分配，属于该股东从被投资企业取得的股息、红利，应依照股息红利所得申报缴纳个人所得税。被投资企业是扣缴义务人，按照该抵账房取得的发票上所注明的价格计算应纳税额。

政策依据：

➤《财政部、国家税务总局关于规范个人投资者个人所得税征收管理的通

知》(财税〔2003〕158号)

一、关于个人投资者以企业(包括个人独资企业、合伙企业和其他企业)资金为本人家庭成员及其相关人员支付消费性支出及购买家庭财产的处理问题

个人独资企业、合伙企业的个人投资者以企业资金为本人、家庭成员及其相关人员支与企业生产经营无关的消费性支出及购买汽车、住房等财产性支出,视为企业对个人投资者利润分配,并入投资者个人的生产经营所得,依照"个体工商户的生产经营所得"项目计征个人所得税。

除个人独资企业、合伙企业以外的其他企业的个人投资者,以企业资金为本人、家庭成员及其相关人员支付与企业生产经营无关的消费性支出及购买汽车、住房等财产性支出,视为企业对个人投资者的红利分配,依照"利息、股息、红利所得"项目计征个人所得税。

企业的上述支出不允许在所得税前扣除。

➢《财政部、国家税务总局关于企业为个人购买房屋或其他财产征收个人所得税问题的批复》(财税〔2008〕83号)

一、根据《中华人民共和国个人所得税法》和《财政部、国家税务总局关于规范个人投资者个人所得税征收管理的通知》(财税〔2003〕158号)的有关规定,符合以下情形的房屋或其他财产,不论所有权人是否将财产无偿或有偿交付企业使用,其实质均为企业对个人进行了实物性质的分配,应依法计征个人所得税。

(一)企业出资购买房屋及其他财产,将所有权登记为投资者个人、投资者家庭成员或企业其他人员的;

➢《中华人民共和国个人所得税法实施条例》(1994年1月28日中华人民共和国国务院令第142号发布,根据2018年12月18日中华人民共和国国务院令第707号第四次修订)

第八条　个人所得的形式,包括现金、实物、有价证券和其他形式的经济利益;所得为实物的,应当按照取得的凭证上所注明的价格计算应纳税所得额,无凭证的实物或者凭证上所注明的价格明显偏低的,参照市场价格核定应纳税所得额;所得为有价证券的,根据票面价格和市场价格核定应纳税所得额;所得为其他形式的经济利益的,参照市场价格核定应纳税所得额。

4.2.2　支付自然人借款利息是否需要代扣个人所得税?

问:我公司老板向朋友A借款100万元用于我公司经营,年化利率18%,

到期后，我公司支付给 A 自然人 18 万元利息，如果需要交个税，是我公司代扣代缴还是可以由 A 自己缴纳个税？

答：贵公司业务存在两个税务问题，一是利息支出超过同期同类金融机构贷款利率，超过部分，企业所得税前不能扣除；二是支付的 18 万元利息，属于老板朋友 A 的利息所得，应按个人所得税法的相关规定，适用 20% 税率代扣代缴利息所得个人所得税。支付所得方为扣缴义务人，贵公司应代扣代缴个人所得税，未按规定履行扣缴义务，税务机关会根据征管法第六十九条对扣缴义务人进行处罚。

政策依据：

➢《中华人民共和国个人所得税法》（1980 年 9 月 10 日第五届全国人民代表大会第三次会议通过，根据 2018 年 8 月 31 日第十三届全国人民代表大会常务委员会第五次会议《关于修改〈中华人民共和国个人所得税法〉的决定》第七次修正）

第二条　下列各项个人所得，应当缴纳个人所得税：

（一）工资、薪金所得；

（二）劳务报酬所得；

（三）稿酬所得；

（四）特许权使用费所得；

（五）经营所得；

（六）利息、股息、红利所得；

（七）财产租赁所得；

（八）财产转让所得；

（九）偶然所得。

居民个人取得前款第一项至第四项所得（以下称综合所得），按纳税年度合并计算个人所得税；非居民个人取得前款第一项至第四项所得，按月或者按次分项计算个人所得税。纳税人取得前款第五项至第九项所得，依照本法规定分别计算个人所得税。

4.2.3　自然人投资私募股权基金取得的收益如何缴纳个人所得税？

问：我公司发行私募股权基金，A 自然人用 100 万元投资，到期后分给他的收益 18 万元，这 18 万元是否要交个人所得税？如果要交，是需要我公司代扣代缴还是 A 自己缴纳个税？

答：自然人投资基金，投资对象的组织形式有三种形式，契约型基金、合伙制基金和公司制基金。私募股权基金是从事私人股权（非上市公司股权）投资的基金。主要包括投资非上市公司股权或上市公司非公开交易股权两种。这种投资追求的不是股权收益，而是通过上市、管理层收购和并购等股权转让路径出售股权而获利。

三种组织形式下，自然人所获投资收益纳税义务不同。

契约型的，自然人投资人从基金分配中取得的收入，暂不征收个人所得税。

合伙制基金，投资人按所投资合伙企业核算的类型，就其从该基金分得的股息红利所得按照 20% 税率计算缴纳个人所得税，其他的，按照“经营所得”项目、适用 5%—35% 的超额累进税率计算缴纳个人所得税（创投企业选择按单一投资基金核算的，其个人合伙人从该基金应分得的股权转让所得和股息红利所得，按照 20% 税率计算缴纳个人所得税）。

公司制基金，个人投资者从基金公司取得的所得应按股息、红利项目适用 20% 征收个人所得税，被投资企业为扣缴义务人。

问题提到的情形，应适用财税〔2002〕128 号第二条第三项暂不征收个人所得税的规定。

政策依据：

➢《财政部 国家税务总局关于开放式证券投资基金有关税收问题的通知》（财税〔2002〕128 号）【注：财政部 税务总局公告 2018 年第 177 号 财政部 税务总局关于继续有效的个人所得税优惠政策目录的公告，对本法规标注为继续有效的个人所得税优惠政策。】

二、关于所得税问题

1. 对基金管理人运用基金买卖股票、债券的差价收入，在 2003 年底前暂免征收企业所得税。

2. 对个人投资者申购和赎回基金单位取得的差价收入，在对个人买卖股票的差价收入未恢复征收个人所得税以前，暂不征收个人所得税；对企业投资者申购和赎回基金单位取得的差价收入，应并入企业的应纳税所得额，征收企业所得税。

3. 对基金取得的股票的股息、红利收入，债券的利息收入、储蓄存款利息收入，由上市公司、发行债券的企业和银行在向基金支付上述收入时代扣代缴20%的个人所得税；对投资者（包括个人和机构投资者）从基金分配中取得的收入，暂不征收个人所得税和企业所得税。

➢《关于创业投资企业个人合伙人所得税政策问题的通知》（财税〔2019〕8号）

二、创投企业选择按单一投资基金核算的，其个人合伙人从该基金应分得的股权转让所得和股息红利所得，按照20%税率计算缴纳个人所得税。

创投企业选择按年度所得整体核算的，其个人合伙人应从创投企业取得的所得，按照“经营所得”项目、5%—35%的超额累进税率计算缴纳个人所得税。

三、单一投资基金核算，是指单一投资基金（包括不以基金名义设立的创投企业）在一个纳税年度内从不同创业投资项目取得的股权转让所得和股息红利所得按下述方法分别核算纳税：

（一）股权转让所得。单个投资项目的股权转让所得，按年度股权转让收入扣除对应股权原值和转让环节合理费用后的余额计算，股权原值和转让环节合理费用的确定方法，参照股权转让所得个人所得税有关政策规定执行；单一投资基金的股权转让所得，按一个纳税年度内不同投资项目的所得和损失相互抵减后的余额计算，余额大于或等于零的，即确认为该基金的年度股权转让所得；余额小于零的，该基金年度股权转让所得按零计算且不能跨年结转。

个人合伙人按照其应从基金年度股权转让所得中分得的份额计算其应纳税额，并由创投企业在次年3月31日前代扣代缴个人所得税。如符合《财政部税务总局关于创业投资企业和天使投资个人有关税收政策的通知》（财税〔2018〕55号）规定条件的，创投企业个人合伙人可以按照被转让项目对应投资额的70%抵扣其应从基金年度股权转让所得中分得的份额后再计算其应纳税额，当期不足抵扣的，不得向以后年度结转。

（二）股息红利所得。单一投资基金的股息红利所得，以其来源于所投资项目分配的股息、红利收入以及其他固定收益类证券等收入的全额计算。

个人合伙人按照其应从基金股息红利所得中分得的份额计算其应纳税额，并由创投企业按次代扣代缴个人所得税。

（三）除前述可以扣除的成本、费用之外，单一投资基金发生的包括投资基金管理人的管理费和业绩报酬在内的其他支出，不得在核算时扣除。

本条规定的单一投资基金核算方法仅适用于计算创投企业个人合伙人的应

纳税额。

四、创投企业年度所得整体核算，是指将创投企业以每一纳税年度的收入总额减除成本、费用以及损失后，计算应分配给个人合伙人的所得。如符合《财政部 税务总局关于创业投资企业和天使投资个人有关税收政策的通知》（财税〔2018〕55号）规定条件的，创投企业个人合伙人可以按照被转让项目对应投资额的70%抵扣其可以从创投企业应分得的经营所得后再计算其应纳税额。年度核算亏损的，准予按有关规定向以后年度结转。

按照“经营所得”项目计税的个人合伙人，没有综合所得的，可依法减除基本减除费用、专项扣除、专项附加扣除以及国务院确定的其他扣除。从多处取得经营所得的，应汇总计算个人所得税，只减除一次上述费用和扣除。

五、创投企业选择按单一投资基金核算或按创投企业年度所得整体核算后，3年内不能变更。

➢《国家税务总局关于《关于个人独资企业和合伙企业投资者征收个人所得税的规定》执行口径的通知》（国税函〔2001〕84号）

二、关于个人独资企业和合伙企业对外投资分回利息、股息、红利的征税问题

个人独资企业和合伙企业对外投资分回的利息或者股息、红利，不并入企业的收入，而应单独作为投资者个人取得的利息、股息、红利所得，按“利息、股息、红利所得”应税项目计算缴纳个人所得税。以合伙企业名义对外投资分回利息或者股息、红利的，应按《通知》所附规定的第五条精神确定各个投资者的利息、股息、红利所得，分别按“利息、股息、红利所得”应税项目计算缴纳个人所得税。

4.2.4 个人投资私募基金，取得的基金份额转让价差是否要征收个人所得税？

问：个人投资私募基金，取得的基金份额转让价差是否要征收个人所得税？

答：对个人投资者买卖封闭式证券投资基金单位获得的差价收入，暂不征收个人所得税。买卖私募基金单位获得的差价收入不在此范围内，应当按财产转让所得申报缴纳个人所得税。

政策依据：

➢《财政部 国家税务总局关于证券投资基金税收问题的通知》（财税字〔1998〕55号）

为了有利于证券投资基金制度的建立，促进证券市场的健康发展，经国务院批准，现对中国证监会新批准设立的封闭式证券投资基金（以下简称基金）的税收问题通知如下：

三、关于所得税问题

1. 对基金从证券市场中取得的收入，包括买卖股票、债券的差价收入，股票的股息、红利收入，债券的利息收入及其他收入，暂不征收企业所得税。

2. 对个人投资者买卖基金单位获得的差价收入，在对个人买卖股票的差价收入未恢复征收个人所得税以前，暂不征收个人所得税；对企业投资者买卖基金单位获得的差价收入，应并入企业的应纳税所得额，征收企业所得税。

3. 对投资者从基金分配中获得的股票的股息、红利收入以及企业债券的利息收入，由上市公司和发行债券的企业在向基金派发股息、红利、利息时代扣代缴20%的个人所得税，基金向个人投资者分配股息、红利、利息时，不再代扣代缴个人所得税。

4. 对投资者从基金分配中获得的国债利息、储蓄存款利息以及买卖股票价差收入，在国债利息收入、个人储蓄存款利息收入以及个人买卖股票差价收入未恢复征收所得税以前，暂不征收所得税。

5. 对个人投资者从基金分配中获得的企业债券差价收入，应按税法规定对个人投资者征收个人所得税，税款由基金在分配时依法代扣代缴；对企业投资者从基金分配中获得的债券差价收入，暂不征收企业所得税。

4.2.5　个人从境外取得利息收入如何申报纳税？

问：我公司有员工激励计划，每个季度会给员工发放季度奖金，如果员工愿意，可以将季度奖金存入公司总部的激励计划银行账户，次年4月，根据法国总部宣布的年利率（一般在10%左右），计算出应得的利息，并转成本金计入该个人的激励计划，员工取得的激励计划收益是否需要申报缴纳个人所得税？按什么项目缴纳？谁是扣缴义务人？

答：贵公司员工从法国总部取得的收益为居民纳税人从境外取得的利息所

得，应按利息所得项目适用20%税率申报缴纳个人所得税，该所得为来源于境外的所得，应在取得所得的次年3月1日至6月30日内，向中国境内任职、受雇单位所在地主管税务机关办理纳税申报。

政策依据：

➢《中华人民共和国个人所得税法》（1980年9月10日第五届全国人民代表大会第三次会议通过，根据2018年8月31日第十三届全国人民代表大会常务委员会第五次会议《关于修改〈中华人民共和国个人所得税法〉的决定》第七次修正）

第一条　在中国境内有住所，或者无住所而一个纳税年度内在中国境内居住累计满183天的个人，为居民个人。居民个人从中国境内和境外取得的所得，依照本法规定缴纳个人所得税。

第二条　下列各项个人所得，应当缴纳个人所得税：

（一）工资、薪金所得；

（二）劳务报酬所得；

（三）稿酬所得；

（四）特许权使用费所得；

（五）经营所得；

（六）利息、股息、红利所得；

（七）财产租赁所得；

（八）财产转让所得；

（九）偶然所得。

第十条　有下列情形之一的，纳税人应当依法办理纳税申报：

（一）取得综合所得需要办理汇算清缴；

（二）取得应税所得没有扣缴义务人；

（三）取得应税所得，扣缴义务人未扣缴税款；

（四）取得境外所得；

（五）因移居境外注销中国户籍；

（六）非居民个人在中国境内从两处以上取得工资、薪金所得；

（七）国务院规定的其他情形。

第十三条　纳税人取得应税所得没有扣缴义务人的，应当在取得所得的次月15日内向税务机关报送纳税申报表，并缴纳税款。

纳税人取得应税所得，扣缴义务人未扣缴税款的，纳税人应当在取得所得的次年6月30日前，缴纳税款；税务机关通知限期缴纳的，纳税人应当按照期限缴纳税款。

居民个人从中国境外取得所得的，应当在取得所得的次年3月1日至6月30日内申报纳税。

➢《中华人民共和国个人所得税法实施条例》（1994年1月28日中华人民共和国国务院令第142号发布，根据2018年12月18日中华人民共和国国务院令第707号第四次修订）

第六条 个人所得税法规定的各项个人所得的范围：

（六）利息、股息、红利所得，是指个人拥有债权、股权等而取得的利息、股息、红利所得。

➢《国家税务总局关于个人所得税自行纳税申报有关问题的公告》（国家税务总局公告2018年第62号）

四、取得境外所得的纳税申报

居民个人从中国境外取得所得的，应当在取得所得的次年3月1日至6月30日内，向中国境内任职、受雇单位所在地主管税务机关办理纳税申报；在中国境内没有任职、受雇单位的，向户籍所在地或中国境内经常居住地主管税务机关办理纳税申报；户籍所在地与中国境内经常居住地不一致的，选择其中一地主管税务机关办理纳税申报；在中国境内没有户籍的，向中国境内经常居住地主管税务机关办理纳税申报。

纳税人取得境外所得办理纳税申报的具体规定，另行公告。

4.2.6 企业上市前股改，将盈余公积和未分配利润转增股本，自然人股东需要缴纳个人所得税吗？

问：企业上市前股改，将盈余公积和未分配利润转增股本，自然人股东需要缴纳个人所得税吗？是股改时暂不缴纳，等上市后转让股权时再缴纳？

答：盈余公积和未分配利润转增股本属于分红，应在转增股本时按照股息红利所得项目征收个人所得税，被投资企业为扣缴义务人。

特殊情形是，全国范围内的中小高新技术企业以未分配利润、盈余公积、资本公积向个人股东转增股本时，个人股东一次缴纳个人所得税确有困难的，可根据实际情况自行制定分期缴税计划，在不超过5个公历年度内（含）分期缴纳。

政策依据：

➢《国家税务总局关于股份制企业转增股本和派发红股征免个人所得税的通知》（国税发〔1997〕198号）

一、股份制企业用盈余公积金派发红股属于股息、红利性质的分配，对个人取得的红股数额，应作为个人所得征税。

➢《国家税务总局关于盈余公积金转增注册资本征收个人所得税的问题的批复》（国税函发〔1998〕第333号）

从税后利润中提取的法定公积金和任意公积金转增注册资本，实际上是该公司将盈余公积金向股东分配了股息、红利，股东再以分得的股息、红利增加注册资本。对属于个人股东分得并再投入公司（转增注册资本）的部分应按照“利息、股息、红利所得”项目征收个人所得税，税款由股份有限公司在有关部门批准增资、公司股东会决议通过后代扣代缴。

➢《财政部国家税务总局关于将国家自主创新示范区有关税收试点政策推广到全国范围实施的通知》（财税〔2015〕116号）

三、关于企业转增股本个人所得税政策

1. 自2016年1月1日起，全国范围内的中小高新技术企业以未分配利润、盈余公积、资本公积向个人股东转增股本时，个人股东一次缴纳个人所得税确有困难的，可根据实际情况自行制定分期缴税计划，在不超过5个公历年度内（含）分期缴纳，并将有关资料报主管税务机关备案。

2. 个人股东获得转增的股本，应按照“利息、股息、红利所得”项目，适用20%税率征收个人所得税。

3. 股东转让股权并取得现金收入的，该现金收入应优先用于缴纳尚未缴清的税款。

4. 在股东转让该部分股权之前，企业依法宣告破产，股东进行相关权益处置后没有取得收益或收益小于初始投资额的，主管税务机关对其尚未缴纳的个人所得税可不予追征。

5. 本通知所称中小高新技术企业，是指注册在中国境内实行查账征收的、经认定取得高新技术企业资格，且年销售额和资产总额均不超过2亿元、从业人数不超过500人的企业。

6. 上市中小高新技术企业或在全国中小企业股份转让系统挂牌的中小高新技术企业向个人股东转增股本，股东应纳的个人所得税，继续按照现行有关股息红利差别化个人所得税政策执行，不适用本通知规定的分期纳税政策。

➢《国家税务总局关于股权奖励和转增股本个人所得税征管问题的公告》（国家税务总局公告2015年第80号）

二、关于转增股本

（一）非上市及未在全国中小企业股份转让系统挂牌的中小高新技术企业以未分配利润、盈余公积、资本公积向个人股东转增股本，并符合财税〔2015〕116号文件有关规定的，纳税人可分期缴纳个人所得税；非上市及未在全国中小企业股份转让系统挂牌的其他企业转增股本，应及时代扣代缴个人所得税。

（二）上市公司或在全国中小企业股份转让系统挂牌的企业转增股本（不含以股票发行溢价形成的资本公积转增股本），按现行有关股息红利差别化政策执行。

4.2.7 接受投资产生资本溢价，原自然人股东是否需要就资本溢价部分申报缴纳个人所得税？

问：A公司注册资本为100万元，由甲、乙两个自然人股东以货币出资，分别持股20%和80%。现在引入风险投资人B公司，约定B公司投资200万元，其中，25万元作为注册资本，占股权比例为20%，注册资本变成125万元，其余175万元作为投资溢价计入资本公积，原甲、乙持股比例变成80%，未收到现金补价。这种情况下，被投资企业接受投资产生资本溢价，原自然人股东是否需要就资本溢价部分申报缴纳个人所得税？

答：接受投资，产生资本溢价，但甲、乙两个自然人股东所持股权并未发生转让，没有发生纳税义务，因此，无须申报缴纳个人所得税。资本溢价部分，将来甲、乙两个自然人股东转让股权时会变现，那时，溢价部分会通过转让所得变现，并产生个人所得税纳税义务。

需要说明的是，宁波地税对此类问题有专门答复，他们认为："对于以平价增资或以低于每股净资产公允价值的价格增资行为，原股东实际占有的公司净资产公允价值发生转移的部分应视同转让行为，应依税法相关规定征收个人所得税"，笔者认为，此答复没有依据、没有效力。股权转让了就是转让了，没有转让就是没有转让，这个界限是清晰的，"视同转让"说法从何而来？

参考：

➢ 宁波地税解答

问：企业增资，尤其是不同比例的增资情形，引起原股东股本结构发生变化，经咨询工商部门，其认为该行为不是股权转让，个人所得税如何处理？

答：（1）对于以大于或等于公司每股净资产公允价值的价格增资行为，不属于股权转让行为，不征个人所得税。上述行为中其高于每股净资产账面价值部分应计入资本公积，对于股份制企业，该部分资本公积在以后转增资本时不征收个人所得税；对于其他所有制企业，该部分资本公积转增资本时应按照“利息、股息、红利个人所得税”税目征收个人所得税。

（2）对于以平价增资或以低于每股净资产公允价值的价格增资行为，原股东实际占有的公司净资产公允价值发生转移的部分应视同转让行为，应依税法相关规定征收个人所得税。

➢《宁波市人民政府关于实施“凤凰行动”宁波计划推进企业上市和并购重组加快发展的意见》（甬政发〔2018〕6号）

二、积极培育上市公司后备资源

（四）落实企业股改过程中增加注册资本和实施资产重组所涉国家税收优惠政策。根据国家相关部门规定，企业引进私募股权投资等发生非同比例增资情形时，对于以大于或等于公司每股净资产公允价值的价格增资行为，对原自然人股东不征个人所得税；企业在规范化股份制改造前后，个人以非货币性资产投资形成纳税义务但一次性缴税有困难的，可根据规定在不超过5个年度内分期缴纳个人所得税；企业股改过程中实施资产重组并符合国家有关税收优惠政策规定条件的，可享受相关税收优惠政策。

4.2.8 境内自然人转让BVI股权，转让方应该在哪里纳税？

问：境内自然人转让BVI股权，转让方应该在哪里纳税？

答：该自然人属于个人所得税法所规定的居民纳税人，应就其在境内外取得的全部所得在中国境内纳税。转让BVI股权，应按财产转让所得项目，适用20%税率计算申报缴纳个人所得税，由于该所得来源于境外，因此，应在次年3月1日到6月30日在任职受雇地或户籍所在地申报纳税。

政策依据：

➢《中华人民共和国个人所得税法》（1980年9月10日第五届全国人民

代表大会第三次会议通过，根据2018年8月31日第十三届全国人民代表大会常务委员会第五次会议《关于修改〈中华人民共和国个人所得税法〉的决定》第七次修正）

第一条　在中国境内有住所，或者无住所而一个纳税年度内在中国境内居住累计满一百八十三天的个人，为居民个人。居民个人从中国境内和境外取得的所得，依照本法规定缴纳个人所得税。

在中国境内无住所又不居住，或者无住所而一个纳税年度内在中国境内居住累计不满183天的个人，为非居民个人。非居民个人从中国境内取得的所得，依照本法规定缴纳个人所得税。

纳税年度，自公历1月1日起至12月31日止。

➤《国家税务总局关于个人所得税自行纳税申报有关问题的公告》（2018年第62号）

四、取得境外所得的纳税申报

居民个人从中国境外取得所得的，应当在取得所得的次年3月1日至6月30日内，向中国境内任职、受雇单位所在地主管税务机关办理纳税申报；在中国境内没有任职、受雇单位的，向户籍所在地或中国境内经常居住地主管税务机关办理纳税申报；户籍所在地与中国境内经常居住地不一致的，选择其中一地主管税务机关办理纳税申报；在中国境内没有户籍的，向中国境内经常居住地主管税务机关办理纳税申报。

纳税人取得境外所得办理纳税申报的具体规定，另行公告。

4.2.9　合伙企业自然人合伙人退伙需要缴纳个人所得税吗？

问：合伙企业自然人合伙人退伙需要缴纳个人所得税吗？

答：合伙企业合伙人“先分后税”，合伙人撤出时，收回的利益构成应当包括两部分，一部分为应分的经营所得，另一部分为收回的投资；其中，撤出前应分未分、未申报纳税的经营所得，应按经营所得申报纳税，由合伙企业向企业实际经营管理所在地主管税务机关申报缴纳投资者应纳的个人所得税，并将个人所得税申报表抄送投资者（已经申报纳税部分可扣除）；收回投资超过出资部分的，应当按财产转让所得计算缴纳个人所得税，由合伙企业作为合伙人代扣代缴。

政策依据：

➢《中华人民共和国个人所得税法实施条例》（1994 年 1 月 28 日中华人民共和国国务院令第 142 号发布，根据 2018 年 12 月 18 日中华人民共和国国务院令第 707 号第四次修订）

第六条　个人所得税法规定的各项个人所得的范围：

（八）财产转让所得，是指个人转让有价证券、股权、合伙企业中的财产份额、不动产、机器设备、车船以及其他财产取得的所得。

➢《国家税务总局关于个人终止投资经营收回款项征收个人所得税问题的公告》（国家税务总局公告 2011 年第 41 号）

根据《中华人民共和国个人所得税法》及其实施条例等规定，现对个人终止投资、联营、经营合作等行为收回款项征收个人所得税问题公告如下：

一、个人因各种原因终止投资、联营、经营合作等行为，从被投资企业或合作项目、被投资企业的其他投资者以及合作项目的经营合作人取得股权转让收入、违约金、补偿金、赔偿金及以其他名目收回的款项等，均属于个人所得税应税收入，应按照“财产转让所得”项目适用的规定计算缴纳个人所得税。

应纳税所得额的计算公式如下：

应纳税所得额 = 个人取得的股权转让收入、违约金、补偿金、赔偿金及以其他名目收回款项合计数 - 原实际出资额（投入额）及相关税费

➢《广州市地方税务局关于印发〈个人所得税若干征税业务指引（2010）〉的通知》（穗地税函〔2010〕141 号）

四、关于个人独资企业和合伙企业投资者转让财产份额如何征税问题

个人独资企业和合伙企业投资者转让其在企业财产份额，应以其转让收入额减除财产原值和合理费用后的余额为应纳税所得额，按照“财产转让所得”项目适用 20% 税率缴纳个人所得税。

对合伙企业投资者退伙时分得的财产份额，比照前款规定计征“财产转让所得”项目个人所得税，但在计算投资者应纳税所得额时，可扣除被投资企业未分配利润等投资者留存收益中所分配金额。

4.2.10　父女之间、母女之间、夫妻之间无偿转让股权是否要申报缴纳个人所得税？

问：父女之间、母女之间、夫妻之间无偿转让股权是否要申报缴纳个人所

得税?

答: 问题所提到的情形属于国家税务总局公告2014年第67号所规定的、股权转让收入明显偏低，但有正常理由情形，因此，税务机关不会核定股权转让应申报缴纳的个人所得税。

政策依据:

➤《国家税务总局关于发布〈股权转让所得个人所得税管理办法（试行)〉的公告》（国家税务总局公告2014年第67号）

第十条 股权转让收入应当按照公平交易原则确定。

第十一条 符合下列情形之一的，主管税务机关可以核定股权转让收入:

（一）申报的股权转让收入明显偏低且无正当理由的;

（二）未按照规定期限办理纳税申报，经税务机关责令限期申报，逾期仍不申报的;

（三）转让方无法提供或拒不提供股权转让收入的有关资料;

（四）其他应核定股权转让收入的情形。

第十三条 符合下列条件之一的股权转让收入明显偏低，视为有正当理由:

（一）能出具有效文件，证明被投资企业因国家政策调整，生产经营受到重大影响，导致低价转让股权;

（二）继承或将股权转让给其能提供具有法律效力身份关系证明的配偶、父母、子女、祖父母、外祖父母、孙子女、外孙子女、兄弟姐妹以及对转让人承担直接抚养或者赡养义务的抚养人或者赡养人;

（三）相关法律、政府文件或企业章程规定，并有相关资料充分证明转让价格合理且真实的本企业员工持有的不能对外转让股权的内部转让;

（四）股权转让双方能够提供有效证据证明其合理性的其他合理情形。

4.2.11 自然人平价转让合伙企业的出资份额如何申报缴纳个人所得税?

问: 2014年，自然人出资成立一家合伙企业，2019年该自然人将出资份额平价转让，该转让行为是否要交个人所得税? 谁是扣缴义务人?

答: 自然人转让其合伙企业出资份额应按财产转让所得项目申报缴纳个人所得税，受让方为扣缴义务人。

平价转让出资额，价格明显偏低同时又无正当理由，依据征管法及个人所得税法的相关规定，税务机关有权核定应纳税额，但是目前，并没有相应的具体调整方法的操作文件。

提示：该情形并不适用《国家税务总局关于发布〈股权转让所得个人所得税管理办法（试行）〉的公告》（国家税务总局2014年67号公告），该公告第二条明确指出：本办法所称股权是指自然人股东（以下简称个人）投资于在中国境内成立的企业或组织（以下统称被投资企业，不包括个人独资企业和合伙企业）的股权或股份。

政策依据：

➢《中华人民共和国个人所得税法实施条例》（1994年1月28日中华人民共和国国务院令第142号发布，根据2018年12月18日中华人民共和国国务院令第707号第四次修订）

第六条　个人所得税法规定的各项个人所得的范围：

（八）财产转让所得，是指个人转让有价证券、股权、合伙企业中的财产份额、不动产、机器设备、车船以及其他财产取得的所得。

➢《中华人民共和国税收征收管理法》（2001年中华人民共和国主席令第四十九号公布，2018年中华人民共和国主席令第二十三号修订）

第三十五条　纳税人有下列情形之一的，税务机关有权核定其应纳税额：

（六）纳税人申报的计税依据明显偏低，又无正当理由的。税务机关核定应纳税额的具体程序和方法由国务院税务主管部门规定。

➢《中华人民共和国个人所得税法》（1980年9月10日第五届全国人民代表大会第三次会议通过，根据2018年8月31日第十三届全国人民代表大会常务委员会第五次会议《关于修改〈中华人民共和国个人所得税法〉的决定》第七次修正）

第八条　有下列情形之一的，税务机关有权按照合理方法进行纳税调整：

（一）个人与其关联方之间的业务往来不符合独立交易原则而减少本人或者其关联方应纳税额，且无正当理由；

（二）居民个人控制的，或者居民个人和居民企业共同控制的设立在实际税负明显偏低的国家（地区）的企业，无合理经营需要，对应当归属于居民个人的利润不作分配或者减少分配；

（三）个人实施其他不具有合理商业目的的安排而获取不当税收利益。

税务机关依照前款规定作出纳税调整，需要补征税款的，应当补征税款，并依法加收利息。

4.2.12　暂免征税取得的送转股，再次转让时，可扣除的原值如何确定？

问：自然人王先生作为股东之一，于2015年出资100万元成立A有限公司，该公司于2017年改制为股份有限公司，2018年1月1日，该公司于“新三板”上市，2019年1月1日，王先生取得A公司以未分配利润和盈余公积送股100万股（10股送股票股利10股）。2020年1月1日，王先生所持股票全部解禁，王先生当日全部挂牌转让，转让200万股取得收入400万元，王先生应按财产转让所得计算申报缴纳个人所得税，其免税取得的100万送转股，再次转让时，可扣除的原值如何确定？

答：王先生转让100万元原始股以及该原始股滋生的送股100万元，根据按财税〔2018〕137号文件规定，应按财产转让所得申报申报缴纳个人所得税。该转让行为中，100万元原始股成本就是100万元，那么，滋生的送股100万元，成本如何确定？

总局2014年67号公告第十五条第四项关于“股权原值的确认”规定，被投资企业以资本公积、盈余公积、未分配利润转增股本，个人股东已依法缴纳个人所得税的，以转增额和相关税费之和确认其新转增股本的股权原值。本问题中，原始股滋生的送股100万元，如果股东按股息红利纳税了，则转让该滋生的送股100万元可扣除的原值是100万元，但由于该滋生的送股100万元是股东持股超过1年时间而取得，享受暂免征收个人所得税的待遇，所以，再次转让时的可扣除计税原值也应按转送股金额100万元计算（否则，个人持有挂牌公司的股票，持股时间超过1年取得股息红利暂免征收个人所得税政策就没有意义了），本问题中，免税取得的送转股可扣除计税原值为转增额100万元，应纳税个人所得税为（400－200）×20%＝40（万元）。

政策依据：

➤《国家税务总局关于发布〈股权转让所得个人所得税管理办法（试行）〉的公告》（国家税务总局公告2014年第67号）

第三章　股权原值的确认

第十五条　个人转让股权的原值依照以下方法确认：

（四）被投资企业以资本公积、盈余公积、未分配利润转增股本，个人股东已依法缴纳个人所得税的，以转增额和相关税费之和确认其新转增股本的股权原值；

➢《关于个人转让全国中小企业股份转让系统挂牌公司股票有关个人所得税政策的通知》（财税〔2018〕137号）

一、自2018年11月1日（含）起，对个人转让新三板挂牌公司非原始股取得的所得，暂免征收个人所得税。

本通知所称非原始股是指个人在新三板挂牌公司挂牌后取得的股票，以及由上述股票孳生的送、转股。

二、对个人转让新三板挂牌公司原始股取得的所得，按照“财产转让所得”，适用20%的比例税率征收个人所得税。

本通知所称原始股是指个人在新三板挂牌公司挂牌前取得的股票，以及在该公司挂牌前和挂牌后由上述股票孳生的送、转股。

➢《关于继续实施全国中小企业股份转让系统挂牌公司股息红利差别化个人所得税政策的公告》（财政部、税务总局、证监会公告2019年第78号）

一、个人持有挂牌公司的股票，持股期限超过1年的，对股息红利所得暂免征收个人所得税。

个人持有挂牌公司的股票，持股期限在1个月以内（含1个月）的，其股息红利所得全额计入应纳税所得额；持股期限在1个月以上至1年（含1年）的，其股息红利所得暂减按50%计入应纳税所得额；上述所得统一适用20%的税率计征个人所得税。

本公告所称挂牌公司是指股票在全国中小企业股份转让系统公开转让的非上市公众公司；持股期限是指个人取得挂牌公司股票之日至转让交割该股票之日前一日的持有时间。

五、本公告所称个人持有挂牌公司的股票包括：

（一）在全国中小企业股份转让系统挂牌前取得的股票；

……

➢ 参考递延纳税：《财政部 国家税务总局关于完善股权激励和技术入股有关所得税政策的通知》（财税〔2016〕101号）

三、对技术成果投资入股实施选择性税收优惠政策

（一）企业或个人以技术成果投资入股到境内居民企业，被投资企业支付的对价全部为股票（权）的，企业或个人可选择继续按现行有关税收政策执行，也可选择适用递延纳税优惠政策。

选择技术成果投资入股递延纳税政策的，经向主管税务机关备案，投资入

股当期可暂不纳税，允许递延至转让股权时，按股权转让收入减去技术成果原值和合理税费后的差额计算缴纳所得税。

4.2.13 提供产品供客户现场免费品尝，是否需要视同销售？是否需要代扣个人所得税？

问：我单位在商场搞促销活动时，提供产品供客户现场免费品尝，是否需要作视同销售处理？是否需要代扣个人所得税？之前有过一种说法，如果是印有公司 LOGO 的用于宣传的可以免个人所得税，这个说法是否有依据？

答：现场免费品尝消耗的产品，不属于赠送礼品，企业所得税、增值税均无须视同销售。个人没有所得，也无须代扣个人所得税。在活动中消耗的产品应计入业务宣传费，外购的，凭购货发票作为税前扣除凭证。取得增值税专用发票的，其进项税额可用于抵扣（该业务不属于增值税相关政策规定不可抵扣的项目，如交际应酬、个人消费等）。

“印有公司 LOGO 的明显用于宣传的可以免个人所得税”这个说法没有依据。应当这样表述，企业实际发生的、用于业务宣传的物品，在业务宣传过程中实际消耗的，不属于赠送，不属于个人所得税法及 2019 年 74 号公告所说的偶然所得，不应征个人所得税。如企业开展免费品尝活动中消耗的食品、饮料等。

类似的问题还有：企业购进酒水用于宴请客户，无须视同销售，因为酒水在宴请中消耗，并未赠送（注意：这里的赠送应当是指标的物的物理形态没有改变的情况下所发生的所有权的改变）给客户（如有进项税额，应转出）。如果单独将酒水赠送给客户，则企业所得税、增值税均需要视同销售。

还有一个问题：企业在宣传过程中，向客户赠送宣传材料是否需要视同销售？答案也是：属于宣传活动中的消耗品，企业所得税、增值税均无须视同销售，取得进项税额的，可以用于抵扣，无须代扣个人所得税。

随宣传材料一并赠送的礼品袋呢？这要看该礼品袋的价值，如价值较大，明显具有礼品特性，则基于双方真实的意思表示，应定性赠送礼品，而不是宣传活动中的消耗品，企业所得税、增值税均需要视同销售（取得进项税额的，可用于抵扣），同时需要代扣个人所得税。

政策依据：

➢《财政部 税务总局关于个人取得有关收入适用个人所得税应税所得项

目的公告》（财政部 税务总局公告2019年第74号）

三、企业在业务宣传、广告等活动中，随机向本单位以外的个人赠送礼品（包括网络红包，下同），以及企业在年会、座谈会、庆典以及其他活动中向本单位以外的个人赠送礼品，个人取得的礼品收入，按照“偶然所得”项目计算缴纳个人所得税，但企业赠送的具有价格折扣或折让性质的消费券、代金券、抵用券、优惠券等礼品除外。

前款所称礼品收入的应纳税所得额按照《财政部 国家税务总局关于企业促销展业赠送礼品有关个人所得税问题的通知》（财税〔2011〕50号）第三条规定计算。

➢《财政部 国家税务总局关于企业促销展业赠送礼品有关个人所得税问题的通知》（财税〔2011〕50号）

三、企业赠送的礼品是自产产品（服务）的，按该产品（服务）的市场销售价格确定个人的应税所得；是外购商品（服务）的，按该商品（服务）的实际购置价格确定个人的应税所得。

4.2.14 留学中介公司支付给优秀学生的“奖学金”如何代扣个人所得税？

问： 我公司是留学中介公司，学生通过我公司办理去国外留学，各方面表现比较优秀的，我公司会给予一定的奖学金，在支付时需要代扣代缴个人所得税吗？

答： 学生交费给留学中介公司办理出国留学事宜，为了促进销售，针对特定的优秀学生支付“奖学金”，实际上是一种买赠行为，即对优秀学生而言，买了留学中介服务，同时中介公司又赠送了“奖学金”，买赠行为中，学生支付了对价，不存在所得问题，因此，贵公司在支付“奖学金”时，无须代扣代缴个人所得税。

政策依据：

《财政部 国家税务总局关于企业促销展业赠送礼品有关个人所得税问题的通知》（财税〔2011〕50号）

第一条　企业在销售商品（产品）和提供服务过程中向个人赠送礼品，属于下列情形之一的，不征收个人所得税：

1. 企业通过价格折扣、折让方式向个人销售商品（产品）和提供服务；

2. 企业在向个人销售商品（产品）和提供服务的同时给予赠品，如通信企业对个人购买手机赠话费、入网费，或者购话费赠手机等；

3. 企业对累积消费达到一定额度的个人按消费积分反馈礼品。

4.2.15　购物抽奖活动中，个人的获奖所得如何扣缴个人所得税？

问：商场搞促销活动，购物满额即可抽奖一次，奖品为一等奖4888元购物卡或商品，二等奖价值1000元商品，三等奖价值500元商品，四等奖价值200元商品，五等奖价值50元商品，末等奖价值10元商品。以上奖品发放时，商场需要代扣代缴个人所得税吗？商场购进的用于发放的所有奖品，账务如何处理？需要按照视同销售交增值税吗？公司同时还有派发试用装产品，如何代缴个税？

答：上述促销活动中的购物满额抽奖活动，贵公司向个人交付奖品时，应按“偶然所得”项目代扣代缴个人所得税，该奖品如属于外购，则按外购的价格确定个人的应税所得。派发试用装产品，根据2019年74号公告规定，也应按“偶然所得”代扣代缴个人所得税。

向个人交付奖品的支出应记入销售费用，同时，企业所得税、增值税均应视同销售。

政策依据：

➢《财政部 国家税务总局关于企业促销展业赠送礼品有关个人所得税问题的通知》（财税〔2011〕50号）

二、企业向个人赠送礼品，属于下列情形之一的，取得该项所得的个人应依法缴纳个人所得税，税款由赠送礼品的企业代扣代缴：

……

3. 企业对累积消费达到一定额度的顾客，给予额外抽奖机会，个人的获奖所得，按照“偶然所得”项目，全额适用20%的税率缴纳个人所得税。

➢《中华人民共和国增值税暂行条例实施细则》（2008年12月18日以财政部、国家税务总局令第50号公布，依据2011年10月28日中华人民共和国财政部 国家税务总局令第65号修改）

第四条　单位或者个体工商户的下列行为，视同销售货物：

……

（八）将自产、委托加工或者购进的货物无偿赠送其他单位或者个人。

第十六条　纳税人有条例第七条所称价格明显偏低并无正当理由或者有本细则第四条所列视同销售货物行为而无销售额者，按下列顺序确定销售额：

（一）按纳税人最近时期同类货物的平均销售价格确定；

（二）按其他纳税人最近时期同类货物的平均销售价格确定；

（三）按组成计税价格确定。组成计税价格的公式为：组成计税价格 = 成本 ×（1 + 成本利润率）

4.2.16　单位购买购物卡赠送给客户，如何扣缴个人所得税？

问：单位购买购物卡赠送给客户，如何扣缴个人所得税？

答：赠送储值卡，属于礼品，如果不界定为灰色、黑色支出，应当代扣个人所得税。不过一般情况下，赠送方不会代扣个人所得税，比如，赠送 500 元加油卡，应当代扣 100 元个人所得税，但实际上赠送方不可能再要求受赠方拿出 100 元交个税。那么，实务中如果不能扣缴，怎么办？只能由赠送方负担，也就是根据赠送金额换算成不含税金额，再计算应扣缴的个人所得税进行扣缴。比如：对外赠送 500 元加油卡，如果赠送方承担个人所得税，那么还原计算后，应当代为申报缴纳个人所得税 $500 \div 0.8 \times 0.2 = 125$（元）。

还有一种情况，如果纳税人赠送出去后，没有履行扣缴义务，同时赠送方又不愿承担应当扣缴的税款，怎么办呢？根据《中华人民共和国税收征收管理法》第六十九条规定，扣缴义务人应扣未扣、应收未收税款的，由税务机关向纳税人追缴税款，对扣缴义务人处以应扣未扣、应收未收税款 50% 以上 3 倍以下的罚款。

那么，扣缴义务人可不可以根据六十九条规定，要求税务机关向纳税人追缴呢？理论上是可以的，实践中也有成功的案例，建议扣缴义务人被稽查时，如果遇到这类问题，可以与稽查人员进行沟通。

政策依据：

➢《财政部 税务总局关于个人取得有关收入适用个人所得税应税所得项目的公告》（财政部 税务总局公告 2019 年第 74 号）

三、企业在业务宣传、广告等活动中，随机向本单位以外的个人赠送礼品（包括网络红包，下同），以及企业在年会、座谈会、庆典以及其他活动中向本单位以外的个人赠送礼品，个人取得的礼品收入，按照“偶然所得”项目计算缴纳个人所得税，但企业赠送的具有价格折扣或折让性质的消费券、代金券、抵用券、优惠券等礼品除外。

前款所称礼品收入的应纳税所得额按照《财政部 国家税务总局关于企业促销展业赠送礼品有关个人所得税问题的通知》（财税〔2011〕50号）第三条规定计算。

第三节 经营所得类

4.3.1 合伙企业平价转让所持有的股权，是否存在税务风险？

问：自然人张三、李四通过持股平台A有限合伙企业持有甲公司股权，现在，自然人张三、李四通过持股平台A有限合伙企业拟将其持有的甲公司股权平价转让给另一个有限合伙持股平台B，这种平价转让是否存在税务问题？

答：根据征管法的相关规定，如果平价转让计税依据明显偏低，又无正常理由的，税务机关有权核定其应纳税税额。但具体的核对程序和方法，没有具体规定。

合伙企业转让股权取得的所得应计入生产经营所得征收个人所得税。合伙企业生产经营所得和其他所得采取“先分后税”的原则。合伙人按“分”得的所得额由合伙企业向企业实际经营管理所在地主管税务机关申报缴纳投资者应纳的个人所得税。

政策依据：

➢《中华人民共和国税收征收管理法》（2001年中华人民共和国主席令第四十九号公布，2018年中华人民共和国主席令第二十三号修订）

第三十五条 纳税人有下列情形之一的，税务机关有权核定其应纳税额：

（六）纳税人申报的计税依据明显偏低，又无正当理由的。税务机关核定应纳税额的具体程序和方法由国务院税务主管部门规定。

➢《财政部、国家税务总局关于印发〈关于个人独资企业和合伙企业投资者征收个人所得税的法规〉的通知》（财税〔2000〕91号）附件1《关于个人独资企业和合伙企业投资者征收个人所得税的法规》

第四条　个人独资企业和合伙企业（以下简称企业）每一纳税年度的收入总额减除成本、费用以及损失后的余额，作为投资者个人的生产经营所得，比照个人所得税法的“个体工商户的生产经营所得”应税项目，适用5%—35%的五级超额累进税率，计算征收个人所得税。

前款所称收入总额，是指企业从事生产经营以及与生产经营有关的活动所取得的各项收入，包括商品（产品）销售收入、营运收入、劳务服务收入、工程价款收入、财产出租或转让收入、利息收入、其他业务收入和营业外收入。

第二十条　投资者应向企业实际经营管理所在地主管税务机关申报缴纳个人所得税。投资者从合伙企业取得的生产经营所得，由合伙企业向企业实际经营管理所在地主管税务机关申报缴纳投资者应纳的个人所得税，并将个人所得税申报表抄送投资者。

……

4.3.2　合伙企业如何进行个人所得税汇算清缴？

问：2019年11月注册的合伙企业（有限合伙），设立的目的是作为一个持股平台，平时没有业务，如何进行个人所得税汇算清缴？

答：合伙企业本身不是所得税纳税人，合伙企业执行的是“先分后税”的政策，其出资人是企业所得税或个人所得税纳税人，出资人为法人企业的，从合伙企业取得的所得并入该企业当年应纳税所得额计算申报缴纳企业所得税，由出资企业进行申报。

出资人为自然人的，缴纳个人所得税，由合伙企业向企业实际经营管理所在地主管税务机关申报缴纳，并将个人所得税申报表抄送投资者。汇算清缴期为次年1月1日到3月31日。

政策依据：

➤《财政部、国家税务总局关于印发〈关于个人独资企业和合伙企业投资者征收个人所得税的法规〉的通知》（财税〔2000〕91号）附件1《关于个人独资企业和合伙企业投资者征收个人所得税的法规》

第二十条　投资者应向企业实际经营管理所在地主管税务机关申报缴纳个人所得税。投资者从合伙企业取得的生产经营所得，由合伙企业向企业实际经营管理所在地主管税务机关申报缴纳投资者应纳的个人所得税，并将个人所得税申报表抄送投资者。

投资者兴办两个或两个以上企业的，应分别向企业实际经营管理所在地主管税务机关预缴税款。年度终了后办理汇算清缴时，区别不同情况分别处理：

（一）投资者兴办的企业全部是个人独资性质的，分别向各企业的实际经营管理所在地主管税务机关办理年度纳税申报，并依所有企业的经营所得总额确定适用税率，以本企业的经营所得为基础，计算应缴税款，办理汇算清缴；

（二）投资者兴办的企业中含有合伙性质的，投资者应向经常居住地主管税务机关申报纳税，办理汇算清缴，但经常居住地与其兴办企业的经营管理所在地不一致的，应选定其参与兴办的某一合伙企业的经营管理所在地为办理年度汇算清缴所在地，并在5年内不得变更。5年后需要变更的，须经原主管税务机关批准。

4.3.3　个体工商户的个人所得税如何计算、缴纳?

问：个体工商户的个人所得税如何计算、缴纳?

答：个体工商户的业主按经营所得申报缴纳个人所得税，适用税率是5%—35%。征收方式有查账征收和核定征收。查账征收方式下，需要按照《个体工商户个人所得税计税办法》计算应纳税额并按季预缴，于次年1月1日到3月31日进行汇算清缴。

如果企业经营规模较小，一般情况下是核定征收，核定征收的方式有定期定额、定率征收、应税所得率核定征收。各地制定有当地的个体工商户核定征收的管理办法。

政策依据：

➤《个体工商户个人所得税计税办法》（2014年12月27日国家税务总局令第35号公布）

第七条　个体工商户的生产、经营所得，以每一纳税年度的收入总额，减除成本、费用、税金、损失、其他支出以及允许弥补的以前年度亏损后的余额，为应纳税所得额。

➤《国家税务总局深圳市税务局关于经营所得核定征收个人所得税有关问题》（国家税务总局深圳市税务局公告2019年第3号）

一、经营所得核定征收纳税人范围

经营所得核定征收个人所得税，适用于深圳市范围内核定征收“经营所得”项目应纳个人所得税的个体工商户业主、个人独资企业投资者和合伙企业个人合伙人，以及虽未取得经营证照，但办理了临时税务登记证、有固定经营场所从事持续生产经营的个人纳税人（以下均简称纳税人）。

对增值税一般纳税人及国务院税务主管部门明确的特殊行业、特殊类型的纳税人，原则上不得采取定期定额、事先核定应税所得率等方式征收个人所得税。

二、核定征收方式

核定征收个人所得税方式包括定期定额征收、核定应税所得率征收、定率征收。

（一）定期定额征收方式的计算

1. 实行定期定额征收方式的，应纳所得税额的计算公式如下：

应纳所得税额 = 收入总额 × 核定征收率

收入总额为不含增值税收入额。

2. 核定征收率的标准按《个人所得税核定征收率表》（见表4-1）执行。

（二）核定应税所得率征收方式的计算

1. 实行核定应税所得率征收方式的，应纳所得税额的计算公式如下：

应纳所得税额 - 应纳税所得额 × 适用税率

应纳税所得额 = 收入总额 × 应税所得率

或 = 成本费用支出额 ÷（1 - 应税所得率）× 应税所得率

收入总额为不含增值税收入额。

其中涉及合伙企业的，应当再按照分配比例，确定各个个人合伙人的应纳税所得额。

2. 应税所得率的标准按《个人所得税核定应税所得率表》（见表4-2）执行。

3. 经营多业的，无论其经营项目是否单独核算，均应当根据其主营业务确定适用的应税所得率。

（三）定率征收方式的计算

1. 实行定率征收方式的，应纳所得税额的计算公式如下：

应纳所得税额 = 收入总额 × 核定征收率

收入总额为不含增值税收入额。

2. 核定征收率的标准按0.8%执行。

……

表 4－1　个人所得税核定征收率表（按月）

序号	月度经营收入	征收率（%）
1	10 万元（含）以下的	0
2	10 万元以上至 30 万元（含）以下的	0.8
3	30 万元以上的	1

注：按季申报的纳税人按照月度征收率表换算为季度征收率表。

表 4－2　个人所得税核定应税所得率表

行　业	应税所得率（%）
A. 农、林、牧、渔业；B. 采矿业；C. 制造业；D. 电力、热力、燃气及水生产和供应业；E. 建筑业；F. 批发和零售业；G. 交通运输、仓储和邮政业；H. 住宿和餐饮业；I. 信息传输、软件和信息技术服务业；J. 金融业；K. 房地产业；L. 租赁和商务服务业；M. 科学研究和技术服务业；N. 水利、环境和公共设施管理业；O. 居民服务、修理和其他服务业；P. 教育；Q. 卫生和社会工作；R. 文化、体育和娱乐业（90 娱乐业除外）；S. 公共管理、社会保障和社会组织；T. 国际组织	5
娱乐业	20

4.3.4　个人独资企业出租特许经营权取得收入，企业和投资者分别应当如何纳税？

问：A 公司为个人独资企业，出租一项特许经营权给 B 有限责任公司，每年收取 100 万元租金，A 公司取得收入如何纳税？出资个人如何纳税？

答：A 个人独资企业该业务应按“特许权使用费”计算申报缴纳增值税，适用税率 6%（小规模纳税人按 3% 征收率，每月销售额小于 10 万元的，免征）。

个人独资企业以投资者为纳税义务人，A 个人独资企业投资人应以该个人独资企业全部生产经营所得为应纳税所得额，按经营所得计算缴纳个人所得税，按季预缴，于次年 1 月 1 日到 3 月 31 日进行汇算清缴。

政策依据：

➤《财政部、国家税务总局关于印发〈关于个人独资企业和合伙企业投资者征收个人所得税的法规〉的通知》（财税〔2000〕91 号）附件 1《关于个人独资企业和合伙企业投资者征收个人所得税的法规》

第三条　个人独资企业以投资者为纳税义务人，合伙企业以每一个合伙人为纳税义务人（以下简称投资者）。

第四条　个人独资企业和合伙企业（以下简称企业）每一纳税年度的收入总额减除成本、费用以及损失后的余额，作为投资者个人的生产经营所得，比照个人所得税法的“个体工商户的生产经营所得”应税项目，适用5%—35%的五级超额累进税率，计算征收个人所得税。

前款所称收入总额，是指企业从事生产经营以及与生产经营有关的活动所取得的各项收入，包括商品（产品）销售收入、营运收入、劳务服务收入、工程价款收入、财产出租或转让收入、利息收入、其他业务收入和营业外收入。

第五条　个人独资企业的投资者以全部生产经营所得为应纳税所得额；合伙企业的投资者按照合伙企业的全部生产经营所得和合伙协议约定的分配比例确定应纳税所得额，合伙协议没有约定分配比例的，以全部生产经营所得和合伙人数量平均计算每个投资者的应纳税所得额。

前款所称生产经营所得，包括企业分配给投资者个人的所得和企业当年留存的所得（利润）。

➢《财政部 国家税务总局关于全面推开营业税改征增值税试点的通知》（财税〔2016〕36号）附件1《营业税改征增值税试点实施办法》《销售服务、无形资产、不动产注释》

二、销售无形资产

销售无形资产，是指转让无形资产所有权或者使用权的业务活动。无形资产，是指不具实物形态，但能带来经济利益的资产，包括技术、商标、著作权、商誉、自然资源使用权和其他权益性无形资产。

技术，包括专利技术和非专利技术。

自然资源使用权，包括土地使用权、海域使用权、探矿权、采矿权、取水权和其他自然资源使用权。

其他权益性无形资产，包括基础设施资产经营权、公共事业特许权、配额、经营权（包括特许经营权、连锁经营权、其他经营权）、经销权、分销权、代理权、会员权、席位权、网络游戏虚拟道具、域名、名称权、肖像权、冠名权、转会费等。

4.3.5　合伙企业核定征收的情况下，支付给合伙人的工资能否在计算其应纳税所得额时扣除？

问：合伙企业，核定征收。有大客户要求以公司名义签订技术服务合同，而该项目实际上是由该合伙企业其中的一名合伙人具体负责实施。该合伙公司取得收入后，两个合伙人都需要按经营所得申报缴纳个人所得税，如果合伙企业每个月再额外给具体负责实施的合伙人支付工资，能否在计算合伙人所得额时扣除？

如果给大客户的业务是由张三具体负责实施，张三虽然不是合伙人，但是却是出资额占90%的合伙人A的老公，此种情况下如果合伙企业每个月再额外给这个合伙人支付工资能否在计算合伙人所得额时扣除？

答：合伙企业在核定征收的情形下，额外再给合伙人（或合伙人的亲属）支付工资已经没有必要。核定征收方式下（按应税所得率核定征收），已经不考虑成本扣除问题。合伙企业核定征收情形下，按核定征收的规定缴纳了相应的个人所得税，剩下的即是税后的，可合法转入个人账户。但是，如果是查账征收方式，则支付合伙人的工资、薪金不能在计算合伙人所得额时扣除。

政策依据：

➢《财政部、国家税务总局关于印发〈关于个人独资企业和合伙企业投资者征收个人所得税的法规〉的通知》（财税〔2000〕91号）附件1《关于个人独资企业和合伙企业投资者征收个人所得税的法规》

第六条 凡实行查账征税办法的，生产经营所得比照《个体工商户个人所得税计税办法（试行）》（国税发〔1997〕43号）的法规确定。但下列项目的扣除依照本办法的法规执行：

（三）投资者及其家庭发生的生活费用不允许在税前扣除。投资者及其家庭发生的生活费用与企业生产经营费用混合在一起，并且难以划分的，全部视为投资者个人及其家庭发生的生活费用，不允许在税前扣除。

➢《个体工商户个人所得税计税办法》（2014年12月27日国家税务总局令第35号公布，2018年6月15日国家税务总局令第44号修订）

第十五条 个体工商户下列支出不得扣除：

（一）个人所得税税款；

（二）税收滞纳金；

（三）罚金、罚款和被没收财物的损失；

（四）不符合扣除规定的捐赠支出；

（五）赞助支出；

（六）用于个人和家庭的支出；

（七）与取得生产经营收入无关的其他支出；

（八）国家税务总局规定不准扣除的支出。

第十六条　个体工商户生产经营活动中，应当分别核算生产经营费用和个人、家庭费用。对于生产经营与个人、家庭生活混用难以分清的费用，其40%视为与生产经营有关费用，准予扣除。

第二十一条　个体工商户实际支付给从业人员的、合理的工资薪金支出，准予扣除。

个体工商户业主的费用扣除标准，依照相关法律、法规和政策规定执行。

个体工商户业主的工资薪金支出不得税前扣除。

4.3.6　合伙企业转让股权取得收入，自然人合伙人如何纳税?

问： A合伙企业由多个自然人投资设立，A与C、D共同投资B公司，现A拟将其持有的股权转让给C，A取得转让收入，其自然人合伙人是按经营所得，还是股息红利所得申报缴纳个人所得税？

答： 合伙企业投资者的生产经营所得，比照个体工商户的生产、经营所得征收个人所得税，而股权转让收入是合伙企业收入的一种，因此，此业务对A来说，股权转让所得应计入合伙企业经营收入，合伙企业自然人合伙人从合伙企业取得的所得，按经营所得适用5%—35%的超额累进税率计算缴纳个人所得税。

例外情形是创业投资企业（有限合伙）个人合伙人。如果创投企业选择按单一投资基金核算的，其个人合伙人从该基金应分得的股权转让所得和股息红利所得，按照20%税率计算缴纳个人所得税。如果创投企业选择按年度所得整体核算的，其个人合伙人应从创投企业取得的所得，按照“经营所得”项目、5%—35%的超额累进税率计算缴纳个人所得税。

政策依据：

➢《国务院关于个人独资企业和合伙企业征收所得税问题的通知》（国发〔2000〕16号）

为公平税负，支持和鼓励个人投资兴办企业，促进国民经济持续、快速、健康发展，国务院决定，自2000年1月1日起，对个人独资企业和合伙企业停止征收企业所得税，其投资者的生产经营所得，比照个体工商户的生产、经营所得征收个人所得税。

➢《个体工商户个人所得税计税办法》（2014年12月27日国家税务总局

令第35号公布，2018年6月15日国家税务总局令第44号修订）

第八条　个体工商户从事生产经营以及与生产经营有关的活动（以下简称生产经营）取得的货币形式和非货币形式的各项收入，为收入总额。包括：销售货物收入、提供劳务收入、转让财产收入、利息收入、租金收入、接受捐赠收入、其他收入。

前款所称其他收入包括个体工商户资产溢余收入、逾期一年以上的未退包装物押金收入、确实无法偿付的应付款项、已作坏账损失处理后又收回的应收款项、债务重组收入、补贴收入、违约金收入、汇兑收益等。

➢《财政部 税务总局 发展改革委 证监会关于创业投资企业个人合伙人所得税政策问题的通知》（财税〔2019〕8号）

二、创投企业选择按单一投资基金核算的，其个人合伙人从该基金应分得的股权转让所得和股息红利所得，按照20%税率计算缴纳个人所得税。

创投企业选择按年度所得整体核算的，其个人合伙人应从创投企业取得的所得，按照“经营所得”项目、5%—35%的超额累进税率计算缴纳个人所得税。

三、单一投资基金核算，是指单一投资基金（包括不以基金名义设立的创投企业）在一个纳税年度内从不同创业投资项目取得的股权转让所得和股息红利所得按下述方法分别核算纳税：

（一）股权转让所得。单个投资项目的股权转让所得，按年度股权转让收入扣除对应股权原值和转让环节合理费用后的余额计算，股权原值和转让环节合理费用的确定方法，参照股权转让所得个人所得税有关政策规定执行；单一投资基金的股权转让所得，按一个纳税年度内不同投资项目的所得和损失相互抵减后的余额计算，余额大于或等于零的，即确认为该基金的年度股权转让所得；余额小于零的，该基金年度股权转让所得按零计算且不能跨年结转。

个人合伙人按照其应从基金年度股权转让所得中分得的份额计算其应纳税额，并由创投企业在次年3月31日前代扣代缴个人所得税。如符合《财政部 税务总局关于创业投资企业和天使投资个人有关税收政策的通知》（财税〔2018〕55号）规定条件的，创投企业个人合伙人可以按照被转让项目对应投资额的70%抵扣其应从基金年度股权转让所得中分得的份额后再计算其应纳税额，当期不足抵扣的，不得向以后年度结转。

（二）股息红利所得。单一投资基金的股息红利所得，以其来源于所投资项目分配的股息、红利收入以及其他固定收益类证券等收入的全额计算。

个人合伙人按照其应从基金股息红利所得中分得的份额计算其应纳税额，并由创投企业按次代扣代缴个人所得税。

（三）除前述可以扣除的成本、费用之外，单一投资基金发生的包括投资基金管理人的管理费和业绩报酬在内的其他支出，不得在核算时扣除。

本条规定的单一投资基金核算方法仅适用于计算创投企业个人合伙人的应纳税额。

四、创投企业年度所得整体核算，是指将创投企业以每一纳税年度的收入总额减除成本、费用以及损失后，计算应分配给个人合伙人的所得。如符合《财政部 税务总局关于创业投资企业和天使投资个人有关税收政策的通知》（财税〔2018〕55号）规定条件的，创投企业个人合伙人可以按照被转让项目对应投资额的70%抵扣其可以从创投企业应分得的经营所得后再计算其应纳税额。年度核算亏损的，准予按有关规定向以后年度结转。

按照“经营所得”项目计税的个人合伙人，没有综合所得的，可依法减除基本减除费用、专项扣除、专项附加扣除以及国务院确定的其他扣除。从多处取得经营所得的，应汇总计算个人所得税，只减除一次上述费用和扣除。

4.3.7 合伙企业取得股权转让收入，自然人合伙人取得的所得可核定征收个人所得税吗?

问：合伙企业取得股权转让收入，自然人合伙人取得的所得可核定征收个人所得税吗?

答：合伙企业股权转让收入应计入其经营所得，并按“先分后税”的规则，由合伙人申报纳税。特殊情况下，可以核定征收，此时，股权转让收入应全部计入合伙企业收入额按核定方法计算合伙人应纳个人所得税（或企业所得税）。

政策依据：

➢《财政部、国家税务总局关于印发〈关于个人独资企业和合伙企业投资者征收个人所得税的法规〉的通知》（财税〔2000〕91号）附件1《关于个人独资企业和合伙企业投资者征收个人所得税的法规》

第七条　有下列情形之一的，主管税务机关应采取核定征收方式征收个人所得税：

（一）企业依照国家有关法规应当设置但未设置账簿的；

（二）企业虽设置账簿，但账目混乱或者成本资料、收入凭证、费用凭证残缺不全，难以查账的；

（三）纳税人发生纳税义务，未按照法规的期限办理纳税申报，经税务机关责令限期申报，逾期仍不申报的。

参照：

➤《国家税务总局关于企业所得税核定征收有关问题的公告》（国家税务总局公告2012年第27号）

一、专门从事股权（股票）投资业务的企业，不得核定征收企业所得税。

二、依法按核定应税所得率方式核定征收企业所得税的企业，取得的转让股权（股票）收入等转让财产收入，应全额计入应税收入额，按照主营项目（业务）确定适用的应税所得率计算征税；若主营项目（业务）发生变化，应在当年汇算清缴时，按照变化后的主营项目（业务）重新确定适用的应税所得率计算征税。

4.3.8 个体工商户对公账户里的款项可以用于缴纳业主个人房租的租金吗？

问：个体工商户对公账户里的款项可以用来缴纳业主个人租房的租金吗？

答：要注意区分税务处理与会计处理。如果个体工商户个人所得税是查账征收，则替业主缴纳个人租房租金属于用于个人和家庭生活的支出，不能在计算经营所得个人所得税时税前扣除。

如果该个体工商户是核定征收，则该个体工商户只须按照主管税务机关规定的核定征收办法计算缴纳个人所得税即可，无须考虑各项费用支出能否扣除的问题。

政策依据：

➤《个体工商户个人所得税计税办法》（2014年12月27日国家税务总局令第35号公布，2018年6月15日国家税务总局令第44号修订）

第十五条　个体工商户下列支出不得扣除：

（一）个人所得税税款；

（二）税收滞纳金；

（三）罚金、罚款和被没收财物的损失；

（四）不符合扣除规定的捐赠支出；

（五）赞助支出；

（六）用于个人和家庭的支出；

（七）与取得生产经营收入无关的其他支出；

（八）国家税务总局规定不准扣除的支出。

第十六条　个体工商户生产经营活动中，应当分别核算生产经营费用和个人、家庭费用。对于生产经营与个人、家庭生活混用难以分清的费用，其40%视为与生产经营有关费用，准予扣除。

4.3.9 个人撰写“爆文”发布在“今日头条”取得的所得应按什么项目征收个人所得税?

问：某人经常撰写“爆文”发布在“今日头条”，“今日头条”预扣个人所得税后支付稿酬，全年估计能有10万元稿酬。如果等到年底一次性提现，会对应到40%以上的个人所得税税率（按劳务报酬的情况下）。如果改为每月提现，每次提现1万元，则“今日头条”系统每次只按20%预扣预缴个人所得税后打款给该人。那么，等到次年汇算清缴时，如果累计稿酬是10万元，税局会不会按40%税率要求补缴个人所得税?

答：如何计税的关键是对该所得如何定性。某人从“今日头条”取得的报酬应当是挂接广告取得的收益，所以个人认为，该所得应当按经营所得征收个人所得税，而不应当按劳务报酬或稿酬征收个人所得税。

如果按劳务报酬或稿酬征个人所得税，则无论怎样支付，最终都会在汇算清缴时计入该个人综合所得计征个人所得税，如果该个人综合所得金额够大的情况下，税率会达到45%（最终的税率取决于该个人年度综合所得金额）。

政策依据：

➢《中华人民共和国个人所得税法实施条例》（1994年1月28日中华人民共和国国务院令第142号发布，根据2018年12月18日中华人民共和国国务院令第707号第四次修订）

第六条　个人所得税法规定的各项个人所得的范围：

（一）工资、薪金所得，是指个人因任职或者受雇取得的工资、薪金、奖金、年终加薪、劳动分红、津贴、补贴以及与任职或者受雇有关的其他所得。

（二）劳务报酬所得，是指个人从事劳务取得的所得，包括从事设计、装潢、安装、制图、化验、测试、医疗、法律、会计、咨询、讲学、翻译、审稿、书画、雕刻、影视、录音、录像、演出、表演、广告、展览、技术服务、介绍服务、经纪服务、代办服务以及其他劳务取得的所得。

（三）稿酬所得，是指个人因其作品以图书、报刊等形式出版、发表而取得的所得。

（四）特许权使用费所得，是指个人提供专利权、商标权、著作权、非专利技术以及其他特许权的使用权取得的所得；提供著作权的使用权取得的所得，不包括稿酬所得。

（五）经营所得，是指：

1. 个体工商户从事生产、经营活动取得的所得，个人独资企业投资人、合伙企业的个人合伙人来源于境内注册的个人独资企业、合伙企业生产、经营的所得；

2. 个人依法从事办学、医疗、咨询以及其他有偿服务活动取得的所得；

3. 个人对企业、事业单位承包经营、承租经营以及转包、转租取得的所得；

4. 个人从事其他生产、经营活动取得的所得。

4.3.10 合伙企业从所投资的企业取得分红并分配给自然人合伙人时，是否需要代扣代缴个人所得税？按什么项目征收个人所得税？

问：自然人 A 与有限公司 B 成立了一家合伙企业 C，合伙企业 C 投资了一家有限公司 D，合伙企业 C 收到有限公司 D 分红，或者合伙企业 C 年底有经营利润，向自然人 A 分配时，合伙企业需要代扣个人所得税吗？如何代扣？

答：D 分红给 C 时，不并入 C 的经营收入，而应单独作为投资者个人取得的利息、股息、红利所得，按“利息、股息、红利所得”应税项目计算缴纳个人所得税。D 不是扣缴义务人，无须代扣。

C 将股息红利所得分配给自然人 A 时，C 是否是扣缴义务人、是否应履行扣缴义务，各地口径不同。有的地方主管税务机关规定，合伙企业在向自然人合伙人支付股息红利时，需要代扣个人所得税。如果所在地的主管税务机关没有类似规定，并不能直接把 C 界定为扣缴义务人。此时，应由自然人 A 自行申报缴纳股息红利个人所得税。

合伙企业就经营所得，“先分后税”，由合伙企业向企业实际经营管理所在地主管税务机关申报缴纳投资者应纳的个人所得税。自然人合伙人分月取得收入时，应在次月 15 日前办理预缴纳税申报。预缴申报时需要填报《生产、经营所得个人所得税纳税申报表（A 表)》，以自然人为主体，按实际经营期累计数申报。自然人合伙人首次申报时，还需要同时附报“个人所得税基础信息表（B 表)”，向税务机关办理相关涉税事宜，以后仅需在信息发生变化时填报。

年度结束后，自然人合伙人应当就当年生产、经营所得，在年度终了后 3 个月内办理个人所得税年度汇算清缴。个人所得税年度汇算清缴，应当填报“生产、经营所得个人所得税纳税申报表（B 表)”，同时附送年度会计报表和预缴个人所得税纳税凭证，按照全年所得计算应纳税额，多退少补。

政策依据：

➢《国家税务总局关于〈关于个人独资企业和合伙企业投资者征收个人所得税的规定〉执行口径的通知》（国税函〔2001〕84 号）

二、关于个人独资企业和合伙企业对外投资分回利息、股息、红利的征税问题

个人独资企业和合伙企业对外投资分回的利息或者股息、红利，不并入企业的收入，而应单独作为投资者个人取得的利息、股息、红利所得，按“利息、股息、红利所得”应税项目计算缴纳个人所得税。以合伙企业名义对外投资分回利息或者股息、红利的，应按《通知》所附法规的第五条精神确定各个投资者的利息、股息、红利所得，分别按“利息、股息、红利所得”应税项目计算缴纳个人所得税。

➢《财政部、国家税务总局关于印发〈关于个人独资企业和合伙企业投资者征收个人所得税的法规〉的通知》（财税〔2000〕91 号）附件 1《关于个人独资企业和合伙企业投资者征收个人所得税的法规》

第四条　个人独资企业和合伙企业（以下简称企业）每一纳税年度的收入总额减除成本、费用以及损失后的余额，作为投资者个人的生产经营所得，比照个人所得税法的“个体工商户的生产经营所得”应税项目，适用 5%—35%的五级超额累进税率，计算征收个人所得税。

前款所称收入总额，是指企业从事生产经营以及与生产经营有关的活动所取得的各项收入，包括商品（产品）销售收入、营运收入、劳务服务收入、工程价款收入、财产出租或转让收入、利息收入、其他业务收入和营业外收入。

第四节　非居民税收类

4.4.1　我公司外籍人员提供餐饮发票，作为饮食补贴每月来报销，是否免征个人所得税？

问：我公司外籍人员提供餐饮发票，作为饮食补贴每月来报销，是否免征个人所得税？

答：外籍个人以非现金形式或实报实销形式取得的住房补贴、伙食补贴、搬迁费、洗衣费暂免征收个人所得税。非现金和实报实销，即除为个人实际发放现金补助形式以外的其他形式，如外籍个人在企业凭发票报销上述各种费用，或者由企业为其提供上述情况的服务等。

政策依据：

➢《财政部、国家税务总局关于个人所得税若干政策问题的通知》（财税字〔1994〕20号）

二、下列所得，暂免征收个人所得税

（一）外籍个人以非现金形式或实报实销形式取得的住房补贴、伙食补贴、搬迁费、洗衣费。

➢《财政部关于个人所得税法修改后有关优惠政策衔接问题的通知》（财税〔2018〕164号）

七、关于外籍个人有关津补贴的政策

（一）2019年1月1日至2021年12月31日期间，外籍个人符合居民个人条件的，可以选择享受个人所得税专项附加扣除，也可以选择按照《财政部国家税务总局关于个人所得税若干政策问题的通知》（财税〔1994〕20号）、《国家税务总局关于外籍个人取得有关补贴征免个人所得税执行问题的通知》（国税发〔1997〕54号）和《财政部 国家税务总局关于外籍个人取得港澳地区住房等补贴征免个人所得税的通知》（财税〔2004〕29号）规定，享受住房补贴、语言训练费、子女教育费等津补贴免税优惠政策，但不得同时享受。外籍个人一经选择，在一个纳税年度内不得变更。

（二）自2022年1月1日起，外籍个人不再享受住房补贴、语言训练费、子女教育费津补贴免税优惠政策，应按规定享受专项附加扣除。

➤《国家税务总局关于取消及下放外商投资企业和外国企业以及外籍个人若干税务行政审批项目的后续管理问题的通知》（国税发〔2004〕80号）

十四、取消外籍个人住房、伙食等补贴免征个人所得税审批的后续管理

根据《财政部、国家税务总局关于个人所得税若干政策问题的通知》（财税字〔1994〕20号）第二条、《国家税务总局关于外籍个人取得有关补贴征免个人所得税执行问题的批复》（国税发〔1997〕54号）的规定，外籍个人以非现金或实报实销形式取得的住房补贴、伙食补贴、洗衣费、搬迁费、出差补贴、探亲费、语言训练费、子女教育费等补贴，由纳税人提供有关凭证，主管税务机关核准后给予免征个人所得税。取消上述核准后，外籍个人取得上述补贴收入，在申报缴纳或代扣代缴个人所得税时，应按国税发〔1997〕54号的规定提供有关有效凭证及证明资料。主管税务机关应按照国税发〔1997〕54号的要求，就纳税人或代扣代缴义务人申报的有关补贴收入逐项审核。对其中有关凭证及证明资料，不能证明其上述免税补贴的合理性的，主管税务机关应要求纳税人或代扣代缴义务人在限定的时间内，重新提供证明材料。凡未能提供有效凭证及证明资料的补贴收入，主管税务机关有权给予纳税调整。

4.4.2 计算外籍个人劳务报酬个人所得税时，收入额是否含增值税？

问：我公司和外籍人员签订了一个咨询服务合同，在向其支付劳务报酬时，计算应代扣的个人所得税时，收入额是否含增值税？

答：不含。

政策依据：

➤《国家税务总局关于发布〈个人所得税扣缴申报管理办法（试行）〉的公告》（国家税务总局公告2018年第61号）

第九条　扣缴义务人向非居民个人支付工资、薪金所得，劳务报酬所得，稿酬所得和特许权使用费所得时，应当按照以下方法按月或者按次代扣代缴税款：

非居民个人的工资、薪金所得，以每月收入额减除费用5000元后的余额为应纳税所得额；劳务报酬所得、稿酬所得、特许权使用费所得，以每次收入额为应纳税所得额，适用个人所得税税率计算应纳税额。劳务报酬所得、稿酬

所得、特许权使用费所得以收入减除20%的费用后的余额为收入额；其中，稿酬所得的收入额减按70%计算。

➢《财政部 税务总局关于个人所得税法修改后有关优惠政策衔接问题的通知》（财税〔2018〕164号）

三、关于保险营销员、证券经纪人佣金收入的政策

保险营销员、证券经纪人取得的佣金收入，属于劳务报酬所得，以不含增值税的收入减除20%的费用后的余额为收入额，收入额减去展业成本以及附加税费后，并入当年综合所得，计算缴纳个人所得税。保险营销员、证券经纪人展业成本按照收入额的25%计算。

扣缴义务人向保险营销员、证券经纪人支付佣金收入时，应按照《个人所得税扣缴申报管理办法（试行）》（国家税务总局公告2018年第61号）规定的累计预扣法计算预扣税款。

➢《财政部 国家税务总局关于营改增后契税 房产税 土地增值税 个人所得税计税依据问题的通知》（财税〔2016〕43号）

四、个人转让房屋的个人所得税应税收入不含增值税，其取得房屋时所支付价款中包含的增值税计入财产原值，计算转让所得时可扣除的税费不包括本次转让缴纳的增值税。

个人出租房屋的个人所得税应税收入不含增值税，计算房屋出租所得可扣除的税费不包括本次出租缴纳的增值税。个人转租房屋的，其向房屋出租方支付的租金及增值税额，在计算转租所得时予以扣除。

4.4.3 为外籍员工报销房租发票，享受免税，发票抬头可以开成个人的吗？

问：为外籍员工报销房租发票，享受免税，发票抬头可以开成个人的吗？

答：外籍个人以实报实销形式取得的合理的住房补贴，应当理解为自行租住房屋所发生的费用由所在单位负担。所以，发票应当是开给外籍人士个人的，这样才能证明该外籍个人真实发生了租房支出，才要为其负担或给予补贴。

需要注意的是，外籍个人符合居民个人条件的，自2022年1月1日起，不再享受住房补贴、语言训练费、子女教育费津补贴免税优惠政策，应按规定享受专项附加扣除。

政策依据：

➢《财政部　国家税务总局关于个人所得税若干政策问题的通知》（财税字〔1994〕020号）

二、下列所得，暂免征收个人所得税

（一）外籍个人以非现金形式或实报实销形式取得的住房补贴、伙食补贴、搬迁费、洗衣费。

（二）外籍个人按合理标准取得的境内、外出差补贴。

（三）外籍个人取得的探亲费、语言训练费、子女教育费等，经当地税务机关审核批准为合理的部分。

……

➢《财政部 税务总局关于个人所得税法修改后有关优惠政策衔接问题的通知》（财税〔2018〕164号）

七、关于外籍个人有关津补贴的政策

（一）2019年1月1日至2021年12月31日期间，外籍个人符合居民个人条件的，可以选择享受个人所得税专项附加扣除，也可以选择按照《财政部国家税务总局关于个人所得税若干政策问题的通知》（财税〔1994〕20号）、《国家税务总局关于外籍个人取得有关补贴征免个人所得税执行问题的通知》（国税发〔1997〕54号）和《财政部 国家税务总局关于外籍个人取得港澳地区住房等补贴征免个人所得税的通知》（财税〔2004〕29号）规定，享受住房补贴、语言训练费、子女教育费等津补贴免税优惠政策，但不得同时享受。外籍个人一经选择，在一个纳税年度内不得变更。

（二）自2022年1月1日起，外籍个人不再享受住房补贴、语言训练费、子女教育费津补贴免税优惠政策，应按规定享受专项附加扣除。

4.4.4 雇佣乌克兰籍员工在乌克兰为我公司开拓市场，在中国无住所，也不居住，向其支付工资是否需要代扣代缴个人所得税？

问：雇佣乌克兰籍员工在乌克兰为我公司开拓市场，在中国无住所，也不居住，向其支付工资是否需要代扣代缴个人所得税？

答：不需要。该员工在中国境内无住所且不居住，不属于中国居民纳税人；该员工取得工资、薪金所得，但完全是在境外工作期间取得，因此，不属于来源于中国境内的所得——非居民个人来源于中国境外的所得，贵公司无须代扣代缴个人所得税。

政策依据：

➢《中华人民共和国个人所得税法》（1980 年 9 月 10 日第五届全国人民代表大会第三次会议通过，根据 2018 年 8 月 31 日第十三届全国人民代表大会常务委员会第五次会议《关于修改〈中华人民共和国个人所得税法〉的决定》第七次修正）

第一条　在中国境内有住所，或者无住所而一个纳税年度内在中国境内居住累计满 183 天的个人，为居民个人。居民个人从中国境内和境外取得的所得，依照本法规定缴纳个人所得税。

在中国境内无住所又不居住，或者无住所而一个纳税年度内在中国境内居住累计不满 183 天的个人，为非居民个人。非居民个人从中国境内取得的所得，依照本法规定缴纳个人所得税。

➢《财政部 税务总局关于非居民个人和无住所居民个人有关个人所得税政策的公告》（财政部 税务总局公告 2019 年第 35 号）

一、关于所得来源地

（一）关于工资薪金所得来源地的规定。

个人取得归属于中国境内（以下称境内）工作期间的工资薪金所得为来源于境内的工资薪金所得。境内工作期间按照个人在境内工作天数计算，包括其在境内的实际工作日以及境内工作期间在境内、境外享受的公休假、个人休假、接受培训的天数。在境内、境外单位同时担任职务或者仅在境外单位任职的个人，在境内停留的当天不足 24 小时的，按照半天计算境内工作天数。

无住所个人在境内、境外单位同时担任职务或者仅在境外单位任职，且当期同时在境内、境外工作的，按照工资薪金所属境内、境外工作天数占当期公历天数的比例计算确定来源于境内、境外工资薪金所得的收入额。境外工作天数按照当期公历天数减去当期境内工作天数计算。

➢《财政部 税务总局关于境外所得有关个人所得税政策的公告》（财政部 税务总局公告 2020 年第 3 号）

一、下列所得，为来源于中国境外的所得：

（一）因任职、受雇、履约等在中国境外提供劳务取得的所得；

（二）中国境外企业以及其他组织支付且负担的稿酬所得；

（三）许可各种特许权在中国境外使用而取得的所得；

（四）在中国境外从事生产、经营活动而取得的与生产、经营活动相关的所得；

（五）从中国境外企业、其他组织以及非居民个人取得的利息、股息、红利所得；

（六）将财产出租给承租人在中国境外使用而取得的所得；

（七）转让中国境外的不动产、转让对中国境外企业以及其他组织投资形成的股票、股权以及其他权益性资产（以下称权益性资产）或者在中国境外转让其他财产取得的所得。但转让对中国境外企业以及其他组织投资形成的权益性资产，该权益性资产被转让前3年（连续36个公历月份）内的任一时间，被投资企业或其他组织的资产公允价值50%以上直接或间接来自位于中国境内的不动产的，取得的所得为来源于中国境内的所得；

（八）中国境外企业、其他组织以及非居民个人支付且负担的偶然所得；

（九）财政部、税务总局另有规定的，按照相关规定执行。

4.4.5 外籍员工出差顺路探亲发生的费用能否享受免税待遇？

问：员工去A国甲地出差，若员工的家庭地址在A国乙地，或者其家庭地址在临近A国的B国，他在甲地办完业务后，回家的交通费可否按探亲费报销？若其家人随同出行，他们的交通费从中国至A国甲地，再到乙地可否按探亲费报销？员工本人的从甲地到乙地的交通费是否属于免征个所税的探亲费？

答：上述费用，单位根据自己的规定决定是否为其报销。至于是否免税，要看是否符合相关文件的规定。根据相关文件规定，外籍个人取得的、符合规定的探亲费暂免征收个人所得税。员工出差顺路回家接亲发生的费用，如果按国税函〔2001〕336号第一条“仅限于外籍个人在我国的受雇地与其家庭所在地（包括配偶或父母居住地）之间搭乘交通工具且每年不超过两次的费用”规定，似有不符，但个人认为，只要金额不超过受雇地与其家庭所在地之间的探亲费用，且真实、合理的，应当享受免征待遇，这符合税法的本意。其家人发生的费用，贵公司如果为其报销，该费用不免税，应并入该员工工资、薪金所得代扣代缴个人所得税。

政策依据：

➢《财政部、国家税务总局关于个人所得税若干政策问题的通知》（财税

字〔1994〕20号）

（一）外籍个人以非现金形式或实报实销形式取得的住房补贴、伙食补贴、搬迁费、洗衣费。

（二）外籍个人按合理标准取得的境内、外出差补贴。

（三）外籍个人取得的探亲费、语言训练费、子女教育费等，经当地税务机关审核批准为合理的部分。

……

➢《国家税务总局关于外籍个人取得的探亲费免征个人所得税有关执行标准问题的通知》（国税函〔2001〕336号）

近接一些地方反映，根据《国家税务总局关于外籍个人取得有关补贴免征个人所得税执行问题的通知》（国税发〔1997〕54号）第四条的规定，对外籍个人取得的探亲费免征个人所得税，应由纳税人提供探亲的交通支出凭证（复印件），由主管税务机关审核，对其实际用于本人探亲，且每年探亲的次数和支付的标准合理的部分给予免税。

但在执行中，对如何掌握“每年探亲的次数和支付的标准合理的部分”，要求予以进一步明确，现对此统一规定如下：

一、可以享受免征个人所得税优惠待遇的探亲费，仅限于外籍个人在我国的受雇地与其家庭所在地（包括配偶或父母居住地）之间搭乘交通工具且每年不超过两次的费用。

4.4.6　我公司雇佣香港籍员工，长期出差在上海，向其支付工资如何扣缴个人所得税？

问：我公司注册地在深圳，雇佣香港户籍员工，长期出差在上海，出入境记录也在上海，在上海办理了暂住证、租了房子，这种情况，目前为非居民纳税人，我公司向其支付工资时，如何扣缴个人所得税？

答：该员工目前为非居民纳税人，贵公司向其支付的工资、薪金为来源于中国境内的所得，贵公司作为扣缴义务人，应按工薪薪金所得代扣代缴个人所得税，扣缴申报的地点在深圳。

政策依据：

➢《中华人民共和国个人所得税法实施条例》（1994年1月28日中华人民共和国国务院令第142号发布，根据2018年12月18日中华人民共和国国

务院令第707号第四次修订）

第二十六条　个人所得税法第十条第二款所称全员全额扣缴申报，是指扣缴义务人在代扣税款的次月15日内，向主管税务机关报送其支付所得的所有个人的有关信息、支付所得数额、扣除事项和数额、扣缴税款的具体数额和总额以及其他相关涉税信息资料。

➢《国家税务总局关于发布〈个人所得税扣缴申报管理办法（试行）〉的公告》（国家税务总局公告2018年第61号）

第二条　扣缴义务人，是指向个人支付所得的单位或者个人。扣缴义务人应当依法办理全员全额扣缴申报。

全员全额扣缴申报，是指扣缴义务人应当在代扣税款的次月15日内，向主管税务机关报送其支付所得的所有个人的有关信息、支付所得数额、扣除事项和数额、扣缴税款的具体数额和总额以及其他相关涉税信息资料。

➢《中华人民共和国个人所得税法实施条例》（1994年1月28日中华人民共和国国务院令第142号发布，根据2018年12月18日中华人民共和国国务院令第707号第四次修订）

第七条在中国境内无住所，但是在一个纳税年度中在中国境内连续或者累计居住不超过90日的个人，其来源于中国境内的所得，由境外雇主支付并且不由该雇主在中国境内的机构、场所负担的部分，免予缴纳个人所得税。

4.4.7　外籍员工新入职，为其报销从国外到国内托运行李的海运费是否需要代扣代缴个人所得税？

问：外籍员工新入职，从国外到中国托运行李的海运费是否可以报销？报销时是否需要代扣个人所得税？

答：托运行李的费用应当属于搬迁费，可以报销（是否能报销取决于各单位的财务管理制度），如报销，根据相关规定，外籍员工以实报实销形式取得的搬迁费属于免征个人所得税范围，因此，报销时无须代扣个人所得税。

政策依据：

➢《财政部　国家税务总局关于个人所得税若干政策问题的通知》（财税字〔1994〕020号）

二、下列所得，暂免征收个人所得税

（一）外籍个人以非现金形式或实报实销形式取得的住房补贴、伙食补贴、搬迁费、洗衣费”。

……

4.4.8　外籍人士来中国提供劳务，每月入境两周（一年理论上不超过 183 天），住宾馆，会不会被认定为居民纳税人？

问：外籍人士来中国提供劳务，每月入境两周（一年理论上不超过 183 天），住宾馆，宾馆会不会被税务局认定为有习惯性住所，从而被认定为居民纳税人？

答：根据个人所得税法实施条例的规定，住所是指因户籍、家庭、经济利益关系而习惯性居住的地方，因此，住宾馆不会简单的认为有住所。问题所提到的情况，属于无住所而在中国境内居住的情形，这种情形下，个人所得税居民纳税人身份的判定，主要还是要根据他在中国境内居住的时间，超过 183 天会被界定为居民纳税人，否则不被界定为居民纳税人。

政策依据：

➢《中华人民共和国个人所得税法》（1980 年 9 月 10 日第五届全国人民代表大会第三次会议通过，根据 2018 年 8 月 31 日第十三届全国人民代表大会常务委员会第五次会议《关于修改〈中华人民共和国个人所得税法〉的决定》第七次修正）

第一条　在中国境内有住所，或者无住所而一个纳税年度内在中国境内居住累计满 183 天的个人，为居民个人。居民个人从中国境内和境外取得的所得，依照本法规定缴纳个人所得税。

在中国境内无住所又不居住，或者无住所而一个纳税年度内在中国境内居住累计不满 183 天的个人，为非居民个人。非居民个人从中国境内取得的所得，依照本法规定缴纳个人所得税。

纳税年度，自公历 1 月 1 日起至 12 月 31 日止。

➢《中华人民共和国个人所得税法实施条例》（1994 年 1 月 28 日中华人民共和国国务院令第 142 号发布，根据 2018 年 12 月 18 日中华人民共和国国务院令第 707 号第四次修订）

第二条　个人所得税法所称在中国境内有住所，是指因户籍、家庭、经济利益关系而在中国境内习惯性居住；所称从中国境内和境外取得的所得，分别是指来源于中国境内的所得和来源于中国境外的所得。

4.4.9 王先生在国外，有长期居留证，每年他回来探亲，有10天在中国，他是属于居民纳税人还是非居民纳税人？

问：王先生在国外，有长期居留证，每年他回来探亲，有10天在中国，这种情况下，他是属于居民纳税人还是非居民纳税人？

答：王先生已经不在中国境内习惯性居住，且居住时间在一个纳税年度内累计不超过183天，所以，他应当是非居民纳税人。

政策依据：

➢《中华人民共和国个人所得税法》（1980年9月10日第五届全国人民代表大会第三次会议通过，根据2018年8月31日第十三届全国人民代表大会常务委员会第五次会议《关于修改〈中华人民共和国个人所得税法〉的决定》第七次修正）

第一条　在中国境内有住所，或者无住所而一个纳税年度内在中国境内居住累计满183天的个人，为居民个人。居民个人从中国境内和境外取得的所得，依照本法规定缴纳个人所得税。

在中国境内无住所又不居住，或者无住所而一个纳税年度内在中国境内居住累计不满183天的个人，为非居民个人。非居民个人从中国境内取得的所得，依照本法规定缴纳个人所得税。

纳税年度，自公历1月1日起至12月31日止。

➢《中华人民共和国个人所得税法实施条例》（1994年1月28日中华人民共和国国务院令第142号发布，根据2018年12月18日中华人民共和国国务院令第707号第四次修订）

第二条　个人所得税法所称在中国境内有住所，是指因户籍、家庭、经济利益关系而在中国境内习惯性居住；所称从中国境内和境外取得的所得，分别是指来源于中国境内的所得和来源于中国境外的所得。

4.4.10 被认定为居民企业的外商投资企业向外籍个人股东分红时是否免税？

问：我公司注册在境外，投资人有外籍个人。2016年我公司被认定为居民企业，类型是中外合资，工商登记仍是外商投资企业。2020年要对股东分红，其中支付自然人股东的股息红利，是否享受外籍个人从外商投资企业取得股息红利免征个税待遇？

答：贵公司被认定为居民纳税人，是企业所得税事项，是依据企业所得税法相关规定所做出的判定，判定为居民企业后，贵公司企业所得税事项应按居民企业接受管理，并享受居民企业相应待遇。这种认定并不影响贵公司的外商投资企业身份，此种身份下，向外籍个人分红，符合免税条件，可以享受免税待遇。

政策依据：

➤《国家税务总局关于境外注册中资控股企业依据实际管理机构标准认定为居民企业有关问题的通知》（国税发〔2009〕82号）

二、境外中资企业同时符合以下条件的，根据企业所得税法第二条第二款和实施条例第四条的规定，应判定其为实际管理机构在中国境内的居民企业（以下称非境内注册居民企业），并实施相应的税收管理，就其来源于中国境内、境外的所得征收企业所得税。

（一）企业负责实施日常生产经营管理运作的高层管理人员及其高层管理部门履行职责的场所主要位于中国境内；

（二）企业的财务决策（如借款、放款、融资、财务风险管理等）和人事决策（如任命、解聘和薪酬等）由位于中国境内的机构或人员决定，或需要得到位于中国境内的机构或人员批准；

（三）企业的主要财产、会计账簿、公司印章、董事会和股东会议纪要档案等位于或存放于中国境内；

（四）企业1/2（含1/2）以上有投票权的董事或高层管理人员经常居住于中国境内。

➤《中华人民共和国外商投资法》（中华人民共和国第26号主席令）

第二条　在中华人民共和国境内（以下简称中国境内）的外商投资，适用本法。

本法所称外商投资，是指外国的自然人、企业或者其他组织（以下称外国投资者）直接或者间接在中国境内进行的投资活动，包括下列情形：

（一）外国投资者单独或者与其他投资者共同在中国境内设立外商投资企业；

（二）外国投资者取得中国境内企业的股份、股权、财产份额或者其他类似权益；

（三）外国投资者单独或者与其他投资者共同在中国境内投资新建项目；

（四）法律、行政法规或者国务院规定的其他方式的投资。

本法所称外商投资企业，是指全部或者部分由外国投资者投资，依照中国法律在中国境内经登记注册设立的企业。

➢《财政部 国家税务总局关于个人所得税若干政策问题的通知》（财税字〔1994〕20号）

二、下列所得，暂免征收个人所得税

外籍个人从外商投资企业取得的股息、红利所得。

➢ 参考：湖北咨询

咨询标题：外籍人员从外商投资企业取得的分红是否缴纳个人所得税？

咨询内容：外籍人员从外商投资企业取得的分红是否缴纳个人所得税？我企业为外商投资企业，由外籍人员独资创建，现对其分红，如何扣缴个人所得税。

回复内容：

根据财政部、国家税务局下发的《关于个人所得税若干政策问题的通知》（财税字〔1994〕20号）第二条规定：外籍个人从外商投资企业取得的股息、红利所得可暂免征个人所得税。该文件仍然有效。即外籍个人从外商投资企业取得的股息、红利所得可暂免征个人所得税。注意的是适用对象仅限于外籍个人；适用范围仅限于外籍个人从投资企业取得的股息、红利所得。如果是利息所得则不适用；对于从内资企业取得的股息、红利也不适用。

第五节 社保及其他类

4.5.1 单位聘用离退休人员，发放季度奖、年终奖是否需要计入缴费基数缴纳社保费？

问：单位聘用离退休人员，发放年终奖、季度奖是否需要计入缴费基数缴纳社保费？

答：该部分支出属于“有关退休待遇的各项支出”，无须计入工资总额缴纳社保；另外，到达法定退休年龄的员工，已经按规定享受退休待遇，与所在单位已经不构成劳动关系，从这个角度说，也无须为其缴纳社保。

政策依据：

➢《中华人民共和国劳动和社会保障部社会保险事业管理中心关于规范社会保险缴费基数有关问题的通知》（劳社险中心函〔2006〕60号）

四、关于不列入缴费基数的项目

（四）有关离休、退休、退职人员待遇的各项支出。

➢《中华人民共和国劳动合同法》（1994年7月5日中华人民共和国主席令第二十八号公布，根据2018年12月29日中华人民共和国主席令第二十四号第二次修正）

第四十四条　有下列情形之一的，劳动合同终止：

（二）劳动者开始依法享受基本养老保险待遇的；

➢《中华人民共和国劳动合同法实施条例》（中华人民共和国国务院令第535号）

第二十一条　劳动者达到法定退休年龄的，劳动合同终止。

4.5.2　单位员工可以一部分在其他单位缴纳社保吗？公司申报个税时，缴纳的社保可以在个人所得税税前扣除吗？

问：单位员工可以一部分在其他单位缴纳社保吗？公司申报个税时，缴纳的社保可以在个人所得税税前扣除吗？

答：根据社会保险法规定，用人单位应当自行申报、按时足额缴纳社会保险费，构成劳动关系的单位与缴费单位不一致，与现行规定有冲突。

理论上，个人按规定标准缴纳的社保缴费，可以在计算个人所得税时扣除，但有的地方规定，只有按规定通过本单位、在本地区申报缴纳的“三险一金”才可以在个人所得税计算时扣除，这个需要纳税人注意。

政策依据：

➢《中华人民共和国社会保险法》（2010年10月28日第十一届全国人民代表大会常务委员会第十七次会议通过，根据2018年12月29日第十三届全国人民代表大会常务委员会第七次会议《关于修改〈中华人民共和国社会保险法〉的决定》修正）

第五十八条　用人单位应当自用工之日起30日内为其职工向社会保险经

办机构申请办理社会保险登记。未办理社会保险登记的，由社会保险经办机构核定其应当缴纳的社会保险费。

第六十条　用人单位应当自行申报、按时足额缴纳社会保险费，非因不可抗力等法定事由不得缓缴、减免。职工应当缴纳的社会保险费由用人单位代扣代缴，用人单位应当按月将缴纳社会保险费的明细情况告知本人。

➤《中华人民共和国个人所得税法》（1980 年 9 月 10 日第五届全国人民代表大会第三次会议通过，根据 2018 年 8 月 31 日第十三届全国人民代表大会常务委员会第五次会议《关于修改〈中华人民共和国个人所得税法〉的决定》第七次修正）

第六条　应纳税所得额的计算：

……

本条第一款第一项规定的专项扣除，包括居民个人按照国家规定的范围和标准缴纳的基本养老保险、基本医疗保险、失业保险等社会保险费和住房公积金等；

……

4.5.3　两处取得工资、薪金所得，两处任职单位是不是都需要为该员工缴纳社保费？

问：一个人每个月从 A 公司领取工资 2500 元，从 B 公司年领取工资 2500 元，A 公司为该员工缴纳养老保险，B 公司还需要为该员工缴纳社保费吗？如果该员工已经参加了“新农合”，A 公司还需要为该员工缴纳社保费吗？

答：根据社保法的规定，一个自然人只能有一个社保账号，只能在一处缴纳社保，因此，如果该员工已经在 A 公司缴纳了社保，B 公司无须再为其缴纳社保费。

但各地的操作规定稍有不同，有的地方明确：社保缴费基数看工资总额，像问题所提到的情况，B 公司单位缴费部分的缴费基数会包含 B 公司支付给该员工工资那一部分，因此，B 公司单位缴费部分仍然少不了。

根据社保法的规定，只要建立劳动关系，就应当依法为其办理社保，这是强制性的，如果该员工已经参加“新农合”，则“新农合”应当自动终止，改为缴纳社保。

政策依据：

➢《中华人民共和国社会保险法》（2010 年 10 月 28 日第十一届全国人民代表大会常务委员会第十七次会议通过，根据 2018 年 12 月 29 日第十三届全国人民代表大会常务委员会第七次会议《关于修改〈中华人民共和国社会保险法〉的决定》修正）

第五十八条　用人单位应当自用工之日起三十日内为其职工向社会保险经办机构申请办理社会保险登记。未办理社会保险登记的，由社会保险经办机构核定其应当缴纳的社会保险费。

4.5.4　单位给员工发放高温津贴、取暖费是否需要计入缴费基数缴纳社保费？

问：我单位应发工资由岗位工资、绩效工资、年功津贴、技术津贴、餐补、取暖费、高温津贴构成，这些项目是否都需要计入社保缴费基数？

答：上述工资构成当中的岗位工资、绩效工资、年功津贴、技术津贴，以及以货币形式支付给劳动者的高温津贴、餐补，按规定应入社保缴费基数。取暖费等有关劳动保险和职工福利方面的费用，不计入社保缴费基数。

政策依据：

➢《中华人民共和国劳动和社会保障部社会保险事业管理中心关于规范社会保险缴费基数有关问题的通知》（劳社险中心函〔2006〕60 号）

三、关于计算缴费基数的具体项目

4、津贴，包括：

（1）补偿职工特殊或额外劳动消耗的津贴及岗位性津贴。包括：高空津贴、井下津贴、流动施工津贴、高温作业临时补贴、艰苦气象台（站）津贴、微波站津贴，冷库低温津贴、邮电人员外勤津贴、夜班津贴、中班津贴、班（组）长津贴、环卫人员岗位津贴、广播电视天线工岗位津贴、盐业岗位津贴、废品回收人员岗位津贴、殡葬特殊行业津贴、城市社会福利事业岗位津贴、环境监测津贴、课时津贴、班主任津贴、科研辅助津贴、卫生临床津贴和防检津贴、农业技术推广服务津贴、护林津贴、林业技术推广服务津贴、野生动物保护工作津贴、水利防汛津贴、气象服务津贴、地震预测预防津贴、技术监督工作津贴、口岸鉴定检验津贴、环境污染监控津贴、社会服务津贴、特殊岗位津贴、会计岗位津贴、野外津贴、水上作业津贴、艺术表演档次津贴、演出场次津贴、艺术人员工种补贴、运动队班（队）干部驻队津贴、教练员培训津贴、运动员成绩津贴、运动员突出贡献津贴、责任目标津贴、领导职务津贴、岗位目标管理津贴、专业技术职务津贴、专业技术岗位津贴、技术等级岗位津贴、技术工人岗位津贴、普通工人作业津贴及其他为特殊行业和苦脏累险等特殊岗位设立的津贴。

机关工作人员岗位津贴。包括：公安干警值勤津贴、警衔津贴、交通民警保健津贴、海关工作人员岗位津贴、审计人员外勤工作补贴、税务人员的税务征收津贴（包括农业税收）、工商行政管理人员外勤津贴、人民法院干警岗位津贴、人民检察院干警岗位津贴、司法助理员岗位津贴、监察、纪检部门办案人员补贴、人民武装部工作人员津贴、监狱劳教所干警健康补贴等。

四、关于不列入缴费基数的项目

（二）有关劳动保险和职工福利方面的费用。职工保险福利费用包括医疗卫生费、职工死亡丧葬费及抚恤费、职工生活困难补助、文体宣传费、集体福利事业设施费和集体福利事业补贴、探亲路费、计划生育补贴、冬季取暖补贴、防暑降温费、婴幼儿补贴（即托儿补助）、独生子女牛奶补贴、独生子女费、“六一”儿童节给职工的独生子女补贴、工作服洗补费、献血员营养补助及其他保险福利费。

（三）劳动保护的各种支出。包括：工作服、手套等劳动保护用品，解毒剂、清凉饮料，以及按照国务院1963年7月19日劳动部等七单位规定的范围对接触有毒物质、矽尘作业、放射线作业和潜水、沉箱作业，高温作业等五类工种所享受的由劳动保护费开支的保健食品待遇。

4.5.5 单位长期聘用某一员工，但是不为其缴纳社保，单位与员工间是否构成劳动关系？

问：如果单位长期聘用某一员工，但是不为其缴纳社保，单位与员工间是否构成劳动关系？

答：是否缴纳社保并不是构成劳动关系的必要条件。虽然没有签订劳动合同，但有证据表明单位与员工存在事实劳动关系，员工即应享有相应的权利。长期聘用，如无其他特殊事项，应当认定该员工与雇佣单位存在劳动关系。

政策依据：

➢《劳动和社会保障部〈关于确立劳动关系有关事项的通知〉》（劳社部

发〔2005〕12号）

二、用人单位未与劳动者签订劳动合同，认定双方存在劳动关系时可参照下列凭证：

（一）工资支付凭证或记录（职工工资发放花名册）、缴纳各项社会保险费的记录；

（二）用人单位向劳动者发放的“工作证”“服务证”等能够证明身份的证件；

（三）劳动者填写的用人单位招工招聘“登记表”“报名表”等招用记录；

（四）考勤记录；

（五）其他劳动者的证言等。

4.5.6　物业公司能和保安员、保洁员个人签订劳务合同吗？针对保安员、保洁员，有没有好的降低社保成本的筹划方法？

问：物业公司能和保安员、保洁员个人签订劳务合同吗？如果不能签，是否需要由他们注册个体工商户，由物业公司和个体工商户签劳务合同，月开票额不超过10万元，就可享受增值税免税优惠？

答：没有规定物业公司不能和保安或保洁人员个人签订劳务合同。物业公司可以和保安或保洁人员签订劳动合同从而构成劳动关系，也可以和他们签订劳务合同从而构成劳务关系，两种情况下，合同约定内容不同，双方的权利责任义务不同。

签订劳动合同，此时，要依据《中华人民共和国劳动法》，对劳动合同的期限、工作内容、劳动保护和劳动条件、劳动报酬、劳动纪律、劳动合同的终止条件、违反劳动合同的责任做出约定。劳动关系下，双方存在着人身关系，即行政上的隶属关系，劳动者除了提供劳动之外，还要接受用人单位的管理，服从其安排，遵守其制订的规章制度等，成为用人单位的成员；

签订劳务合同，则与劳动合同不同，合同需要对劳务成果的确认、双方权利、义务、付款方式，违约责任等事项进行约定。劳务合同下，双方当事人间只存在财产关系，彼此之间没有隶属关系，劳动者提供劳务服务，劳务单位支付劳务报酬，各自独立，地位平等。

如果个人成立个体工商户提供保安、保洁服务，除非是增值税专用发票，否则应当自行开具发票。个体工商户按增值税起征点的相关规定，可以享受10万元以下免税待遇。

其实，单位雇佣保安员、保洁员，可以采取非全日制用工方式，这种方式下，保安员、保洁员可以以自由职业者的身份参加职工基本养老保险和基本医疗保险，公司无需再为其缴纳基本养老保险和基本医疗保险。

政策依据：

➢《关于非全日制用工若干问题的意见》（劳社部发〔2003〕12号）

第六十八条　非全日制用工的概念

非全日制用工，是指以小时计酬为主，劳动者在同一用人单位一般平均每日工作时间不超过4小时，每周工作时间累计不超过24小时的用工形式。

第六十九条　非全日制用工的劳动合同

非全日制用工双方当事人可以订立口头协议。从事非全日制用工的劳动者可以与一个或者一个以上用人单位订立劳动合同；但是，后订立的劳动合同不得影响先订立的劳动合同的履行。

➢《中华人民共和国社会保险法》（2010年10月28日第十一届全国人民代表大会常务委员会第十七次会议通过，根据2018年12月29日第十三届全国人民代表大会常务委员会第七次会议《关于修改〈中华人民共和国社会保险法〉的决定》修正）

第十条　职工应当参加基本养老保险，由用人单位和职工共同缴纳基本养老保险费。

无雇工的个体工商户、未在用人单位参加基本养老保险的非全日制从业人员以及其他灵活就业人员可以参加基本养老保险，由个人缴纳基本养老保险费。

公务员和参照公务员法管理的工作人员养老保险的办法由国务院规定。

第十二条　用人单位应当按照国家规定的本单位职工工资总额的比例缴纳基本养老保险费，记入基本养老保险统筹基金。

职工应当按照国家规定的本人工资的比例缴纳基本养老保险费，记入个人账户。

无雇工的个体工商户、未在用人单位参加基本养老保险的非全日制从业人员以及其他灵活就业人员参加基本养老保险的，应当按照国家规定缴纳基本养老保险费，分别记入基本养老保险统筹基金和个人账户。

4.5.7　非全日制用工需要满足哪些条件？签订劳动合同时有哪些注意事项？

问：非全日制用工需要满足哪些条件？签订劳动合同时有哪些注意事项？社保是不是就不用缴纳了？个人所得税是正常按照工资、薪金申报吗？账务处理、日常报销和正式员工有无区别？

答：非全日制用工应当有考勤记录证明其用工时间符合规定，有工资发放记录证明其符合工资支付期限的要求。非全日用工可以签订书面劳动合同，也可以签订口头劳动合同。如果有书面合同，则证明力会更高。

非全日用工情形下，当事个人可以由个人缴纳基本养老保险费。非全日用工与单位也构成劳动关系，所以，单位向其支付报酬应按工资、薪金所得预扣预缴个人所得税，相应的工资支出与正常的员工的工资、薪金支出会计处理是一样的。

政策依据：

➢《劳动和社会保障部关于非全日制用工若干问题的意见》（劳社部发〔2003〕12号）

第六十八条　非全日制用工的概念

非全日制用工，是指以小时计酬为主，劳动者在同一用人单位一般平均每日工作时间不超过4小时，每周工作时间累计不超过24小时的用工形式。

第六十九条　非全日制用工的劳动合同

非全日制用工双方当事人可以订立口头协议。从事非全日制用工的劳动者可以与一个或者一个以上用人单位订立劳动合同；但是，后订立的劳动合同不得影响先订立的劳动合同的履行。

➢《中华人民共和国社会保险法》（2010年10月28日第十一届全国人民代表大会常务委员会第十七次会议通过，根据2018年12月29日第十三届全国人民代表大会常务委员会第七次会议《关于修改〈中华人民共和国社会保险法〉的决定》修正）

第十条　职工应当参加基本养老保险，由用人单位和职工共同缴纳基本养老保险费。

无雇工的个体工商户、未在用人单位参加基本养老保险的非全日制从业人员以及其他灵活就业人员可以参加基本养老保险，由个人缴纳基本养老保险费。

➢《国家税务总局关于企业所得税应纳税所得额若干税务处理问题的公告》（国家税务总局公告2012年第15号）

一、关于季节工、临时工等费用税前扣除问题

企业因雇用季节工、临时工、实习生、返聘离退休人员以及接受外部劳务派遣用工所实际发生的费用，应区分为工资薪金支出和职工福利费支出，并按《企业所得税法》规定在企业所得税前扣除。其中属于工资薪金支出的，准予计入企业工资薪金总额的基数，作为计算其他各项相关费用扣除的依据。

【注：依据国家税务总局公告2015年第34号《国家税务总局关于企业工资薪金和职工福利费等支出税前扣除问题的公告》，第一条有关企业接受外部劳务派遣用工的相关规定废止】

4.5.8 向教育事业的捐赠在计算个人所得税时扣除，需要满足什么样的条件？

问：我公司自然人股东转让股权有一大笔收益，想通过捐赠来少缴些个人所得税。财税〔2004〕39号文中“纳税人通过中国境内非营利的社会团体，国家机关向教育事业的捐赠，准予在个人所得税前全额扣除”，这里的教育事业指的什么？有没有名单？

答：个人捐赠在个人所得税前全额扣除，有严格的限定条件。其中最重要的就是捐赠途径，即：必须通过获得公益性捐赠税前扣除资格的公益性社会团体或县级以上人民政府及其组成部门和直属机构，用于公益事业的捐赠支出，才可以按规定进行所得税税前扣除。这个名单，每年会公布一次，这些公益性社会团体会有相应的章程，其章程会约定受捐赠资金的用途，如中国教育发展基金会收到捐赠款项将会用于资助教育发展项目等。

要满足捐赠扣除的条件，除了必须通过有资格的公益性社会团体或县级以上人民政府捐赠外，还需要取得相应的、合法的公益性捐赠票据。接受捐赠的公益性社会团体不在名单内，或虽在名单内，但企业或个人发生的公益性捐赠支出不属于名单所属年度的，不得扣除。

政策依据：

➢《财政部 国家税务总局 民政部关于公益性捐赠税前扣除有关问题的补充通知》（财税〔2010〕45号）

一、企业或个人通过获得公益性捐赠税前扣除资格的公益性社会团体或县

级以上人民政府及其组成部门和直属机构，用于公益事业的捐赠支出，可以按规定进行所得税税前扣除。县级以上人民政府及其组成部门和直属机构的公益性捐赠税前扣除资格不需要认定。

三、对获得公益性捐赠税前扣除资格的公益性社会团体，由财政部、国家税务总局和民政部以及省、自治区、直辖市、计划单列市财政、税务和民政部门每年分别联合公布名单。名单应当包括当年继续获得公益性捐赠税前扣除资格和新获得公益性捐赠税前扣除资格的公益性社会团体。

企业或个人在名单所属年度内向名单内的公益性社会团体进行的公益性捐赠支出，可按规定进行税前扣除。

➢《财政部 国家税务总局关于教育税收政策的通知》（财税〔2004〕39号）

为了进一步促进教育事业发展，经国务院批准，现将有关教育的税收政策通知如下：

一、关于营业税、增值税、所得税

8. 纳税人通过中国境内非营利的社会团体、国家机关向教育事业的捐赠，准予在企业所得税和个人所得税前全额扣除。

4.5.9　如何区分个人所得税法里所说的劳务报酬所得和经营所得？

问：如何区分个人所得税法里所说的劳务报酬所得和经营所得？个人成立工作室取得的所得，是劳务报酬所得还是经营所得？

答：劳务报酬所得和个人经营所得，个人所得税法里有相应规定，但依照这个规定，仍然难以对实务当中的具体情况进行判定。

个人理解，二者应当这样区分：自然人如果办理证照了，那么以办理证照的实体去从事某项业务取得所得，便是经营所得；有的情况下，虽未办理证照，但按规定应当办理，或虽未有规定要求必须办理，却长期持续从事该业务，则取得的所得也属于经营所得。除此之外，只要与雇主不构成劳动关系，就应当按劳务报酬所得项目计算申报纳税。

个人成立工作室，工作室办理了相关证照（如个体工商户），则取得的所得属于经营所得。

政策依据：

➢《中华人民共和国个人所得税法》（1980年9月10日第五届全国人民

代表大会第三次会议通过，根据2018年8月31日第十三届全国人民代表大会常务委员会第五次会议《关于修改〈中华人民共和国个人所得税法〉的决定》第七次修正)

第六条　个人所得税法规定的各项个人所得的范围：

（二）劳务报酬所得，是指个人从事劳务取得的所得，包括从事设计、装潢、安装、制图、化验、测试、医疗、法律、会计、咨询、讲学、翻译、审稿、书画、雕刻、影视、录音、录像、演出、表演、广告、展览、技术服务、介绍服务、经纪服务、代办服务以及其他劳务取得的所得。

（五）经营所得，是指：

1. 个体工商户从事生产、经营活动取得的所得，个人独资企业投资人、合伙企业的个人合伙人来源于境内注册的个人独资企业、合伙企业生产、经营的所得；

2. 个人依法从事办学、医疗、咨询以及其他有偿服务活动取得的所得；

3. 个人对企业、事业单位承包经营、承租经营以及转包、转租取得的所得；

4. 个人从事其他生产、经营活动取得的所得。

4.5.10　扣缴义务人未规定预扣预缴劳务报酬个人所得税，是否会被处以未扣缴税款50%到3倍的罚款?

问：税务机关在对A公司进行纳税检查时确认，张三为A公司代理销售产品，应得佣金10000元，为规避个人所得税扣缴义务，张三在A公司授意下，联系开票方B公司，支付手续费后取得了名为会议费的发票，A公司报销入账后，现金支付给张三佣金10000元，支付时，未预扣预缴劳务报酬所得个人所得税。

A公司未按规定预扣预缴劳务报酬个人所得税，税务机关是否应对其处以未扣缴税款50%到3倍的罚款?

答：这是新的个人所得税法实施后遇到的新问题。截至目前，并没有直接针对该情形的文件规定，只能依据现有法条进行分析——

税务机关应当责令A公司补扣补缴相应的个人所得税，同时，张三个人所得税汇算清缴申报地主管税务机关应当对张三下达税务事项通知书，告知其综合所得汇算清缴需要进行更正申报，张三更正申报后，多缴或少缴税款依法补或退。

A公司支付张三劳务报酬所得时，按规定只是履行预扣预缴义务（此时预扣的税款不一定等于最终应缴的税款），而非代扣代缴义务（股息红利、利息、财产转让、租赁、偶然所得，这些分类所得，代扣的税款是确定的），未履行该义务，不必然导致纳税人（张三）少缴纳个人所得税，所以，该情形不应属于税收征管法第六十九条规范的内容，税务机关不应对A公司少预扣预缴的个人所得税处以未扣缴税款50%到3倍的罚款。但是本问题中，张三行为应当定性为偷税，税务机关如果对张三立案，应当对张三的行为按偷税进行处理、处罚。

因为需要说明的是，新的个人所得税法实施后，对于综合所得，税法更加强调纳税人的义务，而淡化扣缴义务人的义务，这是一个重要的、有利于扣缴义务人的变化。

政策依据：

➤《国家税务总局关于发布〈个人所得税扣缴申报管理办法（试行）〉的公告》（国家税务总局公告2018年第61号）

第二条　扣缴义务人，是指向个人支付所得的单位或者个人。扣缴义务人应当依法办理全员全额扣缴申报。

全员全额扣缴申报，是指扣缴义务人应当在代扣税款的次月15日内，向主管税务机关报送其支付所得的所有个人的有关信息、支付所得数额、扣除事项和数额、扣缴税款的具体数额和总额以及其他相关涉税信息资料。

第三条　扣缴义务人每月或者每次预扣、代扣的税款，应当在次月15日内缴入国库，并向税务机关报送《个人所得税扣缴申报表》。

第十九条　扣缴义务人有未按照规定向税务机关报送资料和信息、未按照纳税人提供信息虚报虚扣专项附加扣除、应扣未扣税款、不缴或少缴已扣税款、借用或冒用他人身份等行为的，依照《中华人民共和国税收征收管理法》等相关法律、行政法规处理。

➤《中华人民共和国税收征收管理法》（2001年中华人民共和国主席令第四十九号公布，2018年中华人民共和国主席令第二十三号修订）

第六十九条　扣缴义务人应扣未扣、应收而不收税款的，由税务机关向纳税人追缴税款，对扣缴义务人处应扣未扣、应收未收税款50%以上3倍以下的罚款。

第五章　其他税种问题

第一节　房产税类

5.1.1　工厂自建的员工宿舍是否需要缴纳房产税?

问：工厂自建的员工宿舍是否需要缴纳房产税?

答：工厂自建的员工宿舍不属于免征房产税的范围，应按规定计算缴纳房产税。

政策依据：

➢《中华人民共和国房产税暂行条例》(1986 年 9 月 15 日国务院发布，2011 年 1 月 8 日根据国务院令第 588 号修订)

第一条　房产税在城市、县城、建制镇和工矿区征收

第二条　房产税由产权所有人缴纳。产权属于全民所有的，由经营管理的单位缴纳。产权出典的，由承典人缴纳。产权所有人、承典人不在房产所在地的，或者产权未确定及租典纠纷未解决的，由房产代管人或者使用人缴纳。

第五条　下列房产免纳房产税：

一、国家机关、人民团体、军队自用的房产；

二、由国家财政部门拨付事业经费的单位自用的房产；

三、宗教寺庙、公园、名胜古迹自用的房产；

四、个人所有非营业用的房产；

五、经财政部批准免税的其他房产。

免征房产税相关政策列表：

详见表 5－1。

表 5－1

序号	基本政策	文件	优惠代码
1	按政府规定价格出租的公有住房和廉租住房免征房产税	《财政部　国家税务总局关于调整住房租赁市场税收政策的通知》财税〔2000〕125 号	8011701
2	廉租住房租金收入免征房产税	《财政部　国家税务总局关于廉租住房经济适用住房和住房租赁有关税收政策的通知》财税〔2008〕24 号	8011702
3	公共租赁住房免征房产税	《财政部　国家税务总局关于公共租赁住房税收优惠政策的通知》财税〔2015〕139 号	8011705

5.1.2　自建房屋暂估入账，决算后，原值增加，是否要补缴相应的房产税？

问：自建房屋暂估入账，决算后，原值增加，是否要补缴暂估入账到按固定资产决算价值入账期间固定资产原值增加部分应缴纳的房产税款？如果补缴，是否要加收滞纳金？

答：各地口径有所不同。规定有地方口径的，按地方口径执行，没有地方口径的，个人认为应根据企业所执行会计制度的不同，区别处理：

执行《企业会计准则》和《小企业会计准则》的，不补不退，更不涉及滞纳金。

执行《企业会计制度》的，应补缴相应的房产税，但无须缴纳滞纳金——此行为可界定为纳税人计算错误原因导致（虽然并不是计算错误，但原理是一样的），所以，补缴税款时不加收滞纳金。

房产税是一个很有意思的税种，房产税在从价计征的情况下，其计税依据的确定，完全交给会计制度（除土地价款计入房产原值这一事项外），即企业实际执行的是什么样的会计制度，就根据其会计制度核算的房产原值作为房产税计税依据。执行《企业会计准则》和《小企业会计准则》，暂估入账的固定资产待办理竣工决算后，按实际成本调整暂估价值，但并不追溯调整折旧；而执行《企业会计制度》，则需要追溯调整前期入账价值及相应的折旧。是否追溯调整，影响到了暂估期间房产税的计算。

政策依据：

➢《企业会计准则第4号——固定资产》应用指南

一、固定资产的折旧

（二）已达到预定可使用状态但尚未办理竣工决算的固定资产，应当按照估计价值确定其成本，并计提折旧；待办理竣工决算后，再按实际成本调整原来的暂估价值，但不需要调整原已计提的折旧额。

➢《企业会计制度》（财会〔2000〕25号）

第三十三条　所建造的固定资产已达到预定可使用状态，但尚未办理竣工决算的，应当自达到预定可使用状态之日起，根据工程预算、造价或者工程实际成本等，按估计的价值转入固定资产，并按本制度关于计提固定资产折旧的规定，计提固定资产的折旧。待办理了竣工决算手续后再作调整。

➢《财政部、国家税务总局关于房产税若干具体问题的解释和暂行规定》（财税地字〔1986〕8号）

十九、关于新建的房屋如何征税？

纳税人自建的房屋，自建成之次月起征收房产税。

纳税人委托施工企业建设的房屋，从办理验收手续之次月起征收房产税。

纳税人在办理验收手续前已使用或出租、出借的新建房屋，应按法规征收房产税。

➢《财政部、国家税务总局关于房产税、城镇土地使用税有关问题的通知》（财税〔2008〕152号）

为统一政策，规范执行，现将房产税、城镇土地使用税有关问题明确如下：

一、关于房产原值如何确定的问题

对依照房产原值计税的房产，不论是否记载在会计账簿固定资产科目中，均应按照房屋原价计算缴纳房产税。房屋原价应根据国家有关会计制度规定进行核算。对纳税人未按国家会计制度规定核算并记载的，应按规定予以调整或重新评估。

地方口径：

➢《辽宁省地方税务局关于明确财产税若干政策业务问题的通知》（辽地税财〔2000〕398号）

五、关于尚未决算入账但已经投入使用的新建房产征税问题。

根据《辽宁省房产税实施细则》第三条关于“工程尚未决算已经投入使

用的新建房产，依照基建计划价值减除30%后的余值计税；…已按计划价值或核定价值征纳税款的不再退补”的规定，对已经投入使用但工程尚未决算的，在工程决算前，暂按工程预算价值计算缴纳房产税；对工程决算后，应自工程决算之次月起，按固定资产决算价值计算缴纳房产税，对工程决算前已按预算价值计算缴纳的税款不应再多退少补。

5.1.3　地下临停车位是从价还是从租缴纳房产税?

问：地下车位对外出租，有月租车位和临停车位两种，所收取的租金和停车费均按简易征收申报缴纳了增值税，此情形下，我公司是从价还是从租缴纳房产税?

答：地下车库的车位对外出租，应当从租计征房产税。但这里面有个问题，月租车位可按月计算出应缴房产税，但是，临停车位要麻烦一些——如果整个月没有空闲，车位一直被临时停车接续租用，这时，按该月收取的停车费计算缴纳房产税，没有什么问题。如果中间有间断呢?即有的车位因为没有临时停车而空闲呢?此时应如何计征房产税?由于此时没有出租，应从价计征房产税，但这种情况下，计算起来很麻烦，要逐个统计每个车位被租用的时间，同时，还要计算出每个车位应分摊的建筑面积的原值，才能去计算应缴房产税。

政策依据：

➢《中华人民共和国房产税暂行条例》（1986年9月15日国务院发布，2011年1月8日根据国务院令第588号修订）

第三条　房产税依照房产原值一次减除10%—30%后的余值计算缴纳。具体减除幅度，由省、自治区、直辖市人民政府规定。

没有房产原值作为依据的，由房产所在地税务机关参考同类房产核定。

房产出租的，以房产租金收入为房产税的计税依据。

第四条　房产税的税率，依照房产余值计算缴纳的，税率为1.2%；依照房产租金收入计算缴纳的，税率为12%。

➢《财政部国家税务总局关于具备房屋功能的地下建筑征收房产税的通知》（财税〔2005〕181号）

为了统一税收政策，规范税收管理，现将具备房屋功能的地下建筑的房产税政策明确如下：

一、凡在房产税征收范围内的具备房屋功能的地下建筑，包括与地上房屋相连的地下建筑以及完全建在地面以下的建筑、地下人防设施等，均应当依照有关规定征收房产税。

3. 对于与地上房屋相连的地下建筑，如房屋的地下室、地下停车场、商场的地下部分等，应将地下部分与地上房屋视为一个整体按照地上房屋建筑的有关规定计算征收房产税。

三、出租的地下建筑，按照出租地上房屋建筑的有关规定计算征收房产税。

➢《财政部 国家税务总局关于全面推开营业税改征增值税试点的通知》（财税〔2016〕36号）附件1《营业税改征增值税试点实施办法》《销售服务、无形资产、不动产注释》

一、销售服务

（六）现代服务。

5. 租赁服务。

（2）经营租赁服务，是指在约定时间内将有形动产或者不动产转让他人使用且租赁物所有权不变更的业务活动。

……

车辆停放服务、道路通行服务（包括过路费、过桥费、过闸费等）等按照不动产经营租赁服务缴纳增值税。

5.1.4 闲置的房产是否需要缴纳房产税？

问：闲置的房产是否需要缴纳房产税？

答：特定的情况下，符合条件，可以享受免征房产税和优惠。如毁损不堪居住的房屋和危险房屋，经有关部门鉴定停止使用后免征房产税；遭受自然灾害后恢复修建的房产以及其他纳税有困难的，给予定期减税或免税照顾。纳税人因房屋大修导致连续停用半年以上的，在房屋大修期间免征房产税等。

政策依据：

➢《中华人民共和国房产税暂行条例》（1986年9月15日国务院发布，2011年1月8日根据国务院令第588号修订）

第五条　下列房产免纳房产税：

一、国家机关、人民团体、军队自用的房产；

二、由国家财政部门拨付事业经费的单位自用的房产；

三、宗教寺庙、公园、名胜古迹自用的房产；

四、个人所有非营业用的房产；

五、经财政部批准免税的其他房产。

第六条　除本条例第五条规定者外，纳税人纳税确有困难的，可由省、自治区、直辖市人民政府确定，定期减征或者免征房产税。

➢《国家税务总局关于房产税部分行政审批项目取消后加强后续管理工作的通知》（国税函〔2004〕839号）

一、对《财政部 税务总局关于房产税若干具体问题的解释和暂行规定》（〔1986〕财税地字第8号）第二十四条关于“房屋大修停用在半年以上的，经纳税人申请，税务机关审核，在大修期间可免征房产税”的规定作适当修改，取消经税务机关审核的内容。

纳税人因房屋大修导致连续停用半年以上的，在房屋大修期间免征房产税，免征税额由纳税人在申报缴纳房产税时自行计算扣除，并在申报表附表或备注栏中作相应说明。

➢《财政部 税务总局关于实施小微企业普惠性税收减免政策的通知》（财税〔2019〕13号）

三、由省、自治区、直辖市人民政府根据本地区实际情况，以及宏观调控需要确定，对增值税小规模纳税人可以在50%的税额幅度内减征资源税、城市维护建设税、房产税、城镇土地使用税、印花税（不含证券交易印花税）、耕地占用税和教育费附加、地方教育附加。

四、增值税小规模纳税人已依法享受资源税、城市维护建设税、房产税、城镇土地使用税、印花税、耕地占用税、教育费附加、地方教育附加其他优惠政策的，可叠加享受本通知第三条规定的优惠政策。

5.1.5　自建房产已经验收但未办证，何时缴纳房产税？

问：我公司自建厂房，已竣工验收，但未办理产权证，是否要交房产税？计算时，按规定要减除10%—30%后，何种情况下按10%减除？何种情况下按30%减除？

答：贵公司房产已办理竣工验收的情况下，已经发生房产税纳税义务，应当从竣工验收的次月起申报缴纳房产税。

房产税计算时，是按“房产计税余值”来计算的，也就是说，自有房产按房产原价减去一个固定的扣除比例，作为计税依据，扣除比例在10%—30%之间，大多数省市都是30%，这个取决于当地的规定。

政策依据：

➢《中华人民共和国房产税暂行条例》（1986年9月15日国务院发布，2011年1月8日根据国务院令第588号修订）

第九条　纳税人新建、扩建、翻建的房屋，从建成验收的次月起交纳房产税；未经验收使用的，从使用的次月起交纳房产税。

➢《关于房产税若干具体问题的解释和暂行规定》（财税地字〔1986〕第8号）

十九、关于新建的房屋如何征税

纳税人自建的房屋，自建成之次月起征收房产税。

纳税人委托施工企业建设的房屋，从办理验收手续之次月起征收房产税。

纳税人在办理验收手续前已使用或出租，出借的新建房屋，应按规定征收房产税。

5.1.6　自建厂房，未取得房产证是否可以不缴纳房产税？

问：自建厂房（保安室、临街厂房），由于手续不全，未取得房产证，是否可以不缴纳房产税？另外，此类厂房在划转或转让时是否涉及土地增值税（土地不划转或转让）？

答：房产税纳税义务的发生，并不看是否取得产权证。只要符合房产的定义，就应当有房产税的纳税义务，所以，贵公司的保安室、临街厂房等应按规定缴纳房产税。

无房产证房产，如果发生转让，同样属于土地增值税应税范围，应按规定计算申报缴纳土地增值税。

政策依据：

➢《国家税务总局关于转让地上建筑物土地增值税征收问题的批复》（国税函〔2010〕347号）

厦门市地方税务局：

你局《关于转让地上建筑物土地增值税征收问题的请示》（厦地税发

〔2010〕18号）收悉。经研究，现批复如下：

根据《中华人民共和国土地增值税暂行条例》规定，对转让码头泊位、机场跑道等基础设施性质的建筑物行为，应当征收土地增值税。

➢《中华人民共和国土地增值税暂行条例》（1993年11月26日中华人民共和国国务院令第138号公布，根据2011年1月8日《国务院关于废止和修改部分行政法规的决定》修订）

第二条 转让国有土地使用权、地上的建筑物及其附着物（以下简称转让房地产）并取得收入的单位和个人，为土地增值税的纳税义务人（以下简称纳税人），应当依照本条例缴纳土地增值税。

➢《中华人民共和国土地增值税暂行条例实施细则》（财法字〔1995〕6号）

第三条 条例第二条所称的地上的建筑物，是指建于土地上的一切建筑物，包括地上地下的各种附属设施。

条例第二条所称的附着物，是指附着于土地上的不能移动，一经移动即遭损坏的物品。

5.1.7 单位免费提供给员工住宿的集体宿舍是否免征房产税？

问：我单位给员工提供的福利性宿舍是否适用财税〔2000〕125号和财税〔2013〕94号文规定免征房产税？

答：财税〔2013〕94号文中“按照公有住房管理或纳入县级以上政府廉租住房管理的单位自有住房”有两层含义：一是对因历史原因形成的企事业单位公有住房，租给单位职工居住的，仍适用财税〔2000〕125号文件规定；二是对公有住房制度改革后，企事业单位购买商品房或自建职工宿舍免费提供或低价出租给职工居住，凡纳入县级以上政府廉租住房统一管理的，也适用财税〔2000〕125号文件规定。对其他情形的，应按规定征收房产税。

贵公司的情况可能不符合这个要求，应按规定征收房产税。

政策依据：

➢《财政部 国家税务总局关于企业和自收自支事业单位向职工出租的单位自有住房房产税和营业税政策的通知》（财税〔2013〕94）

经研究，现就企业和自收自支事业单位向职工出租的单位自有住房的房产税和营业税政策进一步明确如下：

《财政部、国家税务总局关于调整住房租赁市场税收政策的通知》（财税

〔2000〕125）第一条规定，暂免征收房产税、营业税的企业和自收自支事业单位向职工出租的单位自有住房，是指按照公有住房管理或纳入县级以上政府廉租住房管理的单位自有住房。

➢《财政部、国家税务总局关于调整住房租赁市场税收政策的通知》（财税〔2000〕125）

为了配合国家住房制度改革，支持住房租赁市场的健康发展，经国务院批准，现对住房租赁市场有关税收政策问题通知如下：

一、对按政府规定价格出租的公有住房和廉租住房，包括企业和自收自支事业单位向职工出租的单位自有住房；房管部门向居民出租的公有住房；落实私房政策中带户发还产权并以政府规定租金标准向居民出租的私有住房等，暂免征收房产税、营业税。

5.1.8 全额计提减值准备的房产，是否需要缴纳房产税？

问：全额计提减值准备的房产，是否需要缴纳房产税？

答：根据会计准则的相关规定，资产的可收回金额低于其账面价值的，企业应当将资产的账面价值减记至可收回金额，减记的金额确认为资产减值损失，计入当期损益，同时计提相应的资产减值准备。会计处理为：借记“资产减值损失”科目，贷记“固定资产减值准备”科目。

从上述会计处理可以看出，计提减值准备（即使是全额计提），并不影响会计上确认的房产原值，房产税的纳税义务和计税依据未发生变化，所以，应按规定缴纳房产税。

政策依据：

➢《企业会计准则第8号——资产减值》

第五条　存在下列迹象的，表明资产可能发生了减值：

（一）资产的市价当期大幅度下跌，其跌幅明显高于因时间的推移或者正常使用而预计的下跌。

（二）企业经营所处的经济、技术或者法律等环境以及资产所处的市场在当期或者将在近期发生重大变化，从而对企业产生不利影响。

（三）市场利率或者其他市场投资报酬率在当期已经提高，从而影响企业计算资产预计未来现金流量现值的折现率，导致资产可收回金额大幅度降低。

（四）有证据表明资产已经陈旧过时或者其实体已经损坏。

（五）资产已经或者将被闲置、终止使用或者计划提前处置。

（六）企业内部报告的证据表明资产的经济绩效已经低于或者将低于预期，如资产所创造的净现金流量或者实现的营业利润（或者亏损）远远低于（或者高于）预计金额等。

（七）其他表明资产可能已经发生减值的迹象。

➢《企业会计制度》（财会〔2000〕25号）

第五十三条

……

除有确凿证据表明该项应收款项不能够收回或收回的可能性不大外（如债务单位已撤销、破产、资不抵债、现金流量严重不足、发生严重的自然灾害等导致停产而在短时间内无法偿付债务等，以及3年以上的应收款项），下列各种情况不能全额计提坏账准备：

（一）当年发生的应收款项；

（二）计划对应收款项进行重组；

（三）与关联方发生的应收款项；

（四）其他已逾期，但无确凿证据表明不能收回的应收款项。

企业的预付账款，如有确凿证据表明其不符合预付账款性质，或者因供货单位破产、撤销等原因已无望再收到所购货物的，应当将原计入预付账款的金额转入其他应收款，并按规定计提坏账准备。

企业持有的未到期应收票据，如有确凿证据证明不能够收回或收回的可能性不大时，应将其账面余额转入应收账款，并计提相应的坏账准备。

5.1.9　小微企业房产税和土地使用税是否有相应的减免政策？

问：小微企业房产税和土地使用税是否有相应的减免政策？

答：有相应减免。各地区政策不完全相同，可参看所在地区文件。

政策依据：

➢《财政部 税务总局关于实施小微企业普惠性税收减免政策的通知》（财税〔2019〕13号）

三、由省、自治区、直辖市人民政府根据本地区实际情况，以及宏观调控需要确定，对增值税小规模纳税人可以在50%的税额幅度内减征资源税、城市维护建设税、房产税、城镇土地使用税、印花税（不含证券交易印花税）、耕地占用税和教育费附加、地方教育附加”。

➢《山东省财政厅国家税务总局山东省税务局关于实施增值税小规模纳税人税费优惠政策的通知》(鲁财税〔2019〕6号)

自2019年1月1日至2021年12月31日，对增值税小规模纳税人减按50%征收资源税、城市维护建设税、房产税、城镇土地使用税、印花税（不含证券交易印花税)、耕地占用税和教育费附加、地方教育附加”。

➢ 疫情期间减免的临时性政策可参看下列文件：

《青岛市财政局 国家税务总局青岛市税务局关于明确疫情防控期间城镇土地使用税、房产税困难减免税政策的通知》(青财税〔2020〕5号)

一、因疫情影响遭受重大损失，缴纳城镇土地使用税、房产税确有困难的，可申请困难减免税：

(一) 对受疫情影响较大的四大类困难行业纳税人，可申请免征2020年第一季度自有土地、房产的城镇土地使用税、房产税。

四大类困难行业包括交通运输、餐饮、住宿、旅游（指旅行社及相关服务、游览景区管理两类)，具体判断标准按照现行《国民经济行业分类》执行。困难行业纳税人2019年度或2020年度第一季度主营业务收入须占收入总额（剔除不征税收入和投资收益）的50%以上。

(二) 对增值税小规模纳税人，可申请免征2020年第一季度自有土地、房产的城镇土地使用税、房产税。

增值税小规模纳税人按规定登记为一般纳税人的，自一般纳税人生效之日起不再适用免征优惠；增值税年应税销售额超过小规模纳税人标准应当登记为一般纳税人而未登记，经税务机关通知，逾期仍不办理登记的，自逾期次月起不再适用免征优惠。

(三) 对第（一）项、第（二）项以外的纳税人，可申请减按70%的比例缴纳2020年第一季度自有土地、房产的城镇土地使用税、房产税。

其他省份相关文件：

【安徽】皖财税法〔2020〕287号《安徽省财政厅 国家税务总局安徽省税务局关于疫情防控期间房产税和城镇土地使用税困难减免政策的通知》

【山东】鲁财税〔2020〕16号《山东省财政厅 国家税务总局山东省税务局关于疫情防控期间房产税、城镇土地使用税减免政策的通知》

【浙江】浙财税政〔2020〕6号《浙江省财政厅 国家税务总局浙江省税务局关于落实应对疫情影响房产税、城镇土地使用税减免政策的通知》

【江苏】苏财税〔2020〕8号《江苏省财政厅 国家税务总局江苏省税务局关于应对新冠肺炎疫情影响有关房产税、城镇土地使用税优惠政策公告》

【四川】国家税务总局四川省税务局 四川省财政厅公告2020年第4号《国家税务总局四川省税务局 四川省财政厅关于免征疫情期间房产税、城镇土地使用税有关事项的公告》

【福建】国家税务总局福建省税务局公告2020年第3号《国家税务总局福建省税务局关于疫情期间因减免个体工商户租金相应减免房产税和城镇土地使用税的公告》

【重庆】《重庆市疫情防控期间房产税和城镇土地使用税热点问答》

【河南】豫税发〔2020〕26号《国家税务总局河南省税务局 河南省财政厅关于落实疫情防控期间城镇土地使用税房产税困难减免政策的通知》

【厦门】国家税务总局厦门市税务局公告2020年第2号《国家税务总局厦门市税务局关于对为个体工商户减免租金的出租方减免城镇土地使用税有关事项的公告》

【陕西】陕财税〔2020〕4号《陕西省财政厅 国家税务总局陕西省税务局关于抗击疫情城镇土地使用税、房产税困难减免有关事项的通知》

【甘肃】甘肃省财政厅 国家税务总局甘肃省税务局公告2020年第2号《甘肃省财政厅 国家税务总局甘肃省税务局关于应对新冠肺炎疫情影响有关房产税城镇土地使用税优惠政策的公告》

【辽宁】《国家税务总局大连市税务局关于疫情期间房产税和城镇土地使用税优惠政策的通知》

【广西】国家税务总局广西壮族自治区税务局公告2019年第14号《国家税务总局广西壮族自治区税务局关于发布〈国家税务总局广西壮族自治区税务局房产税城镇土地使用税困难减免管理办法〉的公告》

5.1.10　自持房产未分摊土地成本及绿化等公共配套成本，在项目结转开发产品时这部分是不是需要补结转?

问：房地产开发项目自用房产（会所、酒店或办公楼）完工时结转固定资产时，未分摊土地成本及绿化等公共配套成本，在项目结转开发产品时这部分是不是需要补结转？如需要补结转，是否需要补缴相应的房产税？

答：房地产开发企业开发项目完工转开发产品时，需要将相应的成本，包括土地、绿化等公共配套成本一并结转，开发产品转自用时，将开发产品转为固定资产，在房产使用或交付之次月起，按国家有关会计制度规定归集的房产原值计算申报缴纳房产税，其中，绿化成本不应计入房产原值。未按会计规定归集房产原值，应进行差错更正，由于账务处理错误导致少缴的房产税，应按规定补缴，同时还要承担相应的滞纳金。

政策依据：

《财政部 国家税务总局关于房产税城镇土地使用税有关问题的通知》（财税〔2008〕152号）

一、关于房产原值如何确定的问题

对依照房产原值计税的房产，不论是否记载在会计账簿固定资产科目中，均应按照房屋原价计算缴纳房产税。房屋原价应根据国家有关会计制度规定进行核算。对纳税人未按国家会计制度规定核算并记载的，应按规定予以调整或重新评估。

……

➤《中华人民共和国房产税暂行条例》（1986年9月15日国务院发布，2011年1月8日根据国务院令第588号修订）

第三条　房产税依照房产原值一次减除10%—30%后的余值计算缴纳。具体减除幅度，由省、自治区、直辖市人民政府规定。

没有房产原值作为依据的，由房产所在地税务机关参考同类房产核定。

房产出租的，以房产租金收入为房产税的计税依据。

➤《国家税务总局关于房产税、城镇土地使用税有关政策规定的通知》（国税发〔2003〕89号）

一、关于房地产开发企业开发的商品房征免房产税问题

（四）房地产开发企业自用、出租、出借本企业建造的商品房，自房屋使用或交付之次月起计征房产税和城镇土地使用税。

5.1.11　出租方收取的延期支付租金利息是否需要计入租金计算缴纳房产税？

问：A公司将自有房产出租给B公司，合同约定月租金100万元、按月支付，由于疫情影响，B公司经营情况不好，A、B协商后确认，B延期两年后支付租金，但需要按年利率5%计算并向A支付利息。A公司没有收到租金是否也需要缴纳房产税？出租方收取的延期支付租金利息是否需要计入租金计算

申报缴纳房产税?

答：纳税人出租房屋，出租次月起即开始计征房产税，无论是否收到租金。

从增值税角度来看，延期支付租金利息属于租金的价外费用，但房产税从租情形下，政策明确的就是以房产租金收入为房产税的计税依据，并没有明确包含价外费用，因此，出租方收取的延期支付租金利息不应计入租金计算缴纳房产税。

政策依据：

➢《中华人民共和国房产税暂行条例》(1986 年 9 月 15 日国务院发布，2011 年 1 月 8 日根据国务院令第 588 号修订)

第三条　房产税依照房产原值一次减除 10%—30% 后的余值计算缴纳。具体减除幅度，由省、自治区、直辖市人民政府规定。

没有房产原值作为依据的，由房产所在地税务机关参考同类房产核定。

房产出租的，以房产租金收入为房产税的计税依据。

第四条　房产税的税率，依照房产余值计算缴纳的，税率为 1.2%；依照房产租金收入计算缴纳的，税率为 12%。

➢《国家税务总局关于房产税城镇土地使用税有关政策规定的通知》(国税发〔2003〕89 号)

二、关于确定房产税、城镇土地使用税纳税义务发生时间问题

(一) 购置新建商品房，自房屋交付使用之次月起计征房产税和城镇土地使用税。

(二) 购置存量房，自办理房屋权权属转移、变更登记手续，房地产权属登记机关签发房屋权属证书之次月起计征房产税和城镇土地使用税。

(三) 出租、出借房产，自交付出租、出借房产之次月起计征房产税和城镇土地使用税。

(四) 房地产开发企业自用、出租、出借本企业建造的商品房，自房屋使用或交付之次月起计征房产税和城镇土地使用税。(该款已废止)

➢ 广西 12366 答复：

房产税的计税依据是否应该包含违约金收入?

根据《中华人民共和国房产税暂行条例》中规定的计税依据为房屋原值和租金收入，出租方因出租房屋取得的违约金属于出租行为附带的其他经济利益，而不是因为房屋产生的，因此，违约金收入不属于房产税的课税对象。

5.1.12 法院判决房屋抵账给银行，但银行一直不配合办理过户手续，我公司能否自法院判决生效次月起停止申报缴纳该房屋的房产税、城镇土地使用税?

问：我公司用名下房产抵押贷款，因无力偿还欠款，经法院判决，房屋折价用于抵偿所欠贷款及利息。法院判决早已生效，但目前银行一直拖着不予办理房屋产权过户和资产移交手续。因此，房屋产权目前还在我公司名下，我公司能否自判决生效日次月起，停止申报房产税、城镇土地使用税？如果银行长期不变更产权，企业又未申报该抵账房屋的房产税、城镇土地使用税，企业万一被稽查，补税和处罚的风险有多大？

答：根据国税发〔2003〕89号规定，只有办理房屋权属转移、变更登记手续后的次月起，贵公司纳税义务才终止。如果银行长期不变更产权，贵公司的房产税、城镇土地使用税纳税义务未终止，而贵公司又不申报，税务机关后台即能比对出申报信息异常，会有补税和处罚风险。建议尽早要求银行配合办理过户手续。

政策依据：

➤《中华人民共和国房产税暂行条例》（1986年9月15日国务院发布，2011年1月8日根据国务院令第588号修订）

第二条　房产税由产权所有人缴纳。产权属于全民所有的，由经营管理的单位缴纳。产权出典的，由承典人缴纳。产权所有人、承典人不在房产所在地的，或者产权未确定及租典纠纷未解决的，由房产代管人或者使用人缴纳。

前款列举的产权所有人、经营管理单位、承典人、房产代管人或者使用人，统称为纳税义务人（以下简称纳税人）。

➤《国家税务总局关于房产税、城镇土地使用税有关政策规定的通知》（国税发〔2003〕89号）

二、关于确定房产税、城镇土地使用税纳税义务发生时间问题

（一）购置新建商品房，自房屋交付使用之次月起计征房产税和城镇土地使用税。

（二）购置存量房，自办理房屋权属转移、变更登记手续，房地产权属登记机关签发房屋权属证书之次月起计征房产税和城镇土地使用税。

（三）出租、出借房产，自交付出租、出借房产之次月起计征房产税和城

镇土地使用税。

（四）房地产开发企业自用、出租、出借本企业建造的商品房，自房屋使用或交付之次月起计征房产税和城镇土地使用税【注：根据《财政部、国家税务总局关于房产税、城镇土地使用税有关政策的通知》（财税〔2006〕186号），本文规定自2007年1月1日起废止】。

5.1.13　同一控制下的吸收合并，房屋、土地评估增值金额要计入房产原值计算缴纳房产税吗？

问：同一控制下的吸收合并，采用一般性税务处理，会计上，根据会计准则，合并方取得被合并方房屋、土地按被合并方的原值入账，那么，合并方在计算合并取得的房屋的房产税时，其增值部分是否要计入房产税计税依据？

答：房产税的计税依据政策是交给会计制度确定的，这与其他税种不同。同一控制下的吸收合并，虽然企业所得税采用一般性税务处理，但会计上是按被合并方账面价值计量入账，入账价值并不包含评估增值部分，所以，增值金额不应计入合并取得房屋的房产税计税依据。

如果是非同一控制吸收合并，如果会计上调整了账面价值，增值部分应计入合并取得房屋的房产税计税依据。

政策依据：

➢《财政部、国家税务总局关于房产税、城镇土地使用税有关问题的通知》（财税〔2008〕152号）

一、关于房产原值如何确定的问题

对依照房产原值计税的房产，不论是否记载在会计账簿固定资产科目中，均应按照房屋原价计算缴纳房产税。房屋原价应根据国家有关会计制度规定进行核算。对纳税人未按国家会计制度规定核算并记载的，应按规定予以调整或重新评估。

➢《企业会计准则第20号——企业合并》

第二章　同一控制下的企业合并

第六条　合并方在企业合并中取得的资产和负债，应当按照合并日在被合并方的账面价值计量。合并方取得的净资产账面价值与支付的合并对价账面价值（或发行股份面值总额）的差额，应当调整资本公积；资本公积不足冲减的，调整留存收益。

第三章　非同一控制下的企业合并

第十四条　被购买方可辨认净资产公允价值，是指合并中取得的被购买方可辨认资产的公允价值减去负债及或有负债公允价值后的余额。被购买方各项可辨认资产、负债及或有负债，符合下列条件的，应当单独予以确认：

（一）合并中取得的被购买方除无形资产以外的其他各项资产（不仅限于被购买方原已确认的资产），其所带来的经济利益很可能流入企业且公允价值能够可靠地计量的，应当单独予以确认并按照公允价值计量。

合并中取得的无形资产，其公允价值能够可靠地计量的，应当单独确认为无形资产并按照公允价值计量。

（二）合并中取得的被购买方除或有负债以外的其他各项负债，履行有关的义务很可能导致经济利益流出企业且公允价值能够可靠地计量的，应当单独予以确认并按照公允价值计量。

（三）合并中取得的被购买方或有负债，其公允价值能够可靠地计量的，应当单独确认为负债并按照公允价值计量。或有负债在初始确认后，应当按照下列两者孰高进行后续计量：

1. 按照《企业会计准则第 13 号——或有事项》应予确认的金额；

2. 初始确认金额减去按照《企业会计准则第 14 号——收入》的原则确认的累计摊销额后的余额。

5.1.14　出租房屋，免租金期间，房产税如何申报缴纳？

问：我公司购买一栋房产，约 1 万平方米，已经收房，但未办理房产证。我公司拟将整栋房产出租给一家酒店，租房合同约定前 3 年免租金，这种情况下，我公司还需要缴纳房产税吗？如果缴纳，是从价计征还是从租计征？

答：在房屋交付使用之次月起计征房产税和城镇土地使用税，由产权所有人缴纳。免租期间，房产税应从价计征。

政策依据：

➢《中华人民共和国房产税暂行条例》（1986 年 9 月 15 日国务院发布，2011 年 1 月 8 日根据国务院令第 588 号修订）

第二条　房产税由产权所有人缴纳。产权属于全民所有的，由经营管理的单位缴纳。产权出典的，由承典人缴纳。产权所有人、承典人不在房产所在地的，或者产权未确定及租典纠纷未解决的，由房产代管人或者使用人缴纳。

前款列举的产权所有人、经营管理单位、承典人、房产代管人或者使用人，统称为纳税义务人（以下简称纳税人）。

➢《财政部 国家税务总局关于安置残疾人就业单位城镇土地使用税等政策的通知》（财税〔2010〕121号）

二、关于出租房产免收租金期间房产税问题

对出租房产，租赁双方签订的租赁合同约定有免收租金期限的，免收租金期间由产权所有人按照房产原值缴纳房产税。

第二节　城镇土地使用税类

5.2.1　我公司符合仓储用地城镇土地使用税优惠政策，但未备案，能否享受此优惠？

问：我公司符合仓储用地城镇土地使用税优惠政策，但未备案，能否享受此优惠？

答：备案后可享受。备案后符合减免条件，多缴的税款可申请从以后应缴税款中抵减或者予以退还。

政策依据：

➢《财政部 国家税务总局关于继续实施物流企业大宗商品仓储设施用地城镇土地使用税优惠政策的公告》（财政部 税务总局公告2020年第16号）

为进一步促进物流业健康发展，现就物流企业大宗商品仓储设施用地城镇土地使用税政策公告如下：

一、自2020年1月1日起至2022年12月31日止，对物流企业自有（包括自用和出租）或承租的大宗商品仓储设施用地，减按所属土地等级适用税额标准的50%计征城镇土地使用税。

二、本公告所称物流企业，是指至少从事仓储或运输一种经营业务，为工农业生产、流通、进出口和居民生活提供仓储、配送等第三方物流服务，实行独立核算、独立承担民事责任，并在工商部门注册登记为物流、仓储或运输的专业物流企业。

本公告所称大宗商品仓储设施，是指同一仓储设施占地面积在6000平方米及以上，且主要储存粮食、棉花、油料、糖料、蔬菜、水果、肉类、水产品、化肥、农药、种子、饲料等农产品和农业生产资料，煤炭、焦炭、矿砂、非金属矿产品、原油、成品油、化工原料、木材、橡胶、纸浆及纸制品、钢材、水泥、有色金属、建材、塑料、纺织原料等矿产品和工业原材料的仓储设施。

本公告所称仓储设施用地，包括仓库库区内的各类仓房（含配送中心）、油罐（池）、货场、晒场（堆场）、罩棚等储存设施和铁路专用线、码头、道路、装卸搬运区域等物流作业配套设施的用地。

三、物流企业的办公、生活区用地及其他非直接用于大宗商品仓储的土地，不属于本公告规定的减税范围，应按规定征收城镇土地使用税。

四、本公告印发之日前已缴纳的应予减征的税款，在纳税人以后应缴税款中抵减或者予以退还。

5.2.2 房地产开发企业未售房屋相应的城镇土地使用税如何分摊计算？

问：房地产开发企业未售房屋相应的城镇土地使用税如何分摊计算？

答：各地口径不太一样，以下内容供参考。

政策依据：

➤《河南省地方税务局房地产开发企业城镇土地使用税征收管理办法》（豫地税发〔2006〕84号）

第七条　房地产开发企业城镇土地使用税纳税人，开发商品房已经销售的，应自房屋交付使用之次月，按照交付使用商品房屋的建筑面积所应分摊的土地面积相应调减应税土地面积。

房屋交付使用，是指房地产开发企业按照售房合同的规定，将房屋已销售给购房人且购房人已办理了房屋土地使用权证或者房屋产权证，房屋所占有的土地已发生实际转移的行为。

对购房人非个人原因无法及时取得土地使用权证或房屋产权证的，只要房地产开发企业按照销售合同的规定，已将房屋销售发票全额开付给购房人且购房人的购房款项已全部结清，或者已将房屋的钥匙交付给购房人，经主管地方税务机关审查同意后，也可视同为房屋已交付使用。

第八条　房地产开发企业应纳城镇土地使用税计算公式为：

应纳城镇土地使用税=开发初期应税土地总面积×城镇土地使用税单位税额标准×(1-累计售出房屋建筑面积房屋建筑总面积)÷缴纳期限

累计售出房屋建筑面积，是指按照本办法交付使用的规定，已经售出房屋的建筑面积之和。

➤《重庆市地方税务局关于明确房地产开发企业城镇土地使用税纳税义务终止有关问题的公告》(重庆市地方税务局公告2012年第6号)

房地产开发企业已销售房屋的占地面积，可从房地产开发企业的计税土地面积中扣除。房地产开发企业销售房屋并终止城镇土地使用税纳税义务时间按“房屋交付时间和购房者房屋产权登记时间孰先”的原则确定。

已销售房屋的占地面积计算公式如下：

已销售房屋的占地面积=(已销售房屋的建筑面积÷开发项目房屋总建筑面积)×总占地面积

房地产开发企业应在每年的4月、10月征期申报缴纳城镇土地使用税，其中，4月征期应以土地总面积扣除截至当年3月31日累计已销售房屋的占地面积为计税依据，计算缴纳上半年应纳的税款；10月征期以土地总面积扣除截止当年9月30日累计已销售房屋的占地面积为计税依据，计算缴纳下半年应纳的税款。

5.2.3 企业永久停产，但未注销，其名下的土地、房屋是否还需要缴纳城镇土地使用税和房产税?

问：企业永久停产，但未注销，其名下的土地、房屋是否还需要缴纳城镇土地使用税和房产税?

答：企业停产，并不影响其城镇土地使用税和房产税纳税义务，但考虑到企业停产的实际情况，企业可以享受城镇土地使用税和房产税一定的减免。另外，2020年因为疫情导致企业经营困难的，符合一定条件，可以享受城镇土地使用税和房产税的减免。以下文件供参考，贵公司可视本企业情况选择适用。

政策依据：

➤《关于去产能和调结构房产税、城镇土地使用税政策的通知》(财税〔2018〕107号)

对按照去产能和调结构政策要求停产停业、关闭的企业，自停产停业次月起，免征房产税、城镇土地使用税。企业享受免税政策的期限累计不得超过两年。

➢《国家税务总局关于下放城镇土地使用税困难减免税审批权限有关事项的公告》（国家税务总局公告2014年第1号）

一、各省、自治区、直辖市和计划单列市税务机关（以下简称省税务机关）要根据纳税困难类型、减免税金额大小及本地区管理实际，按照减负提效、放管结合的原则，合理确定省、市、县税务机关的审批权限，做到审批严格规范、纳税人办理方便。

➢《财政部、税务总局关于实施小微企业普惠性税收减免政策的通知》（财税〔2019〕13号）

三、由省、自治区、直辖市人民政府根据本地区实际情况，以及宏观调控需要确定，对增值税小规模纳税人可以在50%的税额幅度内减征资源税、城市维护建设税、房产税、城镇土地使用税、印花税（不含证券交易印花税）、耕地占用税和教育费附加、地方教育附加。

➢《国家税务总局四川省税务局 四川省财政厅关于免征疫情期间房产税、城镇土地使用税有关事项的公告》（2020年第4号）

根据《四川省人民政府办公厅关于应对新型冠状病毒肺炎疫情缓解中小企业生产经营困难的政策措施》（川办发〔2020〕10号）要求，对因疫情导致重大损失，正常生产经营活动受到重大影响，缴纳房产税、城镇土地使用税确有困难的中小企业，可申请免征疫情期间房产税、城镇土地使用税。现将有关事项公告如下。

一、适用对象

在四川省内注册登记的中小企业（含个体工商户）。具体划分标准以《工业和信息化部 国家统计局 国家发展和改革委员会 财政部关于印发中小企业划型标准规定的通知》（工信部联企业〔2011〕300号）为准。

二、申请条件

受疫情影响的中小企业，符合下列条件之一的，可申请免征疫情期间房产税、城镇土地使用税：

（一）纳税人疫情期间生产经营收入（不含权益类投资收益）较上一年度同期减少50%（含）以上的；

（二）2019年新注册登记纳税人疫情期间经营亏损的；

（三）纳税人疫情期间货币资金扣除应付职工工资、社会保险费后，不足以缴纳税款的。

……

5.2.4　购进的房屋，土地共有，如何计算缴纳城镇土地使用税？

问： A公司（非房开企业）从B公司（房开企业）购入一楼盘，A公司持有期间是否要缴纳城镇土地使用税？如果要缴纳的话，是按所持房屋的建筑面积计算缴纳还是以该楼盘所占土地面积计算缴纳？如所购楼盘共有350个单位，总建筑面积是35000平方米，A公司只购了其中的200个单位，建筑面积共20000平方米。该楼盘的占地面积是1800平方米，A公司该按那个数据计缴土地使用税呢？

答： A公司取得房产的次月起就发生城镇土地使用税纳税义务。城镇土地使用税的计税依据是纳税人实际占用的土地面积，应当按不动产权证上注明的建筑面积、宗地面积去计算分摊对应的土地面积，并以此作为计税依据，计算缴纳城镇土地使用税。有两种计算方法供参考：

年应纳城镇土地使用税额＝(总土地面积×该级次土地单位税额)×纳税人使用面积÷该楼总建筑面积

年应纳城镇土地使用税额＝(纳税人使用建筑面积÷容积率)×该级次土地单位税额(容积率＝总建筑面积÷总用地面积)

政策依据：

➢《财政部、税务总局关于房产税若干具体问题的解释和暂行规定》(〔1986〕财税地字第8号)

十九、关于新建的房屋如何征税？

纳税人自建的房屋，自建成之次月起征收房产税。

纳税人委托施工企业建设的房屋，从办理验收手续之次月起征收房产税。

纳税人在办理验收手续前已使用或出租、出借的新建房屋，应按法规征收房产税。

➢《国家税务总局关于房产税城镇土地使用税有关政策规定的通知》(国税发〔2003〕89号)

二、关于确定房产税、城镇土地使用税纳税义务发生时间问题

(一) 购置新建商品房，自房屋交付使用之次月起计征房产税和城镇土地

使用税。

（二）购置存量房，自办理房屋权属转移、变更登记手续，房地产权属登记机关签发房屋权属证书之次月起计征房产税和城镇土地使用税。

（三）出租、出借房产，自交付出租、出借房产之次月起计征房产税和城镇土地使用税。

（四）房地产开发企业自用、出租、出借本企业建造的商品房，自房屋使用或交付之次月起计征房产税和城镇土地使用税。【注：根据《财政部、国家税务总局关于房产税、城镇土地使用税有关政策的通知》（财税〔2006〕186号）规定，第四款中有关房地产开发企业城镇土地使用税纳税义务发生时间的规定自2007年1月1日起废止】

➢《关于土地使用税若干具体问题的解释和暂行规定》（国税地字〔1988〕015号）

四、关于纳税人的确定

土地使用税由拥有土地使用权的单位或个人缴纳。拥有土地使用权的纳税人不在土地所在地的，由代管人或实际使用人纳税；土地使用权未确定或权属纠纷未解决的，由实际使用人纳税；土地使用权共有的，由共有各方分别纳税。

五、关于土地使用权共有的，如何计算缴纳土地使用税

土地使用权共有的各方，应按其实际使用的土地面积占总面积的比例，分别计算缴纳土地使用税。

➢《财政部、国家税务总局关于印发〈关于土地使用税若干具体问题的补充规定〉的通知》（国税地〔1989〕140号）

二、关于对纳税单位与免税单位共同使用多层建筑用地的征税问题

纳税单位与免税单位共同使用共有使用权土地上的多层建筑，对纳税单位可按其占用的建筑面积占建筑总面积的比例计征土地使用税。

5.2.5 购进房屋，交付日期早于签订合同日期，如何确定城镇土地使用税纳税义务发生时间?

问：我公司与房产开发商签订了房屋团购协议书，并按照协议缴纳房款、取得发票、收房，但开发商一直不与我公司签订单个房屋的购房合同，近日，才与我公司签订单个房屋的购房备案合同，合同中关于交付时间约定

为“×日前交付”，交付满足的条件包括“该商品房已取得建设工程竣工验收备案证明文件”，但目前尚不满足该条件。个人认为，此种情况下，土地使用税纳税义务应从签订合同的次月起，这样理解是否正确？

答： 贵公司所购房产，实际交付日期早于合同签订日期，应于交付的次月起发生城镇土地使用税纳税义务。

政策依据：

➢《国家税务总局关于房产税城镇土地使用税有关政策规定的通知》（国税发〔2003〕89号）

二、关于确定房产税、城镇土地使用税纳税义务发生时间问题

（一）购置新建商品房，自房屋交付使用之次月起计征房产税和城镇土地使用税。

（二）购置存量房，自办理房屋权属转移、变更登记手续，房地产权属登记机关签发房屋权属证书之次月起计征房产税和城镇土地使用税。

（三）出租、出借房产，自交付出租、出借房产之次月起计征房产税和城镇土地使用税。

（四）房地产开发企业自用、出租、出借本企业建造的商品房，自房屋使用或交付之次月起计征房产税和城镇土地使用税【注：根据财政部、国家税务总局关于房产税、城镇土地使用税有关政策的通知（财税〔2006〕186号），本文第二条第四款中有关房地产开发企业城镇土地使用税纳税义务发生时间的规定自2007.1.1日起废止】。

➢《财政部 国家税务总局关于房产税城镇土地使用税有关问题的通知》（财税〔2008〕152号）

三、关于房产税、城镇土地使用税纳税义务截止时间的问题

纳税人因房产、土地的实物或权利状态发生变化而依法终止房产税、城镇土地使用税纳税义务的，其应纳税款的计算应截至房产、土地的实物或权利状态发生变化的当月末。

5.2.6 自建农贸市场出租专门用于农产品交易，能暂免征收房产税和城镇土地使用税吗？

问： 自建农贸市场出租专门用于农产品交易，能暂免征收房产税和城镇土地使用税吗？

答：财税〔2019〕12 号文件强调的是房产土地的用途，所以，只要符合文件规定的用途，则相应的房产税、城镇土地使用税纳税人均应享受暂免征收待遇。

政策依据：

➢《财政部 税务总局关于继续实行农产品批发市场 农贸市场房产税 城镇土地使用税优惠政策的通知》（财税〔2019〕12 号）

一、自 2019 年 1 月 1 日至 2021 年 12 月 31 日，对农产品批发市场、农贸市场（包括自有和承租，下同）专门用于经营农产品的房产、土地，暂免征收房产税和城镇土地使用税。对同时经营其他产品的农产品批发市场和农贸市场使用的房产、土地，按其他产品与农产品交易场地面积的比例确定征免房产税和城镇土地使用税。

二、农产品批发市场和农贸市场，是指经工商登记注册，供买卖双方进行农产品及其初加工品现货批发或零售交易的场所。农产品包括粮油、肉禽蛋、蔬菜、干鲜果品、水产品、调味品、棉麻、活畜、可食用的林产品以及由省、自治区、直辖市财税部门确定的其他可食用的农产品。

三、享受上述税收优惠的房产、土地，是指农产品批发市场、农贸市场直接为农产品交易提供服务的房产、土地。农产品批发市场、农贸市场的行政办公区、生活区，以及商业餐饮娱乐等非直接为农产品交易提供服务的房产、土地，不属于本通知规定的优惠范围，应按规定征收房产税和城镇土地使用税。

四、企业享受本通知规定的免税政策，应按规定进行免税申报，并将不动产权属证明、载有房产原值的相关材料、租赁协议、房产土地用途证明等资料留存备查。

第三节　土地增值税类

5.3.1　房地产开发企业“拆一还一”土地增值税计税收入和成本如何确定?

问：拆一还一土地增值税税收入和成本问题，例如，应回迁面积 95 平米，实际回迁面积 100 平方米，价值 30 万元，补 5 平米面积金额 20000 元，缴纳土增税的计税收入和成本是多少？

答：计算土地增值税时，实物补偿部分，即回迁100平方米视同销售计入收入，同时将此确认为房地产开发项目的拆迁补偿费，回迁户支付给房地产开发企业的补差价款20000元，应抵减该开发项目的拆迁补偿费。

政策依据：

➢《国家税务总局关于土地增值税清算有关问题的通知》（国税函〔2010〕220号）

六、关于拆迁安置土地增值税计算问题

（一）房地产企业用建造的本项目房地产安置回迁户的，安置用房视同销售处理，按《国家税务总局关于房地产开发企业土地增值税清算管理有关问题的通知》（国税发〔2006〕187号）第三条第（一）款规定确认收入，同时将此确认为房地产开发项目的拆迁补偿费。房地产开发企业支付给回迁户的补差价款，计入拆迁补偿费；回迁户支付给房地产开发企业的补差价款，应抵减本项目拆迁补偿费。

➢《国家税务总局关于房地产开发企业土地增值税清算管理有关问题的通知》（国税发〔2006〕187号）

三、非直接销售和自用房地产的收入确定

（一）房地产开发企业将开发产品用于职工福利、奖励、对外投资、分配给股东或投资人、抵偿债务、换取其他单位和个人的非货币性资产等，发生所有权转移时应视同销售房地产，其收入按下列方法和顺序确认：

1. 按本企业在同一地区、同一年度销售的同类房地产的平均价格确定；

2. 由主管税务机关参照当地当年、同类房地产的市场价格或评估价值确定。

5.3.2　销售无产权车库和人防设施是否参与土地增值税清算，江苏口径是怎样的？

问：江苏省土地增值税清算可以使用几种方法？层高系数法可以使用吗？销售无产权车库和人防设施需要是否参与清算？

答：按照江苏省的清算政策，普通住宅、非普通住宅、其他类型房产（车位和商业属其他类型房产）应分别核算，成本分摊方法：

土地成本分摊方法：第一步，按占地面积法分摊占地独立房产；第二步，按建筑面积法分摊混建成本。

开发成本分摊方法：按建筑面积法。

关于无产权车库和人防设施，按江苏的口径，是要参与土地增值税清算的。

政策依据：

➢《江苏省地方税务局公告关于土地增值税若干问题的公告》（苏地税规〔2015〕8号）

四、关于车库（车位、储藏室等）问题

（二）不能办理权属登记手续的车库（车位、储藏室等），按照《国家税务总局关于房地产开发企业土地增值税清算管理有关问题的通知》（国税发〔2006〕187号）第四条第（三）项的规定执行。

➢《国家税务总局关于房地产开发企业土地增值税清算管理有关问题的通知》（国税发〔2006〕187号）

四、土地增值税的扣除项目

（三）房地产开发企业开发建造的与清算项目配套的居委会和派出所用房、会所、停车场（库）、物业管理场所、变电站、热力站、水厂、文体场馆、学校、幼儿园、托儿所、医院、邮电通讯等公共设施，按以下原则处理：

1. 建成后产权属于全体业主所有的，其成本、费用可以扣除；

2. 建成后无偿移交给政府、公用事业单位用于非营利性社会公共事业的，其成本、费用可以扣除；

3. 建成后有偿转让的，应计算收入，并准予扣除成本、费用。

5.3.3 受让在建项目继续开发，土地增值税清算时，在建项目成本能否加计扣除？

问：A公司受让开发到25%的在建地产项目，取得3亿元转让发票，出售方转让时进行了土地增值税清算。A公司接手后继续开发，A公司进行土地增值税清算时，扣除成本如何认定？

答：如果购进在建设工程取得增值税专用发票，开发销售时，采用一般计税方法的，其取得的进项税额允许抵扣，此时，发票上载明的增值税进项税额不计入土地增值税扣除项目，只能按票面价款数计入土地增值税扣除项目。如果销售时采用的是简易计税方法，购进在建设工程取得的进项税额不允许抵扣，此时，发票上载明的进项税额也应计入土地增值税扣除项目进行扣除，也就是按票面价税合计数计入土地增值税扣除项目。

受让的在建工程，开发后再转让，进行土地增值税清算时，取得在建工程支付的金额，能提供合法有效凭证的，允许据实扣除。关于这部分支出，能否在土地增值税清算时加计扣除，各地有所不同。如青岛、大连允许加计扣除，浙江不允许。

政策依据：

➢《财政部国家税务总局关于营改增后契税、房产税、土地增值税、个人所得税计税依据问题的通知》（财税〔2016〕43号）

三、土地增值税纳税人转让房地产取得的收入为不含增值税收入。《中华人民共和国土地增值税暂行条例》等规定的土地增值税扣除项目涉及的增值税进项税额，允许在销项税额中计算抵扣的，不计入扣除项目，不允许在销项税额中计算抵扣的，可以计入扣除项目。

➢ 青岛地方税务局解答：

问：对整体购买未竣工的房地产开发项目后，进行后续开发建设，完成后再转让房产的，其扣除项目是否允许加计扣除？

答：对纳税人整体购买未竣工的房地产开发项目，然后投入资金继续建设，完成后再转让的允许加计扣除，其扣除项目如下：

（一）取得未竣工房地产所支付的价款和按国家统一规定交纳的有关费用；

（二）改良开发未竣工房地产的成本；

（三）房地产开发费用；

（四）转让房地产环节缴纳的有关税金，包括营业税金及附加、地方教育附加；

（五）加计取得未竣工房地产所支付的价款和改良开发未竣工房地产成本两项之和的20%。

➢《大连市地方税务局关于进一步加强土地增值税清算工作的通知》（大地税函〔2008〕188号）

纳税人整体购置未竣工房地产开发项目后，再投资建设后转让的，在清算土地增值税时，其整体购置未竣工房地产开发项目的价款可作为加计20%扣除的基数，但未经投资、建设而直接转让的，不得加计扣除。

➢《关于土地增值税若干政策问题的公告》(浙江省地方税务局公告2014年第16号)

四、房地产开发企业购买在建房地产开发项目后，继续投入资金进行后续建设，达到销售条件进行商品房销售的，其购买在建项目所支付的价款及税金允许扣除，但不得作为土地成本和房地产开发成本加计20%扣除以及房地产开发费用按比例计算扣除的基数。后续建设支出的扣除项目处理按照《土地增值税暂行条例》第六条及其实施细则第七条相关规定执行。

5.3.4 开发项目一个土地使用证、三个规划许可证，土地成本如何分摊?

问: 我公司开发的房地产项目，取得三个规划证，分三期进行建设，这三个项目在同一块土地上、一个土地使用证，这三个项目的土地成本如何分摊?是占地法还是投影法?

答: 问题提到的情形，土地成本分摊方法有多种，可按转让土地使用权的面积占总面积的比例计算分摊，或按建筑面积计算分摊，也可按税务机关确认的其他方式计算分摊。也有的地方明确，不同清算单位按占地面积法，同一清算单位不同类型按建筑面积法。

政策依据:

➢《财政部、国家税务总局关于印发〈中华人民共和国土地增值税暂行条例实施细则〉的通知》(财法字〔1995〕第6号)

第九条　纳税人成片受让土地使用权后，分期分批开发、转让房地产的，其扣除项目金额的确定，可按转让土地使用权的面积占总面积的比例计算分摊，或按建筑面积计算分摊，也可按税务机关确认的其他方式计算分摊。

各地口径:

➢ 青岛：按建筑面积法。依据《青岛市地方税务局关于印发〈房地产开发项目土地增值税清算业务指引〉的通知》(青地税函〔2013〕44号)

➢ 湖北口径：营改增以后，关于房地产公司一般纳税人一次购地、分期开发的，其土地成本如何分摊?

房地产企业一次性购地，分次开发，可供销售建筑面积无法一次全部确定的，按以下顺序计算当期允许扣除分摊土地价款:

（1）首先，计算出已开发项目所对应的土地出让金已开发项目所对应的土地出让金＝土地出让金×（已开发项目占地面积÷开发用地总面积）

（2）然后，再按照以下公式计算当期允许扣除的土地价款：当期允许扣除的土地价款＝（当期销售房地产项目建筑面积÷房地产项目可供销售建筑面积）×已开发项目所对应的土地出让金当期销售房地产项目建筑面积，是指当期进行纳税申报的增值税销售额对应的建筑面积。

房地产项目可供销售建筑面积，是指房地产项目可以出售的总建筑面积，不包括销售房地产项目时未单独作价结算的配套公共设施的建筑面积。

（3）按上述公式计算出的允许扣除的土地价款要按项目进行清算，且其总额不得超过支付的土地出让金总额。

（4）从政府部门取得的土地出让金返还款，可不从支付的土地价款中扣除（注：国税发〔2009〕91号：纳税人分期开发项目或者同时开发多个项目的，或者同一项目中建造不同类型房地产的，应按照受益对象，采用合理的分配方法，分摊共同的成本费用）。

➢《广东省地方税务局土地增值税清算管理规程（暂行）》（广东省地方税务局公告2014年第3号）

第二十三条　审核扣除项目是否符合下列要求：

（一）扣除项目金额应当准确地在各扣除项目中分别归集，不得混淆。

（二）扣除项目金额中所归集的各项成本和费用，必须是在清算项目开发中直接发生的或应当分摊的。

（三）纳税人分期开发项目或者同时开发多个项目的，或者同一项目中建造不同类型房地产的，应按照受益对象，采用合理的分配方法，分摊共同的成本费用。

5.3.5　房地产开发企业代建学校并无偿移交给政府发生的成本能否在土地增值税清算时扣除？

问： 我公司开发房地产，购买土地的合同上约定需要由我公司代建两所学校并无偿移交给政府，这部分红线外代建成本，是我公司取得开发土地必须付出的，能否作为配套设施计入开发成本在土地增值税清算时扣除？

答： 各地口径不一致，有的地区采取一刀切的做法——凡红线外支出一律不能在土地增值税清算时税前扣除，有的地方则规定，符合特定情形，可以在清算时扣除，具体见表 5－2。

个人认为，如果红线外支出，是开发项目所必须发生的支出，应允许在土地增值税税前扣除。如开发项目时，政府规定必须另外配建学校发生的支出等。当然，房地产开发企业应提供相关资料证明，如土地出让合同、项目规划文件等，这体现了收入、成本匹配原则，也体现了土地增值税的相关性原则。

政策依据：

➢《国家税务总局关于房地产开发企业土地增值税清算管理有关问题的通知》（国税发〔2006〕187 号）

四、土地增值税的扣除项目。

（一）房地产开发企业办理土地增值税清算时计算与清算项目有关的扣除项目金额，应根据土地增值税暂行条例第六条及其实施细则第七条的规定执行。除另有规定外，扣除取得土地使用权所支付的金额、房地产开发成本、费用及与转让房地产有关税金，须提供合法有效凭证；不能提供合法有效凭证的，不予扣除。

表 5－2　　各地口径

省市	文件号	内　容
广州市	《广州市 2014 年土地增值税清算工作有关问题的处理指引》（穗地税函〔2014〕175 号）	三、关于项目建设用地红线外支出的扣除问题 纳税人为取得土地使用权，在项目建设用地红线外为政府建设公共设施或其他工程发生的支出，根据《国家税务总局关于房地产开发企业土地增值地税函〔2014〕税清算管理有关问题的通知》（国税发〔2006〕187 号）第四条第（一）项确定的相关性原则，纳税人如果能提供国土房管部门的协议、补充协议，或者相关政府主管部门出具的证明文件的，允许作为取得土地使用权所支付的金额予以扣除
广西	《广西自治区地方税务局关于明确土地增值税清算若干政策问题的通知》（桂地税发〔2008〕44 号）	五、关于当地政府要求房地产开发商建设道路、桥梁等公共设施所产生的成本费用，可否扣除的问题 房地产开发商按照当地政府要求建设的道路、桥梁等公共设施所产生的成本费用，凡属于房地产开发项目立项时所确定的各类设施投资，可据实扣除；与开发项目立项无关的，则不予扣除
山西省	《山西省地方税务局关于发布房地产开发企业土地增值税清算管理办法》（山西省地方税务局公告 2014 年第 3 号）	第十九条第三项第四点规定：土地红线外的绿化、修路、配套等支出，不得扣除

续表

省市	文件号	内　容
湖北省	《湖北省地方税务局关于进一步规范土地增值税征管工作的若干意见》（鄂地税发〔2013〕44号）	七、关于审批项目规划外所建设施发生支出的扣除问题 房地产开发企业在项目建设用地边界外（国家有关部门审批的项目规划外，即“红线”外）承诺为政府或其他单位建设公共设施或其他工程所发生的支出，能提供与本项目存在关联关系的直接依据的，可以计入本项目扣除项目金额；不能提供或所提供依据不足的（如与建设项目开发无直接关联，仅为开发产品销售提升环境品质的支出，不得计入本项目扣除金额），不得计入本项目扣除金额
海南省	《海南省地方税务局关于印发土地增值税清算有关业务问答的通知》（琼地税函〔2015〕917号）	八、如何确认审批项目规划外所建设施发生支出的扣除问题？ 房地产开发企业在项目建设用地边界外（国家有关部门审批的项目规划外，即“红线”外）为政府建设公共设施或其他工程所发生的支出，凡能提供政府有关部门出具的证明文件确认该项支出与建造本清算项目有直接关联的（含项目的土地使用权取得相关联的）支出，可以计入本项目扣除项目金额

5.3.6　增值税与土地增值税两者计税依据不同被预警，如何向税务机关解释？

问：我公司开发项目属于老项目，销售的是现房，被“金三”系统提示2020年有多笔增值税与土地增值税两者计税依据不同或计税依据有较大差异，税务机关要求我公司说明理由，该如何解释？

答：房地产开发企业销售未完工开发产品时，应当预缴增值税和土地增值税，预缴计算的基本依据都是签订房屋销售（或预售）合同后所收取的预售房款。贵公司应核对一下预售阶段据以计算预缴增值税和土地增值税的预售款是否正确，二者应当一致。如核对后，属于少预缴或者少缴税款，应当补缴。

政策依据：

➢《房地产开发企业销售自行开发的房地产项目增值税征收管理暂行办法》（国家税务总局公告2016年第18号）

第十条　一般纳税人采取预收款方式销售自行开发的房地产项目，应在收到预收款时按照3%的预征率预缴增值税。

第十一条　应预缴税款按照以下公式计算：

应预缴税款＝预收款÷(1＋适用税率或征收率)×3%

适用一般计税方法计税的，按照11%的适用税率计算；适用简易计税方法计税的，按照5%的征收率计算。

第十二条　一般纳税人应在取得预收款的次月纳税申报期向主管国税机关预缴税款。

➤《国家税务总局关于营改增后土地增值税若干征管规定的公告》（国家税务总局公告2016年第70号）

一、关于营改增后土地增值税应税收入确认问题

营改增后，纳税人转让房地产的土地增值税应税收入不含增值税。适用增值税一般计税方法的纳税人，其转让房地产的土地增值税应税收入不含增值税销项税额；适用简易计税方法的纳税人，其转让房地产的土地增值税应税收入不含增值税应纳税额。

为方便纳税人，简化土地增值税预征税款计算，房地产开发企业采取预收款方式销售自行开发的房地产项目的，可按照以下方法计算土地增值税预征计征依据：

土地增值税预征的计征依据 = 预收款 - 应预缴增值税税款

第四节　印花税类

5.4.1　转让股权涉及的印花税，其计税依据与被转让股权的实收资本有关吗？

问：A公司100%持有B公司股权，A公司拟转让，截至转让时点，B公司注册资本5000万元，实际出资200万元，未分配利润约500万元，固定资产和无形资产评估增值300万元，因此，转让的股权作价1000万元，该股权转让应申报缴纳的印花税计税依据如何确定？税务局大厅办税人员非得让我们按注册资本5000万元缴纳，有依据吗？

答：印花税是行为税，如果书立了股权转让合同，合同上明确的股权转让价款，则该股权转让合同相应的“产权转移书据”印花税应当按合同载明的金额确定。这个金额与5000万元注册资本无关。

政策依据：

➤《中华人民共和国印花税暂行条例》（1988年8月6日国务院令第11号

发布，根据2011年1月8日国务院令第588号修订）

附件：《印花税税率表》

“产权转移书据”包括财产所有权和版权、商标专用权、专利权、专有技术使用权等转移书据，按所载金额万分之五贴花，纳税义务人是立据人。

➢《国家税务局关于印花税若干具体问题的解释和规定的通知》（国税发〔1991〕155号）

十、财产所有权转移书据的征税范围是：经政府管理机关登记注册的动产、不动产的所有权转移所立的书据，以及企业股权转让所立的书据。

5.4.2 转让股权涉及的印花税，纳税地点应当如何确定？

问：A公司将其持有的子公司股权转让给B公司，A公司在上海，被转让股权的子公司在江西，A公司转让股权涉及的“产权转移书据”印花税应当在上海还是在江西缴纳？

答：印花税相关法条并没有明确印花税纳税地点，实务中，对印花税纳税地点，有的地方有明确规定，更多的地方，没有明确规定，一般都是在机构所在地申报纳税。即使明确了纳税地点，各地口径也有所不同。

需要说明的是，2021年6月10日第十三届全国人民代表大会常务委员会第二十九次会议通过的《中华人民共和国印花税法》第十三条规定，纳税人为单位的，应当向其机构所在地的主管税务机关申报缴纳印花税；纳税人为个人的，应当向应税凭证书立地或者纳税人居住地的主管税务机关申报缴纳印花税。不动产产权发生转移的，纳税人应当向不动产所在地的主管税务机关申报缴纳印花税。该法2022年7月1日起施行。

政策依据：

➢《广西壮族自治区税务局关于印花税若干具体问题的补充规定》（区税务局〔89〕税二〔12〕字第10号）

3. 关于合同书立地的确定问题

合同书立地亦指合同签订地。凡书面合同写明了合同签订地点的，以合同写明的为准；未写明的，以双方在合同上共同签字盖章的地点为合同签订地；双方签字盖章不在同一地点的，以最后一方签字盖章的地点为合同签订地。

➢《新疆自治区地方税务局关于印花税纳税地点问题的通知》（新地税函〔2013〕76号）【注：该法规自2016年5月30日起全文废止】

一、各类应税合同印花税纳税地点为签定合同纳税人机构所在地（个人的为住所所在地），即各地地方税务机关只负责征缴本辖区内纳税人所持应税合同应纳的印花税。

实行代扣代缴印花税办法的除外。

➤《福建省地方税务局关于跨地区施工的建安企业印花税纳税地点的批复》（闽地税函〔2002〕83号）

福州市地方税务局：

你局榕地税政二〔2002〕109号请示收悉。根据《中华人民共和国印花税暂行条例》第七条规定："应纳税凭证应当于书立或领受时贴花。"因此，除特殊规定以外，建安企业印花税应在合同的签订时、书据的立据时、账簿的启用时和证照的领受时的所在地贴花。企业如未按规定贴花的，税务机关可按有关规定处理。

5.4.3 国有股权无偿划转，因为没有支付对价，需要缴纳印花税吗？

问：国企改革，涉及国有股权无偿划转，因为没有支付对价，需要缴纳印花税吗？

答：国有股权无偿划转，符合规定条件的，免征印花税。划转资产的，如果涉及动产、不动产产权变更的，除符合免税条件的（如企业改制），应按规定需要申报缴纳相应的印花税。

一般而言，企业改制是指依法改变企业原有的资本结构、组织形式、经营管理模式或体制等，这类情形有：将原单一所有制的国有、集体企业改为多元投资主体的公司制企业和股份合作制企业；内外资企业互转等。

政策依据：

➤《财政部国家税务总局关于企业改制过程中有关印花税政策的通知》（财税〔2003〕183号）

经县级以上人民政府及企业主管部门批准改制的企业，在改制过程中涉及的印花税政策通知如下：

一、关于资金账簿的印花税

（一）实行公司制改造的企业在改制过程中成立的新企业（重新办理法人登记的），其新启用的资金账簿记载的资金或因企业建立资本纽带关系而增加的资金，凡原已贴花的部分可不再贴花，未贴花的部分和以后新增加的资金按规定贴花。

公司制改造包括国有企业依《公司法》整体改造成国有独资有限责任公司；企业通过增资扩股或者转让部分产权，实现他人对企业的参股，将企业改造成有限责任公司或股份有限公司；企业以其部分财产和相应债务与他人组建新公司；企业将债务留在原企业，而以其优质财产与他人组建的新公司。

（二）以合并或分立方式成立的新企业，其新启用的资金账簿记载的资金，凡原已贴花的部分可不再贴花，未贴花的部分和以后新增加的资金按规定贴花。

合并包括吸收合并和新设合并。分立包括存续分立和新设分立。

（三）企业债权转股权新增加的资金按规定贴花。

（四）企业改制中经评估增加的资金按规定贴花。

（五）企业其他会计科目记载的资金转为实收资本或资本公积的资金按规定贴花。

二、关于各类应税合同的印花税

企业改制前签订但尚未履行完的各类应税合同，改制后需要变更执行主体的，对仅改变执行主体、其余条款未作变动且改制前已贴花的，不再贴花。

三、关于产权转移书据的印花税

企业因改制签订的产权转移书据免予贴花。

➤《国家税务总局关于办理上市公司国有股权无偿转让暂不征收证券（股票）交易印花税有关审批事项的通知》（国税函〔2004〕941号）

根据有利于加强税收管理和方便纳税人的原则，现将《国务院关于第三批取消和调整行政审批项目的决定》（国发〔2004〕16号）中列入下放管理层级的“上市公司国有股权无偿转让免征证券（股票）交易印花税的审批项目”实施后，有关政策和审批管理问题通知如下：

一、对经国务院和省级人民政府决定或批准进行的国有（含国有控股）企业改组改制而发生的上市公司国有股权无偿转让行为，暂不征收证券（股票）交易印花税。对不属于上述情况的上市公司国有股权无偿转让行为，仍应征收证券（股票）交易印花税。

➤《关于中国电信集团公司及其子公司有关印花税问题的通知》（国税函〔2001〕227号）

各省、自治区、直辖市和计划单列市地方税务局：

根据国务院关于对电信体制进行改革的要求，中国电信集团已经成立，并进行了一系列改革和资产重组。在规范产权关系，建立资本纽带关系的同时，将非通信运营核心企业、后勤服务和辅助部门、多经企业及核心企业中承担代营代维代销业务的营销或维护公司与主业分离，组成实业公司。按照印花税的有关规定，中国电信集团公司、各省（区、市）电信公司、新成立的各实业公司及其子公司的资金账簿和产权转移书据均应当缴纳印花税。为了支持电信企业的改革，现对中国电信集团公司及子公司在资产重组中涉及的印花税问题明确如下：

一、对中国电信集团公司、各省（区、市）电信公司的资金账簿，因建立资本纽带关系而逐层上移的资金，凡在改制前已贴花的，不再贴花；对各实业公司及其子公司新成立时设立的资金账簿免征印花税。

上述公司在重组改制过程中经评估发生的资产增值部分及今后新增加的资金应按有关规定贴花。

二、对上述公司在重组改制过程中签订的产权转移书据免征印花税。

5.4.4 支付境外特许权使用费需要代扣代缴印花税吗?

问：我公司与境外公司签订特许权转让合同，并向其支付特许权使用费（商标和技术转让），支付时需要代扣代缴印花税吗？

答：除证券登记结算机构为证券交易印花税的扣缴义务人外，其他情形下，印花税没有扣缴义务人这一说法。与境外企业签订合同，仅需要履行自己的纳税义务即可，也就是说，仅就自己持有的合同按相关规定申报缴纳印花税即可。

贵公司书立商标和技术转让合同，应分别适用“产权转移书据”税目，税率为万分之五；适用“技术合同”税目，税率为万分之三。

需要说明的是，2021 年 6 月 10 日第十三届全国人民代表大会常务委员会第二十九次会议通过的《中华人民共和国印花税法》第十四条规定，纳税人为境外单位或者个人，在境内有代理人的，以其境内代理人为扣缴义务人；在境内没有代理人的，由纳税人自行申报缴纳印花税，具体办法由国务院税务主管部门规定。证券登记结算机构为证券交易印花税的扣缴义务人，应当向其机构所在地的主管税务机关申报解缴税款以及银行结算的利息。该法 2022 年 7 月 1 日起施行。

政策依据：

➢《中华人民共和国印花税暂行条例实施细则》（中华人民共和国国务院令第 11 号）

第二条　条例第一条所说的在中华人民共和国境内书立、领受本条例所列举凭证，是指在中国境内具有法律效力，受中国法律保护的凭证。

上述凭证无论在中国境内或者境外书立，均应依照条例规定贴花。

➢《国家税务局关于印花税若干具体问题的解释和规定的通知》（国税发〔1991〕155号）

十五、怎样理解印花税施行细则中“合同在国外签订的，应在国内使用时贴花”的规定?

“合同在国外签订的，应在国内使用时贴花”，是指印花税暂行条例列举征税的合同在国外签订时，不便按规定贴花，因此，应在带入境内时办理贴花完税手续。

5.4.5　关联企业间签订的借款合同是否需要申报缴纳印花税?

问：目前我公司涉及的借款合同主要是两种类型，一种是集团项下的资金池业务（即关联企业间签订借款合同），另一种是个别委贷业务（我公司作为委托方，通过银行委托贷款给其他关联企业）。这两类合同涉及的借、贷主体均为关联企业，银行只提供资金管理服务，即款项的划拨、计算利息等，银行收取手续费而不是利息，此种情况下，他们之间签订的借款合同是不是就不需要缴纳印花税?

答：根据印花税条例的规定，借款合同印花税的范围包括：银行及其他金融组织和借款人（不包括银行同业拆借）所签订的借款合同。单据作为合同使用的，也应按合同贴花。借款合同的计税金额为借款金额。

企业间签订的借款合同不在印花税征税范围内，因此，问题提到的情形，无须申报缴纳印花税。

政策依据：

➢《中华人民共和国印花税暂行条例施行细则》（财税字〔1988〕第255号）

第十条　印花税只对税目税率表中列举的凭证和经财政部确定征税的其他凭证征税。

➢《印花税税目税率表》

8. 借款合同

范围：银行及其他金融组织和借款人（不包括银行同业拆借）所签订的借款合同，按借款金额万分之零点五贴花。

第五节　其他税费类

5.5.1　房地产开发公司取得土地后又支付的土地交易服务费、树木砍伐补偿费是否需要作为契税计税依据计算缴纳契税?

问：房地产开发公司取得土地后又支付的土地交易服务费、树木砍伐补偿费、道路占用挖掘费，以及支付给人防办的人防工程拆除补偿费等项目，是否需要作为契税计税依据计算缴纳契税？

答：这个问题有争议，一般税务机关会认为，上述支付的费用属于承受人为取得该土地使用权而支付的全部经济利益，应当作为契税计税依据。

政策依据：

➢《财政部、国家税务总局关于土地使用权出让等有关契税问题的通知》(财税〔2004〕134号)

一、出让国有土地使用权的，其契税计税价格为承受人为取得该土地使用权而支付的全部经济利益。

(一) 以协议方式出让的，其契税计税价格为成交价格。成交价格包括土地出让金、土地补偿费、安置补助费、地上附着物和青苗补偿费、拆迁补偿费、市政建设配套费等承受者应支付的货币、实物、无形资产及其他经济利益。

没有成交价格或者成交价格明显偏低的，征收机关可依次按下列两种方式确定：

1. 评估价格：由政府批准设立的房地产评估机构根据相同地段、同类房地产进行综合评定，并经当地税务机关确认的价格。

2. 土地基准地价：由县以上人民政府公示的土地基准地价。

(二) 以竞价方式出让的，其契税计税价格，一般应确定为竞价的成交价格，土地出让金、市政建设配套费以及各种补偿费用应包括在内。

5.5.2　取得教育用地免征契税，改变用途后，是否还享受免征政策?

问：我公司通过招拍挂取得了一块教育用地，办理了土地使用证，因为是教育用地，所以没有申报缴纳契税，但该地块实际上一直用于商业办公、员工宿舍，此种情况下，是否能享受契税免税待遇？

答：未用于教学的，不再享受免征，应当补缴已经免征的税款。

政策依据：

➤《财政部 国家税务总局关于社会力量办学契税政策问题的通知》（财税〔2001〕156号）

根据《中华人民共和国教育法》提出的“任何组织和个人不得以营利为目的举办学校及其他教育机构”的精神，以及国务院发布的《社会力量办学条例》中关于“社会力量举办的教育机构依法享有与国家举办的教育机构平等的法律地位”的规定，对县级以上人民政府教育行政主管部门或劳动行政主管部门批准并核发《社会力量办学许可证》，由企业事业组织、社会团体及其他社会组织和公民个人利用非国家财政性教育经费面向社会举办的教育机构，其承受的土地、房屋权属用于教学的，比照《中华人民共和国契税暂行条例》第六条第（一）款的规定，免征契税。

本通知自2001年10月1日起实施。

➤《中华人民共和国契税法》（2020年8月11日第十三届全国人民代表大会常务委员会第二十一次会议通过）

第六条　有下列情形之一的，免征契税：

（一）国家机关、事业单位、社会团体、军事单位承受土地、房屋权属用于办公、教学、医疗、科研、军事设施；

（二）非营利性的学校、医疗机构、社会福利机构承受土地、房屋权属用于办公、教学、医疗、科研、养老、救助；

（三）承受荒山、荒地、荒滩土地使用权用于农、林、牧、渔业生产；

（四）婚姻关系存续期间夫妻之间变更土地、房屋权属；

（五）法定继承人通过继承承受土地、房屋权属；

（六）依照法律规定应当予以免税的外国驻华使馆、领事馆和国际组织驻华代表机构承受土地、房屋权属。

根据国民经济和社会发展的需要，国务院对居民住房需求保障、企业改制重组、灾后重建等情形可以规定免征或者减征契税，报全国人民代表大会常务委员会备案。

第八条　纳税人改变有关土地、房屋的用途，或者有其他不再属于本法第六条规定的免征、减征契税情形的，应当缴纳已经免征、减征的税款。

5.5.3 政府补助购房，契税计税依据是否含政府补助？

问：我公司购买房地产公司的限价房，限价每平方米4000元，政府补助每平方米800元，我公司按3200元每平方米与开发商结算，此种情况下，是按照合同总价（含政府补助）作为契税计税依据，还是按照合同总价扣除政府补助后的余额作为契税计税依据？

答：个人认为，应当按合同总价，因为这是合同确定的成交价格，只不过，这个成交价格中，有一部分款项是政府出的而已。

政策依据：

➢《中华人民共和国契税法》（2020年8月11日第十三届全国人民代表大会常务委员会第二十一次会议通过）

第四条　契税的计税依据：

（一）土地使用权出让、出售，房屋买卖，为土地、房屋权属转移合同确定的成交价格，包括应交付的货币以及实物、其他经济利益对应的价款；

（二）土地使用权互换、房屋互换，为所互换的土地使用权、房屋价格的差额；

（三）土地使用权赠与、房屋赠与以及其他没有价格的转移土地、房屋权属行为，为税务机关参照土地使用权出售、房屋买卖的市场价格依法核定的价格。

纳税人申报的成交价格、互换价格差额明显偏低且无正当理由的，由税务机关依照《中华人民共和国税收征收管理法》的规定核定。

5.5.4 我公司税种鉴定有文化事业建设费这一项，但未提供广告服务，是否需要缴纳文化建设事业费？

问：我公司是做网络直播的，在优酷平台，我们只出直播人员，主要是聊天、唱歌、讲笑话之类的，办理税务登记后，税种鉴定有文化事业建设费这一项，但我公司不涉及广告业务，还用申报缴纳文化事业建设费吗？

答：文化事业建设费计费依据是提供广告服务取得的全部含税价款和价外费用，减除支付给其他广告公司或广告发布者的含税广告发布费后的余额，贵公司如果没有广告业务收入，则无须申报缴纳文化建设费。

政策依据：

➢《财政部 国家税务总局关于营业税改征增值税试点有关文化事业建设费政策及征收管理问题的通知》（财税〔2016〕25号）

为促进文化事业发展，现就营业税改征增值税（以下简称营改增）试点中文化事业建设费政策及征收管理有关问题通知如下：

一、在中华人民共和国境内提供广告服务的广告媒介单位和户外广告经营单位，应按照本通知规定缴纳文化事业建设费。

二、中华人民共和国境外的广告媒介单位和户外广告经营单位在境内提供广告服务，在境内未设有经营机构的，以广告服务接受方为文化事业建设费的扣缴义务人。

三、缴纳文化事业建设费的单位（以下简称缴纳义务人）应按照提供广告服务取得的计费销售额和3%的费率计算应缴费额，计算公式如下：

应缴费额＝计费销售额×3%

计费销售额，为缴纳义务人提供广告服务取得的全部含税价款和价外费用，减除支付给其他广告公司或广告发布者的含税广告发布费后的余额。

缴纳义务人减除价款的，应当取得增值税专用发票或国家税务总局规定的其他合法有效凭证，否则，不得减除。

……

5.5.5 预缴增值税是否需要计算缴纳城市维护建设税和教育费附加？

问：我公司是建筑企业，在项目所在地预缴增值税，是否需要缴纳城市维护建设税和教育费附加？

答：需要。

政策依据：

➢《财政部 国家税务总局关于纳税人异地预缴增值税有关城市维护建设税和教育费附加政策问题的通知》（财税〔2016〕74号）

一、纳税人跨地区提供建筑服务、销售和出租不动产的，应在建筑服务发生地、不动产所在地预缴增值税时，以预缴增值税税额为计税依据，并按预缴增值税所在地的城市维护建设税适用税率和教育费附加征收率就地计算缴纳城市维护建设税和教育费附加。

5.5.6 免抵税额是否要缴纳城建税、教育费附加?

问：离岸服务外包企业选择零税率，外销报出口退税，形成的免抵税额是否要缴城建税、教育费附加？依据是什么？

答：需要。

政策依据：

➢《有关城市维护建设税教育费附加政策的通知》（财税〔2005〕25号）

经国务院批准，现就生产企业出口货物全面实行免抵退税办法后，城市维护建设税、教育费附加的政策明确如下：

一、经国家税务局正式审核批准的当期免抵的增值税税额应纳入城市维护建设税和教育费附加的计征范围，分别按规定的税（费）率征收城市维护建设税和教育费附加。

5.5.7 进口时缴纳的废弃电子基金是否可以抵扣销售环节应缴的废弃电子基金?

问：我公司进口时缴纳的废弃电子基金是否可以抵扣销售环节应缴的废弃电子基金？如果可以，如何抵扣，有无时间要求？

答：进口时已经缴纳废弃电子基金的，再销售时，可以扣除。

政策依据：

➢《财政部 环境保护部 国家发展改革委 工业和信息化部 海关总署 国家税务总局关于印发〈废弃电器电子产品处理基金征收使用管理办法〉的通知》（财综〔2012〕34号）

第十三条　电器电子产品生产者进口电器电子产品已缴纳基金的，国内销售时免征基金，由电器电子产品生产者依据《中华人民共和国海关进口货物报关单》和《进口废弃电器电子产品处理基金缴款书》列明的进口产品名称和数量，向国家税务局申请从应缴纳基金的产品销售数量中扣除。

➢《国家税务总局关于发布〈废弃电器电子产品处理基金征收管理规定〉的公告》（国家税务总局公告2012年第41号）

第十条规　基金缴纳义务人购进或者收回委托加工电器电子产品已缴纳基

金的，从应征基金产品销售数量中扣除；不足扣除部分，可留待下期继续扣除。

5.5.8　子公司员工的劳动合同是和母公司签订的，申报缴纳残保金时，子公司员工人数已经计入母公司，此种情况下，子公司残保金零申报是否可以？

问：我公司员工劳动合同是和母公司签的，社保由母公司统一代缴，但工资是在子公司发放的，申报缴纳残保金时，子公司员工人数已经计入母公司，此种情况下，子公司残保金零申报是否可以？

答：应当可以，但有风险，因为代征残疾人就业保障金的税务机关会比对贵公司子公司相关数据，对贵公司子公司列支工资却未申报缴纳残保金的问题提出质疑。

政策依据：

➢《财政部 国家税务总局 中国残疾人联合会关于印发〈残疾人就业保障金征收使用管理办法〉的通知》（财税〔2015〕72号）

第六条　用人单位安排残疾人就业的比例不得低于本单位在职职工总数的1.5%。具体比例由各省、自治区、直辖市人民政府根据本地区的实际情况规定。

用人单位安排残疾人就业达不到其所在地省、自治区、直辖市人民政府规定比例的，应当缴纳保障金。

第七条　用人单位将残疾人录用为在编人员或依法与就业年龄段内的残疾人签订1年以上（含1年）劳动合同（服务协议），且实际支付的工资不低于当地最低工资标准，并足额缴纳社会保险费的，方可计入用人单位所安排的残疾人就业人数。

用人单位安排1名持有《中华人民共和国残疾人证》（1至2级）或《中华人民共和国残疾军人证》（1至3级）的人员就业的，按照安排2名残疾人就业计算。

用人单位跨地区招用残疾人的，应当计入所安排的残疾人就业人数。

第八条　保障金按上年用人单位安排残疾人就业未达到规定比例的差额人数和本单位在职职工年平均工资之积计算缴纳。计算公式如下：

保障金年缴纳额＝(上年用人单位在职职工人数×所在地省、自治区、直辖市人民政府规定的安排残疾人就业比例－上年用人单位实际安排的残疾人就业人数）×上年用人单位在职职工年平均工资。

用人单位在职职工，是指用人单位在编人员或依法与用人单位签订1年以上（含1年）劳动合同（服务协议）的人员。季节性用工应当折算为年平均用工人数。以劳务派遣用工的，计入派遣单位在职职工人数。

用人单位安排残疾人就业未达到规定比例的差额人数，以公式计算结果为准，可以不是整数。

上年用人单位在职职工年平均工资，按用人单位上年在职职工工资总额除以用人单位在职职工人数计算。

➢ 财政部《关于取消、调整部分政府性基金有关政策的通知》（财税〔2017〕18号）

二、调整残疾人就业保障金征收政策

（一）扩大残疾人就业保障金免征范围。将残疾人就业保障金免征范围，由自工商注册登记之日起3年内，在职职工总数20人（含）以下小微企业，调整为在职职工总数30人（含）以下的企业。调整免征范围后，工商注册登记未满3年、在职职工总数30人（含）以下的企业，可在剩余时期内按规定免征残疾人就业保障金。

（二）设置残疾人就业保障金征收标准上限。用人单位在职职工年平均工资未超过当地社会平均工资（用人单位所在地统计部门公布的上年度城镇单位就业人员平均工资）3倍（含）的，按用人单位在职职工年平均工资计征残疾人就业保障金；超过当地社会平均工资3倍以上的，按当地社会平均工资3倍计征残疾人就业保障金。用人单位在职职工年平均工资的计算口径，按照国家统计局关于工资总额组成的有关规定执行。

➢《财政部关于降低部分政府性基金征收标准的通知》（财税〔2018〕39号）

一、自2018年4月1日起，将残疾人就业保障金征收标准上限，由当地社会平均工资的3倍降低至2倍。其中，用人单位在职职工平均工资未超过当地社会平均工资2倍（含）的，按用人单位在职职工年平均工资计征残疾人就业保障金；超过当地社会平均工资2倍的，按当地社会平均工资2倍计征残疾人就业保障金。

5.5.9 为用户提供宣传推广平台取得的收入是否需要缴纳文化事业建设费？

问：用户可以用我公司自己开发的APP推广他们自己的技术和产品，我公司向其收取的服务费，是否需要缴纳文化事业建设费？

答：问题提到的情形应属于提供信息技术服务，不属于广告服务，不应缴纳文化事业建设费。

政策依据：

➤《财政部 国家税务总局关于营业税改征增值税试点有关文化事业建设费政策及征收管理问题的通知》（财税〔2016〕25号）

一、在中华人民共和国境内提供广告服务的广告媒介单位和户外广告经营单位，应按照本通知规定缴纳文化事业建设费。

三、缴纳文化事业建设费的单位（以下简称缴纳义务人）应按照提供广告服务取得的计费销售额和3%的费率计算应缴费额，计算公式如下：

应缴费额 = 计费销售额 ×3%

计费销售额，为缴纳义务人提供广告服务取得的全部含税价款和价外费用，减除支付给其他广告公司或广告发布者的含税广告发布费后的余额。

缴纳义务人减除价款的，应当取得增值税专用发票或国家税务总局规定的其他合法有效凭证，否则，不得减除。

➤《财政部 国家税务总局关于全面推开营业税改征增值税试点的通知》（财税〔2016〕36号）附件1《营业税改征增值税试点实施办法》《销售服务、无形资产、不动产注释》

一、销售服务

（六）现代服务。

3. 文化创意服务。

（3）广告服务，是指利用图书、报纸、杂志、广播、电视、电影、幻灯、路牌、招贴、橱窗、霓虹灯、灯箱、互联网等各种形式为客户的商品、经营服务项目、文体节目或者通告、声明等委托事项进行宣传和提供相关服务的业务活动。包括广告代理和广告的发布、播映、宣传、展示等。

5.5.10　破碎、磨浮等车间生产时会发出一定的噪音，是否需要申报缴纳环境保护税？

问：我公司为采矿企业，破碎、磨浮等车间生产时会发出一定的噪音，这是否属于应税噪音？

答：超过规定的噪声标准，应按规定申报缴纳环境保护税。

政策依据：

➢《中华人民共和国环境保护税法》（中华人民共和国主席令第六十一号）

第二条　在中华人民共和国领域和中华人民共和国管辖的其他海域，直接向环境排放应税污染物的企业事业单位和其他生产经营者为环境保护税的纳税人，应当依照本法规定缴纳环境保护税。

第三条　本法所称应税污染物，是指本法所附《环境保护税税目税额表》、《应税污染物和当量值表》规定的大气污染物、水污染物、固体废物和噪声。

第七条　应税污染物的计税依据，按照下列方法确定：

（一）应税大气污染物按照污染物排放量折合的污染当量数确定；

（二）应税水污染物按照污染物排放量折合的污染当量数确定；

（三）应税固体废物按照固体废物的排放量确定；

（四）应税噪声按照超过国家规定标准的分贝数确定。

第十一条　环境保护税应纳税额按照下列方法计算：

（一）应税大气污染物的应纳税额为污染当量数乘以具体适用税额；

（二）应税水污染物的应纳税额为污染当量数乘以具体适用税额；

（三）应税固体废物的应纳税额为固体废物排放量乘以具体适用税额；

（四）应税噪声的应纳税额为超过国家规定标准的分贝数对应的具体适用税额。

➢《财政部 税务总局 生态环境部关于环境保护税有关问题的通知》（财税〔2018〕23号）

四、关于应税噪声应纳税额的计算问题

应税噪声的应纳税额为超过国家规定标准分贝数对应的具体适用税额。噪声超标分贝数不是整数值的，按四舍五入取整。一个单位的同一监测点当月有多个监测数据超标的，以最高一次超标声级计算应纳税额。声源1个月内累计昼间超标不足15昼或者累计夜间超标不足15夜的，分别减半计算应纳税额。

第六章　综合问题

第一节　境内业务多税种类

6.1.1　预存款项赠积分，如何进行税务处理？

问：我公司是一家酒店，销售政策明确：客人预存款项，赠送积分，积分可抵减消费款；客人消费有积分，积分达到累计数额后，可兑换产品、服务或抵减消费款。两种情况下，增值税、企业所得税如何处理？

答：第一种情况，收到预存款时，由于尚未提供服务，因此，不发生增值税纳税义务，也不确认会计收入和企业所得税收入。赠送的积分，客人消费时，按商业折扣进行处理，即：按扣除积分的折后价格确认收入，并计算申报缴纳增值税、企业所得税。

第二种情况，客人消费时赠送积分，对应积分的货币计量价值（如消费113元送113个积分，100个积分可换1元等值物品，此时，113元消费对应的积分的货币计量值是1.13元），计入递延收益，按正常销售价格计提销项税额，此时，会计上确认收入98.87元，1.13元计入递延收益。积分兑换礼品时，按礼品公允价确认收入并计提销项税额（有争议，笔者倾向于仅就本次实际收取的款项计提销项税额，否则会造成重复缴纳增值税），即借记递延收益、借记银行存款/现金（积分不够，用现金补差价），贷记主营业务收入、贷计应交税费——应交增值税（销项税）。

政策依据：

➤《国家税务总局关于印发〈增值税若干具体问题的规定〉的通知》（国

税发〔1993〕154号）

二、计税依据

（二）纳税人采取折扣方式销售货物，如果销售额和折扣额在同一张发票上分别注明的，可按折扣后的销售额征收增值税；如果将折扣额另开发票，不论其在财务上如何处理，均不得从销售额中减除折扣额。

……

6.1.2 支付境外母公司利息，计税依据如何确定？如以美元计价，如何折算成人民币计算应扣缴税费？

问：我公司支付香港母公司贷款利息，比如本金为100万美元，利率为5%，借款1年，那么，支付利息应代扣代缴所得税及增值税的计税依据如何确定？增值税是100万×5%÷1.06×6%，所得税是100万×5%÷1.06×7%？还是增值税是100万×5%×6%，所得税是100万×5%×7%？

答：首先，计算方法要取决于你们双方约定支付的利息，是含税还是不含税的？如无特殊约定，应认定为含税价，如确定为含税价，则第一种计算方法正确。如约定是不含税的，则要还原计算应扣缴的增值税和企业所得税。

其次，以美元计算应支付的利息，应按下列文件规定折算成人民币，然后再根据是否含税计算应扣缴的企业所得税和增值税。

政策依据：

➢《国家税务总局关于非居民企业所得税源泉扣缴有关问题的公告》（国家税务总局公告2017年第37号）

四、扣缴义务人支付或者到期应支付的款项以人民币以外的货币支付或计价的，分别按以下情形进行外币折算：

（一）扣缴义务人扣缴企业所得税的，应当按照扣缴义务发生之日人民币汇率中间价折合成人民币，计算非居民企业应纳税所得额。扣缴义务发生之日为相关款项实际支付或者到期应支付之日。

➢《财政部 税务总局关于全面推开营业税改征增值税试点的通知》（财税〔2016〕36号）附件1《营业税改征增值税试点实施办法》

第三十八条　销售额以人民币计算，纳税人按照人民币以外的货币结算销售额的，应当折合成人民币计算，折合率可以选择销售额发生当天或者当月1

日的人民币汇率中间价。纳税人应当在事先确定采用何种折合率，确定后12个月内不得变更。

6.1.3　购进用于市场推广时赠送用户的IPAD，贴公司的logo，如何进行账务处理和税务处理？

问：我公司购进IPAD，买回后贴上公司的logo，在市场推广时赠送给客户，购进并赠送时如何进行账务处理和税务处理？

答：买回的商品应计入库存商品，销售部门领用并贴上logo用于企业宣传、赠送给客户时，记入销售费用——业务宣传费。

该业务如果是客户购买商品或服务时赠送，则该行为属于买赠行为，赠送时，如果与所销售的商品或服务同时在发票上注明了，则增值税无须视同销售，否则，增值税需要视同销售。买赠情形下，赠送给个人的，无须代扣个人所得税。

如果是在促销时随机向个人赠送的，则赠送的IPAD，企业所得税和增值税要按视同销售处理（具体规定可参看本书企业所得税、增值税章节视同销售相关内容），同时需要根据2019年74号公告规定，按“偶然所得”代扣代缴个人所得税。

政策依据：

➤《财政部 税务总局关于个人取得有关收入适用个人所得税应税所得项目的公告》（财政部 税务总局公告2019年第74号）

三、企业在业务宣传、广告等活动中，随机向本单位以外的个人赠送礼品（包括网络红包，下同），以及企业在年会、座谈会、庆典以及其他活动中向本单位以外的个人赠送礼品，个人取得的礼品收入，按照“偶然所得”项目计算缴纳个人所得税，但企业赠送的具有价格折扣或折让性质的消费券、代金券、抵用券、优惠券等礼品除外。

前款所称礼品收入的应纳税所得额按照《财政部 国家税务总局关于企业促销展业赠送礼品有关个人所得税问题的通知》（财税〔2011〕50号）第三条规定计算。

➤《财政部 国家税务总局关于企业促销展业赠送礼品有关个人所得税问题的通知》（财税〔2011〕50号）

一、企业在销售商品（产品）和提供服务过程中向个人赠送礼品，属于下列情形之一的，不征收个人所得税：

1. 企业通过价格折扣、折让方式向个人销售商品（产品）和提供服务；

2. 企业在向个人销售商品（产品）和提供服务的同时给予赠品，如通信企业对个人购买手机赠话费、入网费，或者购话费赠手机等；

3. 企业对累积消费达到一定额度的个人按消费积分反馈礼品。

6.1.4 总包方通过专户发放分包方农民工工资如何账务处理，由谁扣缴个人所得税？

问：我单位是施工总包单位，根据规定，分包单位的农民工工资需要由我公司通过专户直接支付到农民工个人账户上。总包代分包方发放农民工工资后，劳务分包单位是否需要开票给我公司？工程完工后，如果该账户还有余额，是否应当转出到总包单位的基本户？这部分农民工工资的个人所得税是否应该由劳务分包单位代扣代缴？

答：作为总包单位，劳务分包方给贵公司提供的是建筑服务，贵公司直接支付给分包方农民工的工资，属于支付给劳务分包企业的工程款，只不过没有直接打到分包方对公账户，而是根据相关规定直接打到分包方农民工个人账户而已。此情形下，通过专户支付的农民工工资，冲应付工程款即可。贵公司应当取得分包单位开具的建筑服务发票作为入账扣除凭证。如果工程完工后，还有剩余款项，则根据工程决算情况，直接按工程款付给劳务分包企业或者转回贵公司基本户。

农民工与劳务分包单位构成劳动关系，实际支付方应当是劳务分包公司，应当由他们计算并预扣预缴个人所得税。

政策依据：

➤《国家税务总局关于个人所得税偷税案件查处中有关问题的补充通知》（国税函〔1996〕602号）

三、关于扣缴义务人的认定扣缴义务人的认定，按照个人所得税法的法规，向个人支付所得的单位和个人为扣缴义务人。由于支付所得的单位和个人与取得所得的人之间有多重支付的现象，有时难以确定扣缴义务人。为保证全国执行的统一，现将认定标准法规为：凡税务机关认定对所得的支付对象和支付数额有决定权的单位和个人，即为扣缴义务人。

6.1.5　注册在山东的建筑企业从河北承接了一个项目，是否需要在当地纳税？

问：注册在山东的建筑企业从河北承接了一个项目，是否需要在当地纳税？

答：问题所提到的跨省承接建筑工程项目，需要按项目实际经营收入的0.2%按月或按季由总机构向项目所在地预分企业所得税。

向建筑服务发生地主管国税机关预缴增值税税款。

就其所支付的工程作业人员工资、薪金所得，向工程作业所在地税务机关办理全员全额扣缴明细申报；对未设立会计账簿，或者不能准确、完整地进行会计核算的单位和个人，主管税务机关可根据其工程规模、工程承包合同（协议）价款和工程完工进度等情况，核定其应纳税所得额或应纳税额，据以征收个人所得税。

政策依据：

➢《国家税务总局关于跨地区经营建筑企业所得税征收管理问题的通知》（国税函〔2010〕156号）

三、建筑企业总机构直接管理的跨地区设立的项目部，应按项目实际经营收入的0.2%按月或按季由总机构向项目所在地预分企业所得税，并由项目部向所在地主管税务机关预缴。

➢《纳税人跨县（市、区）提供建筑服务增值税征收管理暂行办法》（国家税务总局公告2016年第17号）

第三条　纳税人跨县（市、区）提供建筑服务，应按照财税〔2016〕36号文件规定的纳税义务发生时间和计税方法，向建筑服务发生地主管国税机关预缴税款，向机构所在地主管国税机关申报纳税。

……

第四条　纳税人跨县（市、区）提供建筑服务，按照以下规定预缴税款：

（一）一般纳税人跨县（市、区）提供建筑服务，适用一般计税方法计税的，以取得的全部价款和价外费用扣除支付的分包款后的余额，按照2%的预征率计算应预缴税款。

（二）一般纳税人跨县（市、区）提供建筑服务，选择适用简易计税方法计税的，以取得的全部价款和价外费用扣除支付的分包款后的余额，按照3%

的征收率计算应预缴税款。

（三）小规模纳税人跨县（市、区）提供建筑服务，以取得的全部价款和价外费用扣除支付的分包款后的余额，按照3%的征收率计算应预缴税款。

第五条 纳税人跨县（市、区）提供建筑服务，按照以下公式计算应预缴税款：

（一）适用一般计税方法计税的，应预缴税款 =（全部价款和价外费用 - 支付的分包款）÷（1 + 11%）× 2%

（二）适用简易计税方法计税的，应预缴税款 =（全部价款和价外费用 - 支付的分包款）÷（1 + 3%）× 3%

纳税人取得的全部价款和价外费用扣除支付的分包款后的余额为负数的，可结转下次预缴税款时继续扣除。

纳税人应按照工程项目分别计算应预缴税款，分别预缴。

➢《国家税务总局关于建筑安装业跨省异地工程作业人员个人所得税征收管理问题的公告》（国家税务总局公告2015年第52号）

一、总承包企业、分承包企业派驻跨省异地工程项目的管理人员、技术人员和其他工作人员在异地工作期间的工资、薪金所得个人所得税，由总承包企业、分承包企业依法代扣代缴并向工程作业所在地税务机关申报缴纳。

总承包企业和分承包企业通过劳务派遣公司聘用劳务人员跨省异地工作期间的工资、薪金所得个人所得税，由劳务派遣公司依法代扣代缴并向工程作业所在地税务机关申报缴纳。

二、跨省异地施工单位应就其所支付的工程作业人员工资、薪金所得，向工程作业所在地税务机关办理全员全额扣缴明细申报。凡实行全员全额扣缴明细申报的，工程作业所在地税务机关不得核定征收个人所得税。

➢《国家税务总局关于印发〈建筑安装业个人所得税征收管理暂行办法〉的通知》（国税发〔1996〕127号）

第六条 从事建筑安装业的单位和个人应设置会计账簿，健全财务制度，准确、完整地进行会计核算。对未设立会计账簿，或者不能准确、完整地进行会计核算的单位和个人，主管税务机关可根据其工程规模、工程承包合同（协议）价款和工程完工进度等情况，核定其应纳税所得额或应纳税额，据以征税。具体核定办法由县以上（含县级）税务机关制定。

6.1.6　企业安置残疾人就业有哪些税收优惠政策？

问：企业安置残疾人就业有哪些税收优惠政策？

答：安置残疾人就业，符合规定条件的，增值税可即征即退；安置残疾人就业支付给残疾人的工资，符合条件的，可在据实扣除的基础上，加计100%在企业所得税税前扣除；残疾人取得所得，经批准可以减征个人所得税。安置残疾人就业符合规定条件的，可享受城镇土地使用税的减征和免征。

政策依据：

➢《财政部 国家税务总局关于促进残疾人就业增值税政策的通知》（财税〔2016〕52号）

一、对安置残疾人的单位和个体工商户（以下称纳税人），实行由税务机关按纳税人安置残疾人的人数，限额即征即退增值税的办法。

安置的每位残疾人每月可退还的增值税具体限额，由县级以上税务机关根据纳税人所在区县（含县级市、旗，下同）适用的经省（含自治区、直辖市、计划单列市，下同）人民政府批准的月最低工资标准的4倍确定。

二、享受税收优惠政策的条件

（一）纳税人（除盲人按摩机构外）月安置的残疾人占在职职工人数的比例不低于25%（含25%），并且安置的残疾人人数不少于10人（含10人）；

盲人按摩机构月安置的残疾人占在职职工人数的比例不低于25%（含25%），并且安置的残疾人人数不少于5人（含5人）。

（二）依法与安置的每位残疾人签订了1年以上（含1年）的劳动合同或服务协议。

（三）为安置的每位残疾人按月足额缴纳了基本养老保险、基本医疗保险、失业保险、工伤保险和生育保险等社会保险。

（四）通过银行等金融机构向安置的每位残疾人，按月支付了不低于纳税人所在区县适用的经省人民政府批准的月最低工资标准的工资。

➢《中华人民共和国企业所得税法》（2007年3月19日中华人民共和国主席令第二十三号公布，根据2018年12月29日第十三届全国人民代表大会常务委员会第七次会议《关于修改〈中华人民共和国电力法〉等四部法律的决定》第二次修正）

第三十条　企业的下列支出，可以在计算应纳税所得额时加计扣除：

（一）开发新技术、新产品、新工艺发生的研究开发费用；

（二）安置残疾人员及国家鼓励安置的其他就业人员所支付的工资。

➤《财政部 国家税务总局关于安置残疾人员就业有关企业所得税优惠政策问题的通知》（财税〔2009〕70号）

一、企业安置残疾人员的，在按照支付给残疾职工工资据实扣除的基础上，可以在计算应纳税所得额时按照支付给残疾职工工资的100%加计扣除。

企业就支付给残疾职工的工资，在进行企业所得税预缴申报时，允许据实计算扣除；在年度终了进行企业所得税年度申报和汇算清缴时，再依照本条第一款的规定计算加计扣除。

➤《财政部 国家税务总局关于安置残疾人就业单位城镇土地使用税等政策的通知》（财税〔2010〕121号）

一、关于安置残疾人就业单位的城镇土地使用税问题

对在一个纳税年度内月平均实际安置残疾人就业人数占单位在职职工总数的比例高于25%（含25%）且实际安置残疾人人数高于10人（含10人）的单位，可减征或免征该年度城镇土地使用税。具体减免税比例及管理办法由省、自治区、直辖市财税主管部门确定。

➤《中华人民共和国个人所得税法》（1980年9月10日第五届全国人民代表大会第三次会议通过，根据2018年8月31日第十三届全国人民代表大会常务委员会第五次会议《关于修改〈中华人民共和国个人所得税法〉的决定》第七次修正）

第五条　有下列情形之一的，可以减征个人所得税，具体幅度和期限，由省、自治区、直辖市人民政府规定，并报同级人民代表大会常务委员会备案：

（一）残疾、孤老人员和烈属的所得；

（二）因自然灾害遭受重大损失的。国务院可以规定其他减税情形，报全国人民代表大会常务委员会备案。

6.1.7　自有房屋对外出租作为投资性房地产处理，成本如何核算？能否要求承租人缴纳房产税？

问：我公司将自行建造的一栋房屋出租给另一家酒店，会计上可否将其作为投资性房地产进行处理？如果出租取得收入，对应的成本如何核算？承租房

屋的酒店为小规模纳税人，是否可以协商由该酒店缴纳房产税？

答：是否属于投资性房地产，要按会计准则规定确定。题目所说的情形应当可以按投资性房地产进行核算。

按投资性房地产进行核算，如果采用成本模式进行后续计量的，按期计提的折旧或摊销是运营投资性房产产对应的成本；采用公允价值模式后续计量的，不对投资性房地产计提折旧或进行摊销，应当以资产负债表日投资性房地产的公允价值为基础调整其账面价值，公允价值与原账面价值之间的差额计入当期损益（公允价值变动损益）。

贵公司是房产所得人，是房产税的法定纳税义务人，可以协商由该酒店负担，但改变不了贵公司法定纳税义务人的身份。

政策依据：

➢《企业会计准则第 3 号——投资性房地产》

第二条 投资性房地产，是指为赚取租金或资本增值，或两者兼有而持有的房地产。投资性房地产应当能够单独计量和出售。

第三条 本准则规范下列投资性房地产：

（一）已出租的土地使用权。

（二）持有并准备增值后转让的土地使用权。

（三）已出租的建筑物。

第四条 下列各项不属于投资性房地产：

（一）自用房地产，即为生产商品、提供劳务或者经营管理而持有的房地产。

（二）作为存货的房地产。

第五条 下列各项适用其他相关会计准则：

（一）企业代建的房地产，适用《企业会计准则第 15 号——建造合同》。

（二）投资性房地产的租金收入和售后租回，适用《企业会计准则第 21 号——租赁》。

➢《中华人民共和国房产税暂行条例》（1986 年 9 月 15 日国务院发布，2011 年 1 月 8 日根据国务院令第 588 号修订）

第二条 房产税由产权所有人缴纳。产权属于全民所有的，由经营管理的单位缴纳。产权出典的，由承典人缴纳。产权所有人、承典人不在房产所在地的，或者产权未确定及租典纠纷未解决的，由房产代管人或者使用人缴纳。

6.1.8 企业购房，以谁的名义更好？

问：以公司名义购房作为员工宿舍，购入后，一段时间后，拟转让给某个员工个人，如果购买时，当事个人已经向房地产公司支付了10万元，该如何处理？后期转让给个人时，会涉及哪些税费？

答：公司购房用作职工的集体宿舍，相应的房屋折旧属于与企业取得收入有关的支出，在取得合法有效扣除凭证的情况下，可以在企业所得税税前扣除。

由于该房屋购进用于集体福利，因此，购进时取得的进项税额不得用于抵扣，应当转出。如果此房屋购进时，当事个人已经付了10万元，可处理为个人借款给企业，企业正常出钱购买该房产时，再将欠款偿还。

转让时，会涉及企业所得税，转让环节的增值税、土地增值税、印花税，转让时，如果转让价格明显偏低且无正当理由的，可能被税务机关核定应纳税额。

实务中，如果是私营企业，更愿意直接以股东个人名义购买房产并登记在股东个人名下，原因是，登记在企业名下，会担心企业有债务牵连，使财产安全性没有保障。

政策依据：

➤《中华人民共和国税收征收管理法》（2001年中华人民共和国主席令第四十九号公布，2018年中华人民共和国主席令第二十三号修订）

第三十五条　纳税人有下列情形之一的，税务机关有权核定其应纳税额：

（一）依照法律、行政法规的规定可以不设置账簿的；

（二）依照法律、行政法规的规定应当设置账簿但未设置的；

（三）擅自销毁账簿或者拒不提供纳税资料的；

（四）虽设置账簿，但账目混乱或者成本资料、收入凭证、费用凭证残缺不全，难以查账的；

（五）发生纳税义务，未按照规定的期限办理纳税申报，经税务机关责令限期申报，逾期仍不申报的；

（六）纳税人申报的计税依据明显偏低，又无正当理由的。

6.1.9 总公司生产砼并用于所属分公司在建工程，如何进行税务处理？

问：总公司生产砼并用于所属分公司在建工程，总公司是否需要给分公司开具发票？分公司领用计入在建工程，是按销售价还是成本价？上述业务是否会涉及增值税、企业所得税视同销售？

答：总分机构各自属于独立的增值税纳税人，如果总分机构在同一县（市），则上述问题提到的情形在增值税上无须视同销售，领用时，按成本入账。或者，相关机构不设在同一县（市），但移送的货物，受货机构不是用于销售的（向购货方开具发票，或者向购货方收取货款），也无须视同销售。问题所述情形，分公司受货并非用于销售，因此无须视同销售。但如果总公司向分公司开具发票了，则总公司移送砼的增值税应按销售处理。

企业所得税为法人税制，总分机构为同一法人主体，分支机构领用总机构生产的产品，所有权没有发生改变，所以，上述业务，企业所得税无须视同销售。

政策依据：

➢《中华人民共和国增值税暂行条例实施细则》（2008 年 12 月 18 日以财政部、国家税务总局令第 50 号公布，依据 2011 年 10 月 28 日中华人民共和国财政部 国家税务总局令第 65 号修改）

第五条 单位或者个体工商户的下列行为，视同销售货物：

（三）设有两个以上机构并实行统一核算的纳税人，将货物从一个机构移送其他机构用于销售，但相关机构设在同一县（市）的除外；

➢《国家税务总局关于企业所属机构间移送货物征收增值税问题的通知》（国税发〔1998〕137 号）

《中华人民共和国增值税暂行条例实施细则》第四条视同销售货物行为的第（三）项所称的用于销售，是指受货机构发生以下情形之一的经营行为：

一、向购货方开具发票；

二、向购货方收取货款。

受货机构的货物移送行为有上述两项情形之一的，应当向所在地税务机关缴纳增值税；未发生上述两项情形的，则应由总机构统一缴纳增值税。

如果受货机构只就部分货物向购买方开具发票或收取货款，则应当区别不同情况计算并分别向总机构所在地或分支机构所在地缴纳税款。

➢《中华人民共和国企业所得税法实施条例》（2007 年 12 月 6 日中华人民共和国国务院令第 512 号公布，根据 2019 年 4 月 23 日中华人民共和国国务院令第 714 号第一次修订）

第二十五条 企业发生非货币性资产交换，以及将货物、财产、劳务用于捐赠、偿债、赞助、集资、广告、样品、职工福利或者利润分配等用途的，应当视同销售货物、转让财产或者提供劳务，但国务院财政、税务主管部门另有规定的除外。

➢《国家税务总局关于企业处置资产所得税处理问题的通知》（国税函〔2008〕828 号）

二、企业将资产移送他人的下列情形，因资产所有权属已发生改变而不属于内部处置资产，应按规定视同销售确定收入。

（一）用于市场推广或销售；

（二）用于交际应酬；

（三）用于职工奖励或福利；

（四）用于股息分配；

（五）用于对外捐赠；

（六）其他改变资产所有权属的用途。

6.1.10 高管通过资管计划间接持有上市公司股票并转让，相关各方如何税务处理？

问：公司高级管理人员以公允价格购买公司（当时未上市）股权，后来公司上市，限售期结束时，员工转让股票，如何计算缴纳相应的个人所得税？如果员工通过资管计划持股，员工转让股票是否应缴纳个人所得税？资管计划自身在持有股票过程中会涉及哪些税费？

答：个人转让其直接持有的限售股取得的所得，按照“财产转让所得”，适用 20% 的比例税率征收个人所得税。

如果员工通过一个资管计划持股，其转让的其实是其持有的标准化金融产品的份额，此行为如果符合财税〔2002〕128 号文件第二条规定，则申购赎回基金价差收入、持有期间从基金分配中取得的收入，暂不征收个人所得税。

资管计划管理人运营资管产品过程中涉及的纳税问题：资管产品管理人如果投资所获收益符合财税〔2008〕1 号文件规定的情形，则暂不征收企业所得税。运营资管产品过程中发生的增值税应税行为，暂适用简易计税方法，按照 3% 的征收率缴纳增值税。

政策依据：

➢《财政部 国家税务总局证监会关于个人转让上市公司限售股所得征收

个人所得税有关问题的通知》（财税〔2009〕167号）

一、自2010年1月1日起，对个人转让限售股取得的所得，按照“财产转让所得”，适用20%的比例税率征收个人所得税。

二、本通知所称限售股，包括：

1. 上市公司股权分置改革完成后股票复牌日之前股东所持原非流通股股份，以及股票复牌日至解禁日期间由上述股份孳生的送、转股（以下统称股改限售股）；

2. 2006年股权分置改革新老划断后，首次公开发行股票并上市的公司形成的限售股，以及上市首日至解禁日期间由上述股份孳生的送、转股（以下统称新股限售股）；

3. 财政部、税务总局、法制办和证监会共同确定的其他限售股。

三、个人转让限售股，以每次限售股转让收入，减除股票原值和合理税费后的余额，为应纳税所得额。即：

应纳税所得额 = 限售股转让收入 -（限售股原值 + 合理税费）

应纳税额 = 应纳税所得额 ×20%

本通知所称的限售股转让收入，是指转让限售股股票实际取得的收入。限售股原值，是指限售股买入时的买入价及按照规定缴纳的有关费用。合理税费，是指转让限售股过程中发生的印花税、佣金、过户费等与交易相关的税费。

如果纳税人未能提供完整、真实的限售股原值凭证的，不能准确计算限售股原值的，主管税务机关一律按限售股转让收入的15%核定限售股原值及合理税费。

➢《财政部 国家税务总局关于开放式证券投资基金有关税收问题的通知》（财税〔2002〕128号）

二、关于所得税问题

1. 对基金管理人运用基金买卖股票、债券的差价收入，在2003年底前暂免征收企业所得税。

2. 对个人投资者申购和赎回基金单位取得的差价收入，在对个人买卖股票的差价收入未恢复征收个人所得税以前，暂不征收个人所得税；对企业投资者申购和赎回基金单位取得的差价收入，应并入企业的应纳税所得额，征收企业所得税。

3. 对基金取得的股票的股息、红利收入，债券的利息收入、储蓄存款利息收入，由上市公司、发行债券的企业和银行在向基金支付上述收入时代扣代缴20%的个人所得税；对投资者（包括个人和机构投资者）从基金分配中取得的收入，暂不征收个人所得税和企业所得税。

➢《财政部 税务总局关于资管产品增值税有关问题的通知》（财税〔2017〕56号）

一、资管产品管理人（以下称管理人）运营资管产品过程中发生的增值税应税行为（以下称资管产品运营业务），暂适用简易计税方法，按照3%的征收率缴纳增值税。

资管产品管理人，包括银行、信托公司、公募基金管理公司及其子公司、证券公司及其子公司、期货公司及其子公司、私募基金管理人、保险资产管理公司、专业保险资产管理机构、养老保险公司。

资管产品，包括银行理财产品、资金信托（包括集合资金信托、单一资金信托）、财产权信托、公开募集证券投资基金、特定客户资产管理计划、集合资产管理计划、定向资产管理计划、私募投资基金、债权投资计划、股权投资计划、股债结合型投资计划、资产支持计划、组合类保险资产管理产品、养老保障管理产品。

财政部和税务总局规定的其他资管产品管理人及资管产品。

➢《财政部 国家税务总局关于企业所得税若干优惠政策的通知》（财税〔2008〕1号）

二、关于鼓励证券投资基金发展的优惠政策

（一）对证券投资基金从证券市场中取得的收入，包括买卖股票、债券的差价收入，股权的股息、红利收入，债券的利息收入及其他收入，暂不征收企业所得税。

（二）对投资者从证券投资基金分配中取得的收入，暂不征收企业所得税。

（三）对证券投资基金管理人运用基金买卖股票、债券的差价收入，暂不征收企业所得税。

➢ 总局12366问题及答复（2010年11月9日，供参考）

请问存在国税函〔2005〕424号文件吗？因为我在网上只看到说有这个文件，是关于个人取得信托收益交纳所得税的一个文，但在国家税务总局和其他地方税务局的网站上并没有找到该文件，另外，我还想问一下个人如何缴纳转让信托持股的个人所得税？

回复意见：

您好：

您在我们网站上提交的纳税咨询问题收悉，现针对您所提供的信息简要回复如下：

国税函〔2005〕424号文件是我局对山西、宁夏某涉税案件的批复，未向社会公布。根据个人所得税法规定精神，个人取得信托产品收益，应按“利息、股息、红利所得”项目征收个人所得税。对转让信托持股的个人，如果所转让的是二级市场的股票，则免征个人所得税；如果转让的是限售股，则应按财税〔2009〕167号文件执行。

上述回复仅供参考。有关具体办理程序方面的事宜请直接向您的主管或所在地税务机关咨询。欢迎您再次提问。

6.1.11 以土地，房屋，机械设备注资成立一家全资子公司，涉及的土地、房屋是否需要办理过户手续？投资方是否需要向被投资方开具发票？

问：我公司以部分土地、房屋、机械设备作价评估投资新设立一家全资子公司，投资时，土地、房屋是否需要办理过户手续？上述资产所有权转移，需要开具发票给子公司？

答：贵公司该行为属于非货币资产投资，增值税应视同销售进行处理。

企业所得税方面，应按投资资产评估后的公允价值扣除计税基础后的余额，计算确认非货币性资产转让所得，并可在不超过5年期限内，分期均匀计入相应年度的应纳税所得额计算缴纳企业所得税。

上述投资行为，资产的所有权要变更到新设企业中去，所以，投资时涉及的房屋、土地需要办理过户手续。

非货币资产投资属于增值税的视同销售行为，需要也可以开具增值税发票。从《中华人民共和国发票管理办法》的立法本意来看，“视同销售行为”，应纳入发票管理范畴。这样可以防止开票方隐瞒销售额，并可证明资产所有权或劳务服务成果发生转移。

政策依据：

➢《中华人民共和国发票管理办法》（1993年中华人民共和国财政部令第6号发布，根据2019年3月2日中华人民共和国国务院令第709号第二次修订）

第十九条　销售商品、提供服务以及从事其他经营活动的单位和个人，对外发生经营业务收取款项，收款方应当向付款方开具发票；特殊情况下，由付款方向收款方开具发票。

➢《财政部 国家税务总局关于全面推开营业税改征增值税试点的通知》（财税〔2016〕36号）附件1《营业税改征增值税试点有关事项的规定》

第十四条　下列情形视同销售服务、无形资产或者不动产：

（一）单位或者个体工商户向其他单位或者个人无偿提供服务，但用于公益事业或者以社会公众为对象的除外。

（二）单位或者个人向其他单位或者个人无偿转让无形资产或者不动产，但用于公益事业或者以社会公众为对象的除外。

（三）财政部和国家税务总局规定的其他情形。

➢《中华人民共和国增值税暂行条例实施细则》（2008年12月18日以财政部、国家税务总局令第50号公布，依据2011年10月28日中华人民共和国财政部 国家税务总局令第65号修改）

第四条　单位或者个体工商户的下列行为，视同销售货物：

（一）将货物交付其他单位或者个人代销；

（二）销售代销货物；

（三）设有两个以上机构并实行统一核算的纳税人，将货物从一个机构移送其他机构用于销售，但相关机构设在同一县（市）的除外；

（四）将自产或者委托加工的货物用于非增值税应税项目；

（五）将自产、委托加工的货物用于集体福利或者个人消费；

（六）将自产、委托加工或者购进的货物作为投资，提供给其他单位或者个体工商户；

（七）将自产、委托加工或者购进的货物分配给股东或者投资者；

（八）将自产、委托加工或者购进的货物无偿赠送其他单位或者个人。

➢《财政部 国家税务总局关于非货币性资产投资企业所得税政策问题的通知》（财税〔2014〕116号）

一、居民企业（以下简称企业）以非货币性资产对外投资确认的非货币性资产转让所得，可在不超过5年期限内，分期均匀计入相应年度的应纳税所得额，按规定计算缴纳企业所得税。

二、企业以非货币性资产对外投资，应对非货币性资产进行评估并按评估后的公允价值扣除计税基础后的余额，计算确认非货币性资产转让所得。

企业以非货币性资产对外投资，应于投资协议生效并办理股权登记手续时，确认非货币性资产转让收入的实现。

6.1.12 个人出租房屋给企业，如何开票，如何交税？

问：个人出租房屋给企业，如何开票，如何交税？

答：营改增后，个人出租房屋，属于销售租赁服务，根据相关规定，需要到主管地方税务机关代开增值税普通发票或专用发票，代开发票时，税务机关会附征相应税款。

增值税：如果是住房，可采用简易计税方法，按5%征收率减按不含税收入的1.5%征收增值税，应纳增值税额＝全部租金收入÷（1＋5%）×1.5%；如果不是住房，而是商业用房，则按不含税收入的5%征收增值税，应纳增值税额＝全部租金收入÷（1＋5%）×5%。

如果采取一次性收取租金或预收款形式出租不动产，取得（预收）的租金收入，可在对应的租赁期内平均分摊。分摊后的月租金收入不超过15万元的，可享受小微企业免征增值税优惠政策。如果代开的是增值税专用发票，则不享受上述免税待遇。

房产税：对个人出租住房，不区分用途，按租金收入的4%税率征收房产税。个人出租不属于住房的房屋，并不是用于居住的，以房产租金收入为房产税的计税依据，税率为12%。对企事业单位、社会团体以及其他组织按市场价格向个人出租用于居住的住房，减按4%的税率征收房产税。个人出租房屋满足小微企业增值税优惠条件，开具增值税普通发票免征增值税的，其从租计征房产税计税依据，为实际收到的全部租金，不扣减增值税额，无需折算不含增值税租金收入。满足小微企业增值税优惠条件，但是开具增值税专用发票的（全部或部分）不享受免征增值税优惠的，其缴纳的增值税额在计算房产税时，从租金收入中扣减。从租计征房产税计税依据＝实际全部租金收入－开具增值税专用发票缴纳的增值税额。

城市维护建设税及教育费附加：以实际缴纳的增值税税额乘以城建税率（按纳税人所在地不同适用7%、5%、1%三档税率）和教育费附加率3%计算缴纳。缴纳教育费附加、地方教育附加的单位和个人月销售额10万元以下（季度30万元以下）的免征教育费附加、地方教育附加。

个人所得税：计算方法是，按不含增值税的财产租赁所得（如属于满足小微企业增值税优惠条件免征增值税的，按全额），每次收入不超过4000元的，减除费用800元；4000元以上的，减除20%的费用，同时还准予扣除能够提供有效、合法凭证，证明由纳税义务人负担的该出租财产实际开支的修缮费用（一次扣除不完的，准予在下一次继续扣除，直至扣完为止），计算出的余额为应纳税所得额，税率是20%，个人出租住房取得的所得暂减按10%税率征收个人所得税。

印花税：按财产租赁合同租赁金额的千分之一贴花（根据《中华人民共和国印花税暂行条例》及印花税税目税率表），个人出租住房的，免征印花税。

城镇土地使用税：根据房屋所处地段和当地的规定，按面积计算应缴纳的城镇土地使用税。计算公式：应纳税税额＝面积×单位面积税额。个人出租住房的，免城镇土地使用税。

政策依据：

➢《国家税务总局关于小规模纳税人免征增值税征管问题的公告》（国家税务总局公告2021年第5号）

一、小规模纳税人发生增值税应税销售行为，合计月销售额未超过15万元（以1个季度为1个纳税期的，季度销售额未超过45万元，下同）的，免征增值税。

四、《中华人民共和国增值税暂行条例实施细则》第九条所称的其他个人，采取一次性收取租金形式出租不动产取得的租金收入，可在对应的租赁期内平均分摊，分摊后的月租金收入未超过15万元的，免征增值税。

➢《财政部 国家税务总局关于全面推开营业税改征增值税试点的通知》（财税〔2016〕36号）附件2《营业税改征增值税试点有关事项的规定》

一、营改增试点期间，试点纳税人［指按照《营业税改征增值税试点实施办法》（以下称《试点实施办法》）缴纳增值税的纳税人］有关政策

（九）不动产经营租赁服务。

5. 其他个人出租其取得的不动产（不含住房），应按照5%的征收率计算应纳税额。

➢《国家税务总局关于个人转租房屋取得收入征收个人所得税问题的通知》（国税函〔2009〕639号）

一、个人将承租房屋转租取得的租金收入，属于个人所得税应税所得，应按“财产租赁所得”项目计算缴纳个人所得税。

二、取得转租收入的个人向房屋出租方支付的租金，凭房屋租赁合同和合法支付凭据允许在计算个人所得税时，从该项转租收入中扣除。

三、《国家税务总局关于个人所得税若干业务问题的批复》（国税函〔2002〕146号）有关财产租赁所得个人所得税前扣除税费的扣除次序调整为：

（一）财产租赁过程中缴纳的税费；

（二）向出租方支付的租金；

（三）由纳税人负担的租赁财产实际开支的修缮费用；

（四）税法规定的费用扣除标准。

➢《财政部 国家税务总局关于廉租住房、经济适用住房和住房租赁有关税收政策的通知》（财税〔2008〕24号）

二、支持住房租赁市场发展的税收政策

（一）对个人出租住房取得的所得减按10%的税率征收个人所得税。

（二）对个人出租、承租住房签订的租赁合同，免征印花税。

（三）对个人出租住房，不区分用途，在3%税率的基础上减半征收营业税，按4%的税率征收房产税，免征城镇土地使用税。

（四）对企事业单位、社会团体以及其他组织按市场价格向个人出租用于居住的住房，减按4%的税率征收房产税。

上述与廉租住房、经济适用住房相关的新的优惠政策自2007年8月1日起执行，文到之日前已征税款在以后应缴税款中抵减。与住房租赁相关的新的优惠政策自2008年3月1日起执行。其他政策仍按现行规定继续执行。

6.1.13　企业出售“营改增”前购买的商品房和商铺，需要缴纳哪些税，如何计算？

问：企业出售“营改增”前购买的商品房和商铺，需要缴纳哪些税，如何计算？

答：会涉及以下税种。

增值税：属于销售取得的不动产老项目，可选择适用简易计税方法，以取得的全部价款和价外费用扣除不动产购置原价或者取得不动产时的作价后的余额为销售额，按照5%的征收率计算应纳税额。

企业所得税：属于处置资产，处置收入（不含增值税）计入营业外收入，计算缴纳企业所得税。税率或是否缴纳企业所得税与企业具体情况、当年企业所得税申报调整情况有关。

土地增值税：按照纳税人转让房地产所取得的增值额和规定的税率计算征

收（可参看《土地增值税条例》所附税率表）。本问题提及事项属于销售旧房，其增值额的确定分以下几种情况：

能取得旧房评估价格并经税务机关确认的，增值额 = 销售收入 - 旧房评估价格 - 土地的地价款 - 转让税金 - 交纳的有关费用 - 旧房评估费用。

没有评估价格，能提供购房发票并经税务机关确认的，增值额 = 销售收入 - 发票所载金额(1 + 购房年度 ×5%) - 土地的地价款 - 转让税金 - 缴纳的有关费用，计算出增值额后，再确定增值率，进而确定应缴纳的土地增值税。

没有评估价格也没有发票的，由税务机关核定征收。

城市维护建设税及教育费附加：以实际缴纳的增值税税额乘以城建税率（按纳税人所在地不同适用7%、5%、1%三档税率）和教育费附加率3%计算缴纳。

印花税：按产权转移书据所载金额0.5‰贴花（根据《中华人民共和国印花税暂行条例》及印花税税目税率表）。

政策依据：

➢《国家税务总局关于发布〈纳税人转让不动产增值税征收管理暂行办法〉的公告》（国家税务总局公告2016年第14号）

第三条　一般纳税人转让其取得的不动产，按照以下规定缴纳增值税：

（一）一般纳税人转让其2016年4月30日前取得（不含自建）的不动产，可以选择适用简易计税方法计税，以取得的全部价款和价外费用扣除不动产购置原价或者取得不动产时的作价后的余额为销售额，按照5%的征收率计算应纳税额。纳税人应按照上述计税方法向不动产所在地主管地税机关预缴税款，向机构所在地主管国税机关申报纳税。

➢《中华人民共和国土地增值税暂行条例实施细则》（财法字〔1995〕6号）

第七条　条例第六条所列的计算增值额的扣除项目，具体为：

（四）旧房及建筑物的评估价格，是指在转让已使用的房屋及建筑物时，由政府批准设立的房地产评估机构评定的重置成本价乘以成新度折扣率后的价格。评估价格须经当地税务机关确认。

➢《财政部 国家税务总局关于土地增值税一些具体问题规定的通知》（财税字〔1995〕48号）

十、关于转让旧房如何确定扣除项目金额的问题

转让旧房的，应按房屋及建筑物的评估价格、取得土地使用权所支付的地价款和按国家统一规定交纳的有关费用以及在转让环节缴纳的税金作为扣除项

目金额计征土地增值税。对取得土地使用权时未支付地价款或不能提供已支付的地价款凭据的，不允许扣除取得土地使用权所支付的金额。

十二、关于评估费用可否在计算增值额时扣除的问题

纳税人转让旧房及建筑物时因计算纳税的需要而对房地产进行评估，其支付的评估费用允许在计算增值额时予以扣除。对条例第九条规定的纳税人隐瞒、虚报房地产成交价格等情形而按房地产评估价格计算征收土地增值税所发生的评估费用，不允许在计算土地增值税时予以扣除。

➤《财政部 国家税务总局关于土地增值税若干问题的通知》（财税〔2006〕21 号）

二、关于转让旧房准予扣除项目的计算问题

纳税人转让旧房及建筑物，凡不能取得评估价格，但能提供购房发票的，经当地税务部门确认，《条例》第六条第（一）、（三）项规定的扣除项目的金额，可按发票所载金额并从购买年度起至转让年度止每年加计 5% 计算。对纳税人购房时缴纳的契税，凡能提供契税完税凭证的，准予作为“与转让房地产有关的税金”予以扣除，但不作为加计 5% 的基数。

对于转让旧房及建筑物，既没有评估价格，又不能提供购房发票的，地方税务机关可以根据《中华人民共和国税收征收管理法》（以下简称《税收征管法》）第三十五条的规定，实行核定征收。

➤《国家税务总局关于土地增值税清算有关问题的通知》（国税函〔2010〕220 号）

七、关于转让旧房准予扣除项目的加计问题

《财政部国家税务总局关于土地增值税若干问题的通知》（财税〔2006〕21 号）第二条第一款规定“纳税人转让旧房及建筑物，凡不能取得评估价格，但能提供购房发票的，经当地税务部门确认，《条例》第六条第（一）、（三）项规定的扣除项目的金额，可按发票所载金额并从购买年度起至转让年度止每年加计 5% 计算”。计算扣除项目时“每年”按购房发票所载日期起至售房发票开具之日止，每满 12 个月计 1 年；超过 1 年，未满 12 个月但超过 6 个月的，可以视同为 1 年。

➤《国家税务总局关于营改增后土地增值税若干征管规定的公告》（国家税务总局公告 2016 年第 70 号）

一、关于营改增后土地增值税应税收入确认问题

营改增后，纳税人转让房地产的土地增值税应税收入不含增值税。适用增值税一般计税方法的纳税人，其转让房地产的土地增值税应税收入不含增值税

销项税额；适用简易计税方法的纳税人，其转让房地产的土地增值税应税收入不含增值税应纳税额。

6.1.14　开办教育培训企业如何申报纳税？支付老师的报酬如何代扣个税？

问：朋友开了一个培训公司，应该交哪些税？有没有税收优惠？支付培训老师的支出，一个人一年大约100万元，聘请的老师自己不愿意缴纳其收入的税费，如何处理？

答：培训机构涉及的税种主要有：企业所得税、增值税、个人所得税、城镇建设维护税及相关附加、印花税，相关的税收优惠附后。

聘用的老师，向老师支付课酬，如果构成劳动关系，应按工资薪金所得计算扣缴个人所得税；如果未构成劳动关系，应按劳务代扣代缴个人所得税，老师不愿意承担其收入的相关税费，可与老师约定税后课酬，税款由培训机构负担，按还原的含税价格签订合同即可。

有的机构为降低税负，是采用与其他机构合作的方式，如与个体工商户合作，由个体工商户提供培训服务，然后给培训机构开具发票，培训机构支付时，无须代扣个人所得税，个体工商户提供服务收取款项，其个人所得税一般是核定征收，同时，增值税在　定范围内还享受免征待遇，所以，税负会比较低。

政策依据：

➢《财政部 税务总局关于实施小微企业普惠性税收减免政策的通知》（财税〔2019〕13号）

二、对小型微利企业年应纳税所得额不超过100万元的部分，减按25%计入应纳税所得额，按20%的税率缴纳企业所得税；对年应纳税所得额超过100万元但不超过300万元的部分，减按50%计入应纳税所得额，按20%的税率缴纳企业所得税。【注：依据财政部税务总局公告2021年第12号《财政部税务总局关于实施小微企业和个体工商户所得税优惠政策的公告》，在本条规定的优惠政策基础上，再减半征收企业所得税。】

上述小型微利企业是指从事国家非限制和禁止行业，且同时符合年度应纳税所得额不超过300万元、从业人数不超过300人、资产总额不超过5000万元等三个条件的企业。

从业人数，包括与企业建立劳动关系的职工人数和企业接受的劳务派遣用工人数。所称从业人数和资产总额指标，应按企业全年的季度平均值确定。具体计算公式如下：

季度平均值 =（季初值 + 季末值）÷2

全年季度平均值 = 全年各季度平均值之和 ÷4

年度中间开业或者终止经营活动的，以其实际经营期作为一个纳税年度确定上述相关指标。

➤《财政部 国家税务总局关于进一步明确全面推开营改增试点有关再保险、不动产租赁和非学历教育等政策的通知》（财税〔2016〕68 号）

三、一般纳税人提供非学历教育服务，可以选择适用简易计税方法按照3% 征收率计算应纳税额。

6.1.15 房地产开发企业以其持有的土地作价投资新设一家企业，然后将股权平价转让给另一家企业，是否存在被税务机关核定补税的风险?

问：房地产开发企业以其持有的土地作价投资新设一家企业，然后将股权平价转让给另一家企业，是否存在被税务机关核定补税的风险?

答：分两个步骤：第一个步骤，属于非货币资产作价投资，此步骤，可分解为非货币资产转让及投资两个过程，此过程涉及的税种较多，有投资过程中的非货币转让的企业所得税、视同销售的增值税、视同销售的土地增值税、印花税等，被投资方还会涉及契税、印花税。

第二个步骤，非货币资产投资后，转让股权。如果转让价低于公允价，且无正当理由，税务机关有权核定交易价格。此过程会涉及企业所得税，印花税。

政策依据：

关于关于投资行为视同销售的依据——

➤《财政部 国家税务总局关于全面推开营业税改征增值税试点的通知》（财税〔2016〕36 号）附件 1《营业税改征增值税试点实施办法》

第十条　销售服务、无形资产或者不动产，是指有偿提供服务、有偿转让无形资产或者不动产。

……

第十一条　有偿，是指取得货币、货物或者其他经济利益。

➢《中华人民共和国土地增值税暂行条例》(1993年11月26日中华人民共和国国务院令第138号公布，根据2011年1月8日《国务院关于废止和修改部分行政法规的决定》修订)

第二条 转让国有土地使用权、地上的建筑物及其附着物(以下简称转让房地产)并取得收入的单位和个人，为土地增值税的纳税义务人(以下简称纳税人)，应当依照本条例缴纳土地增值税。

➢《中华人民共和国公司法》(1993年12月29日中华人民共和国主席令第十六号公布，根据2018年10月26日中华人民共和国主席令第十五号第四次修正)

第二十八条 股东应当按期足额缴纳公司章程中规定的各自所认缴的出资额。股东以货币出资的，应当将货币出资足额存入有限责任公司在银行开设的账户；以非货币财产出资的，应当依法办理其财产权的转移手续。

关于价格明显偏低且无正当理由核定的依据——

➢《中华人民共和国税收征收管理法》(2001年中华人民共和国主席令第四十九号公布，2018年中华人民共和国主席令第二十三号修订)

第三十五条 纳税人有下列情形之一的，税务机关有权核定其应纳税额：

(一)依照法律、行政法规的规定可以不设置账簿的；

(二)依照法律、行政法规的规定应当设置账簿但未设置的；

(三)擅自销毁账簿或者拒不提供纳税资料的；

(四)虽设置账簿，但账目混乱或者成本资料、收入凭证、费用凭证残缺不全，难以查账的；

(五)发生纳税义务，未按照规定的期限办理纳税申报，经税务机关责令限期申报，逾期仍不申报的；

(六)纳税人申报的计税依据明显偏低，又无正当理由的。税务机关核定应纳税额的具体程序和方法由国务院税务主管部门规定。

➢《中华人民共和国企业所得税法》(2007年3月19日中华人民共和国主席令第二十三号公布，根据2018年12月29日第十三届全国人民代表大会常务委员会第七次会议《关于修改〈中华人民共和国电力法〉等四部法律的决定》第二次修正)

第四十一条 企业与其关联方之间的业务往来，不符合独立交易原则而减少企业或者其关联方应纳税收入或者所得额的，税务机关有权按照合理方法调整。

第四十七条 企业实施其他不具有合理商业目的的安排而减少其应纳税收

入或者所得额的，税务机关有权按照合理方法调整。

➢《中华人民共和国企业所得税法实施条例》（2007 年 12 月 6 日中华人民共和国国务院令第 512 号公布，根据 2019 年 4 月 23 日中华人民共和国国务院令第 714 号第一次修订）

第一百一十条　企业所得税法第四十一条所称独立交易原则，是指没有关联关系的交易各方，按照公平成交价格和营业常规进行业务往来遵循的原则。

➢《中华人民共和国土地增值税暂行条例》（1993 年 11 月 26 日中华人民共和国国务院令第 138 号公布，根据 2011 年 1 月 8 日《国务院关于废止和修改部分行政法规的决定》修订）

第九条　纳税人有下列情形之一的，按照房地产评估价格计算征收：

（三）转让房地产的成交价格低于房地产评估价格，又无正当理由的。

6.1.16　小额贷款公司逾期未收回的利息，增值税、企业所得税如何处理？

问：我公司是一家地级市金融办批准的小额贷款公司，于 2019 年 3 月 31 日放了 5000 万元贷款（非农户），至现在为止已经 1 年多，本息均未收回，该贷款业务的增值税和所得税应如何处理？

答：企业所得税，按合同约定的收取利息的时间及金额确定收入。金融企业逾期贷款，其逾期后发生的应收利息，应于实际收到的日期，或者虽未实际收到，但会计上确认为利息收入的日期，确认收入的实现。会计上已确认为利息收入的应收利息，逾期 90 天仍未收回，且会计上已冲减了当期利息收入的，准予抵扣当期应纳税所得额。

增值税，按合同约定的收取利息的时间作为增值税纳税义务发生时间，但金融企业自结息日起 90 天后发生的应收未收利息暂不缴纳增值税，待实际收到利息时按规定缴纳增值税。

需要说明的是，一般认为小额贷款公司不属于国家税务总局公告 2010 年第 23 号及财税〔2016〕36 号 36 号文附件 3 所规定的金融企业，不适用这两个文件“逾期 90 天”的相关规定。

政策依据：

➢《中华人民共和国企业所得税法实施条例》（2007 年 12 月 6 日中华人民共和国国务院令第 512 号公布，根据 2019 年 4 月 23 日中华人民共和国国务

院令第714号第一次修订）

第十八条　利息收入，按照合同约定的债务人应付利息的日期确认收入的实现。

➢《国家税务总局关于金融企业贷款利息收入确认问题的公告》（国家税务总局公告2010年第23号）

一、金融企业按规定发放的贷款，属于未逾期贷款（含展期，下同），应根据先收利息后收本金的原则，按贷款合同确认的利率和结算利息的期限计算利息，并于债务人应付利息的日期确认收入的实现；属于逾期贷款，其逾期后发生的应收利息，应于实际收到的日期，或者虽未实际收到，但会计上确认为利息收入的日期，确认收入的实现。

二、金融企业已确认为利息收入的应收利息，逾期90天仍未收回，且会计上已冲减了当期利息收入的，准予抵扣当期应纳税所得额。

三、金融企业已冲减了利息收入的应收未收利息，以后年度收回时，应计入当期应纳税所得额计算纳税。

➢《财政部 国家税务总局关于全面推开营业税改征增值税试点的通知》（财税〔2016〕36号）附件3《营业税改征增值税试点过渡政策》

四、金融企业发放贷款后，自结息日起90天内发生的应收未收利息按现行规定缴纳增值税，自结息日起90天后发生的应收未收利息暂不缴纳增值税，待实际收到利息时按规定缴纳增值税。

上述所称金融企业，是指银行（包括国有、集体、股份制、合资、外资银行以及其他所有制形式的银行）、城市信用社、农村信用社、信托投资公司、财务公司。

6.1.17　有限公司，以自有资金购买公募基金和私募基金，持有期间取得收益，如何税务处理？有无税收优惠政策？

问：我公司为有限公司，以自有资金购买公募基金和私募基金，持有期间取得收益，如何税务处理？有无税收优惠政策？

答：金融产品分为保本金融产品和非保本金融产品，保本金融产品持有期间（含到期）收益，按照贷款服务缴纳增值税；非保本金融产品持有期间（含到期）收益，不征收增值税。纳税人购入基金、信托、理财产品等各类资产管理产品持有至到期，不属于金融商品转让；持有未到期转让，其收益按照金融商品转让缴纳增值税。

所购买公募基金和私募基金符合财税〔2008〕1号第二条规定的，暂不征收企业所得税。

增值税相关政策归纳为表6－1：

表6－1

金融商品	收益性质	金融商品转让	贷款服务
保本	持有期间收益（包括到期）		√
	持有未到期转让	√	
	持有至到期赎回		√
非保本	持有期间收益（包括到期）		
	持有未到期转让	√	
	持有至到期赎回		

政策依据：

➢《财政部 国家税务总局关于全面推开营业税改征增值税试点的通知》（财税〔2016〕36号）附件1《营业税改征增值税试点有关事项的规定》《销售服务、无形资产、不动产注释》

一、销售服务

销售服务，是指提供交通运输服务、邮政服务、电信服务、建筑服务、金融服务、现代服务、生活服务。

（五）金融服务。金融服务，是指经营金融保险的业务活动。包括贷款服务、直接收费金融服务、保险服务和金融商品转让。

1. 贷款服务。

贷款，是指将资金贷与他人使用而取得利息收入的业务活动。

各种占用、拆借资金取得的收入，包括金融商品持有期间（含到期）利息（保本收益、报酬、资金占用费、补偿金等）收入、信用卡透支利息收入、买入返售金融商品利息收入、融资融券收取的利息收入，以及融资性售后回租、押汇、罚息、票据贴现、转贷等业务取得的利息及利息性质的收入，按照贷款服务缴纳增值税。

融资性售后回租，是指承租方以融资为目的，将资产出售给从事融资性售后回租业务的企业后，从事融资性售后回租业务的企业将该资产出租给承租方的业务活动。

以货币资金投资收取的固定利润或者保底利润，按照贷款服务缴纳增值税。

➢《财政部 国家税务总局关于明确金融 房地产开发 教育辅助服务等增值税政策的通知》（财税〔2016〕140号）

一、《销售服务、无形资产、不动产注释》（财税〔2016〕36号）第一条第（五）项第1点所称“保本收益、报酬、资金占用费、补偿金”，是指合同中明确承诺到期本金可全部收回的投资收益。金融商品持有期间（含到期）取得的非保本的上述收益，不属于利息或利息性质的收入，不征收增值税。

➢《财政部 国家税务总局关于企业所得税若干优惠政策的通知》（财税〔2008〕1号）

二、关于鼓励证券投资基金发展的优惠政策

（一）对证券投资基金从证券市场中取得的收入，包括买卖股票、债券的差价收入，股权的股息、红利收入，债券的利息收入及其他收入，暂不征收企业所得税。

（二）对投资者从证券投资基金分配中取得的收入，暂不征收企业所得税。

（三）对证券投资基金管理人运用基金买卖股票、债券的差价收入，暂不征收企业所得税。

6.1.18 销售商品时，支付给第三方的“推荐费”，如何进行税务处理？

问：我公司销售商品，需要支付给第三方推荐费，第三方既有单位，也有个人，该费用约占毛利的一半以上，向对方支付款项时，是否需要取得发票作为税前扣除凭证？如何在税前扣除？如对方是个人，是否需要代扣个人所得税？

答：问题提到的推荐费，其实属于佣金或手续费。支付佣金、手续费的扣除，应按合同金额在5%范围内限额扣除。超过比例的，不能税前扣除，应纳税调整增加。由于该业务属于增值税应税项目，因此，应当取得发票作为税前扣除凭证。个人一次取得金额500元以上的，应到税务机关代开发票作为企业所得税税前扣除凭证。

对方是个人的，支付时，应当按劳务报酬所得预扣预缴个人所得税。

政策依据：

➢《财政部 国家税务总局关于企业手续费及佣金支出税前扣除政策的通

知》（财税〔2009〕29号）

一、企业发生与生产经营有关的手续费及佣金支出，不超过以下规定计算限额以内的部分，准予扣除；超过部分，不得扣除。

1. 保险企业：财产保险企业按当年全部保费收入扣除退保金等后余额的15%（含本数，下同）计算限额；人身保险企业按当年全部保费收入扣除退保金等后余额的10%计算限额。【注：根据财政部 国家税务总局公告2019年第72号《关于保险企业手续费及佣金支出税前扣除政策的公告》，上述两个比例已经调整到18%】

2. 其他企业：按与具有合法经营资格中介服务机构或个人（不含交易双方及其雇员、代理人和代表人等）所签订服务协议或合同确认的收入金额的5%计算限额。

➢《国家税务总局关于发布〈企业所得税税前扣除凭证管理办法〉的公告》（国家税务总局公告2018年第28号）

第九条　企业在境内发生的支出项目属于增值税应税项目（以下简称“应税项目”）的，对方为已办理税务登记的增值税纳税人，其支出以发票（包括按照规定由税务机关代开的发票）作为税前扣除凭证；对方为依法无需办理税务登记的单位或者从事小额零星经营业务的个人，其支出以税务机关代开的发票或者收款凭证及内部凭证作为税前扣除凭证，收款凭证应载明收款单位名称、个人姓名及身份证号、支出项目、收款金额等相关信息。

小额零星经营业务的判断标准是个人从事应税项目经营业务的销售额不超过增值税相关政策规定的起征点。

税务总局对应税项目开具发票另有规定的，以规定的发票或者票据作为税前扣除凭证。

第二节　跨境业务多税种问题

6.2.1　我公司经营境外旅游业务，向境外旅行社支付境外旅行的交通、导游等相关费用时是否需要代扣代缴增值税、企业所得税？

问：我公司经营境外旅游业务，从国内承接业务后，需要向境外旅行社支付境外旅行的交通、导游等相关费用，支付时是否需要代扣代缴增值税、企业所得税？

答：上述业务完全发生在境外，因此，不需要代扣增值税、企业所得税。

政策依据：

➢《中华人民共和国企业所得税法实施条例》（2007 年 12 月 6 日中华人民共和国国务院令第 512 号公布，根据 2019 年 4 月 23 日中华人民共和国国务院令第 714 号第一次修订）

第七条　企业所得税法第三条所称来源于中国境内、境外的所得，按照以下原则确定：

（1）销售货物所得，按照交易活动发生地确定；

（2）提供劳务所得，按照劳务发生地确定；

……

➢《财政部 国家税务总局关于全面推开营业税改征增值税试点的通知》（财税〔2016〕36 号）附件 1《营业税改征增值税试点实施办法》

第十二条　在境内销售服务、无形资产或者不动产，是指：

（一）服务（租赁不动产除外）或者无形资产（自然资源使用权除外）的销售方或者购买方在境内；

（二）所销售或者租赁的不动产在境内；

（三）所销售自然资源使用权的自然资源在境内；

（四）财政部和国家税务总局规定的其他情形。

第十三条　下列情形不属于在境内销售服务或者无形资产：

（一）境外单位或者个人向境内单位或者个人销售完全在境外发生的服务。

（二）境外单位或者个人向境内单位或者个人销售完全在境外使用的无形资产。

（三）境外单位或者个人向境内单位或者个人出租完全在境外使用的有形动产。

（四）财政部和国家税务总局规定的其他情形。

➢《国家税务总局关于营改增试点若干征管问题的公告》（国税〔2016〕53 号）

一、境外单位或者个人发生的下列行为不属于在境内销售服务或者无形资产：

（一）为出境的函件、包裹在境外提供的邮政服务、收派服务；

（二）向境内单位或者个人提供的工程施工地点在境外的建筑服务、工程监理服务；

（三）向境内单位或者个人提供的工程、矿产资源在境外的工程勘察勘探服务；

（四）向境内单位或者个人提供的会议展览地点在境外的会议展览服务。

6.2.2　境外公司在境外通过网络为我公司提供软件系统支持服务，我方向其支付费用时，是否需要代扣增值税和企业所得税？

问：境外公司在境外通过网络为我公司提供软件系统支持服务，我公司付款给境外公司时是否需要代扣代缴企业所得税和增值税？

类似问题：我公司（制造企业，增值税一般纳税人）需要委托加拿大一家企业为我公司产品做一个检测，样品由我公司邮寄到加拿大，检测完成后，加方企业出具检测报告同时将产品邮寄回我公司，检测过程中，加方不派人入境，全在境外进行。我公司在向其支付检测费时，需要代扣企业所得税、增值税吗？

答：从企业所得税角度来说，该劳务完全发生在境外，不属于来源于中国境内的所得，贵公司支付时无须代扣企业所得税。

从增值税角度来说，贵公司作为境内企业在境内接受劳务，不属于完全在境外发生的服务，因此需要代扣增值税（需要注意的是，这与企业所得税的判定有所不同）。

政策依据：

➤《中华人民共和国企业所得税法实施条例》（2007 年 12 月 6 日中华人民共和国国务院令第 512 号公布，根据 2019 年 4 月 23 日中华人民共和国国务院令第 714 号第一次修订）

第八条　企业所得税法第三条所称来源于中国境内、境外的所得，按照以下原则确定：

（三）销售货物所得，按照交易活动发生地确定；

（四）提供劳务所得，按照劳务发生地确定；

……

➤《财政部 国家税务总局关于全面推开营业税改征增值税试点的通知》（财税〔2016〕36 号）附件 1《营业税改征增值税试点实施办法》

第十二条　在境内销售服务、无形资产或者不动产，是指：

（一）服务（租赁不动产除外）或者无形资产（自然资源使用权除外）的销售方或者购买方在境内；

（二）所销售或者租赁的不动产在境内；

（三）所销售自然资源使用权的自然资源在境内；

（四）财政部和国家税务总局规定的其他情形。

第十三条　下列情形不属于在境内销售服务或者无形资产：

（一）境外单位或者个人向境内单位或者个人销售完全在境外发生的服务。

（二）境外单位或者个人向境内单位或者个人销售完全在境外使用的无形资产。

（三）境外单位或者个人向境内单位或者个人出租完全在境外使用的有形动产。

（四）财政部和国家税务总局规定的其他情形。

➤《国家税务总局关于营改增试点若干征管问题的公告》（国税〔2016〕53 号）

一、境外单位或者个人发生的下列行为不属于在境内销售服务或者无形资产：

（一）为出境的函件、包裹在境外提供的邮政服务、收派服务；

（二）向境内单位或者个人提供的工程施工地点在境外的建筑服务、工程监理服务；

（三）向境内单位或者个人提供的工程、矿产资源在境外的工程勘察勘探服务；

（四）向境内单位或者个人提供的会议展览地点在境外的会议展览服务。

6.2.3　购进货物/服务用于集团公司总部设立的“海外项目管理部门”取得的进项税额能否抵扣？相关的费用能否在计算境内所得时扣除？

问：我公司有海外项目，该项目免征增值税，那么，购进货物/服务用于集团公司总部设立的“海外项目管理部门”取得的进项税额能否抵扣？相关的费用（如人员工资费用、差旅费用等）能否在计算境内所得时扣除？海外项目如有利润，如何计算缴纳企业所得税？

答： 问题提到的“海外项目管理部门”应属于管理机构，并不是项目现场的管理机构，因此，“海外项目管理部门”发生的费用其实就是贵公司集团本部发生的费用，该费用可在集团公司本部的企业所得税税前扣除。项目现场发生的费用，包括现场管理人员工资及其他成本费用，应当单独建账核算。

“海外项目管理部门”发生的费用是直接用于海外免税项目，所以，取得的进项税额不能用于抵扣，应当转出。

海外项目在境外如果构成常设机构，会按当地的法律在当地计算申报缴纳企业所得税，从境外取得的所得应计入境内所得额，按中国税法计算申报缴纳企业所得税。其在境外已经缴纳、且在抵免限额内的，可在当期抵免。

政策依据：

➢《中华人民共和国增值税暂行条例》（1993 年 12 月 13 日中华人民共和国国务院令第 134 号公布，根据 2017 年 11 月 19 日中华人民共和国国务院令第 691 号第二次修订）

第十条　下列项目的进项税额不得从销项税额中抵扣：

（一）用于简易计税方法计税项目、免征增值税项目、集体福利或者个人消费的购进货物、劳务、服务、无形资产和不动产；

（二）非正常损失的购进货物，以及相关的劳务和交通运输服务；

（三）非正常损失的在产品、产成品所耗用的购进货物（不包括固定资产）、劳务和交通运输服务；

（四）国务院规定的其他项目。

➢《中华人民共和国企业所得税法》（2007 年 3 月 19 日中华人民共和国主席令第二十三号公布，根据 2018 年 12 月 29 日第十三届全国人民代表大会常务委员会第七次会议《关于修改〈中华人民共和国电力法〉等四部法律的决定》第二次修正）

第二十三条　企业取得的下列所得已在境外缴纳的所得税税额，可以从其当期应纳税额中抵免，抵免限额为该项所得依照本法规定计算的应纳税额；超过抵免限额的部分，可以在以后五个年度内，用每年度抵免限额抵免当年应抵税额后的余额进行抵补：

（三）居民企业来源于中国境外的应税所得；

（四）非居民企业在中国境内设立机构、场所，取得发生在中国境外但与该机构、场所有实际联系的应税所得。

6.2.4 外贸企业出口商品价格中含应收取的设计费，如何进行税务处理？

问：我公司为外贸出口企业，增值税一般纳税人，出口锂电池等产品，由于我公司自行设计并赋予出口商品一些智力成果（即设计费），无法取得相应的发票，出口报关时，会使综合汇率出现异常，如出口该批商品共计 6 万元，取得进项发票约 1.2 万元，设计费预估 4.8 万元（约占所收外汇的 50% 以上），此种情况下，收取的设计费用如何入账？如何税务处理？

答：贵公司业务处理可能有点问题。出口货物与销售境外设计服务（或设计成果的特许权），应当是两个不同事项。出口货物同时，销售特许权或设计服务，应当单独约定价款，单独计税、单独确认收入。

除非是这种情况：定制出口货物而发生的设计费用，但这个设计费用应从定价中得到补偿，而不应当单独另外收取。如某货物出口，一般单价 2 万元，但定制出口的，考虑要发生定制的设计费，所以，把销售价格定为出 6 万元，其中包含了 4.8 万元对该产品已经发生的设计费用的补偿，不存在单独向采购方收取设计费这种情况。类似情况还有，电视机生产制造过程中会涉及外观设计，但销售电视机时，厂家并不会因此而再向购买方收取设计费，因为电视机价格中已经包含了设计费用，此时，所谓的设计费是计入货物销售价格一并收取的。

贵公司应当区分不同情况分别进行处理。

政策依据：

➢《中华人民共和国企业所得税法实施条例》（2007 年 12 月 6 日中华人民共和国国务院令第 512 号公布，根据 2019 年 4 月 23 日中华人民共和国国务院令第 714 号第一次修订）

第二十条　企业所得税法第六条第（七）项所称特许权使用费收入，是指企业提供专利权、非专利技术、商标权、著作权以及其他特许权的使用权取得的收入。

➢ 参考：早些年总局廖司长关于特许权与劳务的区别的答复

判定其设计费属于劳务所得还是特许权使用费，可以结合合同和实际执行情况考虑：技术使用权转让一般属于特许权使用费，一般是按一方同意将其技术传授给另一方，使另一方能自由使用该项未被公开过的特殊知识和经验，技术授予方一般不参与技术许可一方的活动，并不保证技术实施的后果。

如果技术作为资产发生法律权属关系的转变则应该是财产转让收益。

技术劳务所得，通常是一方使用其行业的习惯技巧，独立承担为另一方服务的工作，而并非将其拥有的技术提供给服务对象使用。

在进行这些判断的过程中，可能发现存在设计中包含劳务提供和技术转让混合的问题，对此应尽量分开考虑。

6.2.5　将包装物租赁给境外客户，如何进行税务处理？

问：我公司将包装物经营性租赁给境外客户，租期90天，期满退回境内。我公司经营范围无动产租赁这一项，这个业务我公司能做吗？如何税务处理？

答：问题所述业务，虽然贵公司无此经营范围，但只要业务真实，不会有什么问题。将动产在境外出租，属于境内的单位和个人提供的标的物在境外使用的有形动产租赁服务，因此，免征增值税。

上述业务，在境外出租时，需要依照当地法律，按营业利润在当地申报缴纳企业所得税（除非双边税收协定有豁免事项）。该租赁取得的所得应并入贵公司当期应纳税所得额计算缴纳企业所得税。在境外已经缴纳的企业所得税，可在按中国税法计算的抵免限额内抵免境内应纳税额。

政策依据：

➢《财政部 国家税务总局关于全面推开营业税改征增值税试点的通知》（财税〔2016〕36号）附件4《跨境应税行为适用增值税零税率和免税政策的规定》

二、境内的单位和个人销售的下列服务和无形资产免征增值税，但财政部和国家税务总局规定适用增值税零税率的除外：

（一）下列服务：

1. 工程项目在境外的建筑服务。
2. 工程项目在境外的工程监理服务。
3. 工程、矿产资源在境外的工程勘察勘探服务。
4. 会议展览地点在境外的会议展览服务。
5. 存储地点在境外的仓储服务。
6. 标的物在境外使用的有形动产租赁服务。
7. 在境外提供的广播影视节目（作品）的播映服务。
8. 在境外提供的文化体育服务、教育医疗服务、旅游服务。

6.2.6 支付境外单位佣金需要代扣增值税时，为什么是按6%税率而不是按3%征收率？

问：我公司支付境外单位佣金的时候要代扣增值税，可是我公司的境外代理人在国外，他肯定不属于增值税一般纳税人，既然不属于，为什么要按6%，而不是按小规模纳税人或者是个人业务的3%这个税率代扣增值税？并且，代扣代缴增值税项下的附加税还不能减免？另外，我公司所在地主管税务机关告诉我们，对外支付佣金还要比照特许权使用费代扣企业所得税，这又是什么情况？

答：对外支付佣金，接受方是境内单位，且该代理服务不是完全发生在境外的服务，贵公司作为支付方是要代扣增值税和相关附加，且代扣时，不能享受境内企业才享受的增值税及相关附加的减免待遇。

如果该佣金对应的服务完全发生在境外，如企业下属境外办事机构在境外委托境外中介机构办理租房、购房等代理中介事宜等情形，可向税务机关举证，从而免除代扣增值税义务。

如果合同约定的是“佣金”，但该业务的实质属于支付特许权使用费，则支付时，应当代扣企业所得税。如合同约定及实质就是一个代理服务，支付的就是佣金，且该代理服务完全发生在境外，则无须代扣企业所得税。

政策依据：

➢《财政部 国家税务总局关于全面推开营业税改征增值税试点的通知》（财税〔2016〕36号）附件1《营业税改征增值税试点实施办法》

第二十条 境外单位或者个人在境内发生应税行为，在境内未设有经营机构的，扣缴义务人按照下列公式计算应扣缴税额：

应扣缴税额＝购买方支付的价款÷(1＋税率)×税率

➢《财政部 国家税务总局关于全面推开营业税改征增值税试点的通知》（财税〔2016〕36号）附件2《营业税改征增值税试点有关事项的规定》

一、营改增试点期间，试点纳税人［指按照《营业税改征增值税试点实施办法》（以下称《试点实施办法》）缴纳增值税的纳税人］有关政策

（十五）扣缴增值税适用税率。

境内的购买方为境外单位和个人扣缴增值税的，按照适用税率扣缴增值税。

➢《国务院关于统一内外资企业和个人城市维护建设税和教育费附加制度的通知》（国发〔2010〕35号）

自2010年12月1日起，外商投资企业、外国企业及外籍个人均应按规定缴纳城建税和教育费附加。因此，对外付汇需要代扣增值税时，应一并申报缴纳城建税和教育费附加。

➢《中华人民共和国企业所得税法》（2007年3月19日中华人民共和国主席令第二十三号公布，根据2018年12月29日第十三届全国人民代表大会常务委员会第七次会议《关于修改〈中华人民共和国电力法〉等四部法律的决定》第二次修正）

第三条　居民企业应当就其来源于中国境内、境外的所得缴纳企业所得税。

非居民企业在中国境内设立机构、场所的，应当就其所设机构、场所取得的来源于中国境内的所得，以及发生在中国境外但与其所设机构、场所有实际联系的所得，缴纳企业所得税。

非居民企业在中国境内未设立机构、场所的，或者虽设立机构、场所但取得的所得与其所设机构、场所没有实际联系的，应当就其来源于中国境内的所得缴纳企业所得税。

第三十七条　对非居民企业取得本法第三条第三款规定的所得应缴纳的所得税，实行源泉扣缴，以支付人为扣缴义务人。税款由扣缴义务人在每次支付或者到期应支付时，从支付或者到期应支付的款项中扣缴。

➢《中华人民共和国企业所得税法实施条例》（2007年12月6日中华人民共和国国务院令第512号公布，根据2019年4月23日中华人民共和国国务院令第714号第一次修订）

第六条　企业所得税法第三条所称所得，包括销售货物所得、提供劳务所得、转让财产所得、股息红利等权益性投资所得、利息所得、租金所得、特许权使用费所得、接受捐赠所得和其他所得。

第七条　企业所得税法第三条所称来源于中国境内、境外的所得，按照以下原则确定：

（一）销售货物所得，按照交易活动发生地确定；

（二）提供劳务所得，按照劳务发生地确定；

（三）转让财产所得，不动产转让所得按照不动产所在地确定，动产转让所得按照转让动产的企业或者机构、场所所在地确定，权益性投资资产转让所得按照被投资企业所在地确定；

（四）股息、红利等权益性投资所得，按照分配所得的企业所在地确定；

（五）利息所得、租金所得、特许权使用费所得，按照负担、支付所得的企业或者机构、场所所在地确定，或者按照负担、支付所得的个人的住所地确定；

（六）其他所得，由国务院财政、税务主管部门确定。

6.2.7 我公司在国外承接一个服务项目，需要派员工去现场提供技术服务，对方不需要我公司开具发票，没有货物出关，也没有报关单，这项业务如何税务处理和会计处理？

问：我公司在国外承接一个服务项目，需要派员工去现场提供技术服务，对方不需要我公司开具发票，没有货物出关，也没有报关单，这项业务如何税务处理和会计处理？

答：该项目在境外，因此，需要就该项目的收入、成本、费用单独进行会计核算（确认收入与是否开具发票无必然联系）。

增值税：问题提到的项目，属于免税的跨境服务，备案后可享受免税待遇。

企业所得税：属于在境外设立不具有独立纳税地位的分支机构，其来源于境外的所得，以境外收入总额扣除与取得境外收入有关的各项合理支出后的余额为应纳税所得额。该项所得已在境外缴纳的所得税税额，可以从其当期应纳税额中抵免，抵免限额为该项所得依照中国企业所得税法规定计算的应纳税额。

政策依据：

➤《国家税务总局关于发布〈营业税改征增值税跨境应税服务增值税免税管理办法（试行）〉的公告》（国家税务总局公告2013年第52号）

第二条　下列跨境服务免征增值税：

（九）向境外单位提供的下列应税服务：

（一）工程、矿产资源在境外的工程勘察勘探服务。

（二）会议展览地点在境外的会议展览服务。

为客户参加在境外举办的会议、展览而提供的组织安排服务，属于会议展览地点在境外的会议展览服务。

（三）存储地点在境外的仓储服务。

（四）标的物在境外使用的有形动产租赁服务。

（五）在境外提供的广播影视节目（作品）发行、播映服务。

……

➤《财政部 国家税务总局关于企业境外所得税收抵免有关问题的通知》（财税〔2009〕125号）

三、企业应就其按照实施条例第七条规定确定的中国境外所得（境外税前所得），按以下规定计算实施条例第七十八条规定的境外应纳税所得额：

（一）居民企业在境外投资设立不具有独立纳税地位的分支机构，其来源于境外的所得，以境外收入总额扣除与取得境外收入有关的各项合理支出后的余额为应纳税所得额。各项收入、支出按企业所得税法及实施条例的有关规定确定。

居民企业在境外设立不具有独立纳税地位的分支机构取得的各项境外所得，无论是否汇回中国境内，均应计入该企业所属纳税年度的境外应纳税所得额。

➤《中华人民共和国企业所得税法》（2007年3月19日中华人民共和国主席令第二十三号公布，根据2018年12月29日第十三届全国人民代表大会常务委员会第七次会议《关于修改〈中华人民共和国电力法〉等四部法律的决定》第二次修正）

第二十三条　企业取得的下列所得已在境外缴纳的所得税税额，可以从其当期应纳税额中抵免，抵免限额为该项所得依照本法规定计算的应纳税额；超过抵免限额的部分，可以在以后五个年度内，用每年度抵免限额抵免当年应抵税额后的余额进行抵补：

（一）居民企业来源于中国境外的应税所得；

（二）非居民企业在中国境内设立机构、场所，取得发生在中国境外但与该机构、场所有实际联系的应税所得。

6.2.8　美国企业派员入境为我公司现场提供技术服务，如何代扣相应的税款？

问：我公司与美国一家企业签订了一个技术服务合同，对方派人入境为我公司提供技术服务，我单位向对方支付款项时需要代扣哪些税种，如何计算？

代扣的增值税能否用于抵扣？

答：该服务发生在境内，接受方为境内单位，因此，贵公司在支付服务费时作为购买服务方需要代扣增值税及相关附加。如果购进的该服务不属于增值税不可抵扣项目，则代扣的增值税可从贵公司销售税额中抵扣。

根据中美双边的税收协定，美国企业到中国境内提供技术服务，如果在任何12个月中连续或累计超过6个月，则构成常设机构，其利润应在中国征税；在任何12个月中连续或累计不超过6个月，则不构成常设机构，其利润不在中国征税。

符合常设机构条件的，税务机关可指定贵公司作为扣缴义务人在支付劳务款项时代扣相应的企业所得税；美方企业在境内提供服务构成机构场所，其会计账簿不健全，资料残缺难以查账，或者其他原因不能准确计算并据实申报其应纳税所得额的，税务机关有权核定其应纳税所得额。如税务机关可能会按收入总额核定应纳税所得额，按25%税率计算出应扣缴的企业所得税，然后指定贵公司作为扣缴义务人在支付劳务款项时代扣相应的企业所得税。

政策依据：

➢《财政部 国家税务总局关于全面推开营业税改征增值税试点的通知》（财税〔2016〕36号）附件1《营业税改征增值税试点实施办法》

第六条　中华人民共和国境外（以下称境外）单位或者个人在境内发生应税行为，在境内未设有经营机构的，以购买方为增值税扣缴义务人。财政部和国家税务总局另有规定的除外。

➢《中华人民共和国政府和美利坚合众国政府关于对所得避免双重征税和防止偷漏税的协定》

第五条

三、“常设机构”一语还包括：

（一）建筑工地，建筑、装配或安装工程，或者与其有关的监督管理活动，仅以连续超过6个月的为限；

（二）为勘探或开采自然资源所使用的装置、钻井机或船只，仅以使用期3个月以上的为限；

（三）企业通过雇员或者其他人员，在该国内为同一个项目或有关项目提供的劳务，包括咨询劳务，仅以在任何12个月中连续或累计超过6个月的为限。

第七条

一、缔约国一方企业的利润应仅在该缔约国征税，但该企业通过设在缔约国另一方常设机构在该缔约国另一方进行营业的除外。如果该企业通过设在该缔约国另一方的常设机构在该缔约国另一方进行营业，其利润可以在该缔约国另一方征税，但应仅以属于该常设机构的利润为限。

➢《非居民承包工程作业和提供劳务税收管理暂行办法》（国家税务总局令〔2009〕第19号）

第五条　非居民企业在中国境内承包工程作业或提供劳务的，应当自项目合同或协议（以下简称合同）签订之日起30日内，向项目所在地主管税务机关办理税务登记手续。

第十二条　非居民企业在中国境内承包工程作业或提供劳务项目的，企业所得税按纳税年度计算、分季预缴，年终汇算清缴，并在工程项目完工或劳务合同履行完毕后结清税款。

第十四条　工程价款或劳务费的支付人所在地县（区）以上主管税务机关根据附件1及非居民企业申报纳税证明资料或其他信息，确定符合企业所得税法实施条例第一百零六条所列指定扣缴的三种情形之一的，可指定工程价款或劳务费的支付人为扣缴义务人，并将《非居民企业承包工程作业和提供劳务企业所得税扣缴义务通知书》（见附件6）送达被指定方。

➢《国家税务总局关于印发《非居民企业所得税核定征收管理办法》的通知》（国税发〔2010〕19号）【注：依据国家税务总局公告2015年第22号国家税务总局关于修改《非居民企业所得税核定征收管理办法》等文件的公告，本法规第九条自2015年6月1日起修改。依据国家税务总局公告2016年第28号国家税务总局关于修改按经费支出换算收入方式核定非居民企业应纳税所得额计算公式的公告，自2016年5月1日起本法规第四条第三项规定的计算公式修改为：应纳税所得额＝本期经费支出额÷（1－核定利润率）×核定利润率。】

第四条　非居民企业因会计账簿不健全，资料残缺难以查账，或者其他原因不能准确计算并据实申报其应纳税所得额的，税务机关有权采取以下方法核定其应纳税所得额。

（一）按收入总额核定应纳税所得额：适用于能够正确核算收入或通过合理方法推定收入总额，但不能正确核算成本费用的非居民企业。计算公式如下：

应纳税所得额＝收入总额×经税务机关核定的利润率

（二）按成本费用核定应纳税所得额：适用于能够正确核算成本费用，但不能正确核算收入总额的非居民企业。计算公式如下：

应纳税所得额 = 成本费用总额 ÷(1 - 经税务机关核定的利润率) × 经税务机关核定的利润率?

（三）按经费支出换算收入核定应纳税所得额：适用于能够正确核算经费支出总额，但不能正确核算收入总额和成本费用的非居民企业。计算公式：

应纳税所得额 = 本期经费支出额 ÷(1 - 核定利润率) × 核定利润率

第五条　税务机关可按照以下标准确定非居民企业的利润率：

（一）从事承包工程作业、设计和咨询劳务的，利润率为15%—30%；

（二）从事管理服务的，利润率为30%—50%；

（三）从事其他劳务或劳务以外经营活动的，利润率不低于15%。

税务机关有根据认为非居民企业的实际利润率明显高于上述标准的，可以按照比上述标准更高的利润率核定其应纳税所得额。

第三节　业务流程类

6.3.1　提供产品给客户试用收取的试验费，如何计算缴纳增值税？

问：我公司有一项业务，合同约定我公司提供产品供客户试用，如果适用现场工况，则销售合同成立，对方支付相应价款，如果不适用，则要进行拆除，对方将根据试用时间支付我公司一笔试用费。我公司收取的试用费应界定为租赁收入还是补偿收入？

答：问题提到的情形，属于一个合同约定两个事项，两个事项的履行，互为条件、互相关联。试用后，在不适用的情况下，第二个约定的事项已经无须履行，第一个事项成立，所以，应定性为动产租赁，可按适用税率开具相应的增值税专用发票。

政策依据：

➢《财政部 国家税务总局关于全面推开营业税改征增值税试点的通知》（财税〔2016〕36号）附件1《营业税改征增值税试点实施办法》

一、销售服务

（六）现代服务。

5. 租赁服务。

（2）经营租赁服务，是指在约定时间内将有形动产或者不动产转让他人使用且租赁物所有权不变更的业务活动。

按照标的物的不同，经营租赁服务可分为有形动产经营租赁服务和不动产经营租赁服务。

将建筑物、构筑物等不动产或者飞机、车辆等有形动产的广告位出租给其他单位或者个人用于发布广告，按照经营租赁服务缴纳增值税。

车辆停放服务、道路通行服务（包括过路费、过桥费、过闸费等）等按照不动产经营租赁服务缴纳增值税。

水路运输的光租业务、航空运输的干租业务，属于经营租赁。

光租业务，是指运输企业将船舶在约定的时间内出租给他人使用，不配备操作人员，不承担运输过程中发生的各项费用，只收取固定租赁费的业务活动。

干租业务，是指航空运输企业将飞机在约定的时间内出租给他人使用，不配备机组人员，不承担运输过程中发生的各项费用，只收取固定租赁费的业务活动。

6.3.2　已售设备，因对方无力偿还欠款，我公司将机器运回抵对方欠款，如何税务处理？

问：客户购买机器，总价款 80 万元，尚欠 25 万元未支付。使用 2 年后，客户资不抵债，无钱支付剩余款项，我公司与客户协商后，将对方已经使用过的机器运回我公司抵欠款，我公司把机器再次进行了销售。我公司将机器运回抵债，是否可以作为销售退回进行处理？即开具红字发票，按照客户已付款的 55 万元重新开给发票给客户？

答：这不属于销售退回。该业务实际是三个事项：第一个事项是销售完成，对方欠款 25 万元；第二个事项是对方以设备抵欠款；第三个事项是将抵账的设备出售。对方以设备抵欠款时，应当按销售进行处理并给贵公司开增值税专用发票。贵公司取得进项税额可用于抵扣。取得设备按公允价入账，抵欠款时，公允价超过欠款部分作为债务处置收益计入当期应纳税所得额计算缴纳企业所得税，少于欠款部分作为债务处置损失在企业所得税税前扣除。将抵账设备出售时，按正常销售处理即可。

政策依据：

➢《财政部 国家税务总局关于全面推开营业税改征增值税试点的通知》（财税〔2016〕36号）附件1《营业税改征增值税试点实施办法》

第十条 销售服务、无形资产或者不动产，是指有偿提供服务、有偿转让无形资产或者不动产。

……

第十一条 有偿，是指取得货币、货物或者其他经济利益。

➢《中华人民共和国企业所得税法实施条例》（2007年12月6日中华人民共和国国务院令第512号公布，根据2019年4月23日中华人民共和国国务院令第714号第一次修订）

第二十五条 企业发生非货币性资产交换，以及将货物、财产、劳务用于捐赠、偿债、赞助、集资、广告、样品、职工福利或者利润分配等用途的，应当视同销售货物、转让财产或者提供劳务，但国务院财政、税务主管部门另有规定的除外。

6.3.3 房地产开发企业开展促销活动，买房赠买车首付，如何进行税务处理？

问：A开发商与B汽车4S店联合开展促销活动，活动方案：如客户签订购房合同，并按规定履行购房手续，则A开发商会为购房者向B汽车4S店支付买车首付款5万元，如果客户不买车就享受不了此优惠。但如果这样做，B汽车4S店收到A开发商支付的首付款，B汽车4S店不能开票给A开发商，因为销售一辆汽车只能开具一张发票，车辆是要过户到购房者名下，所以，发票只能开具给购房者。A支付给B汽车4S店的款项，没有发票，能否在企业所得税税前扣除？由于是替购房者负担了部分购车款，在负担时，是否需要代扣个人所得税？

答：这相当于买房赠现金，支付时，不需要代扣代缴个人所得税。支付给汽车销售商的款项，不属于增值税应税行为，依合同、协议、付款凭证作为税前扣除凭证在企业所得税税前扣除。考虑到会引起歧义，建议合同修改为购房赠现金，此现金由开发商替购房者交给汽车销售商。

政策依据：

➢《财政部 国家税务总局关于企业促销展业赠送礼品有关个人所得税问

题的通知》（财税〔2011〕50号）

一、企业在销售商品（产品）和提供服务过程中向个人赠送礼品，属于下列情形之一的，不征收个人所得税：

1. 企业通过价格折扣、折让方式向个人销售商品（产品）和提供服务；

6.3.4　订购产品赠送汽车，如何进行税务处理？

问：我公司销售饮料，拟策划这样一个营销方案：召开订货会，如果客户在订货会当天一次性订购15万元货物并一次性付清款项，则赠送1辆价值3.7万元的小汽车。用于赠送的小汽车，如果是买回来再赠送，会计处理税务处理应当如何？如果不买回来，还可以以什么样的方式赠送给客户更合理？如何税务处理？

答：用于赠送的小汽车，如果是买回来再赠送，涉及机动车销售发票开具的问题，操作繁琐，且容易遇到法律纠纷。

如果不买回来，可采取购货满额返现的方式，即：召开订货会，如果客户在订货会当天一次性订购15万元货物并一次性付清款项，则返现3.7万元。由于该返现，发票上没有注明，所以，需要按15万元确认增值税销售额，返现的3.7万元，应计入销售费用，凭相关合同协议入账并税前扣除。

政策依据：

➢《国家税务总局关于确认企业所得税收入若干问题的通知》（国税函〔2008〕875号）

三、企业以买一赠一等方式组合销售本企业商品的，不属于捐赠，应将总的销售金额按各项商品的公允价值的比例来分摊确认各项的销售收入。

6.3.5　提供服务过程中，将客户“转卖”给另一家企业，如何进行账务处理和税务处理？

问：A公司向客户提供咨询服务，根据已经发生的成本费用暂估了收入、成本和应收账款，根据合同约定，A公司应在年末时与客户结算并收款，同时开票。但是到年中，业务完成一半时，A咨询公司将该客户“转卖”给了B公司，在转让客户协议签订当月，A公司已将以前暂估收入按照未开票收入申报缴纳了增值税。A公司对于已暂估的收入对应的暂估应收款是否可以以开增值税发票的方式转让给B公司？

答：如果合同未变更的情况下，贵公司的“转卖”行为，不是把客户转卖给了B，而是把业务转包给了B，此时，贵公司依旧要按服务进度确认收入，同时根据收款情况及开票情况判定增值税的纳税义务时间并计算申报缴纳增值税。A将业务转包给了B，A应当向B支付转包费用，并从B取得发票作为向客户提供咨询服务的成本入账。

如果三方协商变更合同，则提供服务的主体发生变化，A自服务终止那一天计算并确认应收款项，同时根据服务提供情况确认收入，并结合收款情况判定增值税纳税义务发生时间计算申报缴纳增值税。B承接服务后，B是提供服务的新主体，应按服务提供情况确认收入，计算申报缴纳企业所得税、增值税等。不存在“A公司对于已暂估的收入对应的暂估应收款是否可以以开增值税发票的方式转让给B公司”这一问题。

核心的问题，是要正确区分纳税主体。

政策依据：

➢《财政部 国家税务总局关于全面推开营业税改征增值税试点的通知》（财税〔2016〕36号）附件1《营业税改征增值税试点实施办法》

第一条　在中华人民共和国境内（以下称境内）销售服务、无形资产或者不动产（以下称应税行为）的单位和个人，为增值税纳税人，应当按照本办法缴纳增值税，不缴纳营业税。

单位，是指企业、行政单位、事业单位、军事单位、社会团体及其他单位。

➢《中华人民共和国企业所得税法》（2007年3月19日中华人民共和国主席令第二十三号公布，根据2018年12月29日第十三届全国人民代表大会常务委员会第七次会议《关于修改〈中华人民共和国电力法〉等四部法律的决定》第二次修正）

第一条　在中华人民共和国境内，企业和其他取得收入的组织（以下统称企业）为企业所得税的纳税人，依照本法的规定缴纳企业所得税。

6.3.6　支付微信商城“推广大使”酬金，如何进行税务处理？

问：我公司搭建微信商城平台，为供应商通过微信客户端对接终端消费者提供服务并收取相应费用。为推广微信商城，我公司会在商城上开展促销活动

（如赠消费券），如果有微信用户转发该促销信息并达成一笔有效交易，则会在订单完成后即时获得平台的酬金（我公司称之为微信商城"推广大使"），我公司支付"推广大使"的酬金，如何进行税务处理？

答：贵公司支付"推广大使"的酬金实为劳务费，应按劳务报酬所得代扣代缴"推广大使"的个人所得税；计算方法是按次扣除20%的费用（4000元以下减800元），适用20%税率，一次收入畸高的，还要加成征收。

上述费用如果单次金额不大，在增值税按次起征点以下的，可以以内部凭证作为税前扣除凭证，超过的，当事个人应到主管税务机关代开增值税发票作为平台的税前扣除凭证。

政策依据：

➢《国家税务总局关于发布〈企业所得税税前扣除凭证管理办法〉的公告》（国家税务总局公告2018年第28号）

第九条　企业在境内发生的支出项目属于增值税应税项目（以下简称"应税项目"）的，对方为已办理税务登记的增值税纳税人，其支出以发票（包括按照规定由税务机关代开的发票）作为税前扣除凭证；对方为依法无需办理税务登记的单位或者从事小额零星经营业务的个人，其支出以税务机关代开的发票或者收款凭证及内部凭证作为税前扣除凭证，收款凭证应载明收款单位名称、个人姓名及身份证号、支出项目、收款金额等相关信息。

小额零星经营业务的判断标准是个人从事应税项目经营业务的销售额不超过增值税相关政策规定的起征点。

税务总局对应税项目开具发票另有规定的，以规定的发票或者票据作为税前扣除凭证。

6.3.7　从个人车主处租赁车辆用于互联网共享租车业务，如何进行税务处理？

问：我公司正在做互联网共享租车业务。具体流程是：第一步，公司与汽车4S店合作开展销售活动，销售100辆汽车（销售汽车时已经向买车人明确会有企业租赁，购买此类车可以享受特定的折扣）；第二步，我公司与购买汽车的100位车主签订租赁协议明确，公司每月向车主固定支付2000元租金，并负担车辆的保养、停车、维修费用。第三步，我公司将这100辆汽车通过互联网平台对外出租取得收入。我公司第二步中，每月固定支付给车主的2000

元如何入账？如何进行税务处理？

答：支付给车主的费用，实际上是有形动产租赁支出，作为出租方的个人应当去税务机关代开有形动产租赁发票，贵公司凭车主代开的发票入账并在税前扣除。支付时，贵公司作为扣缴义务人，应按租赁所得代扣代缴车主个人所得税。

这些租金支出属于贵公司转租的成本，如果贵公司转租业务并非主营，应记入“其他业务支出”科目。第二步发生的其他费用，如保养、停车、维修费，同样属于转租业务的成本，如转租业务并非主营，则应记入“其他业务支出”科目。

需要注意的是，单位支付给个人的租金需要按财产租赁所得计算并代扣个人所得税。

政策依据：

➢《财政部 国家税务总局关于全面推开营业税改征增值税试点的通知》（财税〔2016〕36号）附件1《营业税改征增值税试点实施办法》

一、销售服务

（六）现代服务。

5. 租赁服务。

（2）经营租赁服务，是指在约定时间内将有形动产或者不动产转让他人使用且租赁物所有权不变更的业务活动。

6.3.8 租入房屋装修、配备必要办公设备后转租，如何进行税务处理？

问：我公司是小规模纳税人，做房产中介及对已出租的房产进行管理的业务。原先的业务是租入写字间，装修并配备基本的办公室设备（如打印机，茶水机等）后对外出租、收取租金，现在，我公司计划调整一下该业务，即由房主将房屋出租给租客并结算，我公司提供中介服务并负责为写字间装修和配备办公设备。我公司发生的装修费可否入账？能否税前扣除？

答：如果租入房屋进行装修，配备办公设备后对外出租，这是一种转租行为，贵公司应当就取得的转租收入全额计算申报缴纳企业所得税、增值税，转租业务发生的装修摊销、设备折旧支出及租金支出等，是转租的成本，符合规定的，可以在计算企业所得税时扣除，取得的进项税额可以用于抵扣。

按贵公司调整业务的计划，由房主直接将房屋出租给房客，却由贵公司装修并配备必要的办公设备，则此种情况下，贵公司是兼营，即：除去提供房屋中介服务外，又提供了不动产租赁（出租“装修”）和动产租赁（办公设备）服务，对提供租赁服务应取相应的租金，应计算申报缴纳企业所得税，并按动产或不动产租赁服务计算申报缴纳增值税。装修摊销、设备折旧支出及租金支出等，是出租的成本，符合规定的，可以在计算企业所得税时扣除，取得的进项税额可以用于抵扣。

政策依据：

➢《财政部 国家税务总局关于全面推开营业税改征增值税试点的通知》（财税〔2016〕36号）附件1《营业税改征增值税试点实施办法》

一、销售服务

（六）现代服务。

5. 租赁服务。

（2）经营租赁服务，是指在约定时间内将有形动产或者不动产转让他人使用且租赁物所有权不变更的业务活动。

……

6.3.9　母子公司一套班子，子公司无工资薪金支出、无个税扣缴申报，如何向税务机关解释？

问：子公司员工分为两种，一是与母公司签订劳动合同，但却在子公司无偿兼职、不领工资的员工（与母公司建立劳动关系、从母公司领取工资）；二是与子公司签订劳动合同的员工，这类员工因为子公司经营业务调整，都已经离职。目前的情况是，子公司相当于无员工，所以连续数个月申报个税是0元。今天，专管员通知我，让我带上劳动合同、申报表等资料到税务机关补充申报个税，还说要罚款。这种情况如何处理？补签一个法人的无工资劳动合同？还是写个情况说明，把一套班子两个公司的情况如实向税务机关汇报？

答：贵公司的这种处理在企业所得税上存在问题。母子公司均为独立的企业所得税纳税人，在子公司无偿兼职员工的工资费用在母公司列支，属于与取得收入无关的支出，不能在母公司税前扣除。不过，如果母子公司企业所得税税率一样，且都为盈利或亏损，那么，上述工资费用列支错配的情况，虽不符合企业所得税法规定，但重新对双方的应纳税所得额进行调整的意义不大。

上述情形涉及的个税问题，建议如实向税务机关说明情况即可。由于是母公司支付的工资报酬，所以，扣缴义务人是母公司，子公司零申报个人所得税，是正常的。

税务机关要求纳税人补充申报个人所得税，是基于企业有收入却无工资支出、无个税申报不符合常理的推断。解决方法：员工分别与母子公司签订劳动合同、并在两处任职，相应的工资费用按母子公司受益情况（或其他合理的分摊方法）分摊后，分别在母子公司列支，员工从母子公司两处取得工资薪金所得，选择在一处任职单位进行申报即可。建议与当事税务人员沟通，如果没有避税意图，应当能够说服税务人员。问题提到的处罚，建议沟通时要求对方提供处罚的理由和依据。

政策依据：

➤《国家税务总局关于个人所得税自行纳税申报有关问题的公告》（国家税务总局公告2018年第62号）

一、取得综合所得需要办理汇算清缴的纳税申报

取得综合所得且符合下列情形之一的纳税人，应当依法办理汇算清缴：

（一）从两处以上取得综合所得，且综合所得年收入额减除专项扣除后的余额超过6万元；

（二）取得劳务报酬所得、稿酬所得、特许权使用费所得中一项或者多项所得，且综合所得年收入额减除专项扣除的余额超过6万元；

（三）纳税年度内预缴税额低于应纳税额；

（四）纳税人申请退税。

需要办理汇算清缴的纳税人，应当在取得所得的次年3月1日至6月30日内，向任职、受雇单位所在地主管税务机关办理纳税申报，并报送《个人所得税年度自行纳税申报表》。纳税人有两处以上任职、受雇单位的，选择向其中一处任职、受雇单位所在地主管税务机关办理纳税申报；纳税人没有任职、受雇单位的，向户籍所在地或经常居住地主管税务机关办理纳税申报。

6.3.10 租入房屋、汽车给员工使用，是以单位还是以当事人名义签定合同好？

问：我公司为员工租赁宿舍及汽车，因为是以公司名义签订的合同，所以，如果员工使用的宿舍或者车辆出了问题，公司要承担相应责任，为避免这类责任问题，怎样操作更好？

答：即使以公司名义签订房屋或车辆租赁合同，房屋住用或车辆使用过程出现问题，也并非全部由公司承担责任，关键看是谁的责任。如租入的房屋虽手续齐全，但有潜在结构质量问题，承租人并不知晓、也未发现，结果，某天该房屋天花板掉落砸伤员工，则房屋出租方应承担相应的民事责任。另外，即使是承租人承担责任，承租人仍可以向相关责任人追偿。如员工非工作时间违规使用公司租用的车辆，或者酒后使用公司租用的车辆，出现交通事故而造成车辆损坏，则企业承担的车辆维修的支出可向当事员工追偿。租入车辆或房屋，租入方尽到谨慎注意义务及后续的管理义务即可，超出上述范围而引发的问题，租入方不应有相应责任。

上述合同，如果以个人名义签定，相关租赁支出会被认为应由个人负担，而不允许在企业所得税税前扣除，同时会判定为个人有工资薪金所得而要求将上述单位负担的租金并入员工当月工资计算并扣缴个人所得税。

所以，还是以公司名义签订合同会更好，相关的责任问题可通过合同或相应的管理制度进行明确和约束。需要注意的是，单位租用房屋、汽车给员工使用，如果是非工作用途，且可分割到每个人，则租赁支出会被税务机关判定为个人的工资薪金所得而要求单位履行个人所得税扣缴义务。

政策依据：

➢《中华人民共和国民法典》（2020 年 5 月 28 日十三届全国人大三次会议表决通过）

第十四章　租赁合同

第七百一十条　承租人按照约定的方法或者根据租赁物的性质使用租赁物，致使租赁物受到损耗的，不承担赔偿责任。

第七百一十一条　承租人未按照约定的方法或者根据租赁物的性质使用租赁物，致使租赁物受到损失的，出租人可以解除合同并请求赔偿损失。

第四节　涉税会计处理

6.4.1　境内子公司替境外母公司代付费用如何进行账务处理和税务处理？

问：境内子公司替香港母公司支付境内的一些小额人民币费用，对取得的发票有何要求？境内公司是否可以往来挂账？如何向香港母公司收取款项？

答：应当区分两种情形进行处理。

一种情形是替境外母公司负担小额费用，此种情况下，购买主体是境外母公司，费用由境内公司承担，这不属于境内公司应当承担的支出，因此，境内公司即使入账，也不能在企业所得税税前扣除，应当纳税调整增加。

另一种是代收代付费用，即：购买主体是境外母公司，但费用由境内公司先垫付，最终由境外母公司支付并且负担。此种情况下，如香港母公司必须要求取得发票作为入账凭证，则贵公司在代付费用时应当取得发票（普票，无纳税识别号），以境外母公司为抬头。替母公司代付后，挂其他应收款即可。此种情况下，代收代付方不涉税，但应有相关资料贵公司业务属于代收代付事项。

政策依据：

➤《中华人民共和国企业所得税法》（2007 年 3 月 19 日中华人民共和国主席令第二十三号公布，根据 2018 年 12 月 29 日第十三届全国人民代表大会常务委员会第七次会议《关于修改〈中华人民共和国电力法〉等四部法律的决定》第二次修正）

第八条　企业实际发生的与取得收入有关的、合理的支出，包括成本、费用、税金、损失和其他支出，准予在计算应纳税所得额时扣除。

第十条　在计算应纳税所得额时，下列支出不得扣除：

（八）与取得收入无关的其他支出。

6.4.2　长期不用的电子设备如何进行账务处理和税务处理？

问：我公司使用的电脑及打印机等电子设备作为固定资产入账，残值率 5%，采用直线法折旧，统一折旧年限 5 年。自 2004 年初公司开业至今，电脑设备等固定资产自新更新换代了几次，其中有一些电脑、打印机等电子设备，已提足折旧、无使用价值、也无回收价值，但在会计上一直没有做报废处理。今年下半年，公司又更新了一批电脑，借此机会，我公司计划对当前的电子设备资产进行一次盘点和清理。盘点完成后，拟将那些已提足折旧、无使用价值、也无回收价值的电脑、打印机按余值（5% 的残值）报废处理并列入“管理费用”不知可否？

答：问题提到的电子设备，可能会有两种情况：一种是折旧已经提完，但电子设备依旧在用，此种情况下，无须做账务处理，在用的资产仍作为固定资产管理，只是不再计提折旧而已。

另一种情况是电子设备折旧已经提完，且电子设备早已经弃置不用了，此种情况下，应对该资产进行报废处理，会计上应通过固定资产清理科目进行核算，处置损失计入营业外支出，汇算清缴时申报损失扣除，相关损失资料存档备查。

政策依据：

➢《国家税务总局关于发布〈企业资产损失所得税税前扣除管理办法〉的公告》（国家税务总局公告2011年第25号）

第九条　下列资产损失，应以清单申报的方式向税务机关申报扣除：

（一）企业在正常经营管理活动中，按照公允价格销售、转让、变卖非货币资产的损失；

（二）企业各项存货发生的正常损耗；

（三）企业固定资产达到或超过使用年限而正常报废清理的损失；

（四）企业生产性生物资产达到或超过使用年限而正常死亡发生的资产损失；

（五）企业按照市场公平交易原则，通过各种交易场所、市场等买卖债券、股票、期货、基金以及金融衍生产品等发生的损失。

6.4.3　外国企业驻中国代表处收到国外汇入用于日常开支的资金，如何账务处理？

问：外国企业驻中国代表处，收到国外汇入的、用以日常开支的资金时，如何进行账务处理？

答：外国企业驻中国代表处类似于外国企业在中国设立的分支机构，属于企业性质，可适用《小企业会计准则》，也可适用《企业会计准则》。由于代表机构一般情况下从业人员少、资产规模较少，所以，可根据实际情况建账。

会计科目可根据需要设置：如常用的库存现金、银行存款、其他应收款、其他应付款、应交税金、经费支出（管理费用）、税金及附加等；并且可以进一步设置相应的明细账科目，比如，在经费支出科目下设置“工资、福利费、办公费、差旅费、租赁费等；银行存款下设人民币和外币存款等。相应的会计处理：

收到拨入资金：

借：银行存款

　　贷：其他应付款

发生费用支出：

借：经费支出（管理费用）

　　贷：现金（或银行存款）

同时做：

借：其他应付款

　　贷：经费支出（管理费用）

政策依据：

➢《国家税务总局关于印发〈外国企业常驻代表机构税收管理暂行办法〉的通知》（国税发〔2010〕18 号）

第六条　代表机构应当按照有关法律、行政法规和国务院财政、税务主管部门的规定设置账簿，根据合法、有效凭证记账，进行核算，并应按照实际履行的功能和承担的风险相配比的原则，准确计算其应税收入和应纳税所得额，在季度终了之日起 15 日内向主管税务机关据实申报缴纳企业所得税、营业税，并按照《中华人民共和国增值税暂行条例》及其实施细则规定的纳税期限，向主管税务机关据实申报缴纳增值税。

➢《外国企业常驻代表机构登记管理条例》（2010 年 11 月 10 日中华人民共和国国务院令第 584 号发布，根据 2013 年 7 月 18 日中华人民共和国国务院令第 638 号修订）

第二条规定，本条例所称外国企业常驻代表机构（以下简称代表机构），是指外国企业依照本条例规定，在中国境内设立的从事与该外国企业业务有关的非营利性活动的办事机构。代表机构不具有法人资格。

第七条规定，代表机构应当依法设置会计账簿，真实记载外国企业经费拨付和代表机构费用收支情况，并置于代表机构驻在场所。

6.4.4　使用政府资金购买指定设备，如何税务处理和会计处理？

问：公司应环保局要求新建一套环保装置，环保局会给专项补贴，目前工程已经试车结束、转固定资产。对即将收到的该笔补贴如何进行账务处理？税务处理又应当如何?

答:《企业会计准则第十六号——政府补助》规定，政府补助分为与资产相关的政府补助和与收益相关的政府补助。与资产相关的政府补助，应当冲减相关资产的账面价值或确认为递延收益。与资产相关的政府补助确认为递延收益的，应当在相关资产使用寿命内按照合理、系统的方法分期计入损益。会计处理（假定政府补助100万元，购买设备不含税价80万元）：

1. 收到政府补助100万元

借：银行存款	1 000 000	
贷：递延收益		1 000 000

2. 购进设备

借：固定资产（购买80万元设备，按13%税率计算）	800 000	
应交税费——应交增值税（进项税额）	104 000	
贷：银行存款		904 000

3. 计提折旧并同时计入当期损益

借：管理费用——折旧（80÷10）	80 000	
贷：累计折旧		80 000
借：递延收益	80 000	
贷：其他收益——政府补助		80 000

取得来源于政府的财政资金，如果要做不征税收入处理，须满足《财政部、国家税务总局关于专项用途财政性资金企业所得税处理问题的通知》（财税〔2011〕70号）的要求，即县以上人民政府及所属部门拨付的，有拨付文件、管理办法，同时企业收到后专账管理、专款专用，如不符合，则一次性计入当期应纳税所得额计算缴纳企业所得税。问题提及的补贴应当符合不征税收入条件，可作为不征税收入进行处理。

政策依据：

➢《财政部、国家税务总局关于专项用途财政性资金企业所得税处理问题的通知》（财税〔2011〕70号）

一、企业从县级以上各级人民政府财政部门及其他部门取得的应计入收入总额的财政性资金，凡同时符合以下条件的，可以作为不征税收入，在计算应纳税所得额时从收入总额中减除：

（一）企业能够提供规定资金专项用途的资金拨付文件；

（二）财政部门或其他拨付资金的政府部门对该资金有专门的资金管理办

法或具体管理要求；

（三）企业对该资金以及以该资金发生的支出单独进行核算。

……

6.4.5 委托加工业务，如何税务处理和会计处理？

问：我公司生产家俱，有如下三类业务，一是从国外进口木材，切割后，送到协作厂家去进行车枳加工，加工完成后，再运回到我公司车间。二是沙发布料加防火涂层。我公司将购进的A、B布料发给协作厂家，由协作厂家将A、B布料中间加上一层防火涂层，缝合起来，再运回仓库。三是车间切割木材的刀具（工具），需要定期研磨，每月会固定发生一些磨刀费。上述业务如何账务处理和税务处理？

答：业务一和业务二都是委托加工业务。

1. 委托加工材料发出，凭加工合同和发料单作如下会计处理：

借：委托加工物资

　　贷：原材料

2. 根据委托加工合同支付加工费，凭加工企业的加工费发票和有关结算凭证，作如下会计分录：

借：委托加工物资

　　应交税费——应交增值税（进项税）

　　应交税费——应交消费税（如果加工收回后用于连续生产应税消费品）

　　贷：银行存款/应付账款

3. 委托加工产品收回

可直接对外销售的，凭入库单作如下会计分录：

借：库存商品

　　贷：委托加工物资（包括材料及加工费）

还需要继续生产或加工的，凭入库单作用如下会计分录：

借：原材料

　　贷：委托加工物资（包括材料及加工费）

第三个业务，根据会计准则规定，不满足固定资产准则第四条规定确认条件的固定资产修理费等，应当在发生时计入当期损益；财政部下发的《企业会计准则应用指南附录——会计科目和主要账务处理》（“管理费用”科目）规定，企业生产车间（部门）和行政管理部门等发生的固定资产修理费用等后续支出，在“管理费用”科目中核算。因此，支付磨刀费应计入管理费用。

政策依据：

➢《企业会计准则第4号——固定资产》

第六条　与固定资产有关的后续支出，符合本准则第四条规定的确认条件的，应当计入固定资产成本；不符合本准则第四条规定的确认条件的，应当在发生时计入当期损益。

6.4.6　出资设立非营利机构，出资方和非营利机构应当如何进行账务处理？

问：我公司出资100万元成立一个非营利组织协会，支付时，我公司及新设的非营利机构如何进行账务处理？

答：应区分不同情形进行相应的账务处理。

第一种情况，如果企业只是为了达有关部门对开办资金的要求，“出资”100万元后又收回的，实际上没有真实投资，根据实质重于形式原则，相应的会计处理为：借记其他应收款，贷记银行存款。非营利组织按往来进行会计处理。

第二种情况，如果支付的企业是真实出资，应被认定为捐赠，按捐赠进行处理，记入营业外支出。该支出如果不属于公益性捐赠，则不能扣除；如属于公益性捐赠，则该支出可以在企业所得税税前扣除。非营利组织符合《民间非营利组织会计制度》规定特征的，其会计处理：借记银行存款，贷记捐赠收入；期末时，根据该款项的时间和用途是否有限，在期末转入净资产中的“非有限净资产”或“有限净资产”科目。如果该非营利组织取得免税资格，则收到的100万元捐赠可作为免税收入进行处理，否则按应税收入处理。

第三种情况，如果企业是真实出资，企业享有非营利组织的所有权，出资人在发展公共事业的同时更想获得经济上的回报，此时，名为非营利组织，但实质上出资人已经是把它作为一个企业来对待，出资方的会计处理为：借记长期投资——长期股权投资，贷记银行存款；“非营利组织”的会计处理为借记银行存款，贷记实收资本。

政策依据：

➢《财政部 税务总局关于非营利组织免税资格认定管理有关问题的通知》（财税〔2018〕13号）

一、依据本通知认定的符合条件的非营利组织，必须同时满足以下条件：

（一）依照国家有关法律法规设立或登记的事业单位、社会团体、基金会、社会服务机构、宗教活动场所、宗教院校以及财政部、税务总局认定的其他非营利组织；

（二）从事公益性或者非营利性活动；

（三）取得的收入除用于与该组织有关的、合理的支出外，全部用于登记核定或者章程规定的公益性或者非营利性事业；

（四）财产及其孳息不用于分配，但不包括合理的工资薪金支出；

（五）按照登记核定或者章程规定，该组织注销后的剩余财产用于公益性或者非营利性目的，或者由登记管理机关采取转赠给与该组织性质、宗旨相同的组织等处置方式，并向社会公告；

（六）投入人对投入该组织的财产不保留或者享有任何财产权利，本款所称投入人是指除各级人民政府及其部门外的法人、自然人和其他组织；

（七）工作人员工资福利开支控制在规定的比例内，不变相分配该组织的财产，其中：工作人员平均工资薪金水平不得超过税务登记所在地的地市级（含地市级）以上地区的同行业同类组织平均工资水平的两倍，工作人员福利按照国家有关规定执行；

（八）对取得的应纳税收入及其有关的成本、费用、损失应与免税收入及其有关的成本、费用、损失分别核算。

……

➢《财政部、国家税务总局关于非营利组织企业所得税免税收入问题的通知》（财税〔2009〕122号）

一、非营利组织的下列收入为免税收入：

（一）接受其他单位或者个人捐赠的收入；

（二）除《中华人民共和国企业所得税法》第七条规定的财政拨款以外的其他政府补助收入，但不包括因政府购买服务取得的收入；

（三）按照省级以上民政、财政部门规定收取的会费；

（四）不征税收入和免税收入孳生的银行存款利息收入；

（五）财政部、国家税务总局规定的其他收入。

➢《民间非营利组织会计制度》（财会〔2004〕7号）

第二条　本制度适用于在中华人民共和国境内依法设立的符合本制度规定特征的民间非营利组织。民间非营利组织包括依照国家法律、行政法规登记的社会团体、基金会、民办非企业单位和寺院、宫观、清真寺、教堂等。

适用本制度的民间非营利组织应当同时具备以下特征：

（一）该组织不以营利为宗旨和目的；

（二）资源提供者向该组织投入资源不取得经济回报；

（三）资源提供者不享有该组织的所有权。

6.4.7　从个人处购买生产配方，但对方不愿意到税务机关代开发票，如何进行税务处理和账务处理？

问：我公司因生产需要，从某个人处购买某产品的生产配方，但对方不愿完税、不愿到税务机关代开发票，所以无法取得发票作为税前扣除凭证，此种情况下应如何进行会计处理、税务处理？

答：应根据交易的实质进行账务处理，该生产配方属于无形资产，购入时应按支出金额（包括购买价款、相关税费以及直接归属于使该项资产达到预定用途所发生的其他支出）记入“无形资产”科目并按会计准则的规定计提摊销。

上述购进生产配方的支出，由于未取得合法凭据，相应的摊销支出不允许在企业所得税税前扣除，年度企业所得税汇算清缴时，应纳税调整增加。

由于是从个人处购买特许权，贵公司作为支付所得的单位，应按特许权使用费所得预扣预缴个人所得税。预扣预缴税款时，每次收入不超过4000元的，减除费用按800元计算；每次收入4000元以上的，减除费用按20%计算，适用20%的比例预扣率。

政策依据：

➤《企业会计准则第6号——无形资产》（财会〔2006〕3号）

第四条　无形资产同时满足下列条件的，才能予以确认：

（一）与该无形资产有关的经济利益很可能流入企业；

（二）该无形资产的成本能够可靠地计量。

第十二条　无形资产应当按照成本进行初始计量。

外购无形资产的成本，包括购买价款、相关税费以及直接归属于使该项资产达到预定用途所发生的其他支出。

购买无形资产的价款超过正常信用条件延期支付，实质上具有融资性质的，无形资产的成本以购买价款的现值为基础确定。实际支付的价款与购买价款的现值之间的差额，除按照《企业会计准则第17号——借款费用》应予资本化的以外，应当在信用期间内计入当期损益。

6.4.8 对企业名下土地进行评估，增值部分记入实收资本是否可以？

问：我公司名下有土地，拟进行评估，用该土地评估增值的1000万元增加实收资本，同时增加土地使用权的账面价值，这样做是否可以？

答：根据会计准则的相关规定，企业在对会计要素进行计算时，一般应当采用历史成本。虽然企业在进行公司制改制、购买股权、企业兼并、资产置换、以非现金资产抵债、以非现金资产投资、债转股、企业清算、增资扩股、将资产抵押、质押或担保、公司制企业变更、法人股拍卖等业务中，往往都需要进行资产评估，但国家规定只有在法定重估和企业产权变动的情况下，才能调整被重估资产账面价值。

企业在持续经营的情况下，随意对企业的已入账资产价值进行评估调整，会导致会计信息失真，误导投资者、债权人及其他报表使用者。问题提到的评估增值不属于法定的调整被重估资产账面价值情形，那样做是不正确的。

需要注意的是，实务中有企业确实如提问者那样进行类似操作，即对本企业名下土地等资产进行评估，增值部分计入资本公积，同时会计上按评估后的资产价值计提折旧或摊销，并在企业所得税税前扣除，未做纳税调整，给企业带来很大的税务风险。

政策依据：

➤《财政部关于股份有限公司进行资产评估增值处理的复函》（财会二字〔1995〕25号）【注：全文废止，仅供参考】

海南省财政厅：

你省海南会计师事务所来函询问，股份有限公司申报上市进行资产评估后未批准上市其评估增值如何处理的问题。经研究，我们意见如下：

资产重估增值只有在法定重估和企业产权变动的情况下，才能调整被重估资产账面价值。你省海南会计师事务所来函中所提到的情况即不属于法定资产重估，也不属于产权变动所进行的重估，因此，不能将资产重估增值入账，调增资产价值。来函中所说的股份制企业已进行的账务处理，应当予以更正。

……

➤《企业会计准则——基本准则》(2006 年 2 月 15 日财政部令第 33 号公布，根据 2014 年 7 月 23 日中华人民共和国财政部令第 76 号修改)

第四十二条　会计计量属性主要包括：

(一) 历史成本。在历史成本计量下，资产按照购入时支付的现金或者现金等价物的金额，或者按照购入资产时所付出的对价的公允价值计量。负债按照因承担现时义务而实际收到的款项或者资产的金额，或者承担现时义务的合同金额、或者按照日常活动中为偿还负债预期需要支付的现金或者现金等价物的金额计量。

……

第四十三条　企业在对会计要素进行计算时，一般应当采用历史成本，采用重置成本、可变现净值、现值、公允价值计量的，应当保证所确定的会计要素金额能够取得并可靠计量。

6.4.9　现在有多少房地产上市公司采用公允价值模式进行投资性房地产的核算?

问：现在有多少房地产上市公司采用公允价值模式进行投资性房地产的核算?

答：大多数房地产开发企业对投资性房地产采用成本模式进行计量。企业通常应当采用成本模式对投资性房地产进行后续计量，也可采用公允价值模式对投资性房地产进行后续计量。但同一企业只能采用一种模式对所有投资性房地产进行后续计量，不得同时采用两种计量模式。只有存在确凿证据表明投资性房地产的公允价值能够持续可靠取得的，才可以采用公允价值模式计量。

政策依据：

➤《企业会计准则第 3 号——投资性房地产》

第九条　企业应当在资产负债表日采用成本模式对投资性房地产进行后续计量，但本准则第十条规定的除外。

采用成本模式计量的建筑物的后续计量，适用《企业会计准则第 4 号——固定资产》。

采用成本模式计量的土地使用权的后续计量，适用《企业会计准则第 6 号——无形资产》。

第十条　有确凿证据表明投资性房地产的公允价值能够持续可靠取得的，

可以对投资性房地产采用公允价值模式进行后续计量。采用公允价值模式计量的，应当同时满足下列条件：

（一）投资性房地产所在地有活跃的房地产交易市场；

（二）企业能够从房地产交易市场上取得同类或类似房地产的市场价格及其他相关信息，从而对投资性房地产的公允价值作出合理的估计。

第十一条　采用公允价值模式计量的，不对投资性房地产计提折旧或进行摊销，应当以资产负债表日投资性房地产的公允价值为基础调整其账面价值，公允价值与原账面价值之间的差额计入当期损益。

6.4.10　煤炭销售企业发生400多万元煤矸石清理费用，能否作为费用一次性在企业所得税税前扣除？

问：我公司是一家煤炭销售企业，几年下来，煤场堆积了很多煤矸石，今年彻底清理了一下，花费了约400多万元，这笔支出，我公司是否可以一次性记入费用并在税前扣除？

答：问题提到的情形，会计上可能会有两种处理方式：一种方式是作为长期待摊费用，另一种方式是直接作为当期费用。

一般情况下，凡支出的效益与几个会计年度相关，应作为资本性支出，计入资产账户，作为资产列入资产负债表；凡支出的效益仅与本会计年度相关的，应当作为收益性支出，计入费用账户，作为当期损益列入损益表。问题提到的情形，应当作为费用在当期列支更为妥当。

企业所得税处方面，该情形不是企业所得税所规定的应作为长期待摊费用在企业所得税税前扣除情形，因此，真实发生且取得合法有效扣除凭证的情况下，可一次性在发生年度扣除。

政策依据：

➢《企业会计准则——应用指南》

1801 长期待摊费用

一、本科目核算企业已经发生但应由本期和以后各期负担的分摊期限在1年以上的各项费用，如以经营租赁方式租入的固定资产发生的改良支出等。

二、本科目可按费用项目进行明细核算。

三、企业发生的长期待摊费用，借记本科目，贷记“银行存款”“原材料”等科目。摊销长期待摊费用，借记“管理费用”“销售费用”等科目，贷记本科目。

四、本科目期末借方余额，反映企业尚未摊销完毕的长期待摊费用。

➢《中华人民共和国企业所得税法》（2007 年 3 月 19 日中华人民共和国主席令第二十三号公布，根据 2018 年 12 月 29 日第十三届全国人民代表大会常务委员会第七次会议《关于修改〈中华人民共和国电力法〉等四部法律的决定》第二次修正）

第十三条　在计算应纳税所得额时，企业发生的下列支出作为长期待摊费用，按照规定摊销的，准予扣除：

（一）已足额提取折旧的固定资产的改建支出；

（二）租入固定资产的改建支出；

（三）固定资产的大修理支出；

（四）其他应当作为长期待摊费用的支出。

➢《中华人民共和国企业所得税法实施条例》（2007 年 12 月 6 日中华人民共和国国务院令第 512 号公布，根据 2019 年 4 月 23 日中华人民共和国国务院令第 714 号第一次修订）

第六十八条　企业所得税法第十三条第（一）项和第（二）项所称固定资产的改建支出，是指改变房屋或者建筑物结构、延长使用年限等发生的支出。

企业所得税法第十三条第（一）项规定的支出，按照固定资产预计尚可使用年限分期摊销；第（二）项规定的支出，按照合同约定的剩余租赁期限分期摊销。

改建的固定资产延长使用年限的，除企业所得税法第十三条第（一）项和第（二）项规定外，应当适当延长折旧年限。

第七十条　企业所得税法第十三条第（四）项所称其他应当作为长期待摊费用的支出，自支出发生月份的次月起，分期摊销，摊销年限不得低于 3 年。

6.4.11　热力公司收到政府补助可否作为实收资本进行处理？

问：我公司是一家国有热力公司，前期政府拨付我公司 2 亿多元资金用于我公司建设输暖管道，这些款项我公司都记入了其他应付款科目里，如果我公司将上述款项转为实收资本是否可以？

答：账务处理是对业务活动的一个记载和反映，应服从于业务实质，因此，准确界定业务的实质非常重要。如果界定为投资，应记入实收资本，不涉及企业所得税。如果界定为政府补助并且是针对资产的补助，则应冲减资产的取得成本，或确认为递延收益。该笔款项如符合企业所得税不征税收入的条件，则可作为不征税收入进行处理。

政策依据：

➢《企业会计准则第16号——政府补助》(财会〔2017〕15号)

第四条　政府补助分为与资产相关的政府补助和与收益相关的政府补助。

与资产相关的政府补助，是指企业取得的、用于购建或以其他方式形成长期资产的政府补助。

与收益相关的政府补助，是指除与资产相关的政府补助之外的政府补助。

第八条　与资产相关的政府补助，应当冲减相关资产的账面价值或确认为递延收益。与资产相关的政府补助确认为递延收益的，应当在相关资产使用寿命内按照合理、系统的方法分期计入损益。按照名义金额计量的政府补助，直接计入当期损益。

相关资产在使用寿命结束前被出售、转让、报废或发生毁损的，应当将尚未分配的相关递延收益余额转入资产处置当期的损益。

➢《国家税务总局关于企业所得税应纳税所得额若干问题的公告》(国家税务总局公告2014年第29号)

一、企业接收政府划入资产的企业所得税处理

(一)县级以上人民政府(包括政府有关部门，下同)将国有资产明确以股权投资方式投入企业，企业应作为国家资本金(包括资本公积)处理。该项资产如为非货币性资产，应按政府确定的接收价值确定计税基础。

(二)县级以上人民政府将国有资产无偿划入企业，凡指定专门用途并按《财政部国家税务总局关于专项用途财政性资金企业所得税处理问题的通知》(财税〔2011〕70号)规定进行管理的，企业可作为不征税收入进行企业所得税处理。其中，该项资产属于非货币性资产的，应按政府确定的接收价值计算不征税收入。

县级以上人民政府将国有资产无偿划入企业，属于上述(一)、(二)项以外情形的，应按政府确定的接收价值计入当期收入总额计算缴纳企业所得税。政府没有确定接收价值的，按资产的公允价值计算确定应税收入。

6.4.12 企业用闲置资金炒股，在哪个会计科目核算？

问：我公司开通股票、期货账户，用公司闲置资金去炒股、炒期货，造成损失，如何进行账务处理？

答：贵公司开立股票、期货账户炒股、炒期货，应分类为“以公允价值计量且其变动计入当期损益的金融资产”，通过“交易性金融资产”科目进行会计核算，买卖股票产生的收益和损失，记入“投资收益”。其中，损失部分，可以清单申报在企业所得税税前扣除。该交易如果涉及金融商品买卖，还应当按增值税相关规定计算缴纳金融商品买卖的增值税。

政策依据：

➢《企业会计准则第22号——金融工具确认和计量》

第十六条 企业应当根据其管理金融资产的业务模式和金融资产的合同现金流量特征，将金融资产划分为以下三类：

（一）以摊余成本计量的金融资产。

（二）以公允价值计量且其变动计入其他综合收益的金融资产。

（三）以公允价值计量且其变动计入当期损益的金融资产。

第十七条 金融资产同时符合下列条件的，应当分类为以摊余成本计量的金融资产：

（一）企业管理该金融资产的业务模式是以收取合同现金流量为目标。

（二）该金融资产的合同条款规定，在特定日期产生的现金流量，仅为对本金和以未偿付本金金额为基础的利息的支付。

第十八条 金融资产同时符合下列条件的，应当分类为以公允价值计量且其变动计入其他综合收益的金融资产：

（一）企业管理该金融资产的业务模式既以收取合同现金流量为目标又以出售该金融资产为目标。

（二）该金融资产的合同条款规定，在特定日期产生的现金流量，仅为对本金和以未偿付本金金额为基础的利息的支付。

第十九条 按照本准则第十七条分类为以摊余成本计量的金融资产和按照本准则第十八条分类为以公允价值计量且其变动计入其他综合收益的金融资产之外的金融资产，企业应当将其分类为以公允价值计量且其变动计入当期损益的金融资产。

第五节　稽查与涉税争议博弈

6.5.1　欠缴税款产生的滞纳金已经大于本金3倍了，怎么办？

问：我公司欠缴一笔税款，滞纳金已经大于本金3倍，不是文件规定说滞纳金不能大于本金吗？

答：这个说法源自《中华人民共和国行政强制法》"加处罚款或者滞纳金的数额不得超出金钱给付义务的数额"的规定，但《中华人民共和国税收征管法》并没有相应的规定，所以，税务机关对纳税人未按规定期限缴纳税款的行为加收相应的滞纳金没有上限，"金三系统"也是这么操作的。但当纳税人不服，就该问题提起诉讼时，从目前已知的几个判例来看，一般法院均是引用《中华人民共和国行政强制法》相关条款，判决税务机关败诉。

我个人认为，征管法所说的税收滞纳金行政强制法所说的滞纳金并不是一码事，所以，并不能因为有行政强制法的规定，就认为税收滞纳金不能超过本金。但征管法本身对滞纳金的规定明显存在问题——现行征管法对纳税人未按规定期限缴纳税款加收滞纳金是每日万分之五，明显带有惩罚性质，这显然与滞纳金的定位不相符，纳税人未按规定期限缴纳税款，给国家带来的损失，也只是税款滞纳期间相应的银行存款利息，所以，征管法对纳税人未按规定期限缴纳税款加收滞纳金，应按银行同期活期存款利率来计算加收，并且应更名为利息，以区别于行政强制法的滞纳金，这才符合征管法本意。期待征管法修订时能考虑这一点。

政策依据：

➢《中华人民共和国行政强制法》（2011年6月30日中华人民共和国主席令第四十九号公布）

第四十五条　行政机关依法作出金钱给付义务的行政决定，当事人逾期不履行的，行政机关可以依法加处罚款或者滞纳金。加处罚款或者滞纳金的标准应当告知当事人。

加处罚款或者滞纳金的数额不得超出金钱给付义务的数额。

6.5.2 总公司委派分公司的负责人，工资费用由总公司支付和负担，税务机关要求分公司扣缴个人所得税，是否正确？

问：分公司负责人由总公司委派，与总公司签订劳动合同，总公司按月将工资费用转给分公司由分公司发放，该负责人工资薪金个人所得税由总公司代扣代缴，现在，分公司所在地税局要求分公司补扣补缴该负责人的个人所得税，如何申辩？

答：问题提到的情形，该负责人所得涉及的支付对象和支付数额，总公司有决定权，所以是扣缴义务人，应由总公司办理全员全额扣缴申报时申报。贵公司可以向分公司所在地的税务机关提交该负责人在总公司的纳税申报证明，证明其所涉及个人所得税已经由总公司代扣代缴，分公司不是扣缴义务人，也不能重复扣缴。

政策依据：

➢《中华人民共和国个人所得税法实施条例》（1994 年 1 月 28 日中华人民共和国国务院令第 142 号发布，根据 2018 年 12 月 18 日中华人民共和国国务院令第 707 号第四次修订）

第二十六条　个人所得税法第十条第二款所称全员全额扣缴申报，是指扣缴义务人在代扣税款的次月十五日内，向主管税务机关报送其支付所得的所有个人的有关信息、支付所得数额、扣除事项和数额、扣缴税款的具体数额和总额以及其他相关涉税信息资料。

➢《国家税务总局关于个人所得税自行纳税申报有关问题的公告》（国家税务总局公告 2018 年第 62 号）

一、取得综合所得需要办理汇算清缴的纳税申报

……

需要办理汇算清缴的纳税人，应当在取得所得的次年 3 月 1 日至 6 月 30 日内，向任职、受雇单位所在地主管税务机关办理纳税申报，并报送《个人所得税年度自行纳税申报表》。纳税人有两处以上任职、受雇单位的，选择向其中一处任职、受雇单位所在地主管税务机关办理纳税申报；纳税人没有任职、受雇单位的，向户籍所在地或经常居住地主管税务机关办理纳税申报。

纳税人办理综合所得汇算清缴，应当准备与收入、专项扣除、专项附加扣

除、依法确定的其他扣除、捐赠、享受税收优惠等相关的资料，并按规定留存备查或报送。

纳税人取得综合所得办理汇算清缴的具体办法，另行公告。

➤《国家税务总局关于个人所得税偷税案件查处中有关问题的补充通知》（国税函〔1996〕602号）

三、关于扣缴义务人的认定

扣缴义务人的认定，按照个人所得税法的规定，向个人支付所得的单位和个人为扣缴义务人。由于支付所得的单位和个人与取得所得的人之间有多重支付的现象，有时难以确定扣缴义务人。为保证全国执行的统一，现将认定标准规定为：凡税务机关认定对所得的支付对象和支付数额有决定权的单位和个人，即为扣缴义务人。

6.5.3　房地产开发公司被骗多计收入，如何向税务机关申辩？

问：我公司开发商业地产，经领导批准，时任销售总监组织实施一项营销方案：由他引进“创投基金”给客户购房优惠，即签订合同约定销售价10000元/平方米，客户本人只须交9000元/平方米即可，1000元/平方米差价由“创投基金”承担，由于优惠力度大，完成了销售。如今，1000元/平方米的补贴已被证实是个骗局，但该促销方案却使我公司虚增收入3000多万元，仅土地增值税就要多交将近500万元。现在，房屋已经完工交付，需要开具发票、办证，我公司向所在地税务机关说明交易价格的真实情况，税务局不理会，要求我公司按网签合同缴纳相关税费——有没有什么好的办法来解决虚增3000多万元收入所带来的税费负担问题？如果不能，我公司应当如何进行账务处理？

答：如果有证据证明前销售总监采用欺骗手段给公司造成重大损失，建议贵公司报案并要求公安机关立案侦察。公安机关侦查后认为犯罪事实清楚，证据确定充分，已涉嫌构成犯罪的，会提起人民法院进行审判以追究相关人员民事及刑事责任。如经法院审理，最终判决销售总监诈骗行为成立，则可根据法院判决向税务机关进行申报，已经申报的，进行更正申报，申报的销售价格为9000元/平方米，而不是10000元/平方米（1000元差价系公司被骗，不是销售方真实意思的表示）。如果有已经申报并多缴纳的税款，应依法办理退税，税务机关不应拒绝。

如出于某种考虑，不愿意通过以上方式进行处理，则可考虑与所有购房者签订补充协议，协议明确，原合同由“创投基金”承担1000元/平方米差价变更为销售折扣，即销售成交单价由10000元/平方米变更为9000元/平方米，并按9000元/平方米单价确认收入及申报纳税。

政策依据：

➤《国家税务总局关于确认企业所得税收入若干问题的通知》（国税函〔2008〕875号）

（五）企业为促进商品销售而在商品价格上给予的价格扣除属于商业折扣，商品销售涉及商业折扣的，应当按照扣除商业折扣后的金额确定销售商品收入金额。

债权人为鼓励债务人在规定的期限内付款而向债务人提供的债务扣除属于现金折扣，销售商品涉及现金折扣的，应当按扣除现金折扣前的金额确定销售商品收入金额，现金折扣在实际发生时作为财务费用扣除。

企业因售出商品的质量不合格等原因而在售价上给的减让属于销售折让；企业因售出商品质量、品种不符合要求等原因而发生的退货属于销售退回。企业已经确认销售收入的售出商品发生销售折让和销售退回，应当在发生当期冲减当期销售商品收入。

➤《国家税务总局关于印发〈增值税若干具体问题的规定〉的通知》（国税发〔1993〕154号）

二、计税依据

（二）纳税人采取折扣方式销售货物，如果销售额和折扣额在同张发票上分别注明的，可按折扣后的销售额征收增值税；如果将折扣额另开发票，不论其在财务上如何处理，均不得从销售额中减除折扣额。

6.5.4　企业“体外循环”的资金，万一被查，如何申辩？

问：企业原先有一部分资金是通过个人账户或其他关联小企业的非账面账户，在企业“体外循环”的，现在政府对资金账户监管越来越严，如何把这些“体外循环”的资金转换成企业日常经营资金？这部分资金如果涉及少计收入，万一被查，如何尽量减少损失？

答：体外循环的资金，肯定有未记收入、未申报缴纳企业所得税及流转税的情形，这样的行为，会被定性为偷税。对偷税，追征期是没有限制的，严重的，相关责任人可能会被追究刑事责任。纠正的办法就是补税，建议从现在开始，规范会计核算和纳税申报。

一旦被查出，税务机关需要有证据来判定收入的确认时间及金额，如果资料不齐全、证据不够充分的情况下，税务机关比较难定案，实在无法定案的情况下，恐怕只能核定征收应纳税款。

一般情况下，有账外资金少计收入的情况下，也会存在少计成本的问题，所以，如果税务机关已经调查取证并确认账外资金少计收入，贵公司可提交证据证明也有少计成本，证据充分、税务机关采信的情况下，可以减少补税的损失。

政策依据：

➢《中华人民共和国税收征收管理法》（2001 年中华人民共和国主席令第四十九号公布，2018 年中华人民共和国主席令第二十三号修订）

第五十二条　因税务机关的责任，致使纳税人、扣缴义务人未缴或者少缴税款的，税务机关在 3 年内可以要求纳税人、扣缴义务人补缴税款，但是不得加收滞纳金。

因纳税人、扣缴义务人计算错误等失误，未缴或者少缴税款的，税务机关在 3 年内可以追征税款、滞纳金；有特殊情况的，追征期可以延长到五年。

对偷税、抗税、骗税的，税务机关追征其未缴或者少缴的税款、滞纳金或者所骗取的税款，不受前款规定期限的限制。

6.5.5 前任财务虚列成本，新任财务接手后明知有问题，依然进行错误的申报，会不会承担责任？

问：新建酒店在开工前进行工商注册，在建设期存在明显的虚增成本等情况。酒店建成竣工后，全部移交到经营团队管理（变更了法人、经理和财务负责人），若事后，因成本不实导致在税务检查中发现问题，是不是接手的经营团队要承担主要责任甚至全部责任？

答：虚增成本如果影响到以后的纳税申报，接手的经营团队明知虚增导致错误的纳税申报而不进行纠正，会被定性为偷税，应当承担相应的法律责任。

政策依据：

➢《中华人民共和国税收征收管理法》（2001 年中华人民共和国主席令第四十九号公布，2018 年中华人民共和国主席令第二十三号修订）

第六十三条　纳税人伪造、变造、隐匿、擅自销毁账簿、记账凭证，或者在账簿上多列支出或者不列、少列收入，或者经税务机关通知申报而拒不申报或者进行虚假的纳税申报，不缴或者少缴应纳税款的，是偷税。对纳税人偷税的，由税务机关追缴其不缴或者少缴的税款、滞纳金，并处不缴或者少缴的税款50%以上5倍以下的罚款；构成犯罪的，依法追究刑事责任。

扣缴义务人采取前款所列手段，不缴或者少缴已扣、已收税款，由税务机关追缴其不缴或者少缴的税款、滞纳金，并处不缴或者少缴的税款50%以上5倍以下的罚款；构成犯罪的，依法追究刑事责任。

➢《中华人民共和国刑法》(1979年7月1日第五届全国人民代表大会第二次会议通过，2020年12月26日，第十三届全国人民代表大会常务委员会第二十四次会议通过《中华人民共和国刑法修正案（十一)》)

第三十条　公司、企业、事业单位、机关、团体实施的危害社会的行为，法律规定为单位犯罪的，应当负刑事责任。

第三十一条　单位犯罪的，对单位判处罚金，并对其直接负责的主管人员和其他直接责任人员判处刑罚。本法分则和其他法律另有规定的，依照规定。

➢《中华人民共和国会计法》(1985年1月21日第六届全国人民代表大会常务委员会第九次会议通过，根据2017年11月4日中华人民共和国主席令第八十一号第二次修正)

第十四条　会计凭证包括原始凭证和记账凭证。

办理本法第十条所列的经济业务事项，必须填制或者取得原始凭证并及时送交会计机构。

会计机构、会计人员必须按照国家统一的会计制度的规定对原始凭证进行审核，对不真实、不合法的原始凭证有权不予接受，并向单位负责人报告；对记载不准确、不完整的原始凭证予以退回，并要求按照国家统一的会计制度的规定更正、补充。

原始凭证记载的各项内容均不得涂改；原始凭证有错误的，应当由出具单位重开或者更正，更正处应当加盖出具单位印章。原始凭证金额有错误的，应当由出具单位重开，不得在原始凭证上更正。

记账凭证应当根据经过审核的原始凭证及有关资料编制。

第四十三条　伪造、变造会计凭证、会计账簿，编制虚假财务会计报告，构成犯罪的，依法追究刑事责任。

有前款行为，尚不构成犯罪的，由县级以上人民政府财政部门予以通报，可以对单位并处5000元以上10万元以下的罚款；对其直接负责的主管人员和其他直接责任人员，可以处3000元以上5万元以下的罚款；属于国家工作人员的，还应当由其所在单位或者有关单位依法给予撤职直至开除的行政处分；其中的会计人员，5年内不得从事会计工作。

第六节　资产重组、非货币资产投资类

6.6.1　企业能否用本企业名下的债权和股权对子公司增资?

问：企业能否用本企业名下的债权和股权对子公司增资？接受投资方该如何处理？

答：债权和股权均为企业所拥有的非货币资产，可以作价投资到子公司。非货币性资产对外投资，既是投资行为，同时也是非货币性资产的处置行为，应当区别不同的非货币性资产，分别按照《企业会计准则第1号——存货》《企业会计准则第2号——长期股权投资》《企业会计准则第4号——固定资产》《企业会计准则第6号——无形资产》等相关准则进行会计处理，并按照非货币性资产对外投资视同销售的相关规定进行税务处理。

居民企业以非货币性资产对外投资确认的非货币性资产转让所得，可在不超过5年期限内，分期均匀计入相应年度的应纳税所得额，按规定计算缴纳企业所得税；增值税需要按视同销售处理；如果是改制重组时以房地产作价入股进行投资（双方均不是房地产开发企业），对其将房地产转移、变更到被投资的企业，暂不征土地增值税，否则，需要视同销售计算缴纳土地增值税。

政策依据：

➢《财政部 国家税务总局关于非货币性资产投资企业所得税政策问题的通知》（财税〔2014〕116号）

一、居民企业（以下简称企业）以非货币性资产对外投资确认的非货币性资产转让所得，可在不超过5年期限内，分期均匀计入相应年度的应纳税所得额，按规定计算缴纳企业所得税。

……

五、本通知所称非货币性资产，是指现金、银行存款、应收账款、应收票

据以及准备持有至到期的债券投资等货币性资产以外的资产。

六、企业发生非货币性资产投资，符合《财政部国家税务总局关于企业重组业务企业所得税处理若干问题的通知》（财税〔2009〕59号）等文件规定的特殊性税务处理条件的，也可选择按特殊性税务处理规定执行。

➤《财政部 税务总局关于继续实施企业改制重组有关土地增值税政策的公告》（财政部 税务总局公告2021年第21号）

四、单位、个人在改制重组时以房地产作价入股进行投资，对其将房地产转移、变更到被投资的企业，暂不征土地增值税。

五、上述改制重组有关土地增值税政策不适用于房地产转移任意一方为房地产开发企业的情形。

6.6.2 用苗木等生物资产作价投资到新设立企业，新设立企业继续培育后对外销售，是否免税？

问：我公司主要经营中草药、苗木种植、销售、初加工等，有约1000亩苗木、中药材基地，我公司股东张某名下也有约1000亩苗木、中药材基地。2019年，为了发展需要，股东张某决定，将部分生物资产进行评估后，作价投资到一个新设立的公司（经营范围与我公司相同），初步评估价格为2亿元（绝大部分是自产的生物资产，还有少量的房屋、土地及林地使用权）。投资的资产，是否能开具发票？部分苗木及中药材作价投资到新公司后对外销售，是否免税？

答：问题提到的情形，为非货币资产对外投资。资产作价对外投资，属于增值税视同销售行为，发生增值税纳税义务，所以，开具增值税发票没有问题。

苗木属于农产品，问题提到的情形，苗木投资到新设企业后，新设企业继续培育，达到可销售状态后销售，仍然属于农业生产者销售自产农产品，其销售是免征增值税的。种植苗木及中药材，属于免征企业所得税项目，取得所得免征企业所得税。

政策依据：

➤《中华人民共和国增值税暂行条例》（1993年12月13日中华人民共和国国务院令第134号公布，根据2017年11月19日中华人民共和国国务院令第691号第二次修订）

第十五条　下列项目免征增值税：

（一）农业生产者销售的自产农产品；

（二）避孕药品和用具；

（三）古旧图书；

（四）直接用于科学研究、科学试验和教学的进口仪器、设备；

（五）外国政府、国际组织无偿援助的进口物资和设备；

（六）由残疾人的组织直接进口供残疾人专用的物品；

（七）销售的自己使用过的物品。

除前款规定外，增值税的免税、减税项目由国务院规定。任何地区、部门均不得规定免税、减税项目。

➤《中华人民共和国增值税暂行条例实施细则》（2008 年 12 月 18 日以财政部、国家税务总局令第 50 号公布，依据 2011 年 10 月 28 日中华人民共和国财政部 国家税务总局令第 65 号修改）

第三十五条　条例第十五条规定的部分免税项目的范围，限定如下：

（一）第一款第（一）项所称农业，是指种植业、养殖业、林业、牧业、水产业。

农业生产者，包括从事农业生产的单位和个人。

农产品，是指初级农产品，具体范围由财政部、国家税务总局确定。

（二）第一款第（三）项所称古旧图书，是指向社会收购的古书和旧书。

（三）第一款第（七）项所称自己使用过的物品，是指其他个人自己使用过的物品。

➤《中华人民共和国企业所得税法实施条例》（2007 年 12 月 6 日中华人民共和国国务院令第 512 号公布，根据 2019 年 4 月 23 日中华人民共和国国务院令第 714 号第一次修订）

第八十六条　企业所得税法第二十七条第（一）项规定的企业从事农、林、牧、渔业项目的所得，可以免征、减征企业所得税，是指：

（一）企业从事下列项目的所得，免征企业所得税：

1. 蔬菜、谷物、薯类、油料、豆类、棉花、麻类、糖料、水果、坚果的种植；

2. 农作物新品种的选育；

3. 中药材的种植；

4. 林木的培育和种植；

5. 牲畜、家禽的饲养；

6. 林产品的采集；

7. 灌溉、农产品初加工、兽医、农技推广、农机作业和维修等农、林、牧、渔服务业项目；

8. 远洋捕捞。

➢ 参考：《国家税务总局关于增值税若干征收问题的通知》（国税发〔1994〕122 号）

三、关于无偿赠送货物可否开具专用发票问题

一般纳税人将货物无偿赠送给他人，如果受赠者为一般纳税人，可以根据受赠者的要求开具专用发票。

6.6.3　行政事业单位房屋划拨到下属企业，如何税务处理？

问：行政事业单位的房屋所有权划拨到下属企业，如何进行账务处理和税务处理?

答：行政事业单位不属于企业，不适用财税 2014 年 109 号文资产划转特殊性税务处理的规定，接受划转资产的企业应按接受捐赠处理，取得的房屋按公允价值入账，同时计入当期应纳税所得计算缴纳企业所得税，该房屋可按入账的公允价值计提折旧。当然，需要取得发票作为扣除凭证。

如果接受划入资产符合《财政部、国家税务总局关于专项用途财政性资金企业所得税处理问题的通知》（财税〔2011〕70 号）规定，可作为不征税收入处理，作为不征税收入处理时，该房屋对应的折旧不能在企业所得税税前扣除。

上述划转房屋，划出方需要视同销售计算缴纳增值税，同时，该行为不属于财税字〔1995〕48 号所明确的无偿赠与范围，无偿划转时应当征收土地增值税。

该划转行为如果属于财税〔2018〕17 号第二条“事业单位改制”、第四条“资产划转”情形的，承受土地、房屋的单位免征契税。

政策依据：

➢《中华人民共和国土地增值税暂行条例实施细则》（财法字〔1995〕6 号）

第二条　条例第二条所称的转让国有土地使用权、地上的建筑物及其附着物取得收入，是指以出售或者其他方式有偿转让房地产的行为。不包括以继

承、赠与方式无偿转让房地产的行为。

➢《财政部 国家税务总局关于土地增值税一些具体问题规定的通知》（财税字〔1995〕48号）

四、关于细则中"赠与"所包括的范围问题

细则所称的"赠与"是指如下情况：

（一）房产所有人、土地使用权所有人将房屋产权、土地使用权赠与直系亲属或承担直接赡养义务人的。

（二）房产所有人、土地使用权所有人通过中国境内非营利的社会团体、国家机关将房屋产权、土地使用权赠与教育、民政和其他社会福利、公益事业的。

上述社会团体是指中国青少年发展基金会、希望工程基金会、宋庆龄基金会、减灾委员会、中国红十字会、中国残疾人联合会、全国老年基金会、老区促进会以及经民政部门批准成立的其他非营利的公益性组织。

➢《财政部 税务总局关于继续执行企业、事业单位改制重组有关契税政策的公告》（财政部 税务总局公告2021年第17号）

二、事业单位改制

事业单位按照国家有关规定改制为企业，原投资主体存续并在改制后企业中出资（股权、股份）比例超过50%的，对改制后企业承受原事业单位土地、房屋权属，免征契税。

六、资产划转

对承受县级以上人民政府或国有资产管理部门按规定进行行政性调整、划转国有土地、房屋权属的单位，免征契税。

同一投资主体内部所属企业之间土地、房屋权属的划转，包括母公司与其全资子公司之间，同一公司所属全资子公司之间，同一自然人与其设立的个人独资企业、一人有限公司之间土地、房屋权属的划转，免征契税。

母公司以土地、房屋权属向其全资子公司增资，视同划转，免征契税。

6.6.4 母公司向其100%控股的子公司划转往来款及存货，没有所得，是否可以不向税务机关报送特殊性税务处理相关资料？

问：母公司向其100%控股的子公司划转资产及相关负债，划转的资产只有往来款及存货，没有涉及不动产，没有划转所得，是否可以不向税务机关报送特殊性税务处理相关资料？

答：贵公司划转资产，虽然只涉及存货及往来，但这种划转同样会出现一般税务处理和特殊税务处理的差异，如果选择特殊性税务处理，就需要按2015年第40号公告要求履行相关手续，以避免税务风险。

政策依据：

➢《国家税务总局关于资产（股权）划转企业所得税征管问题的公告》（国家税务总局公告2015年第40号）

五、交易双方应在企业所得税年度汇算清缴时，分别向各自主管税务机关报送《居民企业资产（股权）划转特殊性税务处理申报表》（详见附件）和相关资料（一式两份）。

相关资料包括：

1. 股权或资产划转总体情况说明，包括基本情况、划转方案等，并详细说明划转的商业目的；

2. 交易双方或多方签订的股权或资产划转合同（协议），需有权部门（包括内部和外部）批准的，应提供批准文件；

3. 被划转股权或资产账面净值和计税基础说明；

4. 交易双方按账面净值划转股权或资产的说明（需附会计处理资料）；

5. 交易双方均未在会计上确认损益的说明（需附会计处理资料）；

6. 12个月内不改变被划转股权或资产原来实质性经营活动的承诺书。

六、交易双方应在股权或资产划转完成后的下一年度的企业所得税年度申报时，各自向主管税务机关提交书面情况说明，以证明被划转股权或资产自划转完成日后连续12个月内，没有改变原来的实质性经营活动。

6.6.5　将在建工程划转给全资子公司，如何进行税务处理？

问：我公司将在建工程划转给全资子公司，如何进行税务处理？

答：企业所得税：公司将在建工程划转给全资子公司可以采用特殊重组，即100%直接控制的母子公司之间，母公司向子公司按账面净值划转其持有的股权或资产，母公司获得子公司100%的股权支付，母公司按增加长期股权投资处理，子公司按接受投资处理。划出方企业和划入方企业均不确认所得。划入方企业取得被划转股权或资产的计税基础，以被划转股权或资产的原账面净值确定。划入方企业取得的被划转资产，应按其原账面净值计算折旧扣除。

增值税：需要视同销售计算缴纳增值税；如果属于在资产重组过程中，通过合并、分立、出售、置换等方式，将全部或者部分实物资产以及与其相关联的债权、负债和劳动力一并转让给其他单位和个人，则其中涉及的不动产、土地使用权转让行为不征收增值税。

土地增值税：单位、个人在改制重组时以房地产作价入股进行投资，对其将房地产转移、变更到被投资的企业，暂不征土地增值税。划转资产（在建工程）时，母公司获得子公司100%的股权支付，暂不征土地增值税（房地产开发企业除外），但这个政策适用有争议，有的人士认为，一般的投资行为不适用，只有改制重组的情形才适用。

契税：同一投资主体内部所属企业之间土地、房屋权属的划转，包括母公司与其全资子公司之间，同一公司所属全资子公司之间，同一自然人与其设立的个人独资企业、一人有限公司之间土地、房屋权属的划转，免征契税。

政策依据：

➢《财政部 国家税务总局关于促进企业重组有关企业所得税处理问题的通知》（财税〔2014〕109号）

三、关于股权、资产划转

对100%直接控制的居民企业之间，以及受同一或相同多家居民企业100%直接控制的居民企业之间按账面净值划转股权或资产，凡具有合理商业目的、不以减少、免除或者推迟缴纳税款为主要目的，股权或资产划转后连续12个月内不改变被划转股权或资产原来实质性经营活动，且划出方企业和划入方企业均未在会计上确认损益的，可以选择按以下规定进行特殊性税务处理：

1. 划出方企业和划入方企业均不确认所得。

2. 划入方企业取得被划转股权或资产的计税基础，以被划转股权或资产的原账面净值确定。

3. 划入方企业取得的被划转资产，应按其原账面净值计算折旧扣除。

➢《财政部 国家税务总局关于全面推开营业税改征增值税试点的通知》（财税〔2016〕36号）附件2《营业税改征增值税试点有关事项的规定》

一、营改增试点期间，试点纳税人［指按照《营业税改征增值税试点实施办法》（以下称《试点实施办法》）缴纳增值税的纳税人］有关政策

（二）不征收增值税项目。

5. 在资产重组过程中，通过合并、分立、出售、置换等方式，将全部或者部分实物资产以及与其相关联的债权、负债和劳动力一并转让给其他单位和个人，其中涉及的不动产、土地使用权转让行为。

➢《财政部 税务总局关于继续实施企业改制重组有关土地增值税政策的通知》（财税〔2018〕57号）

四、单位、个人在改制重组时以房地产作价入股进行投资，对其将房地产转移、变更到被投资的企业，暂不征土地增值税。

➢《财政部 税务总局关于继续支持企业 事业单位改制重组有关契税政策的通知》（财税〔2018〕17号）

六、资产划转

对承受县级以上人民政府或国有资产管理部门按规定进行行政性调整、划转国有土地、房屋权属的单位，免征契税。

同一投资主体内部所属企业之间土地、房屋权属的划转，包括母公司与其全资子公司之间，同一公司所属全资子公司之间，同一自然人与其设立的个人独资企业、一人有限公司之间土地、房屋权属的划转，免征契税。

母公司以土地、房屋权属向其全资子公司增资，视同划转，免征契税。

6.6.6 被分立企业股东是自然人，分立双方企业所得税是否适用特殊性税务处理?

问：甲、乙、丙三人是A公司股东，日前决定A公司要进行分立，A公司存续，甲、乙、丙三人股份比例不变，分立新公司B，甲、乙、丙三人股份比例与A公司一致，不发生变化，这种情况下的公司分立，是否适用财税〔2009〕59号规定的适用特殊性处理的情形?

答：国家税务总局公告2015年第48号明确：财税〔2009〕59号所说的重组交易当事各方，合并中，被合并企业股东和分立中被分立企业股东可以是自然人，所以，问题所述情形，如果其他条件均满足特殊性税务处理条件，A公司分立新设公司B，企业所得税可适用特殊性税务处理。

政策依据：

➢《国家税务总局关于企业重组业务企业所得税征收管理若干问题的公告》（国家税务总局公告2015年第48号）

一、按照重组类型，企业重组的当事各方是指：

（一）债务重组中当事各方，指债务人、债权人。

（二）股权收购中当事各方，指收购方、转让方及被收购企业。

（三）资产收购中当事各方，指收购方、转让方。

（四）合并中当事各方，指合并企业、被合并企业及被合并企业股东。

（五）分立中当事各方，指分立企业、被分立企业及被分立企业股东。

上述重组交易中，股权收购中转让方、合并中被合并企业股东和分立中被分立企业股东，可以是自然人。

当事各方中的自然人应按个人所得税的相关规定进行税务处理。

第七节 税收筹划类

6.7.1 申购基金再赎回规避企业所得税是如何操作的?

问：最近我们老板去报了一个税务筹划的班，回来跟我说，上课老师介绍，可以用购买基金的形式来筹划少缴企业所得税。意思就是，公司今年有营业利润 100 万元，他不想交税，打算这个月购买基金，明年 2—3 月赎回，来规避企业所得税，这个方法具体怎么操作，可行吗?

答：基本思路是，投资购买“持有短时间、高分红、赎回高亏损”类基金产品，利用基金投资分红暂不征收企业所得税的优惠政策，在没有盈利可供分红的实际情况下，进行名为分红实为还本的分红，人为造成赎回基金的账面亏损，达到减少应纳税所得额，少缴企业所得税的目的。过程如下：

第一步：申购证券投资基金，单位净值 1.2 元；

第二步：每份基金分红 0.2 元；

第三步：将基金赎回，分红后，按每份基金净值 1.00 元赎回。

企业所得税申报：取得每份基金分红 0.2 元，属于从证券投资基金分配中取得的收入，暂不征收企业所得税。申购成本是 1.2 元，按每份基金净值 1.00 元赎回，每份基金形成 0.2 元损失，该损失是企业正常按市场价转让导致，可在企业所得税前扣除。如果是 1 亿份基金，则赎回带来的“损失”，可在当期抵减应纳税所得额 2000 万元，这就是筹划的基本过程。

当然，这种操作必须基金公司与企业联手，否则，买了基金不分红或分红很少，就达不到预期目的。另外，税务机关也已经注意到这种筹划手段，有的地方税务机关明确，如果公告分红后申购基金，则申购基金的成本不包括已经公告分红部分（即不是1.2元，而是1.00元），这样转让时，就不会出现亏损（赎回价1.00元，成本也是1.00元），筹划也就达不到预期目的了。

政策依据：

➢《财政部、国家税务总局关于企业所得税若干优惠政策的通知》（财税〔2008〕1号）

二、关于鼓励证券投资基金发展的优惠政策

（一）对证券投资基金从证券市场中取得的收入，包括买卖股票、债券的差价收入，股权的股息、红利收入，债券的利息收入及其他收入，暂不征收企业所得税。

（二）对投资者从证券投资基金分配中取得的收入，暂不征收企业所得税。

（三）对证券投资基金管理人运用基金买卖股票、债券的差价收入，暂不征收企业所得税。

➢《国家税务总局关于发布〈企业资产损失所得税税前扣除管理办法〉的公告》（国家税务总局公告2011年第25号）

第九条　下列资产损失，应以清单申报的方式向税务机关申报扣除：

（一）企业在正常经营管理活动中，按照公允价格销售、转让、变卖非货币资产的损失；

（二）企业各项存货发生的正常损耗；

（三）企业固定资产达到或超过使用年限而正常报废清理的损失；

（四）企业生产性生物资产达到或超过使用年限而正常死亡发生的资产损失；

（五）企业按照市场公平交易原则，通过各种交易场所、市场等买卖债券、股票、期货、基金以及金融衍生产品等发生的损失。

6.7.2　如何将非居民个人从境外取得的劳务报酬转化为股息进行个人所得税筹划？

问：拟为一位新加坡籍人士做个人所得税筹划。筹划前，该人在中国境内为美国一家公司提供服务并收取劳务报酬，同时，他还在该美国公司所属境内子公司任职，每月有约 4 万元人民币薪资收入。该人在中国境内一年中停留的时间超过 183 天，但不满 6 年，他会有一次超过 30 天的出境行程。从居住时间上看，该人已经构成中国居民纳税人，他在中国境内工作取得的工资薪金，以及在中国境内提供劳务取得的劳务报酬所得，需要在中国境内纳税，税负较高。

筹划方案是，该个人在香港成立一家公司，由香港公司雇佣该人向美国公司提供服务并以公司名义收取服务费，他作为股东再从香港公司分得股息，从而将劳务报酬所得转化为股息所得。由于该股息来源于境外，由境外单位支付和负担，所以，免征个人所得税，通过这一方式达到整体降低该人的个人所得税税负的目的。

但是，该人是香港公司的股东和董事，也是服务收入的创造者，会不会因为他连续 12 个月内在中国居住超过 183 天，而被认定构成常设机构，从而需要就其营业利润在中国境内缴纳企业所得税？如果这样的话，就不能达到预期的筹划目的了。

答：就问题所描述的当事人情况，从时间角度看，该人已经构成居民纳税人，作为在中国境内无住所的个人，在中国境内居住累计满 183 天的年度连续不满 6 年的，经向主管税务机关备案，他来源于中国境外且由境外单位或者个人支付的股息所得，免予缴纳个人所得税，这个应当没问题。

但是，确实如提问者所担心的那样，香港公司雇佣该人到中国境内提供服务并收取费用，如果在任何 12 个月中连续或累计超过超过 183 天，则构成常设机构，该香港公司应就其在中国境内的常设机构来源于中国境内的所得在中国境内缴纳企业所得税（一般按核定利润缴纳企业所得税），这样一来，问题所提到的筹划方案，其效果会大打折扣。

避免风险的一个办法就是尽量设法不满足构成常设机构的时间条件。

政策依据：

➢《中华人民共和国个人所得税法实施条例》（1994 年 1 月 28 日中华人民共和国国务院令第 142 号发布，根据 2018 年 12 月 18 日中华人民共和国国务院令第 707 号第四次修订）

第二条　个人所得税法所称在中国境内有住所，是指因户籍、家庭、经济利益关系而在中国境内习惯性居住；所称从中国境内和境外取得的所得，分别是指来源于中国境内的所得和来源于中国境外的所得。

第四条　在中国境内无住所的个人，在中国境内居住累计满 183 天的年度连续不满 6 年的，经向主管税务机关备案，其来源于中国境外且由境外单位或者个人支付的所得，免予缴纳个人所得税；在中国境内居住累计满 183 天的任一年度中有一次离境超过 30 天的，其在中国境内居住累计满 183 天的年度的连续年限重新起算。

➢《关于境外所得有关个人所得税政策的公告》（财政部 税务总局公告 2020 年第 3 号）

一、下列所得，为来源于中国境外的所得：

（一）因任职、受雇、履约等在中国境外提供劳务取得的所得；

（二）中国境外企业以及其他组织支付且负担的稿酬所得；

（三）许可各种特许权在中国境外使用而取得的所得；

（四）在中国境外从事生产、经营活动而取得的与生产、经营活动相关的所得；

（五）从中国境外企业、其他组织以及非居民个人取得的利息、股息、红利所得；

（六）将财产出租给承租人在中国境外使用而取得的所得；

（七）转让中国境外的不动产、转让对中国境外企业以及其他组织投资形成的股票、股权以及其他权益性资产（以下称权益性资产）或者在中国境外转让其他财产取得的所得。但转让对中国境外企业以及其他组织投资形成的权益性资产，该权益性资产被转让前 3 年（连续 36 个公历月份）内的任一时间，被投资企业或其他组织的资产公允价值 50% 以上直接或间接来自位于中国境内的不动产的，取得的所得为来源于中国境内的所得；

（八）中国境外企业、其他组织以及非居民个人支付且负担的偶然所得；

（九）财政部、税务总局另有规定的，按照相关规定执行。

➢《内地和香港特别行政区关于对所得避免双重征税和防止偷漏税的安排》

第五条　常设机构

三、“常设机构”一语还包括：

（二）一方企业直接或者通过雇员或者雇用的其他人员，在另一方为同一个项目或者相关联的项目提供的劳务，包括咨询劳务，仅以在任何 12 个月中连续或累计超过 183 天的为限。

6.7.3 两家关联企业，一家盈利，一家亏损，如何筹划，达到整体税负降低的目的？

问：两家关联公司的大股东为同一人，其中一家公司亏损巨大，另外一家公司盈利情况较好，如何筹划，才能让盈亏相抵，少缴企业所得税？

答：一个方法是盈利企业吸收合并亏损企业，但是，可弥补的亏损有限额（被合并企业净资产公允价值×截至合并业务发生当年年末国家发行的最长期限的国债利率），且不能超过5年亏损弥补期（高新技术企业和科技型中小企业为10年）。

另外一个方法是通过关联交易，通过设立合理的转让定价，所谓合理，是指该定价应当符合独立交易原则，将利润转移到亏损企业，用于弥补亏损，达到少缴企业所得税的目的。

政策依据：

➢《财政部 国家税务总局关于企业重组业务企业所得税处理若干问题的通知》（财税〔2009〕59号）

（四）企业合并，企业股东在该企业合并发生时取得的股权支付金额不低于其交易支付总额的85%，以及同一控制下且不需要支付对价的企业合并，可以选择按以下规定处理：

1. 合并企业接受被合并企业资产和负债的计税基础，以被合并企业的原有计税基础确定。

2. 被合并企业合并前的相关所得税事项由合并企业承继。

3. 可由合并企业弥补的被合并企业亏损的限额＝被合并企业净资产公允价值×截至合并业务发生当年年末国家发行的最长期限的国债利率。

4. 被合并企业股东取得合并企业股权的计税基础，以其原持有的被合并企业股权的计税基础确定。

➢《国家税务总局关于发布〈企业重组业务企业所得税管理办法〉的公告》（国家税务总局2010年第4号公告）

第二十六条 《通知》第六条第（四）项所规定的可由合并企业弥补的被合并企业亏损的限额，是指按《税法》规定的剩余结转年限内，每年可由合并企业弥补的被合并企业亏损的限额。

➢《财政部 税务总局关于延长高新技术企业和科技型中小企业亏损结转

年限的通知》（财税〔2018〕76号）

一、自2018年1月1日起，当年具备高新技术企业或科技型中小企业资格（以下统称资格）的企业，其具备资格年度之前5个年度发生的尚未弥补完的亏损，准予结转以后年度弥补，最长结转年限由5年延长至10年。

➤《国家税务总局关于延长高新技术企业和科技型中小企业亏损结转弥补年限有关企业所得税处理问题的公告》（国家税务总局公告2018年第45号）

三、企业发生符合特殊性税务处理规定的合并或分立重组事项的，其尚未弥补完的亏损，按照《财政部　国家税务总局关于企业重组业务企业所得税处理若干问题的通知》（财税〔2009〕59号）和本公告有关规定进行税务处理：

（一）合并企业承继被合并企业尚未弥补完的亏损的结转年限，按照被合并企业的亏损结转年限确定；

（二）分立企业承继被分立企业尚未弥补完的亏损的结转年限，按照被分立企业的亏损结转年限确定；

（三）合并企业或分立企业具备资格的，其承继被合并企业或被分立企业尚未弥补完的亏损的结转年限，按照《通知》第一条和本公告第一条规定处理。

6.7.4　通过不公允增资稀释股权降低股权转让应纳个人所得税税额的筹划是否可行？

问：某公司注册资金50万元，其中股东张某持股80%，刘某持股20%，张某拟将其持有的80%股权全部转让给新股东刘某，此时企业净资产350万元。股权转让的个人所得税筹划方案是：刘某增资400万元，增资后刘某持股85%，张某持股12%，刘某持股3%。增资后，张某将其持有的12%股权转让给刘某，张某转让其持有的股权，需缴纳（3430000×12%－400000）×20%＝2320（元）个税。这样操作是否可行？

答：这是通过不公允增资、稀释股权来实现降低股权转让应纳个人所得税税额的筹划。如果不稀释，直接转让，按转让时点股权对应的净资产作为转让价格，则张某转让股权应纳个人所得税（350×80%－50×80%）×20%＝48（万元）；稀释后转让，如果按转让时点股权对应的净资产作为转让价格，则应纳个人所得税是〔(350+400)×12% -50×80%〕×20% =10（万元）。筹划前后，应纳税个人所得税差距巨大。对这种操作手法，税务机关可能会认为不公允增资稀释股权不合理，但也无法定依据去重新核定转让价格、补征税款。

税务机关认为这种转让不合理是有道理的，因为上述这种不公允增资操作，一般都会有阴阳合同，购买方还会另外再支付给转让方一笔款项，以确保转让公允。

但这样做，双方也有很大风险。如果双方产生纠纷，或者因某种原因被举报，一旦税务机关查实，会被定性为偷税，除了追缴税款，还会处少缴税款的一定倍数的罚款。

参考各地口径：

➢ 浙江：关于增资是否应缴纳个人所得税问题

本公司原股东结构为自然人A、B合计持股90%，法人C公司持股10%（A和B合计持有C公司100%股权）。为了进一步提升本公司的资本实力，本公司拟由C公司增资，因C公司也是由自然人A和B持有，股东协商确定增资价格1元/股，低于当前每股净资产。《个人所得税法》《股权转让所得个人所得税管理办法（试行）》均未有因增资而要求原股东缴纳个人所得税的规定，但目前主管税务所认为C公司增资价格不公允，自然人股东A和B应缴纳个人所得税，税务所的判定是否符合《税收征管法》中“任何机关、单位和个人不得违反法律、行政法规的规定，擅自做出税收开征、停征以及减税、免税、退税、补税和其他同税收法律、行政法规相抵触的决定”的规定？

浙江财税12366服务中心答复：

企业增资导致自然人股东股权同比例减少的，不涉及缴纳个人所得税。

因C公司未按公允价值增资，主管分局认为自然人股东A和B应缴纳个人所得税的文件依据建议联系主管分局核实确认。

➢ 宁波地税2014年所得税问答

问：企业增资，尤其是不同比例的增资情形，引起原股东股本结构发生变化，经咨询工商部门，其认为该行为不是股权转让，个人所得税如何处理？

答：对于以大于或等于公司每股净资产公允价值的价格增资行为，不属于股权转让行为，不征个人所得税。上述行为中，高于每股净资产账面价值部分应计入资本公积，对于股份制企业，该部分资本公积在以后转增资本时不征收个人所得税；对于其他所有制企业，该部分资本公积转增资本时应按照“利息、股息、红利个人所得税”税目征收个人所得税。

对于以平价增资或以低于每股净资产公允价值的价格增资行为，原股东实际占有的公司净资产公允价值发生转移的部分应视同转让行为，应依税法相关规定征收个人所得税。

➢ 江苏：公司增资扩股导致原自然人股东股权下降是否需要缴纳个人所得税

我公司原来有两个股东，注册资本10万元，其中一个为自然人股东，占比49%；根据公司发展需要，准备新增加一个法人股东，注册资本增加到12万元，增资后，原自然人股东的股权由49%下降为45%；这种由于增资导致自然人股权被稀释的行为是否属于股权转让行为，自然人股东是否需要缴纳个人所得税；如果需要缴纳，怎么计算应缴纳税额？

江苏12366纳税服务热线：若不在《国家税务总局关于发布〈股权转让所得个人所得税管理办法（试行）〉的公告》（国家税务总局公告2014年第67号）列举范围的，则不需要按照股权转让缴纳个人所得税。

➢ 辽宁：股东投资入股，个税咨询

问：公司盈利，新股东增资入股，导致原股东持股比下降。两股东均为自然人，原股东和新股东需要缴纳个税么？

答：您好！您提交的问题已收悉，……原股东和新股东有所得的，需要缴纳个人所得税；原股东和新股东没有所得的，不需要缴纳个人所得税。

6.7.5　酿酒企业需要大量使用临时工，个人所得税、社保如何处理，如何筹划降低社保负担？

问：我公司是一家葡萄酒酿造企业，每年开春种植葡萄需要大量使用临时工、农民工，人员不固定、劳动时间不固定，我公司按天计算发放工资，发放工资时，个人所得税、社保如何处理，如何筹划降低社保负担？

答：可以有三个解决方法。一是按劳务，即与农民工签订劳务合同，按工作量计算报酬，由于是劳务关系，不构成劳动关系，所以无须为这些农民工缴纳社保，但支付农民工报酬时，需要按劳务报酬所得预扣预缴个人所得税，农民工需要到税务机关代开发票作为贵公司税前扣除凭证。

二是按非全日制员工进行处理。此种情况下，农民工与贵公司构成劳动关系，从而可以个人自行缴纳社保费。支付给这些员工的工资，以工资表作为税前扣除凭证，支付时，按工资薪金所得预扣预缴个人所得税。

三是让这些农民工挂靠某一个体工商户，由个体工商户承接贵公司分配给他们的劳务，贵公司向个体工商户支付劳务费用，取得个体工商户开具的增值税发票（或专用发票）作为扣除凭证，由于贵公司和与这些农民工不构成劳动关系，也不直接构成劳务关系（农民工与个体工商户建立劳动关系），所以，无须为这些农民工缴纳社保，也无须预扣预缴个人所得税。

政策依据：

➢《中华人民共和国个人所得税法》（1980 年 9 月 10 日第五届全国人民代表大会第三次会议通过，根据 2018 年 8 月 31 日第十三届全国人民代表大会常务委员会第五次会议《关于修改〈中华人民共和国个人所得税法〉的决定》第七次修正）

第十一条　居民个人取得综合所得，按年计算个人所得税；有扣缴义务人的，由扣缴义务人按月或者按次预扣预缴税款；需要办理汇算清缴的，应当在取得所得的次年 3 月 1 日至 6 月 30 日内办理汇算清缴。预扣预缴办法由国务院税务主管部门制定。

居民个人向扣缴义务人提供专项附加扣除信息的，扣缴义务人按月预扣预缴税款时应当按照规定予以扣除，不得拒绝。

非居民个人取得工资、薪金所得，劳务报酬所得，稿酬所得和特许权使用费所得，有扣缴义务人的，由扣缴义务人按月或者按次代扣代缴税款，不办理汇算清缴。

第十二条　纳税人取得经营所得，按年计算个人所得税，由纳税人在月度或者季度终了后 15 日内向税务机关报送纳税申报表，并预缴税款；在取得所得的次年 3 月 31 日前办理汇算清缴。

纳税人取得利息、股息、红利所得，财产租赁所得，财产转让所得和偶然所得，按月或者按次计算个人所得税，有扣缴义务人的，由扣缴义务人按月或者按次代扣代缴税款。

6.7.6　当期以销售合格产品为主，缴纳企业所得税；但以后年度以销售不合格产品为主，产生亏损却无法弥补，如何筹划解决这一问题?

问：我公司在同一生产工艺条件下，产品有合格和不合格两种，合格和不合格产品都可以对外销售，其中，不合格品能占到40%，合格品占60%。合格品市场销售较好，销售毛利率能达到40%，不合格品销售困难，且毛利率为-30%。这种情况下，目前我公司以销售合格产品为主，账面利润很好，企业需缴纳所得税，但不合格品在未来销售时会导致企业亏损，但这个亏损可能没有办法弥补，所以，企业现在缴纳企业所得税会很亏，如何筹划避免这个问题？同一生产工艺出来的产品，可以按产值分摊间接费用而达到当期少纳企业所得税目的吗？

答：如果合格品与不合格能同步销售、销量大致相当，就不存在问题所提到的情形了。如果应纳税所得额可以弥补以后年度亏损，也不会存在问题所提到的情形。可惜的是，我国目前亏损弥补的方法是向以前年度弥补（美国企业所得税法规定亏损弥补可以有两种方法供选择，一种是弥补以前年度亏损；另一种是弥补以后年度亏损。显然，美国的税制对纳税人更友好）。

不合格产品与合格产品一样结转库存，其成本应当是实际耗用的人工费用、制造费用、原材料成本等。按产值分摊成本是不正确的。

不合规的做法可能有：少计不计不合格品，将对应的成本分摊到合格品上，但这样做是不规范的，会导致当期少缴企业所得税。

政策依据：

➤《企业会计准则应用指南——会计科目和主要账务处理——成本类》

5001 生产成本

三、生产成本的主要账务处理。

（一）企业发生的各项直接生产成本，借记本科目（基本生产成本、辅助生产成本），贷记“原材料”“库存现金”“银行存款”“应付职工薪酬”等科目。

各生产车间应负担的制造费用，借记本科目（基本生产成本、辅助生产成本），贷记“制造费用”科目。

辅助生产车间为基本生产车间、企业管理部门和其他部门提供的劳务和产品，期（月）末按照一定的分配标准分配给各受益对象，借记本科目（基本生产成本）、“管理费用”“销售费用”“其他业务成本”“在建工程”等科目，贷记本科目（辅助生产成本）。

企业已经生产完成并已验收入库的产成品以及入库的自制半成品，应于期（月）末，借记“库存商品”等科目，贷记本科目（基本生产成本）。

6.7.7 A、B为关联企业，A资金充裕、企业所得税税率高，B税率低，如何筹划降低整体的企业所得税税负？

问：集团公司高新技术企业，企业所得税税率15%，一全资子公司A，企业所得税税率25%，经营情况良好，账面资金充足，富余资金大部分用于购买定期理财获取收益；另一全资子公司B为新注册的小规模纳税人，属于小微企业，享受小微企业的企业所得税税收优惠。如何筹划以降低集团整体企业所得税税负？将子公司的收入通过各种方式合并到母公司纳税，可否？将A的富余资金投资到B，由B购买定期理财产品取得收益享受小微企业的税收优惠，是否可行？

答：因为母公司企业所得税税率低，所以，将子公司的生产、销售业务逐步转移到母公司，以降低整体企业所得税税收负担是可行的。

将A的富余资金投资到B，由B购买定期理财产品取得收益享受小微企业的税收优惠降低企业所得税税负，也是可行的。但需要注意，小微企业有年度应纳税所得额不超过300万元、从业人数不超过300人、资产总额不超过5000万元等三个条件，超过了，就不适用了。另外，由于A是以资本金投入到B，如果A公司或母公司再有其他资金使用需求，可能需要提前做规划。

政策依据：

➢《财政部 税务总局关于实施小微企业普惠性税收减免政策的通知》（财税〔2019〕13号）

二、对小型微利企业年应纳税所得额不超过100万元的部分，减按25%计入应纳税所得额，按20%的税率缴纳企业所得税；对年应纳税所得额超过100万元但不超过300万元的部分，减按50%计入应纳税所得额，按20%的税率缴纳企业所得税。

上述小型微利企业是指从事国家非限制和禁止行业，且同时符合年度应纳税所得额不超过300万元、从业人数不超过300人、资产总额不超过5000万元等三个条件的企业。

从业人数，包括与企业建立劳动关系的职工人数和企业接受的劳务派遣用工人数。所称从业人数和资产总额指标，应按企业全年的季度平均值确定。具体计算公式如下：

季度平均值 =（季初值 + 季末值）÷2

全年季度平均值 = 全年各季度平均值之和 ÷4

年度中间开业或者终止经营活动的，以其实际经营期作为一个纳税年度确定上述相关指标。

六、本通知执行期限为 2019 年 1 月 1 日至 2021 年 12 月 31 日。

……

6.7.8　非上市股份有限公司，老板和其妻的分红想转成股本，能否筹划节税？

问：我公司是非上市股份有限公司，老板和其妻的分红想转成股本，其他股东想要现金分红，两种情况下，有什么合适的节税方法？

答：问题提到的情形，无论是直接以现金分红，还是未分配利润或盈余公积转增股本，均应按股息红利申报缴纳个人所得税，分红的企业作为扣缴义务人，应按规定履行扣缴义务。如果当地有税收返还政策，可在申报缴纳股息红利个人所得税后享受。

全国范围内的中小高新技术企业以未分配利润、盈余公积、资本公积向个人股东转增股本时，个人股东一次缴纳个人所得税确有困难的，可根据实际情况自行制订分期缴税计划，在不超过 5 个公历年度内（含）分期缴纳，贵公司及股东符合条件，可以享受该政策。

政策依据：

➤《中华人民共和国个人所得税法实施条例》（1994 年 1 月 28 日中华人民共和国国务院令第 142 号发布，根据 2018 年 12 月 18 日中华人民共和国国务院令第 707 号第四次修订）

第六条　个人所得税法规定的各项个人所得的范围：

（六）利息、股息、红利所得，是指个人拥有债权、股权等而取得的利息、股息、红利所得。

➤《财政部 国家税务总局关于将国家自主创新示范区有关税收试点政策推广到全国范围实施的通知》（财税〔2015〕116 号）

三、关于企业转增股本个人所得税政策

1. 自 2016 年 1 月 1 日起，全国范围内的中小高新技术企业以未分配利润、盈余公积、资本公积向个人股东转增股本时，个人股东一次缴纳个人所得税确有困难的，可根据实际情况自行制定分期缴税计划，在不超过5个公历年度内（含）分期缴纳，并将有关资料报主管税务机关备案。

第八节 其　他

6.8.1 对外非贸支付，何种情况下需要到税务机关备案?

问：我公司对外支付非贸的royalty费，管理费，无论金额大小，都需要去税务机关备案?

答：对外非贸支付，满足国家税务总局 国家外汇管理局公告2013年第40号第一条条件的，应向税务机关备案；该公告第三条所列举的事项，无需办理和提交《备案表》。

政策依据：

➢《国家税务总局 国家外汇管理局关于服务贸易等项目对外支付税务备案有关问题的公告》（国家税务总局 国家外汇管理局公告2013年第40号）

一、境内机构和个人向境外单笔支付等值5万美元以上（不含等值5万美元，下同）下列外汇资金，除本公告第三条规定的情形外，均应向所在地主管国税机关进行税务备案，主管税务机关仅为地税机关的，应向所在地同级国税机关备案：

（一）境外机构或个人从境内获得的包括运输、旅游、通信、建筑安装及劳务承包、保险服务、金融服务、计算机和信息服务、专有权利使用和特许、体育文化和娱乐服务、其他商业服务、政府服务等服务贸易收入；

（二）境外个人在境内的工作报酬，境外机构或个人从境内获得的股息、红利、利润、直接债务利息、担保费以及非资本转移的捐赠、赔偿、税收、偶然性所得等收益和经常转移收入；

（三）境外机构或个人从境内获得的融资租赁租金、不动产的转让收入、股权转让所得以及外国投资者其他合法所得。

外国投资者以境内直接投资合法所得在境内再投资单笔5万美元以上的，应按照本规定进行税务备案。所以，5万美元以上的，应当到主管税务机关备案。

三、境内机构和个人对外支付下列外汇资金，无需办理和提交《备案表》：

（一）境内机构在境外发生的差旅、会议、商品展销等各项费用；

（二）境内机构在境外代表机构的办公经费，以及境内机构在境外承包工程的工程款；

（三）境内机构发生在境外的进出口贸易佣金、保险费、赔偿款；

（四）进口贸易项下境外机构获得的国际运输费用；

（五）保险项下保费、保险金等相关费用；

（六）从事运输或远洋渔业的境内机构在境外发生的修理、油料、港杂等各项费用；

（七）境内旅行社从事出境旅游业务的团费以及代订、代办的住宿、交通等相关费用；

（八）亚洲开发银行和世界银行集团下属的国际金融公司从我国取得的所得或收入，包括投资合营企业分得的利润和转让股份所得、在华财产（含房产）出租或转让收入以及贷款给我国境内机构取得的利息；

（九）外国政府和国际金融组织向我国提供的外国政府（转）贷款（含外国政府混合（转）贷款）和国际金融组织贷款项下的利息。本项所称国际金融组织是指国际货币基金组织、世界银行集团、国际开发协会、国际农业发展基金组织、欧洲投资银行等；

（十）外汇指定银行或财务公司自身对外融资如境外借款、境外同业拆借、海外代付以及其他债务等项下的利息；

（十一）我国省级以上国家机关对外无偿捐赠援助资金；

（十二）境内证券公司或登记结算公司向境外机构或境外个人支付其依法获得的股息、红利、利息收入及有价证券卖出所得收益；

（十三）境内个人境外留学、旅游、探亲等因私用汇；

（十四）境内机构和个人办理服务贸易、收益和经常转移项下退汇；

（十五）国家规定的其他情形。

6.8.2　分公司独立核算与非独立核算账务处理和纳税申报有何区别？

问：分公司独立核算与非独立核算账务处理有何区别？两种情形下，增值税和所得税纳税申报有何差别？

答：独立核算是指对本单位的业务经营活动过程及其成果进行全面、系统的会计核算。独立核算单位在管理上有独立的组织形式，具有一定数量的资金，在当地银行开户，独立进行经营活动，能同其他单位订立经济合同，独立计算盈亏，单独设置会计机构并配备会计人员，有完整的会计工作组织体系。

非独立核算又称报账制，是把本单位的业务经营活动有关的日常业务资料，逐日或定期报送上级单位，由上级单位进行核算。非独立核算单位一般由上级拨给一定数额的周转金，从事业务活动，一切收入上缴，所有支出向上级领报，本身不单独计算盈亏，只记录和计算几个主要经营指标，进行简易核算。

两种情况下对增值税纳税申报的影响：企业在外地设立分支机构，不论是否独立核算，均应当办理税务登记，接受税务部门的管理，履行相应的增值税申报、缴纳义务。经有权的税务机关批准汇总纳税的，按汇总纳税的规定缴纳税款、开具发票。

对企业所得税核算和纳税申报的影响：企业所得税为法人税制，总、分机构同属一个法人，分支机构企业所得税应当实行汇总纳税，并按汇总纳税办法在注册地预缴企业所得税。需要注意的是，分支机构在设立当年不就地分摊企业所得税；不具有主体生产经营职能，且在当地不缴纳增值税、营业税的产品售后服务、内部研发、仓储等汇总纳税企业内部辅助性的二级分支机构，不就地分摊缴纳企业所得税。不属于不就地分摊预缴企业所得税情形的分支机构，就应当在当地预缴，这与是否独立核算同样没有太大的关联。

总的来看，独立核算与非独立核算，更多的是会计概念而非税法概念，做出这一区分，目的是适应需求、方便管理、节约成本、高效运营。

政策依据：

➢《税务登记管理办法》（国家税务总局令第7号公布，2019年7月24日国家税务总局令第48号《国家税务总局关于公布取消一批税务证明事项以及废止和修改部分规章规范性文件的决定》修正）

第二条　企业在外地设立的分支机构和从事生产、经营的场所，个体工商户和从事生产、经营的事业单位，均应当按照《税收征管法》及《实施细则》和本办法的规定办理税务登记。

……

➢《中华人民共和国增值税暂行条例》（1993年12月13日中华人民共和国国务院令第134号公布，2017年11月19日第二次修订，中华人民共和国国务院令第691号公布）

第二十二条　增值税纳税地点：

（一）固定业户应当向其机构所在地的主管税务机关申报纳税。总机构和分支机构不在同一县（市）的，应当分别向各自所在地的主管税务机关申报纳税；经国务院财政、税务主管部门或者其授权的财政、税务机关批准，可以由总机构汇总向总机构所在地的主管税务机关申报纳税。

……

➢《中华人民共和国企业所得税法》（2007 年 3 月 19 日中华人民共和国主席令第二十三号公布，根据 2018 年 12 月 29 日第十三届全国人民代表大会常务委员会第七次会议《关于修改〈中华人民共和国电力法〉等四部法律的决定》第二次修正）

第五十条　除税收法律、行政法规另有规定外，居民企业以企业登记注册地为纳税地点；但登记注册地在境外的，以实际管理机构所在地为纳税地点。

居民企业在中国境内设立不具有法人资格的营业机构的，应当汇总计算并缴纳企业所得税。

➢《国家税务总局关于印发〈跨地区经营汇总纳税企业所得税征收管理办法〉的公告》（国家税务总局公告 2012 年第 57 号）

第二条　居民企业在中国境内跨地区（指跨省、自治区、直辖市和计划单列市，下同）设立不具有法人资格分支机构的，该居民企业为跨地区经营汇总纳税企业（以下简称汇总纳税企业），除另有规定外，其企业所得税征收管理适用本办法。

……

第三条　汇总纳税企业实行“统一计算、分级管理、就地预缴、汇总清算、财政调库”的企业所得税征收管理办法：

……

第五条　以下二级分支机构不就地分摊缴纳企业所得税：

（一）不具有主体生产经营职能，且在当地不缴纳增值税、营业税的产品售后服务、内部研发、仓储等汇总纳税企业内部辅助性的二级分支机构，不就地分摊缴纳企业所得税。

（二）上年度认定为小型微利企业的，其二级分支机构不就地分摊缴纳企业所得税。

（三）新设立的二级分支机构，设立当年不就地分摊缴纳企业所得税。

（四）当年撤销的二级分支机构，自办理注销税务登记之日所属企业所得税预缴期间起，不就地分摊缴纳企业所得税。

（五）汇总纳税企业在中国境外设立的不具有法人资格的二级分支机构，不就地分摊缴纳企业所得税。

6.8.3 用收到的抵账车再次抵账，如何进行会计处理和税务处理？

问： 我公司收到经销商一辆顶账车，然后又原价顶给供应商了，应如何进行会计处理和税务处理？

答： 问题提到的抵账行为，实际上就是会计上所说的债务重组。按着会计准则的规定，收到抵账车时，债权人按公允价计入固定资产，同时将抵账车公允价值与重组债权的账面价值之间的差额计入当期损益。企业所得税方面，问题提到的情形，税会无差异。抵账时如果取得增值税专用发票，则取得的进项税额只要不属于不可抵扣项目，就可以申报用于抵扣。

用抵账车抵债时，同样属于会计上所说的债务重组，债务人对外抵账时，将抵账资产的公允价值与债务的账面价值的差额计入当期损益。以非货币资产偿债，企业所得税需要视同销售进行处理，增值税按正常的销售进行处理。

政策依据：

➤《企业会计准则第12号——债务重组》

第二章　债务人的会计处理

第五条　以非现金资产清偿债务的，债务人应当将重组债务的账面价值与转让的非现金资产公允价值之间的差额，计入当期损益。

转让的非现金资产公允价值与其账面价值之间的差额，计入当期损益。

第三章　债权人的会计处理

第九条　以现金清偿债务的，债权人应当将重组债权的账面余额与收到的现金之间的差额，计入当期损益。债权人已对债权计提减值准备的，应当先将该差额冲减减值准备，减值准备不足以冲减的部分，计入当期损益。

第十条　以非现金资产清偿债务的，债权人应当对受让的非现金资产按其公允价值入账，重组债权的账面余额与受让的非现金资产的公允价值之间的差额，比照本准则第九条的规定处理。

➤《中华人民共和国增值税暂行条例实施细则》（2008年12月18日以财

政部、国家税务总局令第50号公布，依据2011年10月28日中华人民共和国财政部 国家税务总局令第65号修改）

第四条 单位或者个体工商户的下列行为，视同销售货物：

（一）将货物交付其他单位或者个人代销；

（二）销售代销货物；

（三）设有两个以上机构并实行统一核算的纳税人，将货物从一个机构移送其他机构用于销售，但相关机构设在同一县（市）的除外；

（四）将自产或者委托加工的货物用于非增值税应税项目；

（五）将自产、委托加工的货物用于集体福利或者个人消费；

（六）将自产、委托加工或者购进的货物作为投资，提供给其他单位或者个体工商户；

（七）将自产、委托加工或者购进的货物分配给股东或者投资者；

（八）将自产、委托加工或者购进的货物无偿赠送其他单位或者个人。

➢《中华人民共和国企业所得税法实施条例》（2007年12月6日中华人民共和国国务院令第512号公布，根据2019年4月23日中华人民共和国国务院令第714号第一次修订）

第二十五条 企业发生非货币性资产交换，以及将货物、财产、劳务用于捐赠、偿债、赞助、集资、广告、样品、职工福利或者利润分配等用途的，应当视同销售货物、转让财产或者提供劳务，但国务院财政、税务主管部门另有规定的除外。

6.8.4 “买”来一家公司，接手后，是在原来账簿的基础上继续做账，还是数据归零重新开始？

问：2019年5月，我公司通过中介“买”来一家公司，买来的公司成立于2017年9月，在我们接手之前已经有财务账，主要的科目都有余额，我们接手后，是在原来财务账的基础上继续做账，还是要像新建立的企业一样，把这些数都抹掉，从头开始做？

如接手时，公司账显示货币资金余额80000元，其中，银行存款10000元，现金70000元，但这部分现金其实并不存在，我公司接手后，如果接着做，我的财务账货币资金就对不上了，这要怎么处理才行？

答：问题提到的情形，应当买的是那家公司股权，也就是说，买来新的公司后，贵公司替代原来的股东成为该企业的新股东，并派出人员接手该企业的管理。股权收购或转让，只会带来被转让股权的公司的股东发生变化，不是新设公司，该公司作为一个独立的法人，本身的权利、责任、义务及会计核算不会发生变化，账应当在过去的基础上继续做下去，而不是把这些数都抹掉，从头开始做。

当然，可能存在的一个情况是，“买”的这家公司，财务账上的数据有不真实或不准确的情况，如果有，应在接手后，进行一次清产核资，资产、负债及权益的账载数据与实际不相符的，据实调整。账载货币资金 80000 元，实际只有 10000 元，应当根据核实的情况据实做盘亏处理。

政策依据：

➤《中华人民共和国公司法》（1993 年 12 月 29 日中华人民共和国主席令第十六号公布，根据 2018 年 10 月 26 日中华人民共和国主席令第十五号第四次修正）

第三条　公司是企业法人，有独立的法人财产，享有法人财产权。公司以其全部财产对公司的债务承担责任。

有限责任公司的股东以其认缴的出资额为限对公司承担责任；股份有限公司的股东以其认购的股份为限对公司承担责任。

第四条　公司股东依法享有资产收益、参与重大决策和选择管理者等权利。

6.8.5　净资产折股弥补出资不实是否可行？

问：净资产折股弥补出资不实是否可行？如某有限公司成立于 2015 年，注册资本 1000 万元，但是股东实际只出资 500 万元。2019 年整体变更为股份有限公司时，审计后净资产为 2000 万元，如果全部折为股本 2000 万股，能不能认为净资产折股已经弥补了历史上的出资不足？

答：净资产折股是有限公司改制为股份有限公司过程中的一个操作，即将公司净资产折算成股份，股东由持有股权变成持有股份。

净资产折股与认缴出资应互不交叉，账面资产反映的是历史成本，净资产中的实收资本出资不实，这是客观事实，公司如果当初缴足注册资本，审计后的净资产就会是另一个结果，直接影响到净资产折股的计算。所以，不能因净资产折股而弥补历史上出资不足的瑕疵。

政策依据：

➢《中华人民共和国公司法》（1993年12月29日中华人民共和国主席令第十六号公布，根据2018年10月26日中华人民共和国主席令第十五号第四次修正）

第二十七条　股东可以用货币出资，也可以用实物、知识产权、土地使用权等可以用货币估价并可以依法转让的非货币财产作价出资；但是，法律、行政法规规定不得作为出资的财产除外。

对作为出资的非货币财产应当评估作价，核实财产，不得高估或者低估作价。法律、行政法规对评估作价有规定的，从其规定。

第九十五条　有限责任公司变更为股份有限公司时，折合的实收股本总额不得高于公司净资产额。有限责任公司变更为股份有限公司，为增加资本公开发行股份时，应当依法办理。

第一百六十八条　公司的公积金用于弥补公司的亏损、扩大公司生产经营或者转为增加公司资本。但是，资本公积金不得用于弥补公司的亏损。

法定公积金转为资本时，所留存的该项公积金不得少于转增前公司注册资本的25%。

6.8.6　物业公司在外地承接项目是否需要在外地注册分支机构并办理纳税申报？

问：我公司是物业公司，承揽的项目不在注册地，现项目地税务局要求我公司在承揽项目所地注册分公司，办理纳税、领票等业务，我公司应当怎么办？

答：物业公司在注册地以外设立从事经营活动的机构，应当按分公司进行登记并依法领取分公司营业执照。如果未经登记取得分公司营业执照，擅自在住所外设立经营机构开展经营活动，属于“无照经营行为”，应当依照《无照经营查处取缔办法》等法律、法规予以行政处罚。

物业公司在外地设立的分支机构和从事生产、经营的场所，应当向生产、经营所在地税务机关申报办理税务登记并履行纳税申报义务。

政策依据：

➢《中华人民共和国公司登记管理条例》（1994年6月24日中华人民共和国国务院令第156号发布，根据2016年2月6日发布的国务院令第666号

《国务院关于修改部分行政法规的决定》第三次修正）

第十二条　公司的住所是公司主要办事机构所在地。经公司登记机关登记的公司的住所只能有一个。公司的住所应当在其公司登记机关辖区内。

第四十五条　分公司是指公司在其住所以外设立的从事经营活动的机构。分公司不具有企业法人资格。

➢《税务登记管理办法》（2003 年 12 月 17 日以国家税务总局令第 7 号公布，2019 年 7 月 24 日国家税务总局令第 48 号修正）

第二条　企业，企业在外地设立的分支机构和从事生产、经营的场所，个体工商户和从事生产、经营的事业单位，均应当按照《税收征管法》及《实施细则》和本办法的规定办理税务登记。

➢《财政部 国家税务总局关于全面推开营业税改征增值税试点的通知》（财税〔2016〕36 号）附件 1《营业税改征增值税试点实施办法》

第四十六条　增值税纳税地点为：

（一）固定业户应当向其机构所在地或者居住地主管税务机关申报纳税。总机构和分支机构不在同一县（市）的，应当分别向各自所在地的主管税务机关申报纳税；经财政部和国家税务总局或者其授权的财政和税务机关批准，可以由总机构汇总向总机构所在地的主管税务机关申报纳税。

（二）非固定业户应当向应税行为发生地主管税务机关申报纳税；未申报纳税的，由其机构所在地或者居住地主管税务机关补征税款。

（三）其他个人提供建筑服务，销售或者租赁不动产，转让自然资源使用权，应向建筑服务发生地、不动产所在地、自然资源所在地主管税务机关申报纳税。

（四）扣缴义务人应当向其机构所在地或者居住地主管税务机关申报缴纳扣缴的税款。

6.8.7　国有企业的财务部副主任能兼任审计部的副主任吗？

问：国有企业的财务部副主任能兼任审计部的副主任吗？

答：虽然没有文件直接规定国有企业的财务部副主任能否兼任审计部的副主任，但审计的相关法规和规范性文件都强调要建立“独立的内部审计机构”，强调“内部审计机构和内部审计人员不得参与可能影响独立、客观履行审计职责的工作”，如果财务部副主任兼任审计部的副主任，可能影响独立、客观履行审计职责，因……责任安排是不妥的。

政策依据：

➢《审计署关……计工作的规定》（中华人民共和国审计署令第11号）

第四条　单……依照有关法律法规、本规定和内部审计职业规范，结合本单位实际情……立健全内部审计制度，明确内部审计工作的领导体制、职责权限、人……、经费保障、审计结果运用和责任追究等。

第五条……内部审计机构和内部审计人员从事内部审计工作，应当严格遵守有关法律……规、本规定和内部审计职业规范，忠于职守，做到独立、客观、公正、保……。

内部审计机构和内部审计人员不得参与可能影响独立、客观履行审计职责的工作。

6.8.8　税控机能否在异地使用、异地开具发票？

问：假设公司的注册地、经营地在上海，但该公司的母公司在苏州设有财务共享中心，统一管理所属子公司的财务核算，那么上海这家公司的税控机能不能搬到苏州来使用？咨询两地的税务局，回答都是：税控机不能搬离注册地，空白发票不能出省。

答：两地税务机关答复的依据应当是《中华人民共和国发票管理办法》以及《增值税防伪税控系统管理办法》，这两个文件都明确要求发票限于领购单位和个人在本省、自治区、直辖市内开具，携带系统外出开具专用发票视同未按法规使用和保管专用发票进行处罚。所以，根据税务机关的回复，上海这家公司的税控机搬到苏州来使用是违规的。

但笔者个人认为，在业务真实的情况下，发票就是一个“在购销商品、提供或者接受服务以及从事其他经营活动中，开具、收取的收付款凭证”。互联网时代，很多企业集团都会建财务共享中心，由集团公司统一管理所属单位的会计核算、纳税申报，甚至发票开具，这时，税控机的物理位置改变，税控机存放位置、开具发票电脑的物理位置会与注册地不一致，不会影响到纳税人纳税申报，也不会影响受票方的使用，更何况，现在已经在使用电子发票、甚至电子专用发票，而且可以在离线状态或移动中开具发票，这种情况下，强调开具发票的物理位置更没有意义。所以笔者认为，只要业务真实、发票开具与业务内容相符，无论是在哪开的，不应当影响发票的使用，不能仅仅因为开具

发票的物理位置与其注册地不一致而对纳税人进行

当然，异地开具、同一 IP 地址开具多家企业的

两个特征点，但并不能据此推断，只要异地开具发票就实是虚开发票的

虚开。

政策依据：

➢《中华人民共和国发票管理办法》（1993 年中华人民共 财政部令第 6 号发布，根据 2019 年 3 月 2 日中华人民共和国国务院令第 709 号 次修订）

第十七条　临时到本省、自治区、直辖市以外从事经营活动的 位或者个人，应当凭所在地税务机关的证明，向经营地税务机关领购经营地的 票。

临时在本省、自治区、直辖市以内跨市、县从事经营活动领购发 的办法，由省、自治区、直辖市税务机关规定。

第二十五条　除国务院税务主管部门规定的特殊情形外，发票限于领购 位和个人在本省、自治区、直辖市内开具。

省、自治区、直辖市税务机关可以规定跨市、县开具发票的办法。

第三十六条　跨规定的使用区域携带、邮寄、运输空白发票，以及携带、邮寄或者运输空白发票出入境的，由税务机关责令改正，可以处 1 万元以下的罚款；情节严重的，处 1 万元以上 3 万元以下的罚款；有违法所得的予以没收。

丢失发票或者擅自损毁发票的，依照前款规定处罚。

➢《国家税务总局关于印发〈增值税防伪税控系统管理办法〉的通知》（国税发〔1999〕221 号）

第四十三条　防伪税控企业未按法规使用保管专用设备，发生下列情形之一的，视同未按法规使用和保管专用发票处罚；

（一）因保管不善或擅自拆装专用设备造成系统不能正常运行；

（二）携带系统外出开具专用发票。

后　　记

在以前，我们从事某项工作，经验和资历非常重要，这种情况下，一个人很难实现“弯道超车”，只能“论资排辈”；而现在，“弯道超车”已经是一种现实，甚至跨界“弯道超车”也已经不是件新鲜事，这就是这个飞速变化时代所带来的好处。所以，这几年税收政策变化快，固然给财税人员带来了挑战，但从另一个角度来看，未尝不是一种机遇——努力学习、跟进了，甚至超越了，岂不是给自己带来更多的机会？

起点不决定终点！不忘初心、砥砺前行，始为人生正道！

本书内容均为个人见解，不当之处恳请业内人士批评指正！

2021 年 8 月 18 日于济南

